Henric L. Wuermeling

Die Weiße Liste und die Stunde Null in Deutschland 1945

Henric L. Wuermeling

Die Weiße Liste und die Stunde Null in Deutschland 1945

Mit den Originaldokumenten
in englischer Sprache
übersetzt von
Gabriele Rieth-Winterherbst

HERBiG

Die Originale der Weißen Liste werden im Nationalarchiv in Washington, D.C., aufbewahrt. Die in diesem Band als Faksimile reproduzierten Kopien wurden dem Autor vom Nationalarchiv zur Verfügung gestellt.

MIX
Papier aus verantwortungsvollen Quellen
FSC® C014496

Umschlaggestaltung: Wolfgang Heinzel
Satz: VerlagsService Dietmar Schmitz GmbH, Heimstetten
Gesetzt aus: 11,25/13,25 pt Minion Pro
Druck und Binden: GGP Media GmbH, Pößneck
Printed in Germany
ISBN 978-3-7766-2756-5

www.herbig-verlag.de

Inhalt

Ein sensationeller Fund in Washington, D.C.

Der Austausch der Führungsschicht in Deutschland durch die Alliierten begann mit einem schwerwiegenden und damals viel beachteten Vorfall: Der erste von den US-Truppen eingesetzte Oberbürgermeister von Aachen, Franz Oppenhoff, wurde – vermutlich auf Weisung des »Reichsführers SS« Heinrich Himmler – am 25. März 1945 vor seinem Haus in der Eupener Straße erschossen. In den Augen der Nazis galt Oppenhoff als »Landesverräter« und »Staatsfeind Nummer eins«. Obgleich Oppenhoff nicht auf der Weißen Liste stand – der Aachener Bischof hatte ihn den Amerikanern direkt als vertrauenswürdigen Mann empfohlen –, waren die Alliierten durch dieses Ereignis in ihrer »Headhunting«-Aktion gewarnt und behandelten die Weiße Liste mehr denn je »top secret«.

Am 11. September 1944 hatten amerikanische Truppen die deutsche Grenze erreicht und um 18 Uhr 55 nördlich von Trier deutschen Boden betreten. Ziel war die Einnahme Aachens als erste deutsche Großstadt. Ganze vier Wochen dauerte der erbitterte Kampf um die Stadt. Noch Mitte Oktober besuchte Heinrich Himmler Aachen, wo nur noch 25 000 Menschen hausten. Himmler ordnete die Evakuierung von Aachen an. Bis am 21. Oktober die Stadt kapitulierte, hielten sich 6000 Einwohner in Kellern versteckt. Die Lage in und um Aachen blieb nervös. Die Kämpfe an der Ardennenfront erstarrten zu einem Stellungskrieg im Westen – über Weihnachten bis in den Januar 1945 hinein. Der Weg über Köln nach Berlin zog sich noch ein halbes Jahr hin.

Erst am 5. Dezember 1944 war das wichtigste Handwerkszeug für den Umgang mit dem besiegten und befreiten Deutschland fertiggestellt – die Weiße Liste. Der hierfür verantwortliche US-Brigadegeneral und Chef der Psychological Warfare Division (PWD) Robert A. McClure unterschrieb an diesem Tag das Deckblatt der Weißen Liste von Personen in Deutschland, die man für Anti-Nazis oder Nicht-Nazis hielt. Sie führte, nach Regionen bzw. nach den alten Ländern geordnet, etwa 1500 Namen vertrauenswürdiger Personen auf, mit knappen Angaben zur Person, zum vermuteten Wohnort, zum Beruf und zur jeweiligen politischen Einstellung.

Diese Angaben basierten auf Geheimberichten über deutsche Widerstandskreise, auf Aussagen von deutschen Emigranten, hauptsächlich aber auf der Vernehmung deutscher Kriegsgefangener. Erstellt wurde die Liste für die Supreme Headquarters Allied Expeditionary Forces (SHAEF), im Hinblick auf die in den alliierten Kriegskonferenzen schließlich vereinbarten vier Besatzungszonen Deutschlands. So weist diese Liste noch die US-Zone übergreifend Regionen der zukünftigen französischen und britischen Zone sowie Berlin auf, in etwa also das Gebiet der späteren Westzonen.

Seit 1943 war an diesem »Who's who in Germany« gearbeitet worden, erweitert durch »Supplements« bis zum 17. Mai 1945 über das Büro von Allen Dulles in Bern. Von den Teams des Office of Strategic Services (OSS) wurden Männer und Frauen aus den Bereichen der Politik, der Parteien, der Gewerkschaften, der Literatur, des Theaters und aus Kirchenkreisen aufgelistet, mit denen die Besatzungsmacht etwas anfangen zu können glaubte.

Konrad Adenauer schrieb in seinem 1965 erschienenen ersten Erinnerungsband: »Später erfuhr ich, dass ich auf der Weißen Liste der Amerikaner als Nr. 1 für ganz Deutschland geführt wurde.« Dieser Hinweis auf eine »Weiße Liste für Deutschland« machte mich neugierig. Ich nahm Kontakt mit Institutionen, Instituten und Archiven auf, um etwas über den Verbleib einer solchen Liste zu erfahren. »Weiße Liste? … Kennen wir nicht …!« hieß es immer wieder. Ich verlegte meine Suche auf die Lektüre der vielen Biografien englischer und amerikanischer Generale, Botschafter und Kriegsreporter – jedoch ohne großen Erfolg. Auch Anfragen beim Archiv des Pentagon und bei den National Archives in Washington, D.C., führten nicht weiter. Dort nutzte ich dann einen Aufenthalt in Washington dazu, Hunderte von Karton-Schachteln voller Akten durchzusehen – bis ich fündig wurde. Ein Dossier bestehend aus 141 länglichen Bogen, auf jeder Seite der Stempel »Secret« – es war die »White List«:

Eine Liste mit etwa 1500 Namen deutscher Zivilpersonen, nach »Provinzen« und Städten geordnet, manchmal zwischen dem Schreibmaschinentext einige handschriftliche Ergänzungen. Die ersten Namen waren unter »Rhein-Provinz – Anschrift unbekannt« aufgeführt, danach folgte als erste Stadt Aachen. Also kein »Adenauer« an erster Stelle, dachte ich mir. Seinen Namen fand ich unter »Köln«, da die Städte regional alphabetisch aufgelistet waren. Dort allerdings war er als Erster aufgeführt (wenn auch falsch geschrieben: »Adenhauer«), da die Liste der genannten 115 Kölner (mit Ergänzungen waren es insgesamt 188) ebenso alphabetisch sortiert war … Ich las Namen wie Böckler, Hans; Pferdmenges, Robert; Pieck, Wilhelm …

Das war 1974. Da die Freigabefrist dieses Geheimpapiers noch nicht ganz abgelaufen war, musste für den »Declassified«-Eintrag erst noch die Freigabe-Erlaubnis im Pentagon und bei der CIA eingeholt werden. Nach jahrelanger Suche hatte ich die Weiße Liste in der Hand. Es ist tatsächlich ein »Who's who« unbelasteter, aufrechter Bürger mit weißer Weste in Deutschland – an die 1500 Deutsche mit jeweils fünf bis sieben Zeilen Original-Charakterisierung. Sie alle standen für einen demokratischen Neuanfang. Die Namensliste allein ist schon eine zeithistorisch eminent wichtige Fundstelle für die Vorgeschichte der Bundesrepublik Deutschland, ebenso die Darstellung der Koordinaten ihrer Wirkungsgeschichte.

Während in Nazi-Deutschland noch manch einer an den »Endsieg« glaubte, stellten die zukünftigen Sieger bereits konkrete Überlegungen für die Zeit danach an. Als ein wesentlicher Beitrag dazu war die Weiße Liste gedacht. Nach dem Willen der Alliierten sollte sich ein historischer Umbruch vornehmlich in dem magischen Dreieck »Militär – Politik – Wirtschaft« vollziehen. Wie nun dieser Führungsaustausch im Militär, in der Politik und in der Wirtschaft tatsächlich vonstattenging, davon erzählen die aufwendig recherchierten Feldstudien Demilitarisierung, Denazifizierung und Demontage.

Dieses Umfeld und die Jahre, Monate und Wochen vor und nach der Kapitulation beleuchtete ich einige Zeit, nachdem ich die Liste im Nationalarchiv entdeckt hatte, und machte das Ergebnis im Jahr 1981 zum Gegenstand einer Veröffentlichung.

Im Mittelpunkt jener Publikation stand die dialektische Gegenüberstellung der damals politisch handelnden Personen auf alliierter und auf deutscher Seite. Diese nahmen in Form von Interviews zu den vorher genannten drei »D's« Stellung. Die Weiße Liste selbst wurde nur in kleinen Auszügen zitiert. Hier erfolgt nun zum ersten Mal die Veröffentlichung der vollständigen Liste, wie sie mir im Archiv übergeben wurde, ergänzt durch die Übersetzung ins Deutsche. Eingebettet ist die Liste in Beiträge zu ihrer Entstehung und ihrer Wirkung.

Die Ergebnisse der Feldstudien waren nur möglich durch die Kontakte, die Korrespondenz oder die Gespräche mit Persönlichkeiten, die mir aus erster Hand gewichtige Informationen geben konnten. Es sind dies u. a. fünf Männer, die bereits an den Kriegskonferenzen der »Großen Drei« in Teheran (25. November bis 1. Dezember 1943), in Jalta (4. Februar bis 11. Februar 1945) und in Potsdam (17. Juli bis 2. August 1945) teilgenommen haben:

- W. Averell Harriman, Botschafter der USA in Moskau, der britische Außenminister Sir Anthony Eden (Earl of Avon) und Valentin M. Berezkov, der ehemalige Sekretär der sowjetischen Botschaft in Berlin und Dolmetscher Stalins.
- Hinzu kommen Sir Frank Roberts, der als Mitglied der britischen Delegation am 10. Februar 1945 in der Runde der »Großen Drei« in Jalta saß, sowie als Teilnehmer der US-Delegation am 20. Juli 1945 in Potsdam – Robert Murphy.

Einem intensiven Gesprächsaustausch mit Augenzeugen und Mitgestaltern, die an den die Zukunft Deutschlands entscheidenden Schaltstellen der alliierten Besatzungsmacht saßen, verdanke ich wichtige Hintergrundinformationen, Wertungen und Akzente. Um nur einige zu nennen:

- Sir Kenneth W. D. Strong vom britischen Geheimdienst, Major General, Chef der Abteilung G-2 beim Hauptquartier der Alliierten Streitkräfte und Geheimdienstchef bei Eisenhower in alliierten Diensten;
- John Kenneth Galbraith, Professor für Volkswirtschaft in Harvard und in Princeton, 1945 im Luftfahrtministerium Direktor der »Strategic Bombing Survey«;
- George F. Kennan, US-Diplomat, Leiter des »Policy Planning Staff«;
- Lucius D. Clay, General, damals Stellvertretender Militärgouverneur unter Eisenhower, dann unter McNarney, ab März 1947 Militärgouverneur in Deutschland;
- John J. McCloy, Staatssekretär im US-Kriegsministerium, Verbindungsmann im »Joint Chiefs of Staff« zum State Department, später erster US-Hochkommissar in Deutschland.
- Und Henry A. Kissinger. Er kehrte als Sergeant der CIC nach Deutschland zurück, baute in Krefeld (nach Aachen die zweite befreite deut-

sche Stadt) innerhalb von drei Tagen eine funktionierende Verwaltung auf und arbeitete dann in der Besatzungszone im Aufgabenbereich »Aufklärung von Kriegsverbrechen und Entnazifizierung«. Ab 1947 Studium am Harvard College.

Nur wenige Jahre später waren die 141 Seiten der Weißen Liste im Sturmwind des Kalten Krieges verweht …

Die Stunde Null, in der sich die Frage aufdrängte: »Wie viel Vergangenheit verträgt und bewältigt die Zukunft?«, hatte man hinter sich gelassen. Jetzt war Krisenmanagement angesagt.

Henric L. Wuermeling
Frühjahr 2015

Aus der Korrespondenz zu den Hintergrundrecherchen rund um die Weiße Liste

JOHN KENNETH GALBRAITH
HARVARD UNIVERSITY
CAMBRIDGE

July 30, 1974

Your project covers a subject I find particularly interesting and I'd love to help. I've just finished a piece on Berlin which you may find helpful so I'm sending it along. If you'll get in touch with my office (207 Littauer Center, Harvard University, Cambridge, MA 02138; telephone AC 617/495-2140), my assistant Mrs. Williams will be happy to make all the necessary arrangements. Perhaps I should also note that I'll be away from Cambridge for about a month from September 10.

Yours faithfully,

John Kenneth Galbraith

THE INSTITUTE
PRINCETON

SCHOOL OF HISTORICAL STUDIES

Dear Mr. Wuermelin

In reply to yo
inviting me to giv
Bayrischer Rundfun
the subject of the
sorry to have to t
recently retired a
here, am moving aw
do not expect to be
interviews of this
during the coming

LUCIUS D. CLAY
General, Retired
U. S. Army

633 Third Avenue
New York, New York 10022
18 September 1974

Dear Mr. Wuermeling:

Thank you for your letter of 13-9-74.

I shall be glad to answer the questions. However, the date of Wednesday, November 6, is a difficult one for me and I would hope the interview could be between November 18 and November

Sincerely yours,

ISINGTON MILL
ALTON
HAMPSHIRE

6-7-74.

Dear Sir,

I am writing on behalf of Field Marshal Montgomery who thanks you for your letter.

He has asked me to tell you he has given up public life and so regrets he is unable to give you an Interview.

Yours Sincerely
Miss A W Cox *
(Housekeeper to Lord Montgomery)

* Bernard L. Montgomery

OFFICE OF
HENRY A. KISSINGER

VANCED STUDY
RSEY 08540

tember 20, 1974.

tter of the 13th,
interview for the
early November on
hall Plan, I am
ou that I have
active professor
om Princeton, and
a position to give
re at any time
mic year.

y sincerely,

George Kennan
eorge Kennan

THE WHITE HOUSE

WASHINGTON

JOHN J. McCLOY
ONE CHASE MANHATTAN PLAZA
NEW YORK, N. Y. 10005

April 9, 1980

Dear Mr. Wuermeling:

I appreciate your having asked me and perhaps some time in the future when an interview would seem more appropriate, we could think about it again. I trust you will understand my present inclination.

Sincerely,

John J. McCloy

MANOR HOUSE
ALVEDISTON
SALISBURY SP5 5JZ
BROAD CHALKE 289

July 4th, 1974.

Dear Herrn Wuermeling,

Thank you for your letter. I should be glad to try to help, if I could.

I notice that Part I of the series which you mention deals "with the days after the capitulation in May 1945". If this is the

department in the Foreign Secretary's absence. It seems to me highly improbable that I would have been communicating with the Prime Minister on this topic from San Francisco. Probably the Prime Minister was replying to some minute from the Foreign Office to him.

Yours sincerely
Avon*

* Sir Anthony Eden, Earl of Avon

CORNING INTERNATIONAL CORPORATION
CORNING
717 FIFTH AVENUE, NEW YORK, N.Y. 10022

ROBERT D. MURPHY
Honorary Chairman of the Board

A wholly owned subsidiary of
Corning Glass Works
Cable Address: "CORNGLASS"

June 25, 1974

Dear Mr. Wuermeling:

As far as your suggestion that I participate during September or October in the documentary series with a prepared statement, it will be a pleasure to do so.

With cordial regards and best wishes, believe me

Sincerely yours,

Robert Murphy
Robert Murphy

RM:lb

Was folgt dem totalen Zusammenbruch des totalitären Systems?

Die Research and Analysis Branch des Office of Strategic Services (OSS) untersucht im Geheimbericht No. 1568 vom 3. Dezember 1943 die Aktivitäten der Emigranten aus Deutschland in aller Welt. Der Bericht gibt einen Überblick über die politisch aktiven Emigrantenzirkel von Mexiko bis Moskau.

Von den 400 000 deutschen Emigranten schätzt das OSS nur ein bis zwei Prozent als politisch aktiv ein. »Die deutsche politische Emigration hat ihren vitalen Kontakt zu der Untergrund-Opposition in Deutschland verloren«, stellt der Bericht fest und nennt dann die einzelnen Organisationen, Namen und Ziele:

Einmal die Gruppe der alten Sozialdemokratischen Partei Deutschlands mit Sitz in *London*. Sie umfasst 160 Mitglieder; von ihnen leben 80 in London. Die meisten sind »über 60 und alte Parteibürokraten, die keine Existenz außerhalb der Partei haben ... Ihrem Jugendsekretär Erich Ollenhauer hat die Labour Party die Monatsbezüge gestrichen, da seine Arbeit für die Kriegszwecke nicht brauchbar ist«. Der Bericht weist darauf hin, »dass diese Partei in Weimar die Initiative abgegeben hat und dadurch das tragische Schicksal der Weimarer Republik besiegelt hat«.

Von den 110 000 deutschen Flüchtlingen in den USA sind nur 400 bis 500 politisch aktiv. Ein Teil von ihnen hat sich in der »Deutschen Arbeiterdelegation« unter dem ehemaligen Bürgermeister von Hamburg-Altona, Max Brauer, organisiert, ein anderer Teil in der aus der »Milesgruppe« hervorgegangenen Organisation »Neues Beginnen«, Sitz *New York*. Ihrem aktiven Chef Paul Hagen, Pseudonym für Dr. Karl Frank, gelingt es, in den USA, in der Schweiz und in Frankreich (unterstützt von Léon Blum) Geld locker zu machen. Das Auslandsfilialbüro in London leitet Erwin Schoettle.

Der OSS-Bericht nennt das Dilemma der Emigration beim Namen, wenn er Paul Hagen zitiert: »Politische Emigrantenarbeit ohne Verbindung mit der Oppositionsbewegung innerhalb Deutschlands ist politische Scharlatanerie.« Das von ihm initiierte »Free German Committee« empfiehlt den Alliierten im Oktober 1943 ein Nachkriegsdeutschland unter Thomas Mann. (Ludwig Marcuse nennt ihn den »Kaiser aller deutschen Emigranten«.)

Da sich das »Zentrum« in der Emigration nicht politisch organisiert, kommt der Bericht zu dem Ergebnis, dass »deutsche Emigration gleichzusetzen ist mit der deutschen Linken«.

Ihre stärkste Organisation sieht die OSS in dem von der KP gegründeten »Nationalkomitee Freies Deutschland« in *Moskau.* Dem Gründungsmitglied Walter Ulbricht (so im Bericht) wird besondere Linientreue bestätigt, da er nicht davor zurückscheue, Abweichler als Gestapo-Agenten hinzustellen. Den KP-Zirkeln gelänge es vor allem, publikumswirksame Autoren wie Heinrich Mann, Anna Seghers, Alexander Abusch oder Egon Erwin Kisch für ihre Aktionen zu engagieren. Für die KP sei die Ablösung Hitlers ein »simpler demokratischer Akt, um die Macht der reaktionärsten Gruppen in Deutschland zu brechen«, wobei nicht klar sei, ob dies unter Führung nur einer Partei oder unter Zulassung verschiedener demokratischer Parteien geschehen solle: »Letzteres ist nicht auszuschließen.« Ihre »fellow travellers« in Mexiko, in den USA, in London und Stockholm seien äußerst diszipliniert.

Die einzige Organisation, in der Sozialdemokraten mit Kommunisten zusammenarbeiten, ist die »Arbeitsgemeinschaft der deutschen Sozialdemokratischen und Gewerkschaftlichen Emigranten« – in *Stockholm.* Sie umfasst etwa 200 Mitglieder, davon etwa 50 ehemalige SAP-Mitglieder (Sozialistische Arbeiterpartei), die als besonders aktiv hervorgehoben werden. Finanziert wird diese Arbeitsgemeinschaft vor allem von den schwedischen Gewerkschaften. Fritz Tarnow, der frühere Vorsitzende des deutschen Holzarbeiterverbands und Vorstandsmitglied des ADGB (Allgemeiner Deutscher Gewerkschaftsbund), leitet diese Gruppe, der in dem Geheimbericht die »führende Rolle« unter den Emigrantenorganisationen und ihren Splittergruppen zuerkannt wird. Pläne für das Nachkriegsdeutschland, die dort entwickelt werden, würden in London und New York diskutiert und kritisiert.

Diese Pläne werden dann vorgestellt. Zunächst soll eine provisorische Regierung – zusammengesetzt aus Anti-Nazi-Männern – gebildet werden, ausgestattet mit exekutiven und legislativen Befugnissen. Ein provisorisches Parlament, der »Reichsrat« – bestehend aus 200 Personen –, soll eine beratende Funktion übernehmen. Eine Übergangszeit von zwei bis drei Jahren: ohne eigentliche demokratische Institutionen, Parteien und Wahlen.

In dieser Zeit sollen Parteien aufgebaut und freie Wahlen vorbereitet werden; die Armee soll demobilisiert, die Führungsschicht ausgetauscht und die Kriegswirtschaft in eine Bedarfswirtschaft umgewandelt werden. Die Schwerindustrie und die Banken sollen verstaatlicht und Großgrundbesitzer enteignet werden.

Dieser Bericht entstammt dem Büro der Mitteleuropa-Abteilung der OSS Research and Analysis Branch, das die Feindinformationen auswertet. Dieses Büro leitet Walter L. Dorn, seine Mitarbeiter sind u. a. Eugene N. Anderson (er löst ihn 1944 ab), Herbert Marcuse und Franz L. Neumann.

Einen Tag nach der Weitergabe dieser geheimen Studie über die Zentren der politischen Emigration gibt die R & A Branch am 4. Dezember 1943 eine Studie über die Prozedur des Zusammenbruchs Deutschlands heraus. »Wie dieser Prozess ablaufen wird, kann natürlich nicht mit wissenschaftlicher Präzision dargestellt werden«, schränkt dieser ebenso geheime Bericht ein: Angesichts der Apathie der Massen scheint eine Opposition nur dann Erfolg zu haben, wenn ihre Aktion mit einem Militärputsch geschieht. Dies wiederum wird erst dann geschehen, so schätzt das OSS die Situation ein, wenn die militärische Lage hoffnungslos sein wird. Eine Regierung der »Nationalen Front« – bestehend aus Militär, »farbloser« Bürokratie, »neutralen« Leuten aus der Wirtschaft, Intellektuellen mit »demokratischem Ruf« und prominenten Kirchenvertretern und Gewerkschaftern würde dann gebildet werden.

Es sei aber mit schweren regionalen Widerständen zu rechnen, vor allem von der SS, sodass vielleicht eine Zentralregierung gar nicht sofort geschaffen werden könne. Eine militärische Besetzung durch die Alliierten würde die Situation dann einfrieren, bevor revolutionäre Tendenzen an Boden gewännen. Falls aber eine Regierung vorhanden sei, würde eine solche Regierung dann versuchen, das Beste aus der »bedingungslosen Kapitulation« zu machen, um einer Teilung des Landes zuvorzukommen. Tage zuvor – vom 28. November bis zum 1. Dezember 1943 – hatten die »Großen Drei«, Großbritannien, die UdSSR und die USA, zum ersten Mal auf höchster Ebene die weiteren politischen und militärischen Maßnahmen auf der Konferenz in Teheran behandelt.

Im State Department in Washington und im Foreign Office in London kennt man den letzten Stand der Kabinettsliste einer eventuellen Hitler-Nachfolge-Regierung: Carl Goerdeler als Chef einer Übergangsregierung; Vizekanzler: Wilhelm Leuschner, der frühere ADGB-Vize; Innenminister: Julius Leber. Das Finanzministerium soll – wie in der jetzigen Regierung – Lutz Graf Schwerin von Krosigk weiterführen. Albert Speer soll »herübergezogen« werden. Auch von Hjalmar Schacht ist die Rede, von Martin Niemöller, ebenso von Kurt Schuschnigg, dem früheren österreichischen Bundeskanzler. Andreas Hermes wird für das Landwirtschaftsministerium genannt; Karl Blessing als Reichsbankpräsident. Als Außenminister ist Ulrich von Hassel vorgesehen. General Friedrich Olbricht und Claus Schenk Graf von Stauffenberg sollen Staatssekretäre im Kriegsministerium werden.

Neue Namen tauchen auf, alte verschwinden im Kabinetts-Karussell. Die Widerstandskreise im Auswärtigen Amt konnten jahrelang die vielen Reisen des Legationsrats Adam von Trott zu Solz nach London, Bern, Washington oder Stockholm decken. Innerhalb der Widerstandsbewegung hatte Trott die Funktion eines außenpolitischen Sprechers des Kreisauer Kreises inne. Er besorgte die Auslandskontakte der deutschen Opposition. (Er selbst wurde in einem Goerdeler-Kabinett als Staatssekretär im Auswärtigen Amt gehandelt.) Vor allem die zehn Tage, die Adam von Trott zu Solz zwischen dem 23. Juni und 3. Juli 1944 in Stockholm verbrachte, trugen zu den Informationen in den Hauptstädten der Kriegsallianz bei.

Trott will in diesen Sommertagen in Stockholm endgültig erfahren, ob die Alliierten auch dann auf einer »bedingungslosen Kapitulation« bestehen, wenn eine oppositionelle Gruppe Hitler beseitigt und eine Anti-Nazi-Regierung der deutsche Partner wäre.

»Mit der Intensität eines Mannes, der nicht nur um die Bedeutung seines Auftrags weiß, sondern auch, was sein Schiefgehen für sein eigenes Leben bedeutet, stellte er mir das Programm und die Ziele dieser Oppositionsgruppe vor«, berichtet der *TIME-Magazine*-Korrespondent John Scott und fasst sein Gespräch mit Trott zusammen:

»Erstens. Die deutsche Armee muss in ordentlicher Art durch eine Anti-Nazi-Regierung demobilisiert werden und nicht durch Besatzungstruppen.

Zweitens. Wenn eine Nachkriegsregierung effektiv sein soll, dann soll sie Wochen, bevor die Besetzung beginnt, eine Chance haben. Sonst würde

sie vom deutschen Volk als eine Quisling-Regierung angesehen werden und könnte ihre Funktion nicht wirksam ausführen.
Drittens. Kein Territorium, das Deutschland vor 1936 gehörte, darf weggenommen werden.
Viertens. Deutsche Kriegsverbrechen, die in Deutschland geschehen sind, sind auch in Deutschland zu behandeln.«
Unmittelbar nach diesem dreistündigen Gespräch schreibt John Scott im Stockholmer Grand Hotel seinen Bericht: »Wenn die bedingungslose Kapitulation so modifiziert werden kann, dass sie diese alliierten Garantien einschließt, so ist Trott überzeugt, dass die deutsche Opposition eine wirksame Massenbewegung werden, Hitler beseitigen, den Krieg abkürzen und Tausende, vielleicht Millionen Menschenleben retten kann. All dies könnte den Willen für ein neues, demokratisches Deutschland formen.«
Neben vielen Gesprächsterminen trifft sich Adam von Trott zu Solz zweimal mit Willy Brandt. Er richtet ihm Grüße von Julius Leber aus und (so Brandt) »erzählte mir über die Diskussionen in Berlin und bat mich, meine Ideen zu entwickeln. Er fragte mich, ob ich mich der neuen Regierung zur Verfügung stellen würde«.
Die Emigranten misstrauen dem Widerstand, der für sie ein Widerstand des Offizierskorps ist. »Trott ist naiv, und die meisten seiner Gesinnungsgenossen ebenso, ausgenommen die KP- und SAP-Leute«, zitiert *TIME-Magazine*-Korrespondent John Scott dann einen ungenannt bleibenden KP-Emigranten aus Kassel: »Wir passen nicht in die Welt von 1944. Wir müssen unser Erziehungssystem, unsere ganze ›Weltanschauung‹ ändern. Genau dies kapieren die meisten der Oppositionellen nicht. Sie stammen ohnehin aus dem Mittelstand oder höheren Klassen wie Trott. Nach dem Zusammenbruch werden wir nur lokale Komitees haben, eingesetzt vom ganz gewöhnlichen Volk. Sie bilden die Basis für ein demokratisches Deutschland.« John Scott konnte seinen Artikel nie im *TIME-Magazine* veröffentlichen. Die Zensurbehörden des State Department nehmen den Bericht an sich.
Die amerikanische Botschaft in Stockholm gibt in einem Brief an den Außenminister in Washington zu bedenken: »Kein Wort soll zum gegenwärtigen Zeitpunkt herausgehen, das nur in irgendeiner Weise das deutsche Regime in der Unterdrückung der Opposition unterstützen kann. Viel zu viel Schaden haben diesbezüglich schlecht informierte Kreise und auch der von Willy Brandt geschriebene Artikel angerichtet.«

Der amerikanische Geheimdienst beobachtet mit Argwohn den Kontaktversuch des Abgesandten aus dem Berliner Auswärtigen Amt mit der Sowjetbotschaft in Stockholm, auch wenn das OSS beschwichtigt: »Der Hintergrund der Verschwörer-Generale scheint mehr auf schnelle Kapitulation hinauszulaufen als auf separate Verhandlungen mit Russland.«

Die Kontakte mit »alliierten Kreisen« (so das OSS) in Stockholm bringen nicht einen Funken Hoffnung, dass die Alliierten gegenüber einer provisorischen deutschen Nicht-Nazi-Regierung die Casablanca-Erklärung vom 26. Januar 1943, in der Franklin D. Roosevelt und Winston Churchill die Formel von der bedingungslosen Kapitulation verkündeten, modifizieren.

Eine fatale und tragische Situation:

Das OSS kennt Ziel, Namen und einen nahezu genauen Termin des bevorstehenden Putsches. Aber die Reaktion auf diesen letzten, beschwörenden Auslandskontakt des deutschen Widerstands ist eisiges Schweigen im offiziellen London und Washington.

Enttäuscht kehrt Adam von Trott zu Solz nach Berlin zurück. Am 17. Juli berichtet er in Berlin-Wannsee Stauffenberg und einem kleinen Verschwörerkreis, dass eine Widerstandsregierung weder Rückhalt noch Aussicht auf eine andere Behandlung als die Hitler-Regierung haben würde.

Nach zwölf Attentatsversuchen auf Hitler während der NS-Zeit missglückt auch der letzte.

Die Totentafeln des 20. Juli 1944 zählen 147 Namen: Offiziere, Diplomaten, Politiker, Gewerkschafter, Geistliche, Wissenschaftler. In den folgenden Monaten werden noch 4980 Männer und Frauen aus der Widerstandsbewegung ermordet. Verwandte, Frauen und Kinder der Hingerichteten werden als »Sippenhäftlinge« in Konzentrationslager gebracht.

Allen Welsh Dulles – offiziell Sonderbotschafter des amerikanischen Präsidenten Roosevelt im Rang eines Botschaftsrats an der amerikanischen Botschaft in Bern mit dem Auftrag, europäische Wirtschaftsfragen zu studieren, inoffiziell OSS-Vertreter für das europäische Festland – hatte seit November 1942 bis zuletzt die Verbindungen zum deutschen Untergrund (auch zu Trott) gepflegt: »Von Schweden wie auch von der Schweiz, ja von Spanien, der Türkei und dem Vatikan mussten die Verschwörer erfahren, dass sie auf keinerlei Versprechungen rechnen konn-

ten, dass sie, wenn sie dazu bereit waren, vorangehen mussten, nicht in der Hoffnung auf bessere Friedensbedingungen, sondern lediglich, weil die Pflicht der Reinigung des eigenen Hauses eine absolute war. Es bestand kein Rückhalt in der Hilfe und den Versprechungen anderer.«
Jetzt war der organisierte Widerstand gebrochen und ausgelöscht. Die Chancen für einen Machtwechsel waren gleich null. Eine neue Führungsschicht war vernichtet. Ihr Lösungsvorschlag für ein Nachkriegsdeutschland – Demilitarisierung, Denazifizierung und Wiederaufbau – nicht mehr aktuell.
Das Schicksal Deutschlands war schon vor dem Putsch besiegelt: die Europäische Beratende Kommission (European Advisory Commission, EAC) – zuständig für die Koordinierung der alliierten Politik zwischen den Kriegskonferenzterminen der »Großen Drei« – hatte im Lancaster House in London den Urkundenentwurf für die »Bedingungslose Kapitulation Deutschlands« fertig formuliert. Am 25. Juli 1944, fünf Tage nach dem missglückten Staatsstreich, unterzeichnen die drei Botschafter das streng geheime Papier. Datum und Uhrzeit sind auf dem Dokument offengelassen. Ebenso die Stelle, die für die Unterschrift des bevollmächtigten Vertreters der deutschen Regierung vorgesehen ist …

Seit Juni 1944 werden in den USA aus den verschiedensten Standorten Offiziere zusammengerufen, die für die zukünftigen Aufgaben als Militärregierungsoffiziere in Deutschland trainiert werden sollen. Die OSS-Studien der Deutschlandspezialisten und ihre Auswertung der Feindinformationen sind Grundlage des Unterrichts.
Vorlesungen über die Struktur der NSDAP, der deutschen Wirtschaft und der früheren Parteien in Deutschland stehen auf dem Stundenplan. Offiziere werden Gruppen zugeteilt und für einzelne Regionen ausgebildet. Eine Gruppe für Württemberg, eine für Baden, eine für Bayern; eine Gruppe simuliert am Beispiel Hessen, wie deutsche Beamte und Militärregierung einander begegnen. Eine andere Gruppe wiederum studiert die Stadtverwaltung Nürnberg als Modell, wieder eine andere beschäftigt sich mit dem deutschen Gesundheitswesen, dem Finanzwesen und dem Verwaltungsaufbau. Das Detachment (die Abteilung) A1A1 wird für Berlin trainiert.
Dann wird die Military Government Research nach Europa verlegt, zunächst nach Shrivenham, dann nach Manchester. Ein Militärhandbuch wird den Offizieren in die Hand gedrückt.

Anfang September 1944 geht man in Frankreich in Wartestellung – in Rochefort, westlich von Paris, im Schloss, und da dort alles überfüllt ist – in Zelten.

Jetzt wird mit Hochdruck an der Zusammenstellung einer Liste gearbeitet. Sie soll Namen von Deutschen enthalten, die nicht in der NSDAP sind und die den Alliierten bei der Schaffung einer neuen Ordnung an die Hand gehen können.

Schon seit Anfang 1942 verhört das Counter Intelligence Corps (CIC, Abteilung für Spionageabwehr) deutsche Kriegsgefangene und fragt nach dem Stand der Kriegsrüstung, nach Truppenverschiebungen und Namen unbelasteter Deutscher. Die brauchbaren Hinweise waren an das OSS weitergegeben worden, das diese Namen zu einer immer länger werdenden Namensliste auswertet.

Neue Namen kommen hinzu: aus Fort Ritchie, Pennsylvania, oder aus »Mr. Dulles' office« in Bern. Auch Emigranten geben wertvolle Hinweise auf in Deutschland untergetauchte Freunde.

In den Wochen des zu Ende gehenden Augusts und beginnenden Septembers erfährt das OSS Einzelheiten über den Berliner Putschversuch.

Am 26. August 1944 wird Adam von Trott zu Solz hingerichtet. Am selben Tag gerät sein jüngerer Bruder Heinrich in Frankreich in alliierte Gefangenschaft. Er wird zu den Hintergründen des Staatsstreichs vernommen. Namen werden erkundet, Verbleib und Funktion der Personen notiert. Neue Namen werden aufgeschrieben: wie Ernst Jünger, Ernst Wiechert, Thomas Dehler, Dietrich Bonhoeffer …

Man gibt Trott den Hinweis, vor Mitgefangenen seine Anti-Nazi-Haltung zu verschweigen, da öfters schon Gefangene mit Anti-Nazi-Gesinnung im Lager niedergeschlagen worden seien.

Verhöre bringen neue Hinweise: »Wenn Niemöller das Konzentrationslager überlebt, dann wird er zweifellos eine dominierende Rolle im deutschen Leben spielen«, sagt einer in einem der OSS-Interviews. Ein Kommunist meint, dass »Deutschland einer der Staaten innerhalb der Sowjetrepubliken werden soll«.

Die Nervosität bei den Stäben der SHAEF (Supreme Headquarters Allied Expeditionary Forces, Oberstes Hauptquartier der Alliierten Expeditionsstreitkräfte) ist groß. In wenigen Tagen betreten sie das Land, das nicht nur der Welt den Krieg erklärte, sondern das weltweit die politische Kultur zerstören wollte. Allgemein rechnet man damit, dass der Zusammenbruch unmittelbar bevorsteht. Das OSS ist darauf vorbereitet. Aber so konkret auch seine Deutschlandspezialisten vorgearbeitet haben, so wenig fließen deren Studien in die hohe Ebene amerikanischer Politik ein. Ein Kenner behauptet sogar, die Informationen von OSS Bern zum Beispiel seien schon lange in den Papierkörben der Washingtoner Bürokratie gelandet.

Die Ereignisse in Europa überstürzten sich: am 4. Juni 1944 wurde Rom befreit, zwei Tage später begann die amerikanisch-britische Invasion in Nordfrankreich. Am 10. Juni zerstörte die Waffen-SS das französische Dorf Oradour und ermordete seine Einwohner. Am 12. Juni begann der Beschuss Londons mit V-1-Waffen. Am 1. August brach der Warschauer Aufstand aus, am 25. August war Paris befreit, am 11. September erreichten amerikanische Truppen die deutsche Grenze.
Am 21. Oktober werden sie in Aachen sein.

Die bisher rationale Phase im politischen Washington schlägt angesichts dieser Ereignisse in eine zunehmend irrationale um. Sie wird mehr und mehr die nächsten politischen und militärischen Maßnahmen prägen.
Selbst die Presse reagiert in dieser Kriegsphase aggressiv auf die Staatsstreich-Meldungen aus Berlin. Die *New York Herald Tribune* schreibt am 9. August 1944: »Amerikaner haben nichts übrig für Aristokraten als solche und am wenigsten für diejenigen, die dem Gleichschritt huldigen und, wenn es in ihre Pläne passt, mit niedrig geborenen, pöbelverbundenen Korporalen zusammengehen.«
Es passiert jetzt etwas, was das Verständnis für die nächsten drei Jahre in ihren menschlichen Konfrontationen, ihrer militärischen und wirtschaftlichen Härte so schwierig macht: Es entsteht der »Plan«. Er wird entscheidend das psychologische Klima des Führungsaustauschs in Deutschland bestimmen und den Hintergrund der Kraftfelder abstecken, in denen »die neuen Leute« bei der Bewältigung der wichtigsten Programmpunkte einer Nachkriegspolitik – Demilitarisierung, Denazifizierung und Demontage der Rüstungsbetriebe – tätig werden sollen.

Am 17. August 1944 war Finanzminister Henry Morgenthau jr. von einer Englandreise nach Washington zurückgekehrt. Dort hatte ihm der amerikanisch-britische Stab auf der Grundlage der CCS 551 (Combined Chiefs of Staff, gemeinsamer Operations- und Planungsstab der USA und Großbritanniens während des Zweiten Weltkriegs) das »Handbuch

für die Militärregierung in Deutschland« gezeigt. Morgenthau ist jedoch in keinster Weise mit den Richtlinien der Militärs einverstanden und lässt daher am 1. September 1944 von seinem Unterstaatssekretär Harry Dexter White ein Memorandum des Finanzministeriums veröffentlichen. Es wird als »Morgenthau-Plan« in die Geschichte eingehen. Dieser Plan gewinnt plötzlich hochpolitische Brisanz, da er zwischen dem 11. und 16. September 1944 Gesprächsinhalt des Treffens von Roosevelt und Churchill in Quebec wird und zu einer Absichtserklärung der beiden Mächte deklariert wird: »Dieses Programm sieht vor, dass Deutschland in ein vorwiegend landwirtschaftliches und viehwirtschaftliches Land verwandelt werde.«
Zerstörung der Schlüsselindustrie, Aufteilung Deutschlands in einen nord- und süddeutschen Staat; »das Herz der deutschen Industriemacht« – das Ruhrgebiet – soll demontiert und zu einer internationalen Zone gemacht werden; deutsche Arbeiter sollen Zwangsarbeit im Ausland leisten, alliierte Erziehungskommissionen sollen Umerziehungspläne entwerfen, Bergwerke sollen geschlossen werden; »während einer Periode von 20 Jahren nach der Kapitulation sollen geeignete Kontrollen des Außenhandels und strenge Beschränkungen der Kapitaleinfuhr durch die Vereinten Nationen aufrechterhalten werden« (also bis 1965), »die Nachbarländer Deutschlands (sollen) auf dem europäischen Festland die polizeiliche und verwaltungsmäßige Verantwortung für Deutschland übernehmen. Unter diesem Gesichtspunkt können die Truppen der Vereinigten Staaten in verhältnismäßig kurzer Zeit zurückgezogen werden.«
Das sind nur einige Aussagen der 14-Punkte-Liste. Ein neues Vierzehnpunkte-Programm wie nach dem Ersten Weltkrieg?

Der Plan hätte durchaus ein Einzelvorschlag eines prominenten Amerikaners bleiben können, wenn nicht eben dieser Mann in dem am 26. August 1944 von Präsident Roosevelt einberufenen Kabinettsausschuss aus Finanz- und Kriegsministerium und State Department seinen Einfluss geltend gemacht hätte.
Die Aufgabe des Ausschusses lautete: die gegenüber einem besetzten Deutschland einzuschlagende Politik endgültig zu formulieren. Das Außenministerium plädierte für eine langfristige Deutschlandpolitik, das Kriegsministerium sah seine Aufgabe mit einem Sieg beendet – angesichts einer solchen Polarisierung konnte Morgenthau meinungsprägend wirken. Am 22. September (elf Tage schon befinden sich die

Alliierten auf deutschem Boden) wird die Arbeit des Kabinettsausschusses als Direktive JCS 1067 (Joint Chiefs of Staff; die vereinten Generalstabschefs) verabschiedet – bindend für den US-Generalstab.
Der negative Strafcharakter des Morgenthau-Plans kommt in dieser Direktive, wenn auch etwas gemildert, bis in einzelne Formulierungen, Überschriften und Gliederungen durch. Sie prägt den Geist der Begegnung von Siegern und Besiegten: »Deutschland wird nicht mit dem Ziel der Befreiung besetzt werden, sondern als eine besiegte feindliche Nation. … Ziel ist nicht Bedrückung, sondern die Besetzung Deutschlands zur Erzielung gewisser wichtiger alliierter Interessen.«
Und in direkter Anrede an den »Oberstkommandierenden der Okkupationstruppen in Deutschland, betreffend die Militärregierung in Deutschland«, heißt es für Dwight D. Eisenhower: »In der Durchführung Ihrer Besetzung und Verwaltung sollen Sie gerecht, aber fest und kühl sein. Sie werden Fraternisierung mit deutschen Beamten und der deutschen Bevölkerung energisch erschweren.« Dann definiert die Direktive den Zeitraum ihrer Gültigkeit: »Diese Direktive entwickelt das Verhalten Deutschland gegenüber in der ersten Periode nach der Niederlage. Deshalb ist sie nicht dazu bestimmt, ein endgültiges Programm dieser Regierung über die Behandlung Deutschlands in der Nachkriegswelt aufzustellen.« Es folgen dann die Abschnitte über Demilitarisierung, Denazifizierung und Demontage.
Veröffentlicht wird diese Direktive nicht wie geplant am 27. September 1944, sondern sie wird erst am 21. Mai 1945 in Versailles den Verantwortlichen bekannt gegeben. Sie lasen Sätze wie diesen: »Es soll den Deutschen zu Bewusstsein gebracht werden …, dass die Deutschen der Verantwortung für das, was sie selbst über sich heraufbeschworen haben, nicht entgehen können.« Und: »Es soll ohne … Bewilligung keine politische Betätigung irgendwelcher Art geduldet werden.«
Die Reaktion auf die Direktive war interessant.
Kriegsminister Henry Stimson erklärt, die Direktive sei ein »offenes Eingeständnis des Bankrotts der Hoffnung auf eine vernünftige wirtschaftliche und politische Überwindung der Kriegsursachen«; wobei Morgenthau seine Politik als »Programm zur Verhinderung der Entfesselung des Weltkriegs III durch Deutschland« in die politische Diskussion um das Nachkriegsdeutschland eingebracht hatte.
Das State Department protestiert in der Person James Riddlebergers (»ein Hohn auf alle wirtschaftliche Vernunft«), nachdem es schon am

10. März 1945 beim Präsidenten einen zunächst erfolgreich scheinenden Versuch unternommen hat, die Direktive doch noch zu umgehen. (Tatsächlich wurde sie damals für zehn Tage außer Kraft gesetzt, dann aber wieder bestätigt.)
Die Reaktion unter denen, die sich am meisten an diese Direktive zu halten hatten, die Mannschaft um Lucius D. Clay, ist am heftigsten: Clays Finanzberater Lewis Douglas tritt zurück, ebenso Wirtschaftsreferent William Draper. Auch Clays politischer Berater Robert Murphy und Clay selbst reagieren entsetzt. Ebenso die US-Delegation bei der EAC in London, da die in der Direktive vorgesehene Eigenhoheit des einzelnen Zonenbefehlshabers eine zentrale Besatzungspolitik infrage stellt.
(Lucius D. Clay, Stellvertretender Militärgouverneur unter Eisenhower und später unter Joseph McNarney, weiß um die ›Endgültigkeit‹ solcher Direktiven, wenn er sagt: »Erinnern wir uns der Schwierigkeiten, die wir hatten, innerhalb der Regierung Übereinstimmung über JCS 1067 zu erzielen, dann wird sich keiner von uns Illusionen darüber machen, welch ungeheure Aufgabe es wäre, eine neue, umfassende Direktive auszuhandeln.« Als er am 15. März 1947 selbst das Amt eines Militärgouverneurs in Deutschland antritt, diktiert erst eine neue weltpolitische Konstellation den Text dieser Direktive um.)
Es heißt des Öfteren in der Literatur, der Morgenthau-Plan sei nie offizielle Politik der USA geworden. Wie sollte auch der Vorschlag eines Finanzministers ein offizielles Papier des politischen Washington werden? Aber das Deutschlandbild des Mr. Morgenthau wurde viel wirksamer dadurch, dass just zur Zeit seiner Veröffentlichung die Deutschlandpolitik formuliert werden musste. Und diese Direktive wurde das einzig gültige Dokument für die Besatzungspolitik.
Es führte dazu, dass die USA und damit die Westalliierten kein langfristiges, rationales Programm für eine Mitteleuropapolitik entwickelten. War schon das Festhalten an der »bedingungslosen Kapitulation« für den deutschen Widerstand erschwerend, so belastete der Plan des Finanzministers die alliierte Europapolitik bis Juli 1947, als die USA ihre Deutschlandpolitik im Alleingang plötzlich um 180 Grad drehten.
Und noch fataler: der Vorstoß des Mr. Morgenthau prägte den politischen Geist der drei Mächte insgesamt, da sein Vorschlag am weitestgehenden die Überlegungen aller interpretierte, wie der Nationalsozialismus als wirtschaftliche, militärische und politische Gefahr beseitigt werden könnte.

Der Leiter der Historischen Abteilung des State Department, William M. Franklin, fasste seine Kenntnisse über den Plan und dessen Auswirkungen so zusammen: »… a tale of confusion, reversals, conniving – possibly conspiracy – and administrative incompetence, not to speak of what seems in retrospect at very least gross errors of judgement on policy questions …« (»… eine Geschichte der Verwirrung, der Umschwünge, des Intrigierens – möglicherweise der Verschwörung – und der verwaltungsmäßigen Inkompetenz, ganz zu schweigen von dem, was rückblickend allermindestens grobe Fehler in der Beurteilung politischer Fragen zu sein scheinen …«) Die harte Politik aus dem Finanzministerium prägt die Phase der Entscheidungslosigkeit, bis es zu spät sein wird.

Am 5. Dezember 1944 wird die »Liste« fertiggestellt. Die Psychological Warfare Division (PWD, Abteilung für psychologische Kriegsführung) von SHAEF nennt sie die »Weiße Liste« – »the White List of persons in Germany who are believed to be anti-Nazi or non-Nazi« (»die Weiße Liste von Personen in Deutschland, von denen angenommen wird, dass sie anti-Nazi oder nicht-nazistisch sind«). Die Daten wurden gesammelt aus zahlreichen Quellen: »Aussagen von freundlich gesinnten Kriegsgefangenen, Flüchtlingen und geheimen Quellen. Deshalb muss diese Information in jedem Fall mit Vorsicht behandelt werden.«
Die Angaben sollen an Ort und Stelle überprüft werden. Es wird daran erinnert, dass eine Person, die vielleicht einmal anti-nazistisch gesinnt war, ihre Meinung inzwischen auch geändert haben könnte.
Ein Stern neben dem Namen bedeutet, dass zwei unabhängig voneinander vernommene Quellen ein und dieselbe Information über eine Person geliefert haben.
Ein C vor dem Namen bedeutet, dass der Betreffende auf einer SHAEF-Liste von Verdächtigen vermerkt ist, weil er unter dem Nazi-Regime ein bestimmtes Amt oder eine bestimmte Position innehatte, er aber dennoch von Wert sein könnte.
»Das Abfangen einer Kopie dieser Liste durch den Feind oder die frühzeitige Aufdeckung irgendeines Namens ihm gegenüber würde das Leben vieler möglicherweise wertvoller Menschen gefährden.« Deshalb gibt das Deckblatt der Liste folgende, strikt einzuhaltende Verfahrensregel: Eine komplette Kopie der Liste für ganz Deutschland bleibt beim Hauptquartier. Die Liste wird deshalb in einzelne Regionen für die einzelnen Armeeabschnitte aufgeteilt. Diese Regionallisten wiederum müs-

sen aufgeteilt werden in die einzelnen Städte, sodass die Armeen einfach den Listenabschnitt für die jeweilige Stadt für ihre Operation herausschneiden.
Keine Liste darf in Gebiete mitgenommen werden, in denen noch gekämpft wird. Selbst die Regionallisten sollen unter der Kontrolle und Verantwortung des CIC (Counter Intelligence Detachment, Abteilung für militärische Aufklärung), der PWD oder des Stabes bleiben. »Alle in Betracht kommenden Personen müssen durch das CIC noch überprüft werden.«
Die Liste ist unterteilt in Rhein-Provinz, Saar-Pfalz, Westfalen, Württemberg, Baden, Hessen-Nassau, Bayern und Berlin.
Etwa 1500 Namen von Deutschen stehen auf dieser Weißen Liste, die innerhalb der von SHAEF zugedachten Einflusszonen den Führungsaustausch in Deutschland besorgen soll: von Münster über Köln, Aachen, Frankfurt, Stuttgart und München bis Berlin; denn die Militärs gingen damals noch von einem amerikanischen Vorstoß bis Berlin aus.
Die größte Gruppe auf der Weißen Liste ist der Berufsstand der in den Medien Arbeitenden. Dazu zählen auch die Herausgeber oder Schriftsteller; insgesamt 166 Personen.
Auf Platz 2 folgen die in der Verwaltung (Kommune, Land, Reich) arbeitenden Beamten mit 153 Personen.
Dann folgen die Namen aus der Wirtschaft mit 128.
Aus dem Sektor der Lehrer und Erzieher 123.
Aus dem Bereich der Wissenschaft sind es 120 Namen.
Dann folgen die Repräsentanten der Kirchen mit 107.
Erst auf Platz 7 ehemalige Politiker; oder Frauen und Männer, die in politischen Organisationen gearbeitet hatten und meist 1933 ihren Platz räumen mussten (104).
Es folgt der Berufsstand der Juristen, meist Notare und Rechtsanwälte (84).
Auf Platz 9 – die Gruppe der Künstler mit 82 Namensangaben.
Dann kommen die Angestellten mit 77 Angaben,
auf Platz 11 Kleinunternehmer (Geschäftsinhaber): 47;
aus dem Bereich der Banken und Versicherungen sind es 40,
dann folgen Arbeiter, Ärzte und organisierte Untergrundorganisationen.
100 Namen etwa sind ohne Berufsangaben.

Als die OSS- oder CIC-Leute die befreiten deutschen Orte durchkämmen und ihre Listen abhaken, geht es zunächst nicht darum, mit einem Federstrich die neue Ordnung in Deutschland zu schaffen. Als das erste Team unter Major Jones am 21. Oktober 1944 in Aachen ausschwärmte, hatte es noch keine fertige Weiße Liste an der Hand. Der inzwischen abgelöste Chef der OSS Research and Analysis Branch, Walter L. Dorn (er berät jetzt die eingesetzten Teams), schildert seinen ersten Eindruck in Deutschland:

»Wir lernten jetzt, dass wir weder eine Partei noch eine vollständige, sei es lokale, sei es zentrale Verwaltung in Deutschland finden würden.«

Die Zerstörungen und das Chaos in Deutschland sind umfangreicher, als er den angehenden Militärregierungsoffizieren in den Schulungskursen vordoziert hatte. Keine intakte Verwaltung; leere oder zerbombte Rathäuser. Manche spotten jetzt über das »akademische und klösterliche Leben« der Planer, die »niemals in den Dreck hinausgekommen« seien.

Die zweite Stadt nach Aachen ist Krefeld. Dort baut Henry Kissinger von der 84. Infanteriedivision, Louisiana, in drei Tagen eine funktionierende Verwaltung auf; eine Stadt, in der noch zwei Tage zuvor die Nazis geherrscht hatten.

Am 17. März 1945, also zehn Tage, nachdem die Westalliierten den Rhein bei Remagen überschritten haben, erscheinen zwei Offiziere in Rhöndorf und fragen am Zennigsweg 8a: »Wohnt hier Dr. Adenauer?«

Im offenen Jeep werden Herr und Frau Adenauer nach Köln gefahren, wo der neue Kommandant von Köln, Lt. Col. R. L. Hyles, den früheren Oberbürgermeister an die Spitze der Verwaltung einer Stadt stellt, die nur noch 300 unbeschädigte Häuser zählt.

Adenauer rühmte sich später, die Nr. 1 auf der Weißen Liste für Deutschland gewesen zu sein. In Wirklichkeit war er aber lediglich der 101. innerhalb der Region Rhein-Provinz und Nr. 1 auf dem für Köln bestimmten Papier, da die Liste alphabetisch geordnet ist.

(In seinem amerikanischen Exil hatte Dr. Heinrich Brüning den ehemaligen Kölner Oberbürgermeister für den Posten eines neuen deutschen Kanzlers vorgeschlagen. Vor dem Dritten Reich empfahl er dem Reichspräsidenten Hindenburg den Leipziger Oberbürgermeister Carl Goerdeler als seinen Nachfolger, rückte aber immer mehr von ihm ab, da er zu sehr auf das Oberkommando der Wehrmacht (OKW) hören würde. Auch Erika Mann bestätigt, dass Adenauer den Amerikanern »vielfach empfohlen« worden sei. Dabei spielte kaum eine Rolle, dass Adenauers

zweite Frau als gebürtige Zinsser eine entfernte Kusine von Mrs. McCloy, der Frau des stellvertretenden amerikanischen Kriegsministers, war.)
Die Akten des Military Government sind inzwischen schon so zahlreich geworden, dass einer allein sie gar nicht schleppen, geschweige denn überblicken könnte.
Die Teams kämmen Orte und Großstädte nach Namen von der Weißen Liste durch. Bei einem der Namen steht der Hinweis: »Helped pastor escape in his car«, bei einem anderen: »PW source thinks would help Allies overthrow Nazism« oder: »When Allies marched into Germany the only people they could negotiate with would be the Roman Catholic Church.« Oder: »Maintained contacts with exiled Anti-Nazis« (»Half einem Pfarrer, in seinem Auto zu entkommen« – »Die Quelle, ein Kriegsgefangener, denkt, dass er helfen würde, den Nazismus zu stürzen« – »Wenn die Alliierten in Deutschland einmarschierten, würden die einzigen Menschen, mit denen sie verhandeln könnten, die der römisch-katholischen Kirche sein« – »Erhielt den Kontakt zu im Exil lebenden Anti-Nazis aufrecht«)
Viele Personen von der Weißen Liste sind nicht auffindbar. Zum Beispiel Carlo Mierendorff, der am 4. Dezember 1943 bei einem Luftangriff auf Leipzig ums Leben kam; oder Wilhelm Leuschner und Dietrich Bonhoeffer, die zu den Opfern des 20. Juli gehören.
Die ohnehin nur ca. 1500 Namen aufzählende Liste schrumpft. Die Aktionen nach dem 20. Juli reduzierten drastisch die Chance für ein breites Auswechseln der Führungsschicht.
Der Besatzungsalltag macht zusätzlich die Suche nach geeigneten Männern und Frauen schwierig. War eine Stadtverwaltung schließlich unter Mühen wieder eingerichtet, wechselt die Besatzungseinheit. Die Männer und Frauen der allerersten Stunde werden oft abgesetzt, neue mit kommunalen Aufgaben betraut.
Bald wechseln auch die Grenzen der Besatzungsgebiete: Die US-Einheiten übergeben Köln an die Engländer (die setzen Adenauer wieder ab), Stuttgart an die Franzosen, Magdeburg an die Sowjets. Akten werden mitgenommen und Informationen der G-5-Abteilungen (wie die MG-Leute jetzt abgekürzt werden, da sie einzelnen Armeegruppen zugeordnet sind) erreichen nicht die G-2-Leute (Geheimdienst) und umgekehrt.
Die Militärregierungsoffiziere beklagen sich über unklare Anweisungen. Die Berliner Adressen auf der Weißen Liste überlassen die Amerikaner

ohnehin den Sowjets, da das Detachment A1A1 (das für den US-Sektor in Berlin vorgesehen ist) vorerst nicht zum Einsatz kommt. Nach vorübergehenden Einsätzen im Raum Sachsen und im Gebiet von Braunschweig geht es zweieinhalb Monate lang in Frankfurt am Main in Wartestellung, bis die militärische Entscheidung Eisenhowers, in Magdeburg nach Süden abzudrehen, um dem Phantom Alpenfestung nachzujagen, einigermaßen politisch korrigiert wird.
In München sucht Col. Keller am Marienplatz das Rathaus auf. Die G-5-Teammitglieder schwärmen laut Keller in ihren Jeeps aus, »um zu sehen, wie nahe die Situation in München den Schätzungen kam, die dem Operationsplan zugrunde lagen. Sie besuchten die Gasanstalt, die Wasserwerke, die Kanalisierungsanlagen, das E-Werk und schätzten die Bedürfnisse an Arbeitskräften und Material, um sie wieder in Gang zu bringen. Sie interviewten Kardinal Faulhaber und einen Repräsentanten des lutherischen Bischofs von Bayern. Sie befragten Erzieher und Personen der Wohlfahrt«. Erster Bürgermeister wird der auf der Weißen Liste stehende Karl Scharnagl.
Die spontan, vor allem in Bremen und vielen Großstädten, entstehenden Antifa-Gruppen überlebender Untergrundorganisationen stören die Aufbauarbeit der Soldaten. (OSS-Interview mit Peter Fischer, KP-Mitglied und Provisorischer Beirat der Antifaschistischen Organisation: »Unter einem Sowjetsystem wird der politische und ökonomische Wiederaufbau Deutschlands am leichtesten.«) Sofern die Namen der Akteure nicht auf der Liste stehen, stoßen die Selbstsäuberungsaktionen dieser Organisationen auf das Unverständnis der G-5-Leute.

»Es lebe das heilige Deutschland«, sagte Stauffenberg vor seiner Hinrichtung. Die Antwort der Alliierten auf diese letzten Worte eines Deutschen war: »Germany is our problem.«
Erst Tage nach Kriegsende wird die Direktive JCS 1067 genehmigt. Ihr Geist bestimmt die Marschroute, wie der Elitenaustausch im klassischen Dreieck Politik, Wirtschaft und Militär stattfinden soll. Der »Plan« steckt den psychologischen Hintergrund ab und bestimmt die Bedingungen, unter denen eine neue politische Kultur aufgebaut werden soll.
Der Schock ist groß, sowohl im politischen Exil wie auch bei der inneren Emigration. Genauso groß ist ihre Isolation. Die Appeasement-Politik im Jahre 1938 und die Kampagne »for the Prevention of World War III« im Herbst 1944 (sie wird verstärkt bis in den März 1945 äußerst wirksam

weitergeführt) engen die politische Wirksamkeit und Lebensfähigkeit des »anderen Deutschlands« ein.
In dieser Situation hätte ein gelungenes Attentat am 20. Juli 1944 zu einer fatalen Situation führen können. Einmal, weil eine Bombe allein noch kein System beseitigt; denn ein erfolgreiches Attentat wäre zunächst einmal nur ein erster Schritt in eine neue Richtung gewesen. Zweitens hatte sich das psychologische Klima von außen kurz vor Kriegsende angesichts der KZ-Gräuel ungünstiger als erwartet entwickelt: bürgerkriegsähnliche Zustände im Innern (»Dolchstoßlegende« II?) und ein bedingungsloses Diktat von außen (»Versailles« II?) hätten ähnliche Zustände schaffen können wie am Ende des Ersten Weltkriegs. Ausgeschlossen hat man dies nicht in den R & A Branches: OSS-Studien beschäftigen sich vorsorglich mit Analysen des Kriegsendes 1918.
Es ist erstaunlich, wie wenig die Zeichen der Zeit im Ausland erkannt wurden und wie mutig angesichts dieser geradezu tödlichen Gefahr die Aktion des 20. Juli war. Erstaunlich um so mehr, als Carl Goerdeler bei seinen Auslandsreisen in den Jahren 1937/38 sowohl dem britischen Unterstaatssekretär Sir Robert Vansittart als auch dem amerikanischen Finanzminister Henry Morgenthau jr. die Ideen des »anderen Deutschlands« persönlich entwickeln konnte.

Die Weiße Liste wurde von SHAEF verantwortet. Ihr psychologischer Arbeitswert war dadurch belastet, dass die anti-nazistische Front mehr denn je zu einer anti-deutschen Front geworden war. Das stereotype Wort: »It's an order!« relativierte in den Augen vieler das Wort »Befreiung« und die Courage zum Neubeginn für ein politisches System, in dem ein Landratsposten (wie Reinhold Maier, nach 1945 erster Ministerpräsident von Württemberg-Baden, sich ausdrückte) die höchste politische Instanz war, die ein Deutscher zunächst erreichen konnte.
Wehleidigkeit in einer Zeit, geprägt von politischer Kulturlosigkeit, von Reichstagsbrand, Ermächtigungsgesetz, Kristallnacht, Verfolgung, KZ und 50 Millionen Kriegstoten in aller Welt, ist fehl am Platz.
Vielleicht hatte Dietrich Bonhoeffer als einer der wenigen die Situation genau erfasst: »Ich bete für die Niederlage meines Vaterlandes. Nur durch eine Niederlage können wir Sühne leisten für die furchtbaren Verbrechen, die wir gegen Europa und die Welt begangen haben.«

Ein Mann der Besatzungsmacht – Alexander A. Klieforth

Quellenlieferant der Namen auf der Weißen Liste ist vor allem das Office of Strategic Services (OSS). Der letzte Stand der Liste wird vom Büro Dulles in Bern für das Oberste Hauptquartier der Alliierten Expeditionsstreitkräfte (SHAEF) aufgestellt und der Abteilung des Geheimdienstes (G-2) sowie der der Militärregierung (G-5) zugeleitet.
Für die Militärregierungsoffiziere ist die Liste eine besonders wichtige Quelle; denn diese Offiziere der Generalstabsabteilung G-5 sind ja für die Beseitigung der alten und den Aufbau einer neuen Ordnung verantwortlich. Sie wurden geschult für ihre Aufgabe in den eigens dafür eingerichteten Lehrgängen in Shrivenham.
Das OSS richtet in Bad Orb Schulungskurse ein, um den Personen, die auf der Weißen Liste stehen, politische Nachhilfestunden zu ermöglichen. David Levy, New York, ein Mitglied des Lehrkörpers: »Die Änderung der deutschen Psychologie ist die Hauptaufgabe der Militärregierung.«
Das OSS stellt seine Dienste auch der Psychological Warfare Division zur Verfügung, als dieselbe »Schule« nach der ersten Trainingsphase für die neue politische Schicht in Deutschland in einer zweiten Phase die neuen Lizenzträger in den Medien trainiert. Ein Großteil der auf der Weißen Liste aufgeführten Personen gehört ja dem publizistischen Sektor an.
Die Schule in Bad Orb ist in dieser zweiten Phase der Abteilung für Informationskontrolle in Bad Homburg angeschlossen worden. Ihr Chef, Brigadegeneral Robert A. McClure, tut sich schwer, aus der negativen Aufgabenbeschreibung des Besatzungsalltags einen für die neuen Aufgaben jeweils geeigneten Persönlichkeitstyp seiner Kandidaten zu gestalten.
Als im Oktober 1945 das Personal von G-5 aus der Armee herausgelöst wird und von Frankfurt zu OMGUS (Office of Military Government for Germany, U.S.) Berlin übersiedelt, wandert auch die Abteilung für Informationskontrolle nach Berlin mit.

Einer der ganz wenigen Eingeweihten in die Weiße Liste war Alexander A. Klieforth. 1918 in Russland als Sohn einer alten US-Diplomatenfamilie geboren, trat er nach dem Besuch einer Diplomatenschule in Washington 1941 selbst in den diplomatischen Dienst ein. Er diente dann während der Kriegs- und Nachkriegsjahre (1944-46) in der Armee bei G-5, wurde danach Berater von Ausschussmitgliedern des US-Repräsentantenhauses, war dann in leitender Stellung im US-Informationsdienst und ab 1967 ununterbrochen wieder in der Diplomatie tätig, zuletzt im Range eines Botschaftsrats an der Botschaft in Bonn.
Klieforth, dessen Vater vor dem Krieg Generalkonsul in Köln war, wuchs in der Max-Bruch-Straße in Nachbarschaft zur Familie Adenauer auf.
1980 erreichte er die Pensionsgrenze und wechselte vom Rheinland nach San Diego, California.
In der allerersten Periode Nachkriegsdeutschlands konnte Klieforth beobachten, wie das Schicksal der Leute aussehen würde, die auf der Weißen Liste standen, und wie der Führungswechsel im Nachkriegsdeutschland tatsächlich in der Praxis aussah. Alexander Klieforth starb am 5. Oktober 2012. Das nachfolgende Interview stammt aus dem Jahr 1979.

HENRIC L. WUERMELING: *Wie kam es zum Namen »Weiße Liste«?*
ALEXANDER A. KLIEFORTH: Also das kam daher, dass es auch eine »Schwarze Liste« gab. Das war eine Liste derjenigen Personen, Firmen, Geschäfte usw., deren Gelder in den Vereinigten Staaten blockiert wurden. Die Weiße Liste war eine Liste derjenigen Deutschen, denen wir vertrauen konnten.

Wer hat die Liste erstellt?
In erster Linie viele Amerikaner, die im diplomatischen Dienst in Deutschland vor dem Krieg gedient hatten. Sie hatten sämtliche Deutsche in Erinnerung, mit denen sie Kontakt hatten und von denen sie vollkommen überzeugt waren, dass sie als anti-Nazi eingestuft werden konnten und dass sie sich aller Wahrscheinlichkeit nach auch unter Druck nie zu etwas bekennen würden, was ihre Würde als Deutsche und Demokraten antasten könnte. Man wusste natürlich nicht, was in der Zwischenzeit geschehen war, aber das konnte man ja nachher herausfinden.
Dann gab es noch eine andere Quelle: Wir hatten vor dem Krieg eine beträchtliche Anzahl von amerikanischen Geschäftsleuten in den Cham-

bers of Commerce in Berlin, München, Köln und Düsseldorf, und die hatten ihre Kontakte. Und dann war da noch die Arbeit der Intelligence Services, was die ihrerseits aus Befragungen von Gewährsleuten oder Kriegsgefangenen zusammenstellen konnten. Nur jemand, der von zwei Quellen einwandfrei eingereicht wurde, galt als einwandfrei. Wenn nur eine Person jemanden angab, dann musste genau nachgeforscht werden, was mit dem Empfohlenen während der Kriegszeit geschah. Die Liste wurde also zusammengestellt aus der persönlichen Kenntnis der Personen.

In welchem Zeitraum wurde die Liste zusammengestellt?
Man hat die Liste im Jahre 1943 begonnen und 1944 war sie mehr oder weniger fertig. Es wurde natürlich immer wieder einiges hinzugefügt, da ging man weniger bürokratisch als vielmehr menschlich vor.

Was war der Sinn und Zweck der Weißen Liste?
Sinn und Zweck der Sache war, dass wir eine Anzahl von Deutschen zusammenstellen wollten, mit denen man beim Wiederaufbau Deutschlands zusammenarbeiten konnte.
Man hatte schon eine Vorahnung, die sich aber in der Praxis dann schnell reduzierte. Man geht während eines Krieges in ein Land und stellt dort dann Militärregierungen auf. Das ist seit der Zeit von Hammurapi so. Und im Allgemeinen handelt der Sieger durch eine Autorität, die er demonstriert. Wenn man in ein befreites Land kommt, wie wir im Falle Italiens oder Frankreichs, dann geht das sehr schnell; man arbeitet dort mit den noch funktionierenden Autoritäten zusammen.
Hier in Deutschland wurde uns die Situation klar von dem Moment an, wo wir wirklich Deutschland betraten, also mit der Einnahme von Aachen als erster Großstadt: dass hier alles zusammenbrach, dass es hier überhaupt nichts mehr gab, nichts auch im Sinne einer öffentlichen Ordnung als ein Beispiel. Es gab keine Polizei und auch niemanden, der die Verantwortung übernahm für die elementarsten Gegebenheiten des Lebens, für die Wasserversorgung oder die Sanitätsversorgung beispielsweise, das war alles kaputt. Das war gewissermaßen ein Schock, denn das Image des Deutschen auch während des Krieges war das eines hochorganisierten Landes, in dem alles funktionieren würde. Also musste man alles von Anfang an erarbeiten und von den niedrigsten Stellen in der

Verwaltung ausgehen, um Dörfer, Kleinstädte, Großstädte oder Landkreise wiederaufzubauen. Dabei griff man auf diese Personen zurück, die auf der Weißen Liste standen. Mit diesen nahm man zuerst Kontakt auf; sie sollten dann Ämter übernehmen. Unter ihnen gab es natürlich viele, die inzwischen zu alt waren oder noch zu jung. Sehr viele in der mittleren Altersschicht waren ja entweder belastet oder im Krieg gefallen oder in Kriegsgefangenschaft, da gab es ja ein riesiges Loch.

Arbeiteten Sie auch mit Kommunisten zusammen?
Wir arbeiteten mit allen Nicht-Nazi-Deutschen zusammen, auch mit Kommunisten. Einige Quellen kamen durch die deutschen Mitkämpfer im Spanischen Bürgerkrieg in den Internationalen Brigaden; als das alles kaputtging, sind ja viele in Frankreich in der Résistance untergetaucht, und die hatten ja viele Kontakte, so kamen sehr viele weitere Namen noch hinzu. Später bekamen wir neue Namen von Zwangsarbeitern, die in den jetzt befreiten Gebieten gearbeitet hatten: im besetzten Frankreich, in Belgien und Holland. Dann kamen noch neue Quellen aus England hinzu und auch aus Bern vom Büro Dulles, das diese Informationen auswertete.

Von wem haben Sie die Liste ausgehändigt bekommen?
Man hat ja nie die ganze Liste ausgehändigt bekommen, in der sämtliche zuverlässige Deutsche aufgeführt waren, immer nur kurze Kopien mit Namen, Angaben zur Person und wo man sie auffinden kann. Und da ich bei G-5 bei SHAEF angehängt war, bekam ich meine Kopie von SHAEF direkt. Solche Listen gingen dann später an die Behörden der Militärverwaltung.

Wo waren Sie eingesetzt?
Mein erster Job war, Konrad Adenauer zu finden. Es gab dafür zwei Teams. Ich hatte früher viel Detektivromane gelesen und konnte mein Wissen jetzt erproben. Ich kannte die Umstände Adenauers aus der Zeit vor dem Kriege sehr genau, da wir in Köln in derselben Straße Adenauer gegenüber gewohnt hatten. Mein Vater war ja in Köln Generalkonsul gewesen. Ich dachte, Adenauer würde sich irgendwo in der Eifel befinden. Ich hätte nie gedacht, dass er sich dorthin absetzen würde, wo er am leichtesten zu finden wäre, also in Rhöndorf. Und so misslang mir meine Suche, weil ich ihn in irgendwelchen Dörfern der Eifel vermutete. Ich

hatte mich an die Angaben unseres früheren Hauspersonals gehalten, das uns meistens von Adenauers vermittelt worden war. Und dieses Hauspersonal war nur imstande, einzelne Stationen in der Eifel zu nennen.

Also Konrad Adenauer ist nicht Nummer eins auf der Weißen Liste für Deutschland?

In dem Bereich, in dem ich tätig war, war Adenauer Nummer eins, und das war lediglich der Kölner Raum. Als die Militärverwaltung in Köln eintraf, hatte sie eine Liste von denjenigen Deutschen im Kölner Raum, die vertrauenswürdig sein würden.

Hatten Sie dann später noch mit der Weißen Liste zu tun?

Wir wurden mit den Resultaten der Weißen Liste konfrontiert. Wir hatten nämlich in Bad Orb, in Hessen, eine Schule im Auftrag von SHAEF. Bad Orb war im Krieg überhaupt nicht beschädigt worden. Und weil die stille Einsamkeit dort noch weiterbestand, wurde dieser Ort als der Platz ausgewählt, wo man diejenigen, die durch die Prozedur der Weißen Liste schon für die Mitarbeit im Wiederaufbau der deutschen Verwaltung bestimmt waren, hinbrachte. Die Schulungskurse bestanden aus einem Zwei-Wochen-Seminar, nach diesen zwei Wochen kam wieder eine neue Gruppe. Sie lernten alles über das Dritte Reich kennen, obwohl mir klar war, dass die Aneinanderreihung der vielen Fakten ein Trauma für diese Leute sein würde. Wir mussten sie ja so informiert wie möglich machen, damit sie jetzt auch verstehen konnten, wo wir in der Welt standen, was alles in der Welt geschehen war. Wir wollten auch ihre Meinungen kennenlernen, weil wir aus früheren Befragungen von Kriegsgefangenen wussten, dass die Kenntnis all dessen, was im Dritten Reich passiert war, große Lücken aufwies. Jeder musste außerdem einen Fragebogen ausfüllen, wurde dann ausgefragt, und dieser Fragebogen war auch die Grundlage für verschiedene Diskussionen.

Ich hatte die Aufgabe, dieses Seminar zu gestalten, und da stellte sich mir die Frage: Mit welcher Materie unterrichte ich, wie geht man an Leute ran, die aller Wahrscheinlichkeit nach intelligent sind, die unglaublich wissensdurstig sind?

Die wussten ja überhaupt nicht über einen anderen Kriegsschauplatz Bescheid: über den Ablauf des Krieges in Asien.

Also innerhalb von zwei Wochen mussten wir Leute, zu denen wir Vertrauen hatten, trainieren. Die Zusammenarbeit war völlig ungezwungen, wir aßen zusammen. Dadurch, dass wir abgeschirmt waren, waren wir ganz unter uns.

Was waren die politischen Kriterien, die Sie diesen »Kandidaten« vermitteln wollten?
Sie meinen im Sinne der Zukunft? Hier muss man an die Philosophie zurück, die mit dem Wiederaufbau des geschlagenen Deutschlands zusammenhängt. Wir wollten sozusagen einen neuen Schlag von Deutschen entwickeln; die Reeducation war ja ein Beispiel dafür. Die Prinzipien der Demokratie sollten nicht nur im Abstrakten, sondern auch im Konkreten realisierbar werden, und vor allem die Bereitschaft für Verantwortung sollte beigebracht werden; dass also jeder nicht für seine persönliche Tätigkeit, sondern auch für sein Amt und über sein Amt hinaus Verantwortung tragen muss. Die Parteien und die Gewerkschaften waren ja kaputt, also musste man mit der kommunalen Ebene neu beginnen, heute würde man derlei Aktivitäten mit Bürgerinitiative betiteln, also kommunale Zusammenarbeit. Das war in etwa der Kern unserer Aufgabe.

Begriffen das Ihre »Kandidaten«?
Ich war damals etwa 34 und unsere Seminar-Teilnehmer waren ja reife Menschen. Einige waren allerdings alte Knacker, die schon 60 waren. Ich fragte mich natürlich immer nach der Motivierung der Anti-Nazi-Haltung; viele sahen im Nationalsozialismus einfach die Zerstörung der deutschen Kultur.

Können Sie sich heute noch an Ihre Seminar-Teilnehmer erinnern?
Kaum. Man muss doch berücksichtigen, dass es damals immer noch das Gespenst der Werwölfe gab, und das war eine Frage der Sicherheit. Wir waren ja für die einzelnen Gruppen verantwortlich. Wir sprachen alle nur mit dem Vornamen an. Alle Gruppenmitglieder wurden während der Kurse noch von der Safety Branch »gecheckt«, nachdem sie schon vorher überprüft worden waren; denn, verstehen Sie, wenn diese Leute unsere Kurse verließen, war es ja von großem Interesse für uns, ob sie überhaupt für die Jobs tauglich waren.

In welcher Nachkriegsphase fanden Ihre Schulungskurse für die Leute der Weißen Liste statt?

Das kann ich Ihnen ganz genau sagen. Es begann einige Tage nach der Unterzeichnung der Kapitulation am 7. Mai 1945 und endete im August, exakt zwei Tage, bevor der Zweite Weltkrieg auch an der japanischen Front beendet war. Also insgesamt dauerte die Zeit der Schulung dreieinhalb Monate.

Wie viele Leute wurden etwa geschult?

Das waren ungefähr 1000 Personen, mit denen man also sofort zusammenarbeiten konnte. Man muss ja irgendwo einen Kern haben, mit dem man etwas mit Sicherheit anfangen kann. Und das Konzept war eben, einen solchen Kern zu schaffen.

Wo taten sich die Deutschen schwer, das zu begreifen, was Sie mit ihnen vorhatten? Welche Schwierigkeiten mussten Sie dabei überwinden? Denn diese Deutschen hatten doch auch ihre eigenen Erwartungen, was die Gestaltung der Nachkriegszeit betraf.

Zuerst ging es darum, den Deutschen dabei zu helfen, einen Schock zu überwinden; denn manche wurden ziemlich schnell von dem Ort, an dem sie sich gerade befanden, nach Bad Orb geschleppt. Auch wenn sie bei uns gut untergebracht waren. Es gab ja hier noch eine Reihe von Hotels. Sie hatten eine Militärküche, man aß viel besser als seit Jahren in Deutschland, es gab zweimal täglich Fleisch, jeder hatte sein eigenes Zimmer mit Bettlaken, heißem Wasser und Seife, Rasierklingen, Rasierseife, und Eau de Cologne für die Damen, die auch in unserer Gruppe waren, und alle meine Kollegen unterhielten sich mit ihnen auf Deutsch. Aber die Deutschen taten sich zunächst schwer, zu begreifen, was hier los war, was der Sinn der Sache war. Sie alle waren sehr misstrauisch. Dies abzubauen, musste schon am ersten Tage geschehen.

Dazu kam ein großer Mangel an Glaubwürdigkeit, der zum Beispiel am Tag von Hiroshima besonders spürbar wurde, als wir die Atombombe über Japan gezündet haben: Am Anfang wollten sie dies überhaupt nicht glauben, bis ich ihnen einige Tage später eine Ausgabe von *Stars and Stripes* (US-Soldatenzeitung, d.Verf.) zeigte.

Es war für sie auch schwierig, zu glauben und zu akzeptieren, was in ihrem eigenen Lande alles geschieht.

Was ebenso schwierig für sie war, war die Wirkung der Nazi-Propaganda. Für Ihre Generation ist das heute schwer zu verstehen, aber damals war das Amerika-Bild der Deutschen so: Die Amerikaner sind Versager, die sind von den Kulturbolschewisten, Juden und Negern verseucht, und kein Amerikaner ist ein guter Soldat …

Und nach den Kursen wurden Ihre Leute eingesetzt?
Ja, sie wurden sofort eingesetzt, nachdem ihre persönlichen Verhältnisse in Ordnung gebracht worden waren. Sie kamen dann in Positionen im Aufbau der Verwaltung. Es war ja nicht daran gedacht, dass sie gleich in höhere Führungsstellen eingesetzt werden. Die Bad-Orb-Leute sollten dann in ihren neuen Jobs mit uns zusammenarbeiten.

Beim Aufbau von Nachkriegsdeutschland entstanden ja dann ganz andere Probleme – Konfliktebenen zwischen der Besatzungsmacht und den Deutschen auf dem Gebiet der Demilitarisierung, der Denazifizierung oder der Demontage.
Es tauchten dann ganz andere Namen auf, die nicht auf der Weißen Liste gestanden hatten. Wo waren dann die Früchte Ihrer Arbeit?
Sehen Sie, man konnte ja nur einen kleinen Anfang machen. Sie können sich gar nicht vorstellen, wie kaputt hier alles war. Und wir Amerikaner wollten hier mit all den Dingen schnell fertig werden, wir wollten einen Rahmen schaffen.
Leider Gottes, geschichtlich gesehen, war die Weiße Liste ein bisschen zu kurz, und für die Arbeit, die bevorstand, reichte so etwas einfach nicht aus. Wir hatten auch Verständnis dafür, dass das Produkt einer solchen Weißen Liste wirklich nur der Keim für eine weitere Zusammenstellung sein konnte. Am Ende musste man eben die Leute zusammenbringen, die die Qualitäten hatten. Auch Qualitäten rein technischer Art. Man musste sich mit den Gegebenheiten abfinden, wir arbeiteten auch mit ehemaligen Leuten der Organisation Todt zusammen, die hatten bestimmte Privilegien. Wir mussten eben einfach tüchtige Leute finden. Wir waren ja immer noch so nahe am Krieg, und es gab nur wenige Deutsche, die über den Tag hinaus dachten.

Wer zum Beispiel?
Ja, ich kann mich noch an ein Gespräch mit Adenauer erinnern; eine andere Gruppe hatte ihn inzwischen aufgespürt. Wir saßen auf Holzkisten in einem langen Korridor in einem schrecklichen Gebäude und

tauschten unsere Gedanken über die Zukunft aus. Adenauer hatte irgendwo schon ein Ziel; für die meisten ging es doch nur ums Überleben. Ihm ging es vor allem um den Wiederaufbau von Köln; wir hatten ja die Absicht, ihn dort als Oberbürgermeister wieder einzusetzen. Er sagte damals zu mir, er glaube, dass die Amerikaner sehr schnell zu uns Deutschen wieder Vertrauen fassen würden.
Ich hatte zum Beispiel auch ein Gespräch mit einem Industriellen, er ist ein gutes Beispiel für den Wiederaufbau; denn mit seiner Textilindustrie fing er buchstäblich von null an und hatte schnell die modernsten Kapazitäten, die es gab. Er sagte zu mir: »Sie werden sehen, wie schnell ich wieder Kredit bekomme aus den Vereinigten Staaten. Man kennt mich dort als Person, und sobald ich wieder nach den USA reisen darf, werde ich mir Kredit verschaffen.«

Finden Sie, von heute her gesehen, den Führungsaustausch auf dem Gebiet der Politik, der Wirtschaft und auch auf dem des Militärs in der heutigen Bundesrepublik gelungen?

Im Großen und Ganzen ja. Bei den meisten, mit denen ich zu tun hatte, war eine große Bereitschaft da, mit den Amerikanern zusammenzuarbeiten. Bei den Franzosen, Engländern oder Russen war diese Bereitwilligkeit gleich gar nicht da. Man glaubte auch, dass, wenn die Unannehmlichkeiten des Krieges und seine direkten Folgen überwunden seien, eine Phase der Normalisierung und eine Zusammenarbeit in viel größerem Maße kämen. Aber um auf Ihre Frage zurückzukommen: Ich glaube, dass sich die Deutschen in der Bundesrepublik sehr geändert haben. Es herrscht doch ein viel größeres Interesse am Wert des Individuums und seiner Rechte, das ist für die Deutschen einfach etwas Neues, insofern hat auch die Reeducation zum Erfolg geführt.
Wissen Sie, wir hatten ja damals wenig Zeit, und es gab Leute, die sich durchschlugen von einem Tag zum anderen, die mussten sich zurechtfinden. Es gab manchmal einen gewissen Opportunismus, und in Bad Orb haben wir versucht, zusammen Dinge zu durchdenken, und das war das Wertvollste dabei.

Welche Schwierigkeiten hatten Sie gegenüber der Militärregierung zu überwinden?

Als wir in Aachen anrückten, mussten wir als neue Militärregierung für die öffentliche Ordnung und Sicherheit sorgen. In diesem Kampfgebiet sollten die Einwohner keine Probleme schaffen, sie mussten zunächst versorgt werden, die Straßen mussten geräumt werden, und man musste, wo man so etwas begann, auch mit den Deutschen zusammenarbeiten, sonst hätte es nicht geklappt. So war es in der Praxis einfach nicht möglich, die Anordnung der »Non-Fraternization« zu befolgen. Es gab ja das Bild vom ordentlichen Deutschen und von dem mit der Pickelhaube oder dem mit dem Hakenkreuz. Der gute Deutsche war derjenige, den wir persönlich kennenlernten; so schlug man sich durch. Als ich zum Beispiel an meinem ersten Einsatzort Aachen begann, da wurde ich in meinem Jeep plötzlich von oben beschossen. Ich war so wütend, schrie einen Mann an, den ich an einem Fenster des nächsten Hauses entdeckte: »Kommen Sie sofort herunter!« Als er vor mir stand, schrie ich noch lauter: »Sind Sie wahnsinnig, mich einfach so umzubringen! Was ist denn das hier für eine Sitte! Schämen Sie sich nicht?!« Da sagte er nur: »Entschuldigen Sie bitte, ich dachte, Sie wären der Feind!«

Ja, das war ein interessanter Krieg …

Die Weiße Liste

Und hier ist sie jetzt, die Weiße Liste, von der schon so viel die Rede war. Komplett mit Deckblatt, das heißt, der Anweisung, die US-Brigadegeneral Robert A. McClure im Dezember 1944 erteilte, und ergänzt durch zwei Memoranden des Büros von Allen Dulles in Bern vom Mai 1945.

Vorab einige Anmerkungen zur Übersetzung: Die Angaben zu den einzelnen Personen erfolgten auf Basis mündlicher Befragungen deutscher Kriegsgefangener und anderer Quellen und wurden von verschiedenen Angehörigen der amerikanischen Streitkräfte zu Papier gebracht. Da es im Englischen keine Umlaute gibt, wurden zum Beispiel Namen wie Krämer oder Möller einheitlich mit »ae« bzw. »oe« wiedergegeben. Da zudem die meisten Verhöroffiziere kaum oder nur wenig Deutsch gesprochen haben dürften, ist es nicht verwunderlich, dass die Liste zahlreiche orthografische Fehler enthält. Dies betrifft in erster Linie Eigennamen, Orts- oder Straßenangaben sowie Namen von Firmen und Institutionen. In den Fällen, in denen sich die Angaben durch Recherchen verifizieren ließen, wurde in der Übersetzung ohne einen speziellen Hinweis die korrekte Fassung eingesetzt. Eckige Klammern signalisieren eine Ergänzung; das betrifft in erster Linie Vornamen, sofern diese eindeutig zu ermitteln waren. Um jedoch die Authentizität der Texte zu bewahren, sind diese Ergänzungen auf ein notwendiges Mindestmaß begrenzt. Das heißt, es wurden bewusst keine inhaltlichen Korrekturen der Angaben, zum Beispiel zu den Tätigkeiten der Personen, vorgenommen. Bei den handschriftlich vorgenommenen Ergänzungen einzelner Interviewer gab es zudem Textstellen, die sich nicht entziffern ließen. Entsprechende Auslassungen wurden durch eckige Klammern markiert.

Was die zahlreichen Vertreter der Presse betrifft, die auf der Liste vermerkt sind, so wurden in der Übersetzung generell die Begriffe »Redak-

teur« bzw. »Chefredakteur« verwendet, statt der im Nationalsozialismus üblichen Bezeichnungen »Schriftleiter« bzw. »Hauptschriftleiter«. Das zum einen, weil dies stilistisch eher dem Charakter eines von Amerikanern verfassten Textes entspricht, und zum anderen, weil die meisten der Genannten in diesem Metier bereits lange Zeit vor der Machtergreifung tätig gewesen waren.
Passend zur Zeit der Entstehung der Liste sind alle Texte außerdem in der alten Rechtschreibung wiedergegeben.

Abschließend noch eine Randnotiz: Ein Name taucht auf den Seiten der Weißen Liste immer wieder in einer handgeschriebenen Fußnote auf – E. Y. Hartshorne, Verhöroffizier der Abteilung für psychologische Kriegsführung. Er war maßgeblich an der Zusammenstellung der Liste deutscher »Hoffnungsträger« beteiligt und erlitt ein ähnliches Schicksal wie manch einer von dieser Liste: Er wurde am 28. August 1946 Opfer eines Auftragsmordes – vermutlich weil er der »Rattenlinie« auf die Spur gekommen war, einer Fluchtroute, auf der Nazis nach Argentinien entkommen konnten …

SECRET

SECRET

SUPREME HEADQUARTERS
ALLIED EXPEDITIONARY FORCE
Psychological Warfare Division

4 KOELN
COMBINED WITH
4 STUTTGART

5 December 1944.

SUBJECT : PWD "WHITE LIST" OF PERSONS IN GERMANY BELIEVED TO BE ANTI-NAZI OR NON-NAZI.

DECLASSIFIED
E.O. 11652, Sec. 3(E) and 5(D) or (E)
JCS 1/4/74
By ___ NARS, Date 3/6/74

TO :

1. Composition: The following "White" list comprises names of persons in Germany who are believed to be anti-Nazi or Non-Nazi. Two types of individuals have been selected for inclusion in the list :-

(a) Those who may be of use in connection with newspapers, publishing, radio and film work.
(b) Those who may be able to give valuable judgments as to public opinion, or opinions as to the selection of additional personnel for class "a"

2. Reliability: This data has been collected from numerous sources of varying reliability; statements of friendly prisoners of war, statements of refugees and persons recently in Germany, and secret reports from various sources. Therefore this information must be treated with caution in every case, and statements as to an individual's sympathies should not be regarded as conclusive and should wherever possible be checked with sources in the field. It must also be remembered that a person may have been anti-Nazi at one time, but that his sympathies may have changed since. Two symbols are used to mark certain names :-

(a) A star (*) indicates that two separate sources have reported substantially the same information about an individual.
(b) "S" in front of a name indicates that the individual in question has been included on a S.H.A.E.F. suspect list as a consequence of his having held a certain office or position under the Nazi regime, but that review of all available information about him makes it appear that he might nevertheless be of value to PWD.

3. Security: The capture by the enemy of a copy of this list, or the premature disclosure of any name to him would endanger the lives of many potentially valuable persons. Therefore the following rules must be strictly adhered to :-

(a) Complete copies of the list for all Germany will be held only by PWD Main and PWD Rear. PW Army Group HQ. will be issued lists for the regions of Germany with which their armies may be concerned. PW Army HQ. will be issued such lists as concern the zone of operations of said army.
(b) No complete regional list should be passed in its entirety below army level. It will be seen that the regional lists are sub-divided by cities and towns, and enough copies are being sent so that armies may use the system of cutting up the list of the town or city desired for use by persons operating from PW Army HQ.
(c) No list will be taken into an area which is still an area of military operation.
(d) Internally, it is recommended that the regional list be under control and responsibility of the Chief Intelligence Officer, PW, at Army HQ.
(e) All persons considered for employment must be checked with C.I. Detachment.

SECRET

Robert A. McClure
ROBERT A. McCLURE,
Brigadier General, G.S.C.,
Chief, Psychological Warfare Division

GEHEIM

OBERSTES HAUPTQUARTIER
DER ALLIIERTEN EXPEDITIONSSTREITKRÄFTE
Abteilung für psychologische Kriegsführung

5. Dezember 1944

Betreff: Die »Weiße Liste« der Abteilung für psychologische Kriegsführung von Personen in Deutschland, von denen angenommen wird, daß sie anti-Nazi oder nicht-nazistisch sind.

An: [...] Presse-Abteilung

1. Zusammensetzung: Die folgende »Weiße« Liste umfaßt Namen von Personen in Deutschland, von denen angenommen wird, daß sie anti-Nazi oder nicht-nazistisch sind. Zwei Typen von Personen wurden für die Aufnahme in die Liste ausgewählt:
(a) Jene, die vielleicht im Zusammenhang mit Zeitungen, Veröffentlichungen, Radio- und Filmproduktionen von Nutzen sein können.
(b) Jene, die vielleicht in der Lage sind, wertvolle Einschätzungen im Hinblick auf die öffentliche Meinung zu geben, oder Meinungen im Hinblick auf die Auswahl von zusätzlichem Personal für Kategorie »a«.

2. Zuverlässigkeit: Diese Angaben wurden von zahlreichen Quellen unterschiedlicher Zuverlässigkeit gesammelt; Aussagen von freundlich gesinnten Kriegsgefangenen, Aussagen von Flüchtlingen und Personen, die vor kurzem noch in Deutschland waren, und geheime Berichte von verschiedenen Quellen. Daher muß diese Information auf jeden Fall mit Vorsicht behandelt werden, und Aussagen bezüglich der Sympathien eines einzelnen sollten nicht als beweiskräftig betrachtet werden und sollten, wo immer es möglich ist, durch Rückfragen bei Quellen vor Ort überprüft werden. Es muß immer auch daran gedacht werden, daß eine Person zu einer bestimmten Zeit anti-Nazi gewesen sein kann, daß ihre Sympathien sich jedoch seitdem geändert haben können. Zwei Symbole werden verwendet, um bestimmte Namen zu kennzeichnen: –
(a) Ein Stern (*) zeigt an, daß zwei verschiedene Quellen im wesentlichen dieselbe Information über eine Person geliefert haben.
(b) Ein »C« vor einem Namen zeigt an, daß der Betreffende in eine Liste von Verdächtigen des Obersten Hauptquartiers der Alliierten Expeditionsstreitkräfte aufgenommen wurde als Konsequenz dessen, daß er unter dem Nazi-Regime ein bestimmtes Amt oder eine bestimmte Position innehatte, daß aber die Bewertung aller verfügbaren Informationen über ihn den Anschein erweckt, daß er dennoch für die Abteilung für psychologische Kriegsführung von Wert sein könnte.

3. Sicherheit: Das Abfangen einer Kopie dieser Liste durch den Feind oder die frühzeitige Aufdeckung irgendeines Namens ihm gegenüber würde das Leben vieler möglicherweise wertvoller Menschen gefährden. Daher müssen die folgenden Regeln strengstens befolgt werden: -
(a) Vollständige Kopien der Liste für ganz Deutschland werden sich nur beim Hauptquartier und der Nachhut der Abteilung für psychologische Kriegsführung befinden. Das Hauptquartier der Armeegruppe für psychologische Kriegsführung wird für die Regionen Deutschlands Listen ausgehändigt bekommen, die ihre Truppen betreffen können. Das Hauptquartier der psychologischen Kriegsführung wird Listen in der Art ausgehändigt bekommen, wie sie das Operationsgebiet der genannten Armee betreffen.
(b) Keine vollständige regionale Liste sollte in ihrer Gesamtheit an Stellen weitergegeben werden, die sich unterhalb der militärischen Ebene befinden. Wie sich zeigen wird, sind die regionalen Listen nach Großstädten und Städten unterteilt, und es werden genügend Kopien

SECRET

SECRET

4 KOELN
COMBINED WITH
4 STUTTGART

SUPREME HEADQUARTERS
ALLIED EXPEDITIONARY FORCE
Psychological Warfare Division

5 December 1944.

SUBJECT : PWD "WHITE LIST" OF PERSONS IN GERMANY BELIEVED TO BE ANTI-NAZI OR NON-NAZI.

DECLASSIFIED
E.O. 11652, Sec. 3(E) and 5(D) or (E)
JCS 1/4/74
By [signature] NARS, Date 5/6/74

TO :

1. Composition: The following "White" list comprises names of persons in Germany who are believed to be anti-Nazi or Non-Nazi. Two types of individuals have been selected for inclusion in the list :-

(a) Those who may be of use in connection with newspapers, publishing, radio and film work.
(b) Those who may be able to give valuable judgments as to public opinion, or opinions as to the selection of additional personnel for class "a"

2. Reliability: This data has been collected from numerous sources of varying reliability; statements of friendly prisoners of war, statements of refugees and persons recently in Germany, and secret reports from various sources. Therefore this information must be treated with caution in every case, and statements as to an individual's sympathies should not be regarded as conclusive and should wherever possible be checked with sources in the field. It must also be remembered that a person may have been anti-Nazi at one time, but that his sympathies may have changed since. Two symbols are used to mark certain names :-

(a) A star (*) indicates that two separate sources have reported substantially the same information about an individual.
(b) "S" in front of a name indicates that the individual in question has been included on a S.H.A.E.F. suspect list as a consequence of his having held a certain office or position under the Nazi regime, but that review of all available information about him makes it appear that he might nevertheless be of value to PWD.

3. Security: The capture by the enemy of a copy of this list, or the premature disclosure of any name to him would endanger the lives of many potentially valuable persons. Therefore the following rules must be strictly adhered to :-

(a) Complete copies of the list for all Germany will be held only by PWD Main and PWD Rear. PW Army Group HQ. will be issued lists for the regions of Germany with which their armies may be concerned. PW Army HQ. will be issued such lists as concern the zone of operations of said army.
(b) No complete regional list should be passed in its entirety below army level. It will be seen that the regional lists are sub-divided by cities and towns, and enough copies are being sent so that armies may use the system of cutting up the list of the town or city desired for use by persons operating from PW Army HQ.
(c) No list will be taken into an area which is still an area of military operation.
(d) Internally, it is recommended that the regional list be under control and responsibility of the Chief Intelligence Officer, PW, at Army HQ.
(e) All persons considered for employment must be checked with C.I. Detachment.

SECRET

Robert A. McClure
ROBERT A. McCLURE,
Brigadier General, G.S.C.,
Chief, Psychological Warfare Division

geschickt, so daß die Truppen dabei nach folgender Methode vorgehen können: die Liste der Großstadt oder der Stadt, die Personen, die vom Hauptquartier der Armeegruppe für psychologische Kriegsführung aus operieren, verwenden möchten, wird jeweils entsprechend zerschnitten.

(c) Keine Liste wird in ein Gebiet mitgenommen, in dem noch militärische Operationen stattfinden.

(d) Intern wird empfohlen, daß sich die regionale Liste unter der Kontrolle und in der Verantwortung des Hauptnachrichtenoffiziers, psychologische Kriegsführung, beim Hauptquartier befindet.

(e) Alle Personen, die für eine Beschäftigung in Betracht kommen, müssen von der Abteilung für militärische Aufklärung (Counter Intelligence Detachment) überprüft werden.

ROBERT A. McCLURE

Brigadegeneral, Generalstabskorps

Leitung, Abteilung für psychologische Kriegsführung

WHITE LIST

RHEIN-PROVINZ

Address Unknown

— Clemens, Heinrich:
Born 1898. Roman Catholic. Now Parish priest in Rhineland. Formerly general ecclesiastical advisor to Catholic Youth Assns. Ex. Editor of Jugendpresse. Zentrum. Very reliable and energetic; one of the best of younger priests.

— Verhuelsdonk, Rudolf:
Has wide connections in the Rhineland. Member of the Centrum Party. Was publisher of the "Koblenzer Volkszeitung" (Goeres Verlag). Until 1933 was President of Rheinischer Zeitungs Verlegerverband. Detained by the GESTAPO but released at the beginning of this war. Had a brother, a Centrum Party deputy of the Reichstag, who died in a detention camp.

Anschrift unbekannt

Clemens, Heinrich: 1898 geboren, römisch-katholisch. Derzeit Pfarrer im Rheinland. Früher allgemeiner kirchlicher Berater der Katholischen Jugendverbände. Ehemaliger Redakteur der *Jugendpresse*. Zentrum [Deutsche Zentrumspartei]. Sehr zuverlässig und energisch; einer der besten der jüngeren Geistlichen.

Verhülsdonk, Rudolf: Hat weitgefächerte Verbindungen im Rheinland. Mitglied der Zentrumspartei. War Herausgeber der *Koblenzer Volkszeitung* (Görres Verlag). Bis 1935 Präsident des Verbands Rheinischer [Rheinisch-Westfälischer] Zeitungsverleger. Von der Gestapo inhaftiert, doch zu Beginn dieses Krieges wieder freigelassen. Hatte einen Bruder, einen Reichstagsabgeordneten der Zentrumspartei, der in einem Internierungslager starb.

WHITE LIST

RHEIN-PROVINZ

Aachen

Bruckner, Dr:

Syndicat of the Chamber of Commerce in Aachen. "Possesses a good knowledge of local industry and trade". In the Source's opinion "is reliable".

Croon, Hans:

Roman Catholic. Partner of Messrs. G.H. and J. Croon, cloth manufacturers, Aachen, Annestr. Chairman of the Association of German Textile Industry. "C. at a special meeting at the end of 1937 warned his Jewish colleagues that the Nazis in Berlin would no longer listen to his arguments for protecting the Jewish manufacturers. By giving this information and by expounding the uncompromising attitude of the Nazi Party in the Jewish question in general the Jewish population at Aachen were warned in time and could prepare for emigration".

Gronau, Dr:

"Doctor at the police headquarters in Aachen. He examined Jewish internees before they were sent to the concentration camp, Buchenwald, on the 12th November 1938. He declared several people unfit for internment, but without success." Source reports that "G afterwards expressed his indignation to a Jewish colleague at the Nazis" disregard of his medical advice and the methods used by the Gestapo".

Gronow, von Ebener, Dr:

Commissioner of taxes at the Finanzamt Aachen Stadt. "Proved friendly and helpful to people who had to leave the country in 1938/39 by giving advice and granting certificates."

Ehses,

Editor, Politisches Tagblatt. P.W. reports him "liberal".

Goerres, Dr:

Syndicat of the Chamber of Commerce in Aachen. "Possesses a good knowledge of local industry and trade". In the Source's opinion "is reliable".

Hesse, Walter:

Age about 60 years. Chairman and Managing Director of Rheinisch Nadelfabriken A-G, Aachen. "Strongly anti-Nazi in word and deed".

Hoff, Dr:

Age about 58 years. Married. Studied law and mathematics at German universities. ReichstagsAbgeordneter and belonged to the Left-wing of the People's party, later on he crossed the floor to Zentrum party (Roman Catholic party). Secretary of German delegation of the International Wool Federation which had its seat at Chamber of Commerce, Bradford. Retired from political life about 1934 after "conflicts with members of the Nazi government" and has since lived in retirement. "He is very courageous and outspoken in his opinions regarding reactionaries and National-Socialists and is supposed to be well informed about all sorts of economic questions"

Krause, Prof:

Rector of "Technische Hochschule" active "anti-Nazi" - formed student organisation for subversive activities.

Aachen

Bruckner, Dr.: Konsorte der Industrie- und Handelskammer in Aachen. »Verfügt über gute Kenntnisse von Industrie und Handel vor Ort.« Ist nach Ansicht der Quelle »zuverlässig«.

Croon, Hans: Römisch-katholisch. Teilhaber von G.H. und J. Croon, Tuchfabrikanten, Aachen, Annastraße. Vorsitzender des Gesamtverbands der Deutschen Textilindustrie. »C. hat Ende 1937 bei einer Sondersitzung seine jüdischen Kollegen davor gewarnt, daß die Nazis in Berlin nicht mehr länger auf seine Argumente zum Schutz der jüdischen Fabrikanten hören würden. Indem er diese Informationen gab und die kompromißlose Haltung der Nazi-Partei im allgemeinen in der Frage der Juden ausführlich erläuterte, war die jüdische Bevölkerung Aachens gewarnt und konnte Vorbereitungen zur Emigration treffen.

Gronau, Dr.: »Arzt in der Polizeihauptdienststelle in Aachen. Er untersuchte jüdische Internierte, bevor sie am 18. November 1938 ins Konzentrationslager Buchenwald gebracht wurden. Er erklärte einige Personen für haftunfähig, jedoch ohne Erfolg.« Die Quelle berichtet, daß »G. danach einem jüdischen Kollegen gegenüber seine Empörung darüber zum Ausdruck brachte, daß die Nazis seinen medizinischen Rat mißachtet hatten, und über die Methoden, die die Gestapo anwandte.«

Gronow, Elsner von, [Hans], Dr.: Bevollmächtigter der Steuerbehörde der Stadt Aachen. »Erwies sich als freundlich gesinnt und hilfreich gegenüber Menschen, die das Land in den Jahren 1938/39 verlassen mußten, indem er Ratschläge erteilte und Bescheinigungen ausstellte.«

Ehses, [Ferdinand]: Redakteur, [*Aachener Anzeiger* –] *Politisches Tageblatt*. Ein Kriegsgefangener bezeichnet ihn als »liberal«.

Goerres, [Wilhelm], Dr.: Konsorte der Industrie- und Handelskammer in Aachen. »Verfügt über gute Kenntnisse von Industrie und Handel vor Ort.« Ist nach Ansicht der Quelle »zuverlässig«.

Hesse, Walter: Alter etwa 60 Jahre. Vorstandsvorsitzender und Direktor der Rheinischen Nadelfabriken AG, Aachen. »Entschieden anti-Nazi, in Worten und Taten.«

Hoff, [Curt], Dr.: Alter etwa 58 Jahre. Verheiratet. Hat an deutschen Universitäten Rechtswissenschaften und Mathematik studiert. Reichstagsabgeordneter und Angehöriger des linken Flügels der [Deutschen] Volkspartei, wechselte später zur Zentrumspartei (römisch-katholische Partei). Sprecher der deutschen Delegation des internationalen Verbandes der Wollindustrie, der seinen Sitz in der Industrie- und Handelskammer in Bradford hatte. Zog sich etwa im Jahr 1934 nach »Auseinandersetzungen mit Mitgliedern der Nazi-Regierung« aus dem politischen Leben zurück und lebt seitdem zurückgezogen. »Er ist sehr mutig und geradeheraus in seinen Meinungsäußerungen über Reaktionäre und Nationalsozialisten und ist angeblich sehr gut informiert über alle möglichen wirtschaftlichen Themen.

Krause, Prof.: Rektor der »Technischen Hochschule«, aktiver »Anti-Nazi« – gründete eine studentische Gruppe für umstürzlerische Aktivitäten.

WHITE LIST

RHEIN-PROVINZ

Aachen

Kueppers, Heinrich, Dr: Heinrichsallee 10,
Notary. "Reliable". Source left Germany in February, 1939 and reports that as far as he knows "K. had not collaborated with the Nazis up to this time".

Kuetgens, Dr:
Director of the Deutscher Bank, Aachen, Friedrich-Wilhelm-Platz. Source reports that while he was in a concentration camp in November 1938 "K. showed a friendly and sympathetic attitude to his (Source's) wife in the presence of other customers and bank clerks." Source considers "K. as being an anti-Nazi". His brother is a director of the Art Museum in Aachen.

Malangre,
Editor: Aachener Post. PW reports him "Demokrat".

Ohly,
PW asserts that this official in the Building Association is a reliable Anti-Nazi who would cooperate with any Allied scheme of reconstruction.

Stieler,
Age 60 - 65 years. Secy. Christ. Trade Unions. Polizeipraesident Aachen. Regierungspraesident Aachen. Dismissed 1933 for "national unreliability". MP for Prussia. Record would require careful investigation.

Thome, Joseph:
Pfarrr. in Aachen. Author of "Erlosende Glaube" etc. Imprisoned by Nazis.

Wandersleb,
Age 40 - 45 years. Landrat Oerfurt. Temporarily dismissed March 1933. Regierung Aachen. Record would require careful investigation.

Bad Godesberg

Hatzfeld, Adolf Franz Iwan, von Dr: Plittersdorferstrasse 123.
Born 1892. Roman Catholic. Author: Many publications. Apolitical.

Bad Kreuznach

Aschoff, Dr: Kaiser Wilhelm Ufer
Age about 70 - 75. Chemist. Retired proprietor of the Schwanenapotheke, Kreuznach. Member of Volkspartei. "A man with wide European outlook. His views did not appear to have changed in 1939 in spite of Nazi pressure". Personally known to source.

Claar, Walter: Ludendorffstr.
Age about 60. Editor of the leading newspaper "Oeffentlicher Anzeiger", at least until 1939. Member of Volkspartei. "His views did not appear to have changed in 1939 in spite of Nazi pressure." Personally known to source.

Aachen

Küppers, Heinrich, Dr.; Heinrichsallee 10: Notar. »Zuverlässig.« Die Quelle verließ Deutschland im Februar 1939 und berichtet, daß, soweit er wisse, »K. bis zu diesem Zeitpunkt nicht mit den Nazis kollaboriert hatte«.

Kuetgens, [Wilhelm], Dr.: Direktor der Deutschen Bank, Aachen, Friedrich-Wilhelm-Platz. Die Quelle berichtet, daß – während der Zeit, als die Quelle sich im November 1938 in einem Konzentrationslager befand – »K. gegenüber der Ehefrau der Quelle in Anwesenheit anderer Kunden und Bankangestellter eine freundliche und mitfühlende Haltung zeigte.« Die Quelle hält K. »für einen Anti-Nazi«. Der Bruder, [Felix] von K., ist Direktor des Kunstmuseums in Aachen.

Malangré, [Josef]: Chefredakteur der *Aachener Post*. Nach Aussagen eines Kriegsgefangenen ein »Demokrat«.

Ohly, [Paul]: Ein Kriegsgefangener behauptet, daß dieser leitende Mitarbeiter der Bausparkasse ein zuverlässiger Anti-Nazi ist, der bei ganz gleich welchem Wiederaufbauprogramm der Alliierten kooperieren würde.

Stieler, [Georg]: Alter zwischen 60 und 65 Jahren. Sekretär bei den katholischen Arbeitervereinen. Polizeipräsident von Aachen. Regierungspräsident von Aachen. 1933 wegen »nationaler Unzuverlässigkeit« entlassen. Mitglied des Preußischen Landtags. Bericht würde sorgfältige Nachforschungen erfordern.

Thomé, Josef: Pfarrer, in Aachen. Unter anderem Autor von »Erlösender Glaube« [Buch]. Von den Nazis eingesperrt.

Wandersleb, [Hermann]: Alter zwischen 40 und 45 Jahren. Landrat im Landkreis Querfurt. Im März 1933 vorübergehend abgesetzt. Regierung Aachen. Bericht würde sorgfältige Nachforschungen erfordern.

Bad Godesberg

Hatzfeld, Adolf Franz Iwan von, Dr.; Plittersdorfer Straße 123: Geboren 1892. Römisch-katholisch. Autor: viele Veröffentlichungen. Unpolitisch.

Bad Kreuznach

Aschoff, [Karl], Dr.; Kaiser-Wilhelm-Ufer: Alter zwischen 70 und 75. Chemiker. Inhaber der Schwanen-Apotheke, Kreuznach, im Ruhestand. Mitglied der Volkspartei. »Ein Mann mit einem weiten europäischen Horizont. Seine Ansichten schienen sich 1939 trotz des Drucks von Seiten der Nazis nicht geändert zu haben.« Der Quelle persönlich bekannt.

Claar, Walter; Ludendorffstr.: Alter etwa 60. Mindestens bis 1939 Redakteur beim *Öffentlichen Anzeiger*, der führenden Tageszeitung. Mitglied der Volkspartei. »Seine Ansichten schienen sich 1939 trotz des Drucks von Seiten der Nazis nicht geändert zu haben.« Der Quelle persönlich bekannt.

WHITE LIST

RHINE-PROVINZ

Bad Kreuznach (continued)

Euler, Holzmarkt/Dessauerstr. Corner.
Age about 65. Former Polizei-Kommissar, Retired some time after 1935. Member of Volkspartei. "His views did not appear to have changed in 1939 in spite of Nazi pressure". Personally known to source.

Fischer, Dr: Kaiser Wilhelm Ufer (Nordischer Hof).
Age about 55. Jewish grandmother. Was not immediately dismissed. Former Mayor of Bad Kreuznach. Member of the Wolkspartei. "His views did not appear to have changed in 1939 in spite of Nazi pressure." Personally known to source.

Haase-Aschoff, Nahebruecke.
Age about 55. Proprietor of the Schwanenapotheke, Kreuznach. Member of Volkspartei. "His views did not appear to have changed in 1939 in spite of Nazi pressure." Personally known to source.

Hessel, Karl, Dr: Salinenstr. Albrechtstr. Corner.
Age about 55. Physician. Member of Volkspartei. "His views did not appear to have changed in 1939 in spite of Nazi pressure." Personally known to source.

Lahusen, Pastor:
Age about 50. Member of the Unierte Kirche (Evangelical Church in Brandenburg, Prussia and the Prussian territories on the Rhineland). For some years worked in Australia as pastor to the Lutheran community in Sydney. Returned to Germany early in 1939 and was appointed to the parish of Bad Kreuznach. Came into conflict at once with the "German Christians". Imprisoned in Concentration camp but later released on condition that he did not preach. "Never compromised with the Party". Born in Bremen of merchant family, partowners of Nordwoole concern.

Vetter, Joseph: Mannheimerstr.60.
Hatter. Member of Centrumspartei. Never in public life. "A violent anti-Nazi who might be useful for information on local conditions". Personally known to source.

Winkler, Dr: Rheingrafenstr.
Age 65 - 70. Judge (Amtsgerichtsrat). Source does not know whether he was still in office in 1939. Member of Volkspartei. "His views did not appear to have changed in 1939 in spite of Nazi pressure." Personally known to source.

Bonn

Behn, Prof. Dr. Siegfried
Age about 60 years. Dozent for Philosophy and Pedagogy. "Anti-Nazi". In touch with Catholic circles. Expert on youth education problems. Of Democ\ratic-Socialistic tendencies. "Reliable".

Bickel, Prof. Dr. Ernst:
Age about 60 years. Ordinarius for Classical Philology, Bonn. "Anti-Nazi". Well informed about cultural, political and university problems. "Of liberal, democratic, tendencies.

Bad Kreuznach (Fortsetzung)

Euler; Ecke Holzmarkt/Dessauerstr.: Alter etwa 65. Ehemaliger Polizeikommissar. Ging irgendwann nach 1935 in Ruhestand. Mitglied der Volkspartei. »Seine Ansichten schienen sich 1939 trotz des Drucks von Seiten der Nazis nicht geändert zu haben.« Der Quelle persönlich bekannt.

Fischer, [Martin N. Ph. P. R.], Dr.; Kaiser-Wilhelm-Ufer (Nordischer Hof): Alter etwa 55. Jüdische Großmutter. Wurde nicht sofort abgesetzt. Ehemaliger Bürgermeister von Bad Kreuznach. Mitglied der Volkspartei. »Seine Ansichten schienen sich 1939 trotz des Drucks von Seiten der Nazis nicht geändert zu haben.« Der Quelle persönlich bekannt.

Haase-Aschoff, [Heinrich]; Nahebrücke: Alter etwa 55. Inhaber der Schwanen-Apotheke, Kreuznach. Mitglied der Volkspartei. »Seine Ansichten schienen sich 1939 trotz des Drucks von Seiten der Nazis nicht geändert zu haben.« Der Quelle persönlich bekannt.

Hessel, Karl, Dr.; Ecke Salinenstr./Albrechtstr.: Alter etwa 55. Arzt. Mitglied der Volkspartei. »Seine Ansichten schienen sich 1939 trotz des Drucks von Seiten der Nazis nicht geändert zu haben.« Der Quelle persönlich bekannt.

Lahusen, [Johann H. G.]; Pfarrer: Alter etwa 50. Mitglied der Unierten Kirche (Evangelische Kirche in Brandenburg, Preußen und den preußischen Gebieten im Rheinland). Arbeitete einige Jahre in Australien als Pfarrer in der lutherischen Gemeinde in Sydney. Kehrte Anfang 1939 nach Deutschland zurück und wurde in der Gemeinde Bad Kreuznach eingesetzt. Geriet sofort mit den »Deutschen Christen« in Konflikt. Wurde ins Konzentrationslager gesperrt, jedoch später unter der Bedingung entlassen, nicht mehr zu predigen. »Schloß niemals Kompromisse, was die Partei betraf.« Geboren in Bremen, stammt aus einer Kaufmannsfamilie, Miteigentümer des Nordwolle Konzerns.

Vetter, Joseph; Mannheimerstr. 60: Hutmacher. Mitglied der Zentrumspartei. Trat niemals im öffentlichen Leben auf. »Ein leidenschaftlicher Anti-Nazi, der im Hinblick auf Informationen über die örtlichen Verhältnisse nützlich sein könnte.« Der Quelle persönlich bekannt.

Winkler, Dr.: Rheingrafenstr.: Alter zwischen 65 und 70. Richter (Amtsgerichtsrat). Die Quelle weiß nicht, ob er 1939 noch im Amt war. Mitglied der Volkspartei. »Seine Ansichten schienen sich 1939 trotz des Drucks von Seiten der Nazis nicht geändert zu haben.« Der Quelle persönlich bekannt.

Bonn

Behn, Siegfried, Prof. Dr.: Alter etwa 50 Jahre. Dozent für Philosophie und Pädagogik. »Anti-Nazi.« In Kontakt mit katholischen Kreisen. Experte auf dem Gebiet der Erziehungs- und Bildungsproblematik von Jugendlichen. Demokratisch-sozialistische Tendenzen. »Zuverlässig.«

Bickel, Ernst, Prof. Dr.: Alter etwa 60 Jahre. Ordinarius für Klassische Philologie, Bonn. »Anti-Nazi.« Gut informiert über kulturelle, politische und universitäre Probleme. Demokratisch-sozialistische Tendenzen.

WHITE LIST

RHEIN-PROVINZ

Bonn (-)

Bleibtreu,

Age about 40 years. Son of Prof. Bleibtreu, who was formerly at the University of Greifswald. Rechtsanwalt in Bonn. Was a junior judge at the court in Bonn. In 1933 the Nazis put him on probation for a year, on account of his democratic political principles. He immediately resigned his post, and settled down as an attorney. "He never concealed his strict anti-Nazi attitude"; he acted as counsel for the defence for Prof. Karl Barth before the disciplinary tribunal, and helped refugees with his legal advice.

Bonnet, H., Prof:

Orientalist. Reported to be reliable.

'C' Bracken, von Helmuth: Konriktstr 7.

Born about 1899. Protestant; married. Dismissed from position as teacher of Psychology at Brunswick because of Social-Democratic affiliation. Went to Holland, but returned to study medicine at Bonn. Keen interest in and admiration for America.

* Curtius, Ernst, Robert, Dr: Hans-Schemm Str. 18. Tel: 41 23

Age about 55 years. Friend of Max Weber, Scheler, Jesper, Ortege y Gassit. Professor at Bonn. Contributor to Berliner Tageblatt and Fischerverlag. Member of Volkspartei and supporter of Stressmann. Has always refused to join party and has been under observation since 1935. Lives in retirement in Bonn.

* Graf zu Dohna, Alexander:

Age 60 - 65 years. Prof. of Criminal law at Univ. of Bonn. Formerly MP of Deutsch Volkspartei "strongly anti-Nazi". Kept his position though opposed to Hitler but made as few concessions as possible.

Engeroff, Karl, Wilhelm, Dr: 21 Simrocus Strasse.

Born about 1888. Prof. Ex-Lecturer in English U. of Bonn(until 1953) now Studienrat. SPD "leanings". "Anti-Nazi".

Esser, Alfred, Dr: (Med.). Bruechenstrasse 1.

Privatdozent at U. of Bonn. APolitical. "Non-Nazi".

Friesenhahn, Prof:

Laws. Reported to be"reliable."

Heyer, Prof:

Laws. Reported to be "reliable"

Hinsekamp, Mgr:

Dechant, Chief of Catholic Clergy in Bonn. Courageous man and able to nullify many directions given by Nazis. Source knows him well.

Jansen, Wilhelm, Hermann: Kronprenzenstrasse 39.

Born about 1886. Chief at Marien Hospital, Bonn since 1927. Retired voluntarily in 1933. Specialist in internal medicine. Conversative. "Non-Nazi" (regretted having voted for Conservative who made coalition with NS in 1933. also helped jews and other Nazi-victims.)

Kern, Fritz: Haydnstrasse 12.

Born about 1884. Prof. of Med. History at U. of Bonn. Protestant. "Moderate leanings". "Non-Nazi".

Bonn (2)

Bleibtreu, [Otto]: Alter etwa 40 Jahre. Sohn von Prof. [Max] Bleibtreu, der früher an der Universität Greifswald war. Rechtsanwalt in Bonn. War Assessor am Gericht in Bonn. 1935 stellten die Nazis ihn wegen seiner demokratischen politischen Prinzipien für ein Jahr unter Bewährung; er trat sofort zurück und ließ sich als Anwalt nieder. »Er verbarg niemals seine rigorose Anti-Nazi-Einstellung«; er verteidigte vor dem Disziplinargericht Prof. Karl Barth und half Flüchtlingen mit Rechtsberatung.

Bonnet, H., Prof.: Orientalist. Soll zuverlässig sein.

(C) **Bracken, Helmuth von**; Konviktstr. 7: Etwa 1899 geboren. Protestantisch; verheiratet. Verlor wegen seiner politischen Verbundenheit mit den Sozialdemokraten seine Stelle als Psychologie-Professor in Braunschweig. Ging nach Holland, kehrte jedoch zurück, um in Bonn Medizin zu studieren. Lebhaftes Interesse und leidenschaftliche Bewunderung für Amerika.

* **Curtius, Ernst Robert, Dr.**; Hans-Schemm-Str. 18, Tel. 41 23: Alter etwa 55 Jahre. Freund von Max Weber; [Max] Scheler, [Karl] Jaspers, [José] Ortega y Gasset. Professor in Bonn. Schreibt für das *Berliner Tageblatt* und den Fischer Verlag. Mitglied der Volkspartei und Anhänger von [Gustav] Stresemann. Hat sich stets geweigert, in die Partei einzutreten, und steht seit 1935 unter Beobachtung. Lebt zurückgezogen in Bonn.

* **Dohna[-Schlodien], Alexander Graf zu**: Alter zwischen 60 und 65 Jahren. Professor für Strafrecht an der Universität Bonn. Früher Abgeordneter der Deutschen Volkspartei, »entschieden anti-Nazi«. Behielt seine Anstellung, obwohl er Hitler ablehnte, machte jedoch so wenig Zugeständnisse wie möglich.

Engeroff, Karl Wilhelm, Dr.; Simrock Straße 21: Etwa 1888 geboren. Professor. Ehemaliger Englisch-Dozent an der Universität Bonn (bis 1933), jetzt Studienrat. »Tendiert« zur SPD. »Anti-Nazi.«

Esser, Alfred, Dr. (med.); Brückenstraße 1: Privatdozent an der Universität Bonn. Unpolitisch. »Nicht-nazistisch.«

Friesenhahn, [Ernst], Prof.: Rechtswissenschaften. Soll »zuverlässig« sein.

Heyer, [Friedrich], Prof.: Rechtswissenschaften. Soll »zuverlässig« sein.

Hinsenkamp, [Johannes], Msgr.: Stadtdechant der Münsterpfarre in Bonn. Ein mutiger Mann, konnte viele der von den Nazis gegebenen Anweisungen für nichtig erklären. Die Quelle kennt ihn sehr gut.

Jansen, Wilhelm Hermann; Kronprinzenstraße 39: Etwa 1886 geboren. Seit 1927 Leiter des Marien-Hospitals in Bonn. Ging 1933 freiwillig in den Ruhestand. Spezialist für innere Medizin. Konservativ. »Nicht-nazistisch.« (Bedauerte, daß er für die Konservativen gestimmt hatte, die 1933 mit den Nationalsozialisten eine Koalition eingingen; half auch Juden und anderen Nazi-Opfern.)

Kern, Fritz; Haydnstraße 12: Etwa 1884 geboren. Professor für Medizingeschichte an der Universität Bonn. Protestantisch. »Gemäßigte politische Tendenzen.« »Nicht-nazistisch.«

WHITE LIST

REEIN-PROVINZ

Bonn (3)

Kipp, Theodor, Prof.
Age about 55 years. Married. Professor of Roman and Civil Law at Bonn University. Dismissed from his post as Rektor as he admitted to his wife's shopping at a Jewish Butchers, and almost lost his professorship.

Krebs,
Studienrat at Bonn (Beethoven Gymnasium). Now Feldwebel in Russia. Used to lecture at a school in Westminster, London. Married to an Englishwoman. "Anti-Nazi".

Landgrebe,
Age about 35 years. Rechtsanwalt in Bonn. "Firmly anti-Nazi". Deeply impressed in his personal convictions by Prof. Karl Barth.

Lucas
Age 50 - 52 years. Landrat before 1932 in Haldensleben. Temporarily dismissed 1932 by Papen Govt. and definitely in 1933 by Nazi. Before 1933 member SPD.

Luetzeler,
Clergyman. PW thinks "anti-Nazi".

Mosler,
Roman Catholic. Landgerichtspraesident. President of the Landgericht in Bonn up till 1933. Had to leave office when the Nazis came into power, and lived in retirement in Bonn.

Neuss, W. Prof:
Catholic theologian. Reportedas reliable.

* Platz, Hermann,
Born Nov. 19 1880. Professor of Romanistic at Bonn, R.C. married; children. Prolific writer. Catholic Center Party. refused to compromise with Nazis, and lives in complete retirement from public life.

Schlueter, Honnef bei Bonn.
Ministerialrat, now pensioned. Reported to be "reliable".

Thoma, Prof.
Laws. Reported to be "reliable".

* Thyssen, Prof. Dr. Johannes: Blumenstr 3.
Age about 45 years. Ordinarius fuer Philosophie. "Anti-Nazi". Important part in students" opposition group in the Rhineland. Well informed about personnel questions. Communistic tendencies; wanted to emigrate to U.S.

Wlengels, Prof.
Professor of Political Economy at Bonn. "Liberal-Socialist views. Uncompromising"anti-Nazi" Helpful but never outspoken. Great knowledge of industrial conditions in the west.

Walzel, O., Prof:
Modern philology and history of literature. Reported to be "reliable".

Wassermeier, Wolfgang:
Age about 45 years. Rechtsanwalt in Bonn. Imprisoned by the Gestapo for a year, "because he acted as legal advisor to an Austrian industrialist, whose firm and property he tried to save by aryanisation". He never concealed his anti-Nazi attitude.

SECRET

Bonn (3)

Kipp, Theodor, Prof.: Alter etwa 55 Jahre. Verheiratet. Professor für Römisches und Bürgerliches Recht an der Universität Bonn. Wurde als Rektor entlassen, als er zugab, daß seine Frau bei einem jüdischen Metzger einkaufe, und verlor beinahe seine Professur.

Krebs: Studienrat in Bonn (Beethoven Gymnasium). Derzeit Feldwebel in Rußland. Unterrichtete früher in einer Schule in Westminster, London. Mit einer Engländerin verheiratet. »Anti-Nazi.«

Landgrebe: Alter etwa 35 Jahre. Rechtsanwalt in Bonn. »Standhaft anti-Nazi.« In seinen persönlichen Überzeugungen stark beeinflußt von Prof. Karl Barth.

Lucas, [Dr.]: Alter zwischen 40 und 45 Jahren. Vor 1932 Landrat in Haldensleben. 1932 durch die Papen-Regierung vorübergehend abgesetzt und 1933 endgültig durch die Nazis. Vor 1933 Mitglied der SPD.

Luetzeler/Lützeler: Geistlicher. Ein Kriegsgefangener denkt, er sei »anti-Nazi«.

Mosler, [Karl], Dr.: Römisch-katholisch. Landgerichtspräsident. Bis 1933 Präsident des Landgerichts Bonn. Mußte aus dem Amt, als die Nazis an die Macht kamen, und lebt zurückgezogen in Bonn.

Neuß, [Wilhelm], Prof.: Katholischer Theologe. Dem Bericht nach zuverlässig.

* **Platz, Hermann**: Geboren am 19. Nov. 1880. Professor für Romanistik in Bonn, röm.-kath., verheiratet; Kinder. Produktiver Autor. Katholische Zentrumspartei; weigerte sich, mit den Nazis Kompromisse zu schließen, und hat sich völlig aus dem öffentlichen Leben zurückgezogen.

Schlüter, [Johannes]; Honnef bei Bonn: Ministerialrat, jetzt im Ruhestand. Soll »zuverlässig« sein.

Thoma, Prof.: Rechtswissenschaften. Soll »zuverlässig« sein.

* **Thyssen, Johannes, Prof. Dr.**; Blumenstr. 3: Alter etwa 45 Jahre. Ordinarius für Philosophie. »Anti-Nazi.« Spielt eine große Rolle in der studentischen Widerstandsgruppe im Rheinland. Gut informiert über Personalfragen. Kommunistische Tendenzen; wollte in die USA emigrieren.

Ulengels, O., Prof.: Professor für Nationalökonomie in Bonn. »Sozialliberale Ansichten.« Kompromißloser »Anti-Nazi«. Hilfsbereit, aber in seinen Äußerungen niemals direkt. Umfangreiche Kenntnis des Zustands der Industrie im Westen.

Walzel, [Oskar], Prof.: Moderne Philologie und Literaturgeschichte. Soll »zuverlässig« sein.

Wassermeier, Wolfgang: Alter etwa 45 Jahre. Rechtsanwalt in Bonn. Von der Gestapo ein Jahr lang inhaftiert, »weil er einem österreichischen Industriellen Rechtsbeistand leistete, dessen Unternehmen und Eigentum er durch Arisierung zu retten versuchte«. Er machte niemals ein Hehl aus seiner Anti-Nazi-Einstellung.

SECRET

WHITE LIST

RHEIN-PROVINZ

Dueren

Mirgeler, R.:
Writer and journalist. Reported to be "reliable".

Duesseldorf

Barner, Willi: Lichtstr. 37.
Member of a group of Edelweiss Piraten in Duesseldorf. According to source is still in Duesseldorf.

Buttermann, Hans: Bruchstr. 17.
Leader of a group of the Edelweiss Piraten in Deusseldorf. Now in the army.

Ehlen, Nikolaus:
Born 1892. Ex. R. Cath. Ex. secondary School teacher; social reformer. Was active in Cath. Youth movement then criticised Zentrum Party for not being liberal enough. Founded Lotsenrufe as organ of Grossdeutsche Volksgemeinschaft Then also Reichsbund der Kinderreichen. Arrested in 1933 by Nazis and dismissed from teaching post. Continued to publish until 1938 when he gave up the struggle. But hasn't reconciled self to Nazis. Cranky agitator. "Non-Nazi".

Freund,
Age about 50 years. Oberregierugsrat Deusseldorf. Finanzdirektion July 1934. Dismissed as being "no longer required" in 1937. No particular political leanings. Would possibly cooperate - personally known to source.

Gruesters, Otto, Dr: Obercassel Weddigenstrasse 95.
Protestant. Non-Party democrat. "Anti-Nazi (underground activities)" Ex-Prof. at Kassel Padagogical College. Dismissed by NS in 1933 for refusal to take oath of allegiance to NS.

Hasenclever, Walter:
Oberlandsgrichtstrat in Duesseldorf. "reliable, anti-Nazi"
Haeuser, Prof. - artist. (See Spec. Suppl. "X" - attached) fled from Akademie in 1933.
Himmes, Franz: Am Wehrhahn
Born about 1904. Prob. a clerk in Commercial enterprise. Active in Catholic Youth in Germ. Cath PACIFIST ORGANIZATION, Progressive Wing of Center Party. Very active "Anti-Nazi, several times arrested.

Ihle, Peter: Gerresheim, Benderstra. 35
Age about 51 years. "A former communist". Could give the names of a number of Gestapo officers in Duesseldorf, as he has been arrested and interrogated on several occasions by these people.

Kessler, Dr:
Age 50 - 60 years. Legal training; passed the "Grosse Juristische Staatspruefung". Oberregierungsrat either in the Landesfinanzamt or the Finanzaemter at Duesseldorf. "Reliable anti-Nazi".

SECRET

Düren

Mirgeler, [Albert]: Schriftsteller und Journalist. Soll »zuverlässig« sein.

Düsseldorf

Barner, Willi; Lichtstr. 37: Mitglied der [oppositionellen] Jugendgruppe Edelweißpiraten in Düsseldorf. Laut Quelle ist er noch in Düsseldorf.

Buttermann, Hans: Bruchstr. 17: Anführer der Edelweißpiraten in Düsseldorf. Derzeit beim Militär.

Ehlen, Nikolaus: 1892 geboren. Ehemals röm.-kath., ehemaliger Oberschullehrer; Sozialreformer. War aktiv in der kath. Jugendbewegung, kritisierte dann die Zentrumspartei, weil sie nicht liberal genug war. Gründete [die Zeitschrift] *Lotsenrufe* als Sprachrohr der Großdeutschen Volksgemeinschaft. Dann auch den Reichsbund der Kinderreichen. 1933 von den Nazis verhaftet und als Lehrer entlassen. Veröffentlichte weiter, bis er 1938 den Kampf aufgab. Hat sich aber nicht mit den Nazis abgefunden. Verschrobener Agitator. »Nicht-nazistisch.«

Freund: Alter etwa 50 Jahre. Oberregierungsrat in Düsseldorf. Finanzdirektion Juli 1934. 1937 entlassen, weil er »nicht mehr länger benötigt wurde«. Keine bestimmten politischen Tendenzen. Würde möglicherweise kooperieren – der Quelle persönlich bekannt.

Grüters, Otto, Dr.; Oberkassel, Weddigenstr. 95: Protestantisch. Überparteilicher Demokrat. »Anti-Nazi (Untergrundaktivitäten).« Ehemaliger Professor an der Pädagogischen Hochschule Kassel. Von den Nationalsozialisten 1933 entlassen, weil er sich weigerte, den Treueid auf den Nationalsozialismus zu schwören.

Hasenclever, Walter: Oberlandesgerichtsrat in Düsseldorf. »Zuverlässig, anti-Nazi.«

Heuser [Wilhelm], Prof.: Künstler (siehe besondere Ergänzung »X« – beigefügt), 1933 aus der Akademie geworfen.

Himmes, Franz; Am Wehrhahn: Etwa 1904 geboren. Vermutlich Angestellter in einem Handelsunternehmen. Aktiv in der Katholischen Jugend in einer deutschen katholischen, pazifistischen Organisation. Fortschrittlicher Flügel der Zentrumspartei. Sehr aktiver »Anti-Nazi«, mehrmals verhaftet.

Ihle, Peter; Gerresheim, Benderstr. 35: Etwa 51 Jahre alt. »Ein ehemaliger Kommunist.« Könnte die Namen einer Reihe von Gestapo-Offizieren in Düsseldorf liefern, da er mehrmals von diesen Leuten verhaftet und verhört wurde.

Kessler, Dr.: Alter zwischen 50 und 60 Jahren. Juristische Ausbildung; legte die »Große Juristische Staatsprüfung« ab. Oberregierungsrat entweder im Landesfinanzamt oder einem der Finanzämter in Düsseldorf. »Zuverlässiger Anti-Nazi.«

WHITE LIST

RHEIN-PROVINZ

Duesseldorf

Koch, D:

President of the Synod, Westphalia; Confessional Church. Wrote article in Junge Kirche, 2/1/1937, deploring lack of fighting spirit in many confessional leaders.

Lehr, Robert, Dr:

Studied law. Oberbuergermeister of Duesseldorf. Arrested in 1933 but released when no charges could be proved. Since 1933 has been Nazi opponent. Source heard recently that he had become Chairman of Krupp directors in Essen but doesn't know if this is true or if it means change of attitude.

Milhausen,

Oberregienngsrat; Catholic. Dismissed 1933 by Nazis as being "politically unreliable". Former deputy Police Chief in Duesseldorf or Duisburg. Fervent "anti-Nazi".

Schollen, Dr:

Roman Catholic. President of the Oberlandsgericht in Duesseldorf. Dismissed by the Nazis "because he was not inclined to make them concessions". Member of the Zentrumspartei. Known personally to source, who last saw him in 1933. Later took a leading part in the Rhineish Association for the preservation of cultural monuments.

Siemsen, Karl, Dr:

Age about 50 years. Married. Sister prominent in Duesseldorf as professional woman and politician. K's wife shared his opinions. Lawyer. Social Dem. Party. Did not change views after 1933.

Steber, Franz:

Born about 1905. Catholic. First Reichsfuehrer of Catholic Sturmschar (sc ts). Editor 1932/33 of Catholic Junge Front. Sentenced to 7 years hard labour in Rossiant trial. (In Jail).

Tapolski,

Age about 45 years. Landrat Deusseldorf 1932. Dismissed at own request February 1937. Conversative. Record would require careful investigation.

Wildin, Dr:

Formerly Syndicus of Chamber of Commerce at Duesseldorf. "Was dismissed by Nazis".

Wingender,

Protestant. Landesrat. President of the Rhineland Committee for the Protection of children from the influence of immoral literature (zur Bewahrung der Jugend vor Schmutz und Sch und). Dismissed in 1933. Socialist, "moderate and tolerant. Believed in the international exchange of youth. Not seen by source since his dismissal."

Düsseldorf

Koch, [Karl]: Präses der Synode, Westfalen; Bekennende Kirche. Schrieb einen Artikel für die *Junge Kirche*, 1.2.1937, in dem er den mangelnden Kampfgeist vieler geistlicher Führer beklagte.

Lehr, Robert, Dr.: Studierte Jura; Oberbürgermeister von Düsseldorf. 1933 verhaftet, aber wieder freigelassen, als die Anklagepunkte nicht bewiesen werden konnten. Ist seit 1933 ein Gegner der Nazis. Die Quelle hat kürzlich erfahren, daß er Vorsitzender der Krupp-Direktoren in Essen wurde, weiß aber nicht, ob dies zutrifft oder ob dies einen Gesinnungswandel bedeutet.

Milhausen: Oberregierungsrat; katholisch. 1933 von den Nazis abgesetzt, weil »politisch unzuverlässig«. Ehemaliger stellvertretender Polizeipräsident in Düsseldorf oder Duisburg. Ein glühender »Anti-Nazi«.

Schollen, [Franz], Dr.: Römisch-katholisch. Präsident des Oberlandesgerichts in Düsseldorf. Von den Nazis entlassen, »weil er nicht geneigt war, ihnen Zugeständnisse zu machen«. Mitglied der Zentrumspartei. Der Quelle persönlich bekannt, die ihn zum letzten Mal 1933 sah. Übernahm später eine führende Rolle in der Rheinischen Vereinigung zur Bewahrung von Kulturdenkmälern.

Siemsen, Karl, Dr.: Alter etwa 50 Jahre. Verheiratet. Schwester eine in Düsseldorf bekannte Persönlichkeit, Akademikerin und Politikerin. K's Ehefrau teilte seine Ansichten. Rechtsanwalt. Sozialdemokratische Partei. Änderte seinen Standpunkt nach 1933 nicht.

Steber, Franz: Etwa 1905 geboren. Katholisch. Erster Reichsführer der Katholischen Sturmschar (Pfadfinder). 1932/33 Redakteur bei der katholischen *Jungen Front*. Wurde im Rossaint-Prozeß zu 7 Jahren Zwangsarbeit verurteilt. (Im Gefängnis.)

Tapolski, [Hans-Joachim]: Etwa 45 Jahre alt. 1932 Landrat in Düsseldorf. Auf eigenen Wunsch im Februar 1937 entlassen. Konservativ. Bericht würde sorgfältige Nachforschungen erfordern.

Wilden, [Josef], Dr.: Ehemaliger Syndikus der Industrie- und Handelskammer Düsseldorf. »Wurde von den Nazis entlassen.«

Wingender, [Hans]: Protestantisch. Landrat. Präsident des Rheinländischen Komitees zur Bewahrung von Kindern vor dem Einfluß von unmoralischer Literatur (zur Bewahrung der Jugend vor Schmutz und Schund). 1933 entlassen. Sozialist, »gemäßigt und tolerant. Glaubte an den internationalen Jugendaustausch. Wurde von der Quelle seit seiner Entlassung nicht mehr gesehen.«

WHITE LIST

RHINE-PROVINZ

Duisburg

Giessen, Dr:
PW asserts that this official in the Building Association is a reliable "Anti-Nazi" who would cooperate with any Allied scheme of reconstruction.

(C) Peterson, Alexander: Koenigstr.13.
Born about 1901. Protestant. Manager of Dresdner Bank Office in Berlin. Mother was half-Jewish. Never active in politics, but after Hitler he kept away from Nazis as much as possible.

Weitz, Heinrich, Dr:
Born about 1890. Married. 6 Children. Catholic. Oberbuergermeister of Trier 1927-1933. Previously Beigeordneter of Duisburg. "Democrat. Was on good terms with the occupation authorities (French Army). Did everything he could to stem Nazi influence after the evacuation of the Army of Occupation in 1930". Dismissed August 31st, 1933. Retired to Duisburg and set up as a solicitor.

Engelgau

Becker, Michel:
Born about 1895. Writer. In early 20's was editor of magazine Rheinland. Devout Catholic. Not a fighter; therefore complied, externally with Nazi regulations, but by conviction is far from Nazi ideology.

Essen

Braun, Heinrich:
Oberingenieur in the A.E.G., Essen. "A straightforward man, opposed to Nazism."

Buchner,
Oberingenieur in Kleineisenwerke, Essen - Steele. Believes in Democracy.

* Dannenberger, Hermann, alias (Erich Reger):
Born about 1893. Protestant. Author. Freelance writer after 1927 contributing to FZ + BBZ. ~~"Union der festen Haende" one of the most important literary works under the Republic.~~ A very acute observer who should be a major source of insight regarding the Ruhr people. "Non-Nazi". "(possibly has underground contacts)".

Dueppe, Dr:
PW asserts that this official in the Building Association is a reliable "Anti-Nazi" who would cooperate with any Allied scheme of reconstruction.

Falkenhausen, Gotthard, von: Bradeney, Brachstrasse.
Born about 1899. Co-owner and manager of Bourkhard & Co., private hauling firm in Essen. Widespread business connections. "Non-Nazi" - held aloof from politics under NS).

Duisburg

Giessen, Dr.: Ein Kriegsgefangener behauptet, daß dieser leitende Mitarbeiter der Bausparkasse ein zuverlässiger »Anti-Nazi« ist, der bei ganz gleich welchem Wiederaufbauprogramm der Alliierten kooperieren würde.

(C) **Peterson, Alexander**; Königstr. 13: Etwa 1901 geboren. Protestantisch. Leiter der Geschäftsstelle der Dresdner Bank in Berlin. Mutter war Halbjüdin. Niemals politisch aktiv, hielt sich jedoch nach [der Machtergreifung durch] Hitler soweit wie möglich von den Nazis fern.

Weitz, Heinrich Dr.: Etwa 1890 geboren. Verheiratet. 6 Kinder. Katholisch. 1927–1933 Oberbürgermeister von Trier. Früher Beigeordneter von Duisburg. »Demokrat. Stand auf gutem Fuß mit den Besatzungsbehörden (französische Armee). Tat alles, was er konnte, um nach dem Abzug der Besatzungsarmee im Jahr 1930 den Einfluß der Nazis einzudämmen.« Am 31. August 1933 entlassen. Zog sich nach Duisburg zurück und ließ sich dort als Anwalt nieder.

Engelgau

Becker, Michel: Etwa 1895 geboren. Schriftsteller. War in den frühen 20er Jahren Redakteur der Zeitschrift *Rheinland*. Gläubiger Katholik. Kein Kämpfer, fügte sich daher nach außen hin den Verordnungen der Nazis, ist aber von seiner Überzeugung her weit von der Nazi-Ideologie entfernt.

Essen

Braun, Heinrich: Oberingenieur bei der AEG, Essen. »Ein aufrichtiger Mann, steht dem Nazismus ablehnend gegenüber.«

Buchner: Oberingenieur in den Kleineisenwerken, Essen – Stahl. Glaubt an die Demokratie.

* **Dannenberger, Hermann**; alias **[Erik] Reger**: Etwa 1883 geboren. Protestant. Autor. Freier Schriftsteller, verfaßte nach 1927 Beiträge für die *FZ* und die *BBZ*. Ein sehr scharfer Beobachter, der eine der Hauptquellen für Einsichten in die Menschen im Ruhrgebiet sein müßte. »Nicht-nazistisch.« (»Hat möglicherweise Kontakte zum Untergrund.«)

Düppe, Dr.: Ein Kriegsgefangener behauptet, daß dieser leitende Mitarbeiter der Bausparkasse ein zuverlässiger »Anti-Nazi« ist, der bei ganz gleich welchem Wiederaufbauprogramm der Alliierten kooperieren würde.

Falkenhausen, Gotthard von; Bredeney, Brachtstr.: Etwa 1899 geboren. Miteigentümer und Geschäftsführer von Burkhard & Co., einem privaten Transportunternehmen in Essen. Weitgefächerte Geschäftsbeziehungen. »Nicht-nazistisch.« – Hielt sich unter dem Nationalsozialismus von der Politik fern.

SECRET

WHITE LIST

RHINE-PROVINZ

Essen

Leuchtenberg, Mathias, Rev:
Age about 55. Parish Priest at St. Mathias Church in Oberhausen. Member of Catholic Centre Party. Formerly active in Catholic Youth and Workers movements; also Friedensbund Deutscher Katholiken (Catholic Pacifists). Strongly "Anti-Nazi".

Reeling,
In Kleineisenwerke, Essen - Steele. "Strongly opposed to Nazi Party, believes in Democracy".

Ruetter, Karoline: Moltkestr. 92.
Director of the Westdeutschtuchvertrieb. "Her entire family is well disposed towards the Jews in spite of the governmental attitude."

Eupen

* Rossaint, Joseph, Rev:
Christian Democrat; active in Catholic Youth and Pacifist organizations. Arrested 1935 and sentenced to 11 years.

Gelsenkirchen

Holtgreve, Christian:
Caplan, Prominent member of Buendische Jugend, especially the Quickborn. (Catholic Youth)

Kuppersbusch,
"Reported to be anti-Nazi by PW".

Godesberg

Haerten, Theodor: Rheinalee 23.
Born about 1898. Writer. Catholic. Wrote "Der Kreuzzug" in 1924. Was actor and stage manager in Brun for a while. Not a Nazi. Not interested in politics.

Koblenz

Detzel, Mrs. Maria:
Born about 1899. Roman Catholic. Ex-Member of Koblenz Town Council. Social Democrat. President of Arbeiterwohlfahrt. "Anti-Nazi".

Doetsch, Johann
Born about 1894. Party Sec. S.P.D. Koblenz. Social Democrat, (functionary). Arrested 1933. Started soap business after release but kept contact with political associates.

Fecher, Dr:
Chief editor of the Koblenzer Volkszeitung, strong anti-Nazi. Was detained by the GESTAPO. Age 50 - about.

SECRET

Essen

Leuchtenberg, Mathias; Pfarrer: Etwa 55 Jahre alt. Gemeindepfarrer in der St. Matthias Kirche in Oberhausen. Mitglied der katholischen Zentrumspartei. Früher aktiv in den katholischen Jugend- und Arbeiterbewegungen; auch im Friedensbund Deutscher Katholiken. Entschieden »anti-Nazi«.

Reeling: Bei den Kleineisenwerken, Essen – Stahl. »Entschieden gegen die Nazi-Partei, glaubt an die Demokratie.«

Ruetter/Rütter, Karoline; Moltkestr. 92: Direktorin des Westdeutschen Tuchvertriebs. »Ihre gesamte Familie ist Juden wohlgesinnt trotz der Einstellung der Regierung.«

Eupen

* **Rossaint, Joseph**; Pfarrer: Christdemokrat; aktiv in katholischen Jugend- und Friedensverbänden. 1935 verhaftet und zu 11 Jahren verurteilt.

Gelsenkirchen

Holtgreve, Christian: Kaplan. Bekanntes Mitglied der Bündischen Jugend, besonders des Quickborn. (Katholische Jugend)

Kuppersbusch: »Soll anti-Nazi sein nach Aussagen eines Kriegsgefangenen.«

Godesberg

Haerten, Theodor; Rheinallee 23: Etwa 1898 geboren. Schriftsteller. Katholisch. Schrieb 1934 [das Drama] *Der Kreuzzug*. War eine Zeitlang Schauspieler und Theaterregisseur in Brünn. Kein Nazi. Interessiert sich nicht für Politik.

Koblenz

Detzel, Maria, Frau: Etwa 1899 geboren. Römisch-katholisch. Ehemaliges Mitglied des Koblenzer Stadtrats. Sozialdemokratin. Präsidentin der Arbeiterwohlfahrt. »Anti-Nazi.«

Dötsch, Johann: Etwa 1894 geboren. Schriftführer der SPD Koblenz. Sozialdemokrat (Funktionär). 1933 verhaftet. Begann nach seiner Entlassung einen Handel mit Seifenartikeln, erhielt aber die Verbindung zu politischen Verbündeten aufrecht.

Fecher, [Otto], Dr.: Chefredakteur der *Koblenzer Volkszeitung*, ein überzeugter Anti-Nazi. Wurde von der Gestapo verhaftet. Etwa 50 Jahre alt.

WHITE LIST

RHINE-PROVINZ

Koblenz (2)

Hart, Heinz:
Employed by Nationalblatt in Koblenz; part of the chain of official NSDAP press. Reported to be potential anti-Nazi, is "under suspicion" by the Nazis due to his efforts to retire from newspaper field. Source suggests checking on him through Schorck and Hunsche of Trier.

Kurth, Wilhelm
Trader in Koblenz since 1933. Prior to 1933 Sec. of Social Security Bd. of Koblenz district. Social Democrat. "Anti-Nazi".

Loennarz, Schlossstrasse.
Leading Member of the Centrum Party. Reported hostile to the Nazis.

Mueller, Kasinostrasse.
Leading member of the Centrum Party. "He is hostile to the Nazis".

Scheid,
Leading member of the Centrum Party in Koblenz. Regierungsbauoberinspektor in the Oberpraesidium, Koblenz. "He is hostile to the Nazis. Has a large circle of connections."

Koeln

Adenhauer, Konrad: Bad Honef.
Former mayor of Honef. Worth contacting by Allies for cooperation according to Anti-Nazi P/W. (May be identical with Adenauer, Konrad, Oberbuergermeister of Koeln 1919-1933).

Baehnisch,
Born about 1906. "Anti-Nazi". Protestant. Social Democrat. Corporation lawyer. Regierungsrat in Prussian Ministry of Interior, then Landrat. Dismissed by Nazis. (May be identical with Verwaltungsrat Baehnisch, Aegidienbergerstr. 16.)

Bauwens, Peter, Dr: Antwerpenerstr. 55. Tel: 585 11 (1941)
(Another address: Cleverstr. 13 - probably earlier).
Owner of large construction firm which worked on Siegfried Line. Politically inactive but liberal. Has never suppressed his anti-Nazi feelings.

Belz,
Chief of Distribution Office of the Koelnische Zeitung. "Anti-Nazi". "Reliable". Recommended for position in post war reconstruction plans for K.Z. by source.

Bense, Dr. Max:
Age about 35 years. Protestant. Last post: Forschungsanstalt der Industrie, Berlin. "Anti-Nazi" with Communistic tendencies. Published several books on industrial problems. Well informed about personalities.

Berchen, Ludwig: Keuhnstr. 9.
Teacher. Mentioned by Anti-Nazi PW as worth contacting for cooperation with Allies.

Koblenz (2)

Hart, Heinz: Beschäftigt beim *Nationalblatt* in Koblenz, das zur Kette der offiziellen NSDAP-Presse gehört. Soll ein potentieller Anti-Nazi sein, steht bei den Nazis »unter Verdacht« wegen seiner Bemühungen, sich aus dem Zeitungsbereich zurückzuziehen. Die Quelle schlägt vor, ihn durch Schorck und Hunscha aus Trier überprüfen zu lassen.

Kurth, Wilhelm: Seit 1933 Gewerkschafter in Koblenz. Vor 1933 Geschäftsführer des Sozialversicherungsverbands für den Kreis Koblenz. Sozialdemokrat. »Anti-Nazi.«

Loennarz/Lönnarz; Schloßstr.: Führendes Mitglied der Zentrumspartei. Dem Bericht nach den Nazis feindlich gesinnt.

Mueller/Müller; Kasinostr.: Führendes Mitglied der Zentrumspartei. »Er ist den Nazis feindlich gesinnt.«

Scheid: Führendes Mitglied der Zentrumspartei in Koblenz. Regierungsbauoberinspektor im Oberpräsidium, Koblenz. »Er ist den Nazis feindlich gesinnt. Hat weitreichende Verbindungen.«

Köln

Adenauer, Konrad; Bad Honnef: Ehemaliger Bürgermeister von Honnef. Laut einem Anti-Nazi-Kriegsgefangenen lohnt es sich, daß die Alliierten zwecks Zusammenarbeit mit ihm Kontakt aufnehmen. (Kann identisch sein mit Adenauer, Konrad, 1919–1935 Oberbürgermeister von Köln.)

Baehnisch/Bähnisch: Etwa 1906 geboren. »Anti-Nazi.« Protestantisch. Sozialdemokrat. Syndikus. Regierungsrat im preußischen Innenministerium; dann Landrat. Von den Nazis abgesetzt. (Kann identisch sein mit Verwaltungsrat Baehnisch/Bähnisch, Ägidienbergerstr. 16.)

Bauwens, Peter, Dr.; Antwerpener Str. 55, Tel.: 585 11 (1941); (andere Anschrift: Clever Str. 13 – wahrscheinlich früher): Eigentümer eines großen Bauunternehmens, beteiligt am Bau der Siegfriedlinie. Politisch nicht aktiv, aber liberal. Hat niemals aus seinen Anti-Nazi-Ansichten ein Hehl gemacht.

Belz: Leiter der Vertriebsabteilung der *Kölnischen Zeitung*. »Anti-Nazi.« »Zuverlässig.« Von der Quelle für eine Position in der *Kölnischen Zeitung* bei der Umsetzung der Wiederaufbaupläne nach dem Krieg empfohlen.

Bense, Max, Dr.: Alter etwa 35 Jahre Jahre. Protestantisch. Letzte Arbeitsstelle: Forschungsanstalt der Industrie, Berlin. »Anti-Nazi« mit kommunistischen Tendenzen. Veröffentlichte mehrere Bücher über Probleme der Industrie. Gut informiert in Bezug auf Personalfragen.

Berchen, Ludwig; Kuenstr. 9: Lehrer. Wurde von einem Anti-Nazi-Kriegsgefangenen als jemand erwähnt, bei dem es sich lohnt, zwecks Zusammenarbeit mit den Alliierten Kontakt aufzunehmen.

SECRET

WHITE LIST

RHINE-PROVINZ

Koeln (2)

Bergmann, Frau: Bad Ems (formerly Koeln, but evacuated).
Close relative of Anti-Nazi P/W of British origin captured 17 August 1944 and reported by him to be "Anti-Nazi".

Blumrath, Fritz, Dr: Suelzguertel 57. Tel: 4 67 79.
Deputy Chief-Editor of Koelnische Zeitung. "Anti-Nazi". Another source mentions Dr. Blumrath as "reliable", but claims he has been often forced to conceal his opinions. (May be identical with Dr. Blum, mentioned by P/W as anti-Nazi staff member of Koelnische Zeitung)

Boeckler, Hans: Bichendorfunterbirnen.
Born about 1883. Ex-secretary of Allgemeine Deutsche Gewerkschafts Bund, Duesseldorf. Social Democrat; persecuted by Nazis.

Borowski,
Editor of the Koelnische Zeitung. "Anti-Nazi". "Reliable".

Boysen, Johannes: Rielerstr, 37.
Manager of Pfeiffer und Langer Sugar Factory, mentioned by friendly P/W as worth contacting for cooperation with Allies.

Brecht, Gustav: Marieburg, Lindenallee 39. Tel: 9 41 40
Age about 60 years. Started as civil servant. Made director of Rheinisch Brown Coal Concern by Jewish Chairman Silverberg. In 1933 Silverberg resigned and Brecht became successor. "B is leading character in Koeln area. Up to 1938 did not conceal anti-Nazi attitude". Brother of Arnold Brecht, now in U.S.A. House of Gustav Brecht alleged to be center for a large opposition group in the Rhine and Ruhr area.

Bruees, Otto: Lintfort, am Krieler Dom 20. Tel: 4 99 72 (1941).
Editor of local news and sports for Koelnische Zeitung. P/W feels that while not a Nazi, Bruees is too adaptable to be trusted as a cooperator.

Contzen, ; Bruck, Flehbacherstr 66.
Age about 65 years. Father of P/W who supplied information. Former headmaster of elementary school for backward children, and headmaster of school for agricultural students of Waldschulhof. Dismissed by Nazis. Leading member of former Center Party. "Reliable anti-Nazi".

X Dresbach, Dr:
X Former editor of the Koelnische Zeitung, expert in home politics. Reported "Anti-Nazi". "Reliable". — Left [illegible] for position with Wirtschaftsamt in Düsseldorf, later Frankfurt a/M — Thought to be either at Frankfurt or in Gummersbach (Bergland).

Eigel, Dr:
Lawyer and merchant. Well informed about economic and industrial problems. "Anti-Nazi". "Reliable and helpful".

Eisenhut,
Manager at Ford Plant, declared by Anti-Nazi P/W as worth contacting for cooperation with Allies.

Elfgen, ; Braunsfeld, Paulistrasse 66.
Catholic. Former Ober Praesident der Rheinlande. Reported to be "reliable".

X E.Y. Hartshorne - SHAEF-PWD SECRET
Intellig. Sect report of 22 April 1945

Köln (2)

Bergmann, Frau; Bad Ems (ehemals Köln, jedoch evakuiert): Nahe Verwandte eines Anti-Nazi-Kriegsgefangenen britischer Abstammung, der am 17. August 1944 in Gefangenschaft kam; soll nach dessen Aussagen »anti-Nazi« sein.

Blumrath, Fritz, Dr.; Sülzgürtel 57, Tel.: 4 67 79: Stellvertretender Chefredakteur der *Kölnischen Zeitung.* »Anti-Nazi.« Eine andere Quelle erwähnt Dr. Blumrath als »zuverlässig«, behauptet jedoch, daß er oft gezwungen wurde, seine Ansichten zu verbergen. (Kann identisch sein mit Dr. Blum, der von einem Kriegsgefangenen als Anti-Nazi-Redaktionsmitglied der *Kölnischen Zeitung* erwähnt wurde.)

Böckler, Hans; Bickendorf, Unter Birnen: Etwa 1883 geboren. Ex-Gewerkschaftssekretär des Allgemeinen Deutschen Gewerkschaftsbunds, Sozialdemokrat; von den Nazis verfolgt.

Borowski: Redakteur bei der *Kölnischen Zeitung.* »Anti-Nazi.« »Zuverlässig.«

Boysen, Johannes; Riehler Str. 37: Leiter der Zuckerfabrik Pfeiffer und Langer. Von einem freundlich gesinnten Kriegsgefangenen als jemand erwähnt, bei dem es sich lohnt, zwecks Zusammenarbeit mit den Alliierten Kontakt aufzunehmen.

Brecht, Gustav; Marienburg, Lindenallee 39; Tel.: 9 41 40: Alter etwa 60 Jahre. Begann als Beamter. Wurde von dem jüdischen Vorsitzenden [Paul] Silverberg zum Direktor der Rheinischen Braunkohlenwerke gemacht. Silverberg trat 1933 zurück und Brecht wurde sein Nachfolger. »B. ist eine führende Persönlichkeit im Kölner Gebiet. Verbarg bis 1938 seine Anti-Nazi-Einstellung nicht.« Bruder von Arnold Brecht, jetzt in den USA. Das Haus von Gustav Brecht soll das Zentrum einer großen Widerstandsgruppe im Rhein-Ruhr-Gebiet sein.

Brües, Otto; Lintfort, Am Krieler Dom 20; Tel.: 4 99 72 (1941): Redakteur für Lokalnachrichten und Sport bei der *Kölnischen Zeitung.* Der Kriegsgefangene hat das Gefühl, daß Brües, obwohl kein Nazi, dennoch zu anpassungsfähig ist, um ihm als Kooperierendem zu trauen.

Contzen; Brück, Flehbachstr. 66: Alter etwa 66 Jahre. Vater des Kriegsgefangenen, der die Information geliefert hat. Ehemaliger Rektor einer Volksschule für zurückgebliebene Kinder und Rektor einer Schule für Landwirtschaft im Waldschulhof. Von den Nazis entlassen. Ein führendes Mitglied der früheren Zentrumspartei. »Zuverlässiger Anti-Nazi.«

Dresbach, [August], Dr.: Ehemaliger Redakteur der *Kölnischen Zeitung*, Fachmann für Innenpolitik. Dem Bericht nach »anti-Nazi«, »Zuverlässig.« – Verließ den Journalismus, um Referent im Wirtschaftsamt in Düsseldorf zu werden, später Frankfurt a. M. – Soll Redakteur in Frankfurt oder in Gummersbach (Bergisches Land) sein.

Eigel, Dr.: Rechtsanwalt und Kaufmann. Gut informiert über wirtschaftliche und industrielle Probleme. »Anti-Nazi.« »Zuverlässig und hilfsbereit.«

Eisenhut: Leiter eines Ford-Werks. Von einem Anti-Nazi-Kriegsgefangenen für wert erklärt, zwecks Zusammenarbeit mit den Alliierten kontaktiert zu werden.

Elfgen, [Hans]; Braunsfeld, Paulistraße 68: Katholisch. Ehemaliger Oberpräsident der Rheinlande. Soll »zuverlässig« sein.

* *E. Y. Hartshorne, SHAEF – PWD, Bericht der Nachrichtenabteilung vom 22. April 1945*

WHITE LIST

RHINE-PROVINZ

Koeln (3)

Everhards, Josef: Bismarkstr. 16.
Age about 52 years. An educated man of pacifist views. Conscientious objector in last war. Owner of a business for surgical instruments. Reported by friendly P/W to be anti-Nazi.

Falk, Bernhard:
Justizrat. Democratic member of the Prussian Landtag for Koeln. "Had to leave his firm in 1933 on account of his Jewish descent."

Feulner, Adolf, Dr. Museumdir: Ubierring 47. Tel: 9 41 68.
Age about 58 years. Director "Staedtischer Museum" in Frankfurt. Later Generaldirektor of Koelner Museum. Refused to remove plaque showing names of Jewish donors; cam· to London in 1939 to attend congress on History of Art and did not hide anti-Nazi feelings.

* Fischer, Joseph:
Local editor: Koelnische Zeitung. One of group who was formerly democratically minded or has for some time expressed democratic ideals in private circles. Another source was saved from Gestapo by Fischer. Mentioned as "helpful" and "reliable", although some activity in the Deutsche Arbeitsfront by third source.

Foerster, Prof. Dr:
Age about 50 years. Director of the Wallraf-Museum. High amount of personnel information, of democratic, liberal, tendencies. "Anti-Nazi". Expert on German museums.

* Foerster, Bruno:
Unpolitical of Koelnische Zeitung. One of group who was formerly democratically minded or who has at some time expressed democratic ideals in private circles.

Franken, Bodiumstr. 2.
Is married to English women. Mentioned by Anti-Nazi P/W as worth contacting for cooperation with Allies.

Fuchs, Fritz:
Age about 65 years. Protestant, deeply religious. Quaker wife. 4 children. One daughter had spent some time in U.S.A. Rechtsanwalt of the Oberlandesgericht of Koeln. Member of the Board of the First State Examination. During his whole career was in the firm of Justizrat Bernhard Falk, a Jew "with whom he remained friendly". "Keenly opposed to the Nazi philosophy but had to be cautious in order to keep his position in the firm".

*Goeddert,
Desk man of the Koelnische Zeitung. "Anti-Nazi". "reliable". In his office is safe containing all secret press directives from Berlin according to source. "Chief secretary of editorial staff"

Greven,
Beigeordneter of Koeln. Dismissed by the Nazis in 1933. Member of the Deutsche Volkspartei. "Anti-Nazi".

* See lengthy report by E. Y. HARTSHORNE, PWD SHAEF Intell Sect 22 April 1945

Köln (3)

Everhards, Josef; Bismarckstr. 16: Alter etwa 52 Jahre. Ein gebildeter Mann mit pazifistischen Ansichten. Kriegsdienstverweigerer aus Gewissensgründen im letzten Krieg. Inhaber eines Geschäfts für chirurgische Instrumente. Soll nach Aussagen eines freundlich gesinnten Kriegsgefangenen »anti-Nazi« sein.

Falk, Bernhard: Justizrat. Demokratischer Abgeordneter für Köln im Preußischen Landtag. »Mußte seine Anwaltskanzlei 1935 wegen seiner jüdischen Abstammung verlassen.«

Feulner, Adolf, Dr.; Museumsdirektor; Ubierring 47, Tel.: 9 41 68: Alter etwa 58 Jahre. Direktor des »Städtischen Museums« in Frankfurt. Später Generaldirektor des Kölner Museums. Weigerte sich, Schilder zu entfernen, auf denen die Namen jüdischer Spender vermerkt waren; kam 1939 nach London, um an einem Kongreß zur Kunstgeschichte teilzunehmen, und verbarg dabei nicht seine Anti-Nazi-Gefühle.

* **Fischer, Joseph**: Lokalredakteur; *Kölnische Zeitung*. Einer aus der Gruppe derer, die früher demokratisch gesinnt waren oder im privaten Kreis eine Zeitlang demokratische Ideale zum Ausdruck brachten. Eine andere Quelle wurde durch Fischer vor der Gestapo gerettet. Wird als »hilfsbereit« und »zuverlässig« erwähnt, obgleich eine dritte Quelle von irgendwelchen Aktivitäten in der Deutschen Arbeitsfront berichtet.

Förster, [Otto H.], Prof. Dr.: Alter etwa 50 Jahre. Direktor des Wallraf-[Richartz-]Museums. Umfangreiches Wissen über Mitarbeiter, über demokratische, liberale Tendenzen. »Anti-Nazi.« Fachmann für deutsche Museen.

* **Förster, Bruno**: Unpolitischer [Mitarbeiter] der *Kölnischen Zeitung*. Einer aus der Gruppe derer, die früher demokratisch gesinnt waren oder im privaten Kreis irgendwann demokratische Ideale zum Ausdruck brachten.

Franken; Radiumstr. 2: Ist mit einer Engländerin verheiratet. Von einem Anti-Nazi-Kriegsgefangenen als jemand erwähnt, bei dem es sich lohnt, zwecks Zusammenarbeit mit den Alliierten Kontakt aufzunehmen.

Fuchs, Fritz: Alter etwa 65 Jahre. Protestantisch, sehr religiös. Ehefrau Quäkerin. 4 Kinder. Eine Tochter hat einige Zeit in den USA verbracht. Rechtsanwalt am Oberlandesgericht Köln. Mitglied der Prüfungskommission für das Erste Juristische Staatsexamen. War während seiner gesamten beruflichen Laufbahn in der Kanzlei des Justizrats Bernhard Falk, einem Juden, »zu dem er eine freundschaftliche Beziehung aufrechterhielt«. »Leidenschaftlich gegen die Nazi-Philosophie eingestellt, mußte jedoch, um seine Stelle in der Kanzlei zu behalten, vorsichtig sein.«

* **Goeddert/Göddert**: Redaktionsmitarbeiter der *Kölnischen Zeitung*. »Anti-Nazi.« »Zuverlässig.« Bewahrt laut Quelle in seinem Büro an einem sicheren Ort alle geheimen Direktiven an die Presse aus Berlin auf. »Chefsekretär der Redaktionsmitarbeiter«

Greven: Beigeordneter der Stadt Köln. Von den Nazis 1933 entlassen. Mitglied der Deutschen Volkspartei. »Anti-Nazi.«

***** *Siehe ausführlicheren Bericht von E. Y. Hartshorne, PWD, SHAEF, Nachrichtenabteilung, 22. April 1945*

SECRET

WHITE LIST

RHINE-PROVINZ

Koeln (4)

Grimberg, Johannes: Weissenbergstr.
Instructor mentioned by Anti-Nazi P/W as worth contacting for cooperation with Allies.

Groos,
Former editor mentioned by Anti-Nazi P/W as worth contacting for cooperation with Allies.

Grosche, Robert: Vochem bei Bruehl.
Pfarrer in Vochem nr. Bruel. Formerly "studentinseilinsorger" in Koeln university. "Active anti-Nazi". Leftwing Centrist.

Hartmann, Sibilla, Fraeulein: Bayenthal, Hebbelstr. 75. Tel: 9 19 88 (1941)
About 45-48 years. Leiterin at Arbeitsamt in Koeln. P/W reports she helped Jews get jobs and assisted in evacuating anti-Nazi P/W's wife. P/W certain would be glad to assist in post-war reconstruction.

Hasebroek, Johannes; Trajanstrasse 15.
Born about 1893. Protestant. Professor of Ancient History at University of Koeln. Dismissed by Nazis. Said to be "Anti-Nazi".

* Hauenstein,
Editor of the Koelnische Zeitung. Expert on economics. Said to be "Anti-Nazi". "reliable". (Possibly at Lüdenscheidt - 22 April 1945) Refused to be given Nazi membership "Abgelehnte".

Herwagen, Karl:
Catholic. Stadtschulrat in the Jewish Corporation School in Koeln after 1933. "Liberal". Not a member of the Party, unless under compl. Source last heard of him in 1939.

Hessberg, Karl, Dr:
Manager of Haus-und Grundbesitzerverein. P/W claims him to be "Anti-Nazi."

Hoeber, Karl:
Editor-in-Chief of Koelnische Volkszeitung before Nazis.

Hoehn, Josef: Engelberthstr. 65.
Anti-Nazi worth contacting by Allies for cooperation according to Anti-Nazi P/W.

* Hofmann, Dr. Josef - former Köln Volks Zeitung editor. - Believed to be at Köln. Zeitung plant at LÜDENSCHEIDT - good "local" editor.

Holzen, C: Koeln-Lintfort, Laudahnstr. 27. Tel: 4 23 50
Age about 60. Married. Kriminaldirektor, in charge of the Fahndungsstelle (C.I.D.) of the Rhineland. Source states "Helped threatened Jewish victims of Nazism to emigrate and escape concentration camp. Could give information re police administration."

* Huetter, Franz:
Prokunst of Koelnische Zeitung. Liaison man between this paper and Rhine and Westphalian industry. Member Staatspartei (formerly Rathinaugesellschaft). Good knowledge of opposition group in Rhine.

Jachmann, Guenther, Prof: Koeln-Bayenthal, Wolfgang-Mueller-str. 24.
Tel: 9 27 21 (1941)
Classic Philology. Reported to be "reliable".

* See EY Hartshorne report (SHAEF - PWD - Intell. Sat. 22 April 1945)

SECRET

Köln (4)

Grimberg, Johannes; Weißenburgstr.: Lehrer; von einem Anti-Nazi-Kriegsgefangenen als jemand erwähnt, bei dem es sich lohnt, zwecks Zusammenarbeit mit den Alliierten Kontakt aufzunehmen.

Groos: Ehemaliger Redakteur; von einem Anti-Nazi-Kriegsgefangenen als jemand erwähnt, bei dem es sich lohnt, zwecks Zusammenarbeit mit den Alliierten Kontakt aufzunehmen.

Grosche, Robert; Vochem bei Brühl: Pfarrer in Vochem bei Brühl. Ehemals »Studentenseelsorger« an der Universität Köln. »Aktiver Anti-Nazi.« Vom linken Flügel der Zentrumspartei.

Hartmann, Sibille, Fräulein; Bayenthal, Hebbelstr. 75; Tel.: 9 19 88 (1941): Etwa zwischen 45 und 48 Jahre alt. Leiterin des Arbeitsamts in Köln. Ein Kriegsgefangener berichtet, daß sie Juden geholfen hat, eine Stelle zu finden, und mitgeholfen hat, die Ehefrau des Anti-Nazi-Kriegsgefangenen in Sicherheit zu bringen. Der Kriegsgefangene ist sich sicher, daß sie gerne beim Wiederaufbau nach dem Krieg mithelfen würde.

Hasebroek, Johannes; Trajanstraße 15: Etwa 1895 geboren. Protestantisch. Professor für Alte Geschichte an der Universität Köln. Von den Nazis entlassen. Soll »anti-Nazi« sein.

* **Hauenstein, [Fritz]**: Redakteur bei der *Kölnischen Zeitung*. Wirtschaftsexperte. Soll »anti-Nazi« sein. »Zuverlässig.« (Möglicherweise in Lüdenscheid – 22. April 1945) Verweigerte die Nazi-Mitgliedschaft. »Abgelehnt?«

Herwagen, Karl: Katholisch. Nach 1933 Stadtschulrat in der Jüdischen Gewerbeschule in Köln. Kein Parteimitglied, es sei denn auf Anordnung hin. Die Quelle hat 1938 das letzte Mal etwas von ihm gehört.

Hessberg/Heßberg, Karl, Dr.: Leiter des Haus- und Grundbesitzervereins. Ein Kriegsgefangener behauptet, er sei »anti-Nazi«.

Hoeber, Karl: Vor den Nazis Chefredakteur der *Kölnischen Volkszeitung*.

Höhn/Hoehn, Josef; Engelbertstr. 65: Ein Anti-Nazi, bei dem es sich laut einem Anti-Nazi-Kriegsgefangenen lohnt, daß die Alliierten zwecks Zusammenarbeit Kontakt mit ihm aufnehmen.

* **Hofmann, Dr., Josef**: ehemaliger Redakteur der *Kölnischen Volkszeitung*. Vermutlich [...] *Kölnischen Zeitung* [...] Lüdenscheid [...] Redakteur für »Lokales«.

Holten/Holzen, C.; Köln-Lindenthal, Laudahnstr. 27; Tel.: 4 23 50: Etwa 60 Jahre alt. Verheiratet, Kriminaldirektor, leitet die Fahndungsstelle (Oberste Kriminalbehörde) für das Rheinland. Die Quelle erklärt: »Er half bedrohten jüdischen Opfern des Nazismus, zu emigrieren und aus dem Konzentrationslager zu entkommen. Er könnte Informationen bezüglich der Polizeiverwaltung liefern.«

* **Hütter /Huetter, Franz**: Prokurist der *Kölnischen Zeitung*. Verbindungsmann zwischen dieser Zeitung und der Rheinisch-Westfälischen Industrie. Mitglied der Staatspartei (ehemals [Walther] Rathenau Gesellschaft). Gute Kenntnisse über Widerstandsgruppen im Rheinland.

Jachmann, Günther, Prof.; Köln-Bayenthal, Wolfgang-Müller-Str. 24; Tel.: 9 27 21 (1941): Klassische Philologie. Soll »zuverlässig« sein.

** Siehe Bericht von E.Y. Hartshorne (SHAEF, PWD – Nachrichtenabteilung, 22. April 1945)*

WHITE LIST

RHINE-PROVINZ

Koeln (5)

(C) Johann, Ernst, Dr:
Editor of the Koelnische Zeitung. Reported to be "Anti-Nazi" and "reliable".

Kalter, Toni, Dr: Grosse Witsoh Gasse 10.
About 52 years old. Roman Catholic. Lawyer. Thrown out of NSDAP. According to P/W knows anti-Nazi legal officials and some members of Edelweiss Piraten. Probably same as Dr. Ant. Kalter, Elisenstr. 13, Tel: 22 61 83 in 1941 telephone directory.

Katthoff,
Born about 1878. Stadtdirektor. Said to be "Anti-Nazi." According to P/W knows all details of town administration and has been retained by Nazis only because he is indispensable. Without influence at present.

Kessler, Paul: Alteburgerstr. 49.
Industrial merchant declared by anti-Nazi P/W as worth contacting for cooperation with Allies.

Kettnis, Walter: (Office) 25 Ubierring.
In charge of the Amtliche Auswanderungs-Beratungstelle (formerly Reichswanderungsamt) of Koeln since 1919. Since 1933 assisted the Passport Control Office and the Devisenstelle by supplying certificates of Jewish applicants for emigration. "Consulted source as to the best means of helping Jews to emigrate. Could give reliable information to the Allies".

Key, Will:
[illegible] reported by P/W to be "anti-Nazi".

Kipp, Karl Theodor, Prof:
Former Rector of Bonn University. According to source "Accepted the post under the Nazi regime, but was dismissed on the ground that his wife bought some food in a Jewish shop. Because of his popularity the authorities were prepared to acquit him on the grounds that he was ignorant of his wife's behaviour, but he refuted this. Strongly anti-Nazi".

Klingenberg, Dr:
Relieved of his office as Church Superintendant because he identified himself with the Pfarrer Notbund and objected to the carrying out of the Reichsbishop's orders regarding the Rhine-Westphalian Church.

Kneip, Jakob: Mauenheim, Gudrunhof 7.
Ex-school teacher; writer; Catholic; Centrist. Said to be "Anti-Nazi".

Kraemer (or Cremer?), Alexander: Weiss Gerbereck Gasse 2.
Age about 45-46 years. Headmaster of a large Church-supported hostel for young men who are learning a trade in Koeln (Lehrlingsheim). P/W says "He is known as a great anti-Nazi who prevents his boys if possible from going into the H.J. or any other Nazi organisation. For that reason he has been arrested by the Gestapo on several occasions."

Kraemer, Josef: Graditzerstr.
Worth contacting by Allies for cooperation according to anti-Nazi P/W.

Köln (5)

(C) **Johann, Ernst, Dr.**: Redakteur der *Kölnischen Zeitung*. Soll »anti-Nazi« und »zuverlässig« sein.

Kalter, Toni, Dr.; Große Witschgasse 10: Etwa 58 Jahre alt. Römisch-katholisch. Anwalt. Aus der NSDAP geworfen. Kennt laut einem Kriegsgefangenen anti-nazistisch gesinnte Justizbeamte und einige Mitglieder der Edelweißpiraten. Ist wahrscheinlich derselbe wie Dr. Anton Kalter, Elisenstr. 13, Tel.: 22 61 83 im Telefonbuch von 1941.

Katthoff: Etwa 1878 geboren. Stadtdirektor. Soll »anti-Nazi« sein. Kennt laut einem Kriegsgefangenen alle Einzelheiten der Stadtverwaltung und wurde von den Nazis nur im Amt belassen, weil er unentbehrlich ist. Gegenwärtig ohne Einfluß.

Kessler, Paul; Alteburger Str. 49: Industriekaufmann, von einem Anti-Nazi-Kriegsgefangenen für wert erklärt, zwecks Zusammenarbeit mit den Alliierten kontaktiert zu werden.

Kettnis, Walter; Ubierring 25 (Büro): Leitet seit 1919 die Amtliche Auswanderungsberatungsstelle (ehemals Reichswanderungsamt) Köln. Unterstützte seit 1933 die Paßkontrollbehörde und die Devisenstelle, indem er Bescheinigungen jüdischer Antragssteller für die Ausreise bereitstellte. »Hat die Quelle um Rat gefragt, wie man am besten Juden bei der Emigration helfen könnte. Könnte den Alliierten zuverlässige Informationen liefern.«

Key, Will: [...] soll nach Aussagen eines Kriegsgefangenen »anti-Nazi« sein.

Kipp, Karl Theodor, Prof.: Ehemaliger Rektor der Universität Bonn. »Hat« – laut Quelle – »den Posten unter dem Nazi-Regime angenommen, wurde aber mit der Begründung entlassen, daß seine Frau Nahrungsmittel in einem jüdischen Geschäft gekauft habe. Aufgrund seiner Beliebtheit waren die Behörden bereit, ihn mit der Begründung freizusprechen, daß er nichts von dem Verhalten seiner Frau gewußt habe; er jedoch widersprach dem. Entschieden anti-Nazi.«

Klingenberg, Dr.: Von seinem Amt als Kirchenvorstand enthoben, weil er sich zum Pfarrernotbund bekannte und es ablehnte, die Anweisungen des Reichsbischofs, betreffend die rheinisch-westfälische Kirche, auszuführen.

Kneip, Jakob; Mauenheim, Gudrunhof 7: Ex-Lehrer; Schriftsteller; katholisch; politisch gemäßigt. Soll »anti-Nazi« sein.

Kraemer/Krämer (oder **Cremer** ?), **Alexander**; Weißgerbergasse 2: Alter etwa 45 bis 46 Jahre. Vorsteher eines großen, von der Kirche getragenen Wohnheims für junge Männer, die in Köln ein Handwerk erlernen (Lehrlingsheim). Der Kriegsgefangene sagt: »Er ist als ein großer Anti-Nazi bekannt, der, wenn es möglich ist, seine Jungen davon abhält, zur HJ oder irgendeiner anderen Nazi-Organisation zu gehen.«

Kraemer/Krämer, Josef; Graditzerstr.: Laut einem Anti-Nazi-Kriegsgefangenen lohnt es sich, daß die Alliierten zwecks Zusammenarbeit mit ihm Kontakt aufnehmen.

SECRET

WHITE LIST

RHINE-PROVINZ

Koeln (6)

Kreiborn, Albert:
Born about 1890. Ex-member Koeln Town Council. Social Democrat. District Secretary Allgemeine Deutsche Gewerkschafts Bund until 1933. Since then in business.

Kroh, Fritz, Prof: Koeln-Riehl, Johannes-Muellerstr.41. Tel: 7 50 98 (1941)
Age about 65 years. Director of the Staedtische Krankenhaus in Koeln-Deutz and Koeln-Muehlheim. P/W states "Has been attacked by Nazi newspapers for his anti-Nazi attitude and was only allowed to carry on owing to the great shortage of good surgeons."

Kroll, Joseph, Dr: Bernardstr.166. (1941 address: Koeln-Bayenthal, Kastanienallee 13, Tel: 9 63 86)
Born about 1889. Roman Catholic. Centrist. Professor Classical Philology and Religious History at University of Koeln. Said to be "non-Nazi".

Kuske, Bruno, Dr: Koeln-Lindenthal, Leichtensternstr.14. Tel: 4 53 16 (1941)
Professor of Economic History at Koeln. Old (Right Wing) Socialist. Knows local conditions in agrarian Rhineland very well. "Very industrious but of rather limited intelligence."

Le Beau,
Editor of the Koelnische Zeitung. Reported to be "Anti-Nazi" and "reliable".

Loebbel, Kaplan u. Pastor:
"Anti-Nazi" P/W certain he would cooperate with Allies.

Lowenish, von, Dr:
P/W asserts that this official in the Building Association is a "reliable Anti-Nazi" who would cooperate with any Allied scheme of reconstruction.

Maler, Wilhelm, Prof: Koeln-Hofnungsthal, Hinterer Buechel 54.
Composer. Said to be "Anti-Nazi".

Mathar, Ludwig, Ph.D: Sielsdorferstr.15. Tel: 4 61 90.(1941)
Born about 1883. Former Studienrat in Koeln. Catholic. High school professor in Koeln Gymnasium. Former member Center Party. Reported to be very "anti-Nazi".

(C). Melle, Julius, Dr:
Unpolitical of Koelnische Zeitung, one of group who were democratically minded, or have for some time expressed democratic ideals in private circles.

Metternich, Dr:
Editor of the Koelnische Zeitung. Expert on agrarian problems. Said to be "Anti-Nazi".

Metzmacher, Jakob: Rheingasse 4. Tel: 22 38 38.
Restaurant proprietor "Gastslaette Metzmacher". Said to be "anti-Nazi".

Miss, Conrad: Grafenwerthstr 4. Tel: 4 67 77 (1941)
Age About 55 years. Catholic. Coffee business in Koeln-Klettenburg. Secretary of Social Democratic Party in Upper Rhine. Landrat in Wetzlar until 1933. Dismissed by Nazis.

SECRET

Köln (6)

Kraiborn, Albert: Etwa 1890 geboren. Ehemaliges Mitglied des Kölner Stadtrats. Sozialdemokrat. Bis 1933 Kreissekretär des Allgemeinen Deutschen Gewerkschaftsbunds. Betreibt seitdem ein Gewerbe.

Kroh, Fritz, Prof.; Köln-Riehl, Johannes-Müller-Str. 41.; Tel.: 7 50 98 (1941): Alter etwa 65 Jahre. Direktor des Städtischen Krankenhauses in Köln-Deutz und Köln-Mühlheim. Ein Kriegsgefangener erklärt, »daß er von Nazi-Zeitungen wegen seiner Anti-Nazi-Einstellung angegriffen wurde und nur wegen des großen Mangels an guten Chirurgen weitermachen durfte.«

Kroll, Joseph, Dr.; Bernhardstr. 166 (Anschrift 1941: Köln-Bayenthal, Kastanienallee 13, Tel.: 9 63 86): Etwa 1889 geboren. Römisch-katholisch. Politisch gemäßigt. Professor für Klassische Philologie und Kirchengeschichte an der Universität Köln. Soll »nicht-nazistisch« sein.

Kuske, Bruno, Dr.; Köln-Lindenthal, Leichtensternstr. 14; Tel.: 4 53 16 (1941); Professor für Wirtschaftsgeschichte in Köln. Alt-Sozialist (rechter Flügel). Kennt die örtlichen Bedingungen im ländlichen Rheinland sehr gut. »Sehr fleißig, aber von sehr begrenzter Intelligenz.«

Le Beau, [Rolf]: Redakteur der *Kölnischen Zeitung*. Soll »anti-Nazi« und »zuverlässig« sein.

Loebbel/Löbbel; Kaplan und Pastor: [...] würde mit den Alliierten zusammenarbeiten.

Lowenish, von, Dr.: Ein Kriegsgefangener behauptet, daß dieser leitende Mitarbeiter der Bausparkasse ein »zuverlässiger Anti-Nazi« ist, der bei ganz gleich welchem Wiederaufbauprogramm der Alliierten kooperieren würde.

Maler, Wilhelm, Prof.; Köln, Hoffnungsthal, Hintersten Büchel 54: Komponist. Soll »anti-Nazi« sein.

Mather, Ludwig, Dr.; Sielsdorferstr. 15, Tel.: 4 61 90 (1941): Etwa 1883 geboren. Ehemaliger Studienrat in Köln. Katholisch. Gymnasiallehrer an einem Kölner Gymnasium. Ehemaliges Mitglied der Zentrumspartei. Soll außerordentlich »anti-Nazi« sein.

(C) **Mella, Julius, Dr.**: Unpolitischer [Mitarbeiter] der *Kölnischen Zeitung*. Einer aus der Gruppe derer, die früher demokratisch gesinnt waren oder im privaten Kreis eine Zeitlang demokratische Ideale zum Ausdruck brachten.

Metternich, [Anton], Dr.: Redakteur bei der *Kölnischen Zeitung*. Fachmann für Fragen der Landwirtschaft. Soll »anti-Nazi« sein.

Metzmacher, Jakob; Rheingasse 4, Tel.: 22 38 38: Besitzer der »Gaststätte Metzmacher«. Soll »anti-Nazi« sein.

Miß, Konrad; Grafenwerthstr. 4, Tel: 4 67 77 (1941): Alter etwa 55 Jahre. Katholisch. Kaffeehandel in Köln-Klettenberg. Parteisekretär der Sozialdemokratischen Partei Oberrhein. Bis 1933 Landrat in Wetzlar. Von den Nazis abgesetzt.

SECRET

WHITE LIST

RHINE-PROVINZ

Koeln (7)

Mueller, Otto: Ordenkirchnerstr.
Catholic Priest declared by Anti-Nazi P/W as worth contacting for cooperation with Allies.

Muenster, Wilhelmine:
Professor in Professional Pedagogical Institute. Catholic. Politically a liberal Catholic and opposed to Nazi regime.

Nettesheim, Franz, Dr:
Age about 40 years. Physician. In touch with many personalities of Anti-Nazi circles all over Germany. "Democratic, liberal tendencies."

Neven Dumont-Schauberg, Kurt, Dr: Bayenthal, Goethestr. 68. Tel: 21 02 51.
Publisher of the Koelnische Zeitung. "Anti-Nazi" in 1943. Another source reports that Neven Dumont-Schauberg represents an unpopular wealthy group scheming to save its property. Once in Social Democrat Party, later in Staatspartei.

Niewind, Josef, Dr: Bernraterstr.
P/W claims him to be strong "anti-Nazi", friend of Dr. Weniger.

Oberdorfer, Domprelat.
Anti-Nazi P/W certain he would cooperate with Allies.

Oppenheimer-Jahn, Luise: Paffratherstr.40 Tel: 5 13 70.
Widow of the former Manager of "Tietz" in Frankfurt declared by anti-Nazi P/W as worth contacting for cooperation with Allies.

Oppenhof, Walter, Dr:
Age about 45. Roman Catholic. Lawyer. Reported to be very "anti-Nazi" Acted for English Clients up to war outbreak.

Pettenberg,
Editor of the Koelnische Zeitung. Said to be "Anti-Nazi".

(C) Pferdemenges, Robert, Dr. Jur: Bayenthal, Goldsteinerstr.250. Tel: 9 86 36 (1941)
Born about 1880. Roman Catholic. Co-owner and chief manager of Pferdmenges and Co., substantial banking form in Koeln. Took over Jewish banking firm in Rhineland and retained two part-Jewish members of Openheim family, as partners. Member Centre Party; has helped Jewish friends. According to source has made only absolutely necessary concessions to Nazis.

Pick,
Former Reichstag deputy from Koeln, probably still in Koeln.

Pielen, Leo: Zugweg Kaserne
Policeman declared by anti-Nazi P/W as worth contacting for cooperation with Allies.

* Planck, Erwin: Hueltzstr. 27. Tel: 4 32 94 (1941)
Age about 58. Lutheran. Formerly Civil Servant. Became Secretary of State of Reichs Chancellory under Schleicher. Left country when Nazis came in Returned 1935 and had difficulty finding a job, due to Nazi opposition. Eventually became one of managers of private firm Otto Wolff, Koeln. Source reliably informed that during first years of war Planck made remarks in Switzerland which left no doubt about his anti-Nazi attitude. Reported to be "internationalist".

Köln (7)

Müller, Otto; Rodenkirchenerstr.: Katholischer Priester, von einem Anti-Nazi-Kriegsgefangenen für wert erklärt, zwecks Zusammenarbeit mit den Alliierten kontaktiert zu werden.

Münster/Muenster, Wilhelmine: Professorin am Institut für Berufspädagogik. Katholikin. Politisch eine liberale Katholikin und steht dem Nazi-Regime ablehnend gegenüber.

Nettesheim, Franz, Dr.: Etwa 40 Jahre alt. Arzt. In Verbindung mit vielen Persönlichkeiten aus Anti-Nazi-Kreisen aus ganz Deutschland. »Demokratisch, liberale Tendenzen.«

Neven DuMont-Schauberg, Kurt, Dr.; Bayenthal, Goethestr. 58; Tel.: 21 02 51: Herausgeber der *Kölnischen Zeitung*. 1943 »Anti-Nazi«. Eine andere Quelle berichtet, daß Neven DuMont-Schauberg eine unpopuläre reiche Gruppe verkörpert, die Pläne schmiedet, um ihren Besitz zu retten. Einst in der Sozialdemokratischen Partei, später in der Staatspartei.

Niewind, Josef, Dr.; Berrenrather Str.: Ein Kriegsgefangener behauptet, er sei ein überzeugter »Anti-Nazi«. Ein Freund von Dr. Weniger.

Oberdorfer; Domprälat: Ein Anti-Nazi-Kriegsgefangener ist sich sicher, daß er mit den Alliierten kooperieren würde.

Oppenheimer-Jahn, Luise; Paffrather Str. 40; Tel: 5 13 70: Witwe des ehemaligen Direktors von »Tietz« in Frankfurt, von einem Anti-Nazi-Kriegsgefangenen für wert erklärt, zwecks Zusammenarbeit mit den Alliierten kontaktiert zu werden.

Oppenhof, Walter, Dr.: Alter etwa 46 Jahre. Römisch-katholisch. Rechtsanwalt. Soll außerordentlich »anti-Nazi« sein. Hat bis Kriegsausbruch englische Mandanten vertreten.

Pettenberg, [Heinz]: Redakteur bei der *Kölnischen Zeitung*. Soll »anti-Nazi« sein.

(C) **Pferdmenges, Robert, Dr. jur.**; Bayenthal, Goltsteinstr. 250; Tel.: 9 86 36 (1941): Etwa 1880 geboren. Römisch-katholisch. Miteigentümer und Direktor von Pferdmenges & Co., einem bedeutenden Bankhaus in Köln. Er übernahm eine jüdische Bank im Rheinland und behielt zwei halbjüdische Mitglieder der Familie Oppenheim als Teilhaber. Mitglied der Zentrumspartei; hat jüdischen Freunden geholfen. Hat den Nazis laut Quelle nur absolut notwendige Zugeständnisse gemacht.

Pieck, [Wilhelm]: Ehemaliger Reichstagsabgeordneter aus Köln, wahrscheinlich noch immer in Köln.

Pielen, Leo; Kaserne am Zugweg: Polizist; von einem Anti-Nazi-Kriegsgefangenen für wert erklärt, zwecks Zusammenarbeit mit den Alliierten kontaktiert zu werden.

* **Planck, Erwin**; Hültzstr. 27; Tel.: 4 32 94 (1941): Alter etwa 55 Jahre. Lutheraner. Ehemaliger Staatsbeamter. Wurde unter Schleicher Staatssekretär in der Reichskanzlei. Verließ das Land, als die Nazis kamen. Kehrte 1935 zurück und hatte wegen seiner Nazi-Gegnerschaft Schwierigkeiten, eine Anstellung zu finden. Wurde schließlich einer der leitenden Angestellten des Privatunternehmens Otto Wolff in Köln. Die Quelle hat zuverlässige Informationen, daß Planck während der ersten Kriegsjahre in der Schweiz Äußerungen von sich gab, die keinen Zweifel an seiner Anti-Nazi-Haltung ließen. Soll ein »Internationalist« sein.

White List **SECRET**

RHEIN-PROVINZ

Koeln (8)

Ramspott, Fritz: Grosse Markthalle, Bonn Tor.
Wholesale fish dealer. Said to be anti-Nazi.

Ruenenapf, von
Polizei-Rat in Koeln. Source says: "Helpful to Jews. Member of the NSDAP against his will. Could give reliable information re police administration."

Runge, Dr.
Catholic. Regierungsschulrat in Koeln. Not a member of the Nazi Party. "Retained his post only through his ability and knowledge."

Ruppel
Editor of the Koelnische Zeitung. Said to be anti-Nazi.

Salget, Franz, Rev.
Born 1897. Auxiliary priest in Lommern, near Koeln. Christian Democrat; active in Catholic youth organizations. Reported to be strongly anti-Nazi.

Sarnetzki, D. H.: Koeln-Lindenthal, Bachemer Str. 266. Tel: 4 62 40. (1941)
Editor of the Koelnische Zeitung. Said to be anti-Nazi. Excellent man persecuted due to Jewish wife; resides 6 Steinbergerstr., Bad Kreuznach. Hid and helped by friends to avoid internment

(C) Schaefer, Johann, Dr.
Chief editor of the Koelnische Zeitung since 1933. Reported to be anti-Nazi and of liberal tendencies.

* Schmalenbach, Ernst (or Eugen), Prof.: Koeln-Marienburg, Wolfgang-Mueller Str. 16. Tel: 9 75 15. About 70 years old. Protestant. Professor of Business Administration at University of Koeln. Resigned before Hitler came to power but was called back in 1937. Apolitical liberal and non-Nazi. His wife is of Jewish descent.

Schmidt
Editor of the Koelnische Zeitung. Expert economist. "Reliable anti-Nazi."

Schmittman, B., Prof.: Sachsenring 26. Tel: 9 18 00. (1941)
Catholic. Professor of Social Policy at Koeln. Dismissed by the Nazis. "May have useful connexions with the Centre Party in the Rhineland."

Schmitz, Ludwig
Comedian. His records banned by Nazis in 1943.

Schmitz-Draeger, Heinz Georg: Koeln-Bayenthal, Goltsteinstr. 138. Tel: 9 17 07.
Born 1899. Physician. Never compromised with Nazis. No political interests and a good organizer.

Schneider, Arthur, Prof.: Koeln-Bayenthal, Wolfgang-Mueller Str. 22. Tel: 9 56 06. (1941). University professor. Reported to be anti-Nazi.

Schnitzler, Dr.
About 35 years old. Assistant in Koeln Museum and expert on museums and art. "Anti-Nazi." Democratic, liberal tendencies.

Schoeffler, Herbert, Prof.: Schillerstr. 3. Tel: 9 38 74. (1941)
Born 1885. Protestant, Social Democrat. Reported to be non-Nazi. Professor of English Literature at University of Koeln and outstanding specialist in English literature and cultural history.

Schu, Fritz: Koeln-Bayenthal, Von-Groote Str. 39. Tel: 9 48 62. (1941)
About 64 years old. Stadtschulrat, dismissed in 1933. Very able. "Reliable anti-Nazi" according to FW. After dismissal founded the Rektoren Kegel Klub "Which consisted of anti-Nazi members."

Köln (8)

Ramspott, Fritz; Große Markthalle, Bonntor: Fischhändler (Großhandel). Soll anti-Nazi sein.

Ruemenapf/Rümenapf, von: Polizeirat in Köln. Die Quelle sagt: »Hilfsbereit zu Juden. Gegen seinen Willen Mitglied der NSDAP. Er könnte zuverlässige Informationen bezüglich der Polizeiverwaltung liefern.«

Runge, Dr.: Katholisch. Regierungsschulrat in Köln. Kein Mitglied der Nazi-Partei. »Behielt seine Stellung nur wegen seiner Fähigkeiten und seines Wissens.«

Ruppel, [Karl Heinrich]: Redakteur bei der *Kölnischen Zeitung*. Soll anti-Nazi sein.

Salget, Franz; Pfarrer: 1897 geboren. Hilfsgeistlicher in Stommeln, in der Nähe von Köln. Christdemokrat; aktiv in katholischen Jugendverbänden. Soll entschieden anti-Nazi sein.

Sarnetzki, [Detmar Heinrich]; Köln-Lindenthal, Bachemer Str. 266; Tel.: 4 62 40 (1941): Redakteur bei der *Kölnischen Zeitung*. Soll anti-Nazi sein. [...] verfolgt wegen jüdischer Ehefrau; [...] Bad Kreuznach. Versteckte sich und bekam Hilfe von Freunden, um Internierung zu vermeiden.

(C) **Schäfer, Johann, Dr.**: Seit 1933 Chefredakteur der *Kölnischen Zeitung*. Soll anti-Nazi sein und liberale Tendenzen haben.

* **Schmalenbach, Ernst** (oder Eugen) **[Eugen], Prof.**; Köln-Marienburg, Wolfgang-Müller-Str. 16; Tel.: 9 75 1: Etwa 70 Jahre alt. Protestantisch. Professor der Betriebswirtschaftslehre an der Universität Köln. Trat zurück, bevor Hitler an die Macht kam, wurde jedoch 1937 erneut berufen. Unpolitisch, liberal und nicht-nazistisch. Seine Frau ist jüdischer Abstammung.

Schmidt: Redakteur bei der *Kölnischen Zeitung*. Wirtschaftsexperte. »Zuverlässig anti-Nazi.«

Schmittmann, [Benedikt], Prof.; Sachsenring 26; Tel.: 9 18 00 (1941): Katholisch. Professor für Sozialpolitik in Köln. Von den Nazis entlassen. »Hat vielleicht nützliche Verbindungen zur Zentrumspartei im Rheinland.«

Schmitz, Ludwig: Komödiant. Seine Aufnahmen wurden 1943 von den Nazis verboten.

Schmitz-Draeger/Dräger, Heinz Georg; Köln-Bayenthal, Goltsteinstr. 138; Tel.: 9 17 07: 1899 geboren. Arzt. Schloß niemals mit den Nazis Kompromisse. Keine politischen Interessen und ein guter Organisator.

Schneider, Artur, Prof.; Köln-[Marienburg], Wolfgang-Müller-Str. 22; Tel.: 9 56 06 (1941): Universitätsprofessor. Soll anti-Nazi sein.

Schnitzler, Dr.: Etwa 35 Jahre alt. Assistent in einem Kölner Museum und Fachmann für Museen und Kunst. »Anti-Nazi.« Demokratisch, liberale Tendenzen.

Schöffler, Herbert, Prof.; Schillerstr. 3; Tel.: 9 38 74 (1941): 1885 geboren. Protestantisch, Sozialdemokrat. Soll nicht-nazistisch sein. Professor für Englische Literatur an der Universität Köln und ein hervorragender Fachmann für englische Literatur- und Kulturgeschichte.

Schu, Fritz; Köln-Bayenthal, Von-Groote-Str. 39; Tel.: 9 48 62 (1941): Etwa 64 Jahre alt. Stadtschulrat, 1933 entlassen. Sehr fähig. Laut einem Kriegsgefangenen ein »zuverlässiger Anti-Nazi«. Gründete nach seiner Entlassung den Rektoren Kegelklub, »der aus Anti-Nazi-Mitgliedern bestand«.

SECRET

White List

RHEIN-PROVINZ

Koeln (9)

Schuelgen, Reinhold, Dr.
About 48 years old. Lawyer. Regierungsrat in the Regierungsbezirk Koeln, concerned with questions of nationality and expropriation. Source says: "Refused many applications of the NSDAP for expatriation of Jews and refused to allow expropriation without compensation. Strongly anti-Nazi. Reliable. Suitable for leading position in administration of the Rhineland."

Schulte, : Koeln-Bruck, Olpenerstr.
About 56 years old. Headmaster of the elementary school, Koeln-Bruck. Later a Hauptmann in Paris at a dump for motorcars and lorries. "He and his sons have been arrested several times as people suspected of having worked with the underground organisation 'E.P.'(Edelweis Piraten)."

(C) Schwering, Felix
About 50 years old. Burgermeister to 1933. Brother of Otto Schwering. Reported to be anti-Nazi.

(C) Schwering, Otto, Dr.
About 55 years old. Catholic. Studienrat at the Gymnasium Kreuzgasse, Koeln; dismissed in 1935 "for telling his history class that Hannibal was of semitic race." Former Zentrums-Party member on the Prussian Landtag. Wrote articles in Jewish and other papers opposing antisemitism and Nazism. After dismissal from Gymnasium became an advertising agent and insurance broker.

Solman
Former Reichstag deputy of Social Democrats from Koeln. Probably still in Koeln.

Speri, Friedrich: Koeln-Bayenthal, Oberlaender Ufer 208. Tel: 9 20 01. (1941)
About 45 years old. Became Reich Commissioner at Berlin Stock Exchange in 1935. Retired about 1938 and became managing director of Rheinisch-Westfaelische Boden-Credit-Bank A.G. in Koeln. Honest and reliable;source knows from personal talks and observation that S. hated Nazis and was helpful to victims of Nazi oppression.

Spiecker, S.J.
Told people that "also this Reich will be destroyed." When before court in 1936, he said he regarded himself as not under German law, but bound to obey only orders from Rome.

Sprenge, : Business address: Leybold A.G., Koeln-Bayenthal, 300 Bonnerstr.
Director in firm of Leybold A.G., physical instrument makers. Reported to be genuine anti-Nazi by PW.

*(C) Strassner, Paul, Dr.: Blumenstr. 9. Tel: 21 02 51. (1941) 60 years old
Editor of the Koelnische Zeitung. Expert on foreign politics. Reported to be anti-Nazi and reliable. (May be in MERHEIM? - 22 April 1945)

Tack, Dr.: Koeln-Lindenthal, Lindenthal Guertel. (Probably Kaplan Tack, 1941 address: Waidmarkt 8, Tel: 22 72 20.) "One of the most anti-Nazis in Koeln. Arranged anti-Nazi meetings of students and leading intellectuals throughout the war in his house and in his church (St. Georg, Waidmarkt) under the cloak of musical recitals. His propaganda was as much anti-war as anti-Nazi. A highly educated Catholic priest who was more of a politician than a priest."

* E.Y. Hartshorne - SHAEF ~~SECRET~~
PWD Intell Sect Report 23 April 1945.)

Köln (9)

Schuelgen/Schülgen, Reinhold, Dr.: Etwa 48 Jahre alt. Rechtsanwalt. Regierungsrat im Regierungsbezirk Köln, befaßt mit Fragen der Nationalität und Enteignung. Die Quelle sagt: »Lehnte viele Anträge der NSDAP auf Enteignung von Juden ab und weigerte sich, Enteignung ohne Entschädigung zuzulassen. Entschieden anti-Nazi. Zuverlässig. Geeignet für eine leitende Position in der Verwaltung des Rheinlands.«

Schulte: Köln-Brück, Olpenerstr.: Etwa 56 Jahre alt. Rektor der Grundschule Köln-Brück. Später Hauptmann in Paris in einer Deponie für Kraftfahrzeuge und Lastwagen. »Er und seine Söhne sind mehrmals verhaftet worden, weil man sie verdächtigte, mit der Untergrundorganisation ›E.P.‹ [Edelweißpiraten] zusammengearbeitet zu haben.«

(C) **Schwering, Ernst**: Etwa 50 Jahre alt. Bürgermeister [Beigeordneter der Stadt] bis 1933. Bruder von Leo Schwering. Soll anti-Nazi sein.

(C) **Schwering, Leo, Dr.**: Etwa 55 Jahre alt. Katholisch. Studienrat am Gymnasium Kreuzgasse, Köln; 1935 entlassen, »weil er seinen Schülern in der Geschichtsstunde erzählte, daß Hannibal der semitischen Rasse angehörte.« Ehemaliges Mitglied der Zentrumspartei im Preußischen Landtag. Schrieb für jüdische und andere Blätter Artikel, die sich gegen den Antisemitismus und den Nazismus richteten. Wurde nach seiner Entlassung aus dem Schuldienst Anzeigenvertreter und Versicherungsagent.

Sollmann, [Wilhelm]: Ehemaliger sozialdemokratischer Reichstagsabgeordneter aus Köln. Wahrscheinlich noch immer in Köln.

Sperl, Friedrich; Köln-Bayenthal, Oberländer Ufer 208; Tel.: 9 20 01 (1941): Etwa 45 Jahre alt. Wurde 1935 Reichskommissar der Berliner Börse. Schied etwa 1938 aus und wurde Mitglied im Vorstand der Rheinisch-Westfälischen Boden-Credit-Bank A.G. in Köln. Ehrlich und zuverlässig; die Quelle weiß aus persönlichen Gesprächen und eigener Beobachtung, daß S. die Nazis haßte und Opfern der Nazi-Unterdrückung half.

Spiecker, S. J.: Erzählte anderen Menschen, daß »auch dieses Reich zerstört werden wird«. Als er 1936 vor Gericht stand, sagte er, daß er sich selbst als jemand sähe, der nicht unter deutschem Recht stehe, sondern verpflichtet sei, nur den Anweisungen aus Rom zu gehorchen.

Sprenge; Leybold A.G., Köln-Bayenthal, Bonner Str. 300 (Geschäftsanschrift): Direktor der Firma Leybold A.G., Hersteller von physikalischen Apparaten. Soll ein wahrer Anti-Nazi sein nach Aussagen eines Kriegsgefangenen.

* (C) **Strassner, Paul, Dr.**; Blumenstr. 9; Tel.: 21 02 51 (1941): 60 Jahre alt. Redakteur bei der *Kölnischen Zeitung*. Fachmann für Außenpolitik. Soll anti-Nazi und zuverlässig sein. (Hält sich vielleicht in Merheim auf? – 22. April 1945)

Tack, Dr.; Köln-Lindenthal, Lindenthal Gürtel. (Wahrscheinlich Kaplan Tack. Anschrift 1941: Waidmarkt 8, Tel.: 22 72 30): »Einer der größten Anti-Nazis in Köln. Organisierte während des ganzen Krieges in seinem Haus und in seiner Kirche (St. Georg, Waidmarkt) als musikalische Liederabende getarnte Anti-Nazi-Treffen von Studenten und führenden Intellektuellen. Seine Propaganda war ebenso gegen den Krieg wie auch gegen die Nazis gerichtet. Ein hochgebildeter katholischer Priester, der mehr Politiker als Priester war.«

***** *E.Y. Hartshorne, SHAEF, PWD, Bericht der Nachrichtenabteilung, 22. April 1945*

SECRET

White List

RHEIN-PROVINZ

Koeln (10)

Teiter, Joseph
Roman Catholic. Talented young architect and personal friend of source. Refused to take well-paid job in Speer's organization "Schoenheit des Arbeitplatzes." Hated Nazi doctrines and saw inevitability of war.

Teusch, Christine: Koeln-Ehrenfeld, Schirmerstr. 29. Tel: 5 28 90. (1941)
Born 1888. Catholic. Now primary school teacher in Koeln. Formerly leading woman member of Centre party group in Reichstag. Belonged to left wing of Centre party. Active in church work; travels a great deal and maintains contacts with Catholic anti-Nazis.

Thiebes, Dietrich: Luettringhauserstr. 42.
In firm of Metallhuette Brohl (Sobanski and Thiebes), Breuerstr. Genuine anti-Nazi according to PW.

Trimborn, Peter: Oplaten (Possibly Trimborn Obsthandlung, Deichmannhaus, or Peter Trimborn, Vert., Volksgartenstr. 23. Both listed in 1941 telephone directory.) About 55 years old. Catholic. Co-editor of <u>Rheinische Zeitung</u>. President Social-Democrat town council in Koeln. Lost all positions in 1933 and opened a vegetable and fruit store.

Trischmann, Roland, Dr.: Koeln-Nippes, Luederitzstr. 15. Tel: 7 94 06. (1941)
Manager of Jacobi textile firm, Koeln, Grosse Sandkaul. Genuine anti-Nazi according to PW.

Troost, Karl, Dr.
About 35 years old. Philosopher and sociologist. Studied under Max Weber and Scheler. Expert on social and political problems and well informed on personnel questions in German universities. Catholic of socialistic tendencies. Said to be anti-Nazi.

Weniger, Heinz, Dr.: Rueckertstr. 1.
Owner of book shop at University of Koeln. PW claims him to be strong anti-Nazi with list of influential press and university personnel.

Weyersberg, Arnhold: Florastr. 187. (1941 address: Koeln-Riehl, Amsterdamer Str. 76. Tel: 7 85 13.) Born 1892. Engineer employed by Felten und Guilleaume Carlwerk. Said to be apolitical and anti-Nazi.

Wundshammer
Head of Technical Department of <u>Koelnische Zeitung</u>. Reported to be anti-Nazi.

Ziekursch, Prof.: Koeln-Braunsfeld, Paulipl. 10. Tel: 5 48 26. (1941)
Historian. Reported to be anti-Nazi.

Langenberg

Colsmann, Heinrich
Born 1892. Protestant. Owner and manager of Colsmann und Seiffert, silk manufacturers. Liberal democrat. Reported to be anti-Nazi and repeatedly harassed by NSDAP.

SECRET

Köln (10)

Teiter, Joseph: Römisch-katholisch. Talentierter junger Architekt und ein persönlicher Freund der Quelle. Weigerte sich, eine gutbezahlte Stelle in [Albert] Speers Organisation »Schönheit des Arbeitsplatzes [der Arbeit]« anzunehmen. Haßte die Nazi-Doktrinen und sah die Unvermeidlichkeit eines Krieges.

* **Teusch, Christine**; Köln-Ehrenfeld, Schirmerstr. 29; Tel.: 5 28 90 (1941): 1888 geboren. Katholisch. Jetzt Volksschullehrerin in Köln. Früher ein führendes weibliches Mitglied der Zentrumspartei im Reichstag. Gehörte zum linken Flügel der Zentrumspartei. Aktiv in der Kirchenarbeit; reist sehr viel und erhält Verbindungen zu katholischen Anti-Nazis aufrecht.

Thiebes, Dietrich; Lüttringhauser Str. 42: Tätig in der Firma Metallhütte Brohl (Sobanski und Thiebes), Breuerstr.. Laut einem Kriegsgefangenen ein wahrer Anti-Nazi.

Trimborn, Peter; Opladen (Möglicherweise Obsthandlung Trimborn, Deichmannhaus oder Peter Trimborn, Vert., Volksgartenstr. 23. Beide aufgeführt im Telefonbuch von 1941.) Etwa 55 Jahre alt. Katholisch. Mitherausgeber der *Rheinischen Zeitung*. Vorsitzender der Sozialdemokraten im Stadtrat von Köln. Verlor 1933 alle Posten und eröffnete einen Obst- und Gemüse-Laden.

Trischmann, Roland, Dr.; Köln-Nippes, Lüderitzstr. 15; Tel.: 7 94 06 (1941): Geschäftsführer des Textilhauses Jacobi, Köln, Große Sandkaul. Laut einem Kriegsgefangenen ein wahrer Anti-Nazi.

Troost, Karl, Dr.: Etwa 35 Jahre alt. Philosoph und Soziologe. Studierte bei Max Weber und [Max] Scheler. Fachmann für soziale und politische Fragen und gut informiert über Mitarbeiter an deutschen Universitäten. Katholisch [...] Soll anti-Nazi sein.

Weniger, Heinz, Dr.; Rückertstr. 1: Inhaber der Kölner Universitätsbuchhandlung. Ein Kriegsgefangener behauptet, daß er ein überzeugter Anti-Nazi sei und über eine Liste einflußreicher Personen verfüge, die bei der Presse und an der Universität arbeiten.

Weyersberg, Arnold; Florastr. 187 (Anschrift 1941: Köln-Riehl, Amsterdamer Str. 76, Tel.: 7 85 13): 1892 geboren. Ingenieur, beschäftigt bei Felten & Guilleaume Carlswerk. Soll unpolitisch und anti-Nazi sein.

Wundshammer: Herstellungsleiter bei der *Kölnischen Zeitung*. Soll anti-Nazi sein.

Ziekursch, [Johannes], Prof.; Köln-Braunsfeld, Pauliplatz. 10; Tel.: 5 48 26 (1941): Historiker. Soll anti-Nazi sein.

Langenberg

Colsman, Heinrich: 1892 geboren. Protestant. Eigentümer und Geschäftsführer von Colsman & Seifert, Seidenfabrikanten. Liberaler Demokrat. Soll anti-Nazi sein und wurde wiederholt von der NSDAP schikaniert.

WHITE LIST

RHINE-PROVINZ

Leverkusen-Wiesdorf

Solzbacher, Joseph
Born 1909. Christian Democrat. For several years chaplain for Poles in Rheinland. Active in Catholic youth movement. Younger brother, Dr. Wilhelm Solzbacher now in New York City with CIP (Catholic news agency).

Mainz

Bockius, Fritz: Betzelstrasse 14.
Born 1882. Catholic. Retired from public life 1933. Lawyer. President of Zentrum Partei in Hesse 1924-1933. Member of Reichstag. Reported to be anti-Nazi.

Muenchen-Gladbach

Leeb, Klaus
37 years old. Manager of small steel factory in either Hoechst or Neuss. Major (retired). Now director of Municipal transport system in Muenchen-Gladbach. In Austria in 1936, now probably in the field. Came to Austria hoping Schussnig would save country. Decidedly anti-Nazi.

Lenz, Dr.
PW asserts that this official in the Building Association is a reliable anti-Nazi who would cooperate with any Allied scheme of reconstruction.

Mulheim-Ruhr

Hering, Paul
About 42 years old. Former secretary of Trade Union in Liegnitz. Member SPD. Refused to join Arbeitsfront and put in concentration camp for several months. Joined illegal movement in Liegnitz and arrested 1936, although released shortly for lack of evidence. After release went to Mulheim Ruhr and found job as clerk. Did not participate in illegal organisations but kept up correspondence with friends.

Neuss a. Rh.

Pfeil, Karl Gabriel: Preussenstr. 35.
Born 1889. Writer and editor. Catholic; mystic and not very practical. Anti-Nazi.

Oberhausen

Heinen, Werner, Dr.
Science teacher in Oberhausen School. "Anti-Nazi" and devote Catholic. Refused to leave Catholic community.

Leverkusen-Wiesdorf

Solzbacher, Joseph: 1909 geboren. Christdemokrat. Mehrere Jahre Kaplan für Polen im Rheinland. Aktiv in der katholischen Jugendbewegung. Jüngerer Bruder: Dr. Wilhelm Solzbacher, jetzt in New York beim CIP (Katholische Nachrichtenagentur).

Mainz

Bockius, Fritz; Betzelstraße 14: 1882 geboren. Katholisch. Zog sich 1933 aus dem öffentlichen Leben zurück. Rechtsanwalt. Von 1924–1933 Vorsitzender der Zentrumspartei in Hessen. Mitglied des Reichstags. Soll anti-Nazi sein.

Muenchen-Gladbach [Mönchengladbach]

Leeb, Klaus: 37 Jahre alt. Leiter eines kleinen Stahlwerks entweder in Höchst oder in Neuss. Major (im Ruhestand). Jetzt Direktor der Städtischen Verkehrsbetriebe in Muenchen-Gladbach. 1936 in Österreich, jetzt wahrscheinlich an der Front. Kam nach Österreich, weil er hoffte, daß [Kurt] Schuschnigg das Land retten würde. Entschieden anti-Nazi.

Lenz, Dr.: Ein Kriegsgefangener behauptet, daß dieser leitende Mitarbeiter der Bausparkasse ein zuverlässiger Anti-Nazi ist, der bei ganz gleich welchem Wiederaufbauprogramm der Alliierten kooperieren würde.

Mülheim-Ruhr

Hering, Paul; Etwa 42 Jahre alt. Ehemaliger Gewerkschaftssekretär in Liegnitz. SPD-Mitglied. Weigerte sich, in die Arbeitsfront einzutreten, und wurde einige Monate ins Konzentrationslager gesperrt. Schloß sich in Liegnitz einer illegalen Bewegung an und wurde 1936 verhaftet, jedoch kurz danach aus Mangel an Beweisen wieder freigelassen. Ging nach seiner Entlassung nach Mühlheim-Ruhr und fand dort eine Stelle als Angesteller. Wirkte nicht bei illegalen Organisationen mit, erhielt aber die Beziehung zu Freunden aufrecht.

Neuss am Rhein

Pfeil, Karl Gabriel; Preußenstr. 35: 1889 geboren. Schriftsteller und Redakteur. Katholisch; esoterisch und nicht sehr praktisch veranlagt. Anti-Nazi.

Oberhausen

Heinen, Werner, Dr.: Lehrer für Naturwissenschaften an einer Schule in Oberhausen. »Anti-Nazi« und ein gläubiger Katholik. Weigerte sich, aus der katholischen Gemeinschaft auszutreten.

White List

RHEIN-PROVINZ

Oberhausen

Kemming, Joseph (or Kimming) (now in prison in Duisburg)
"Anti-Nazi". Landlord of source. Very popular in community. Said Nazis only fought on to prolong their life. Always said what he thought.

Rheidt

(*) Schweitzer
Director of Hermann Schoett A.G., Rheidt. Expert for Lithography, printing and paper industry. "Anti-Nazi" tendencies up to 1939 certain.

Solingen

Fervers, (Brothers): Goetzewerke.
Well informed about industrial and economic problems. "Anti-Nazi". "Reliable and helpful".

Schmidt, Erich
About 44 years old. Communist. Source suspects that he has been organising and possibly leading an underground movement in Solingen. At Christmas 1943 Schmidt told source that "things would take a turn for the better when the war was lost".

Wischnevski, Gustav
About 48 or 49 years of age. Moulder. Formerly employed in a foundry in Solingen-Mangenberg, Lassenstrasse. Was an SPD cell-leader. "Believed to be perfectly reliable.

Traben-Trarbach

Kayser, Uli and Oscar
Born about 1895 and 1896. Both married. Proprietors of the wine exporting firm Julius Kayser & Co. "Reliable anti-Nazis. Refused to join the Nazi Party in 1935 or 36 and were excluded for some time from the list of non-commissioned officers. Have many business connections in England".

Trier

Bertrab, von
Born about 1880. Catholic. Oberregierungsrat. Leiter des Finanzamts, Tr "Anti-Nazi". Source does not know if he is still in office.

Dennerwald: Koerperisch
Secretary of Buergermeister Amt. Fired because not Nazi. According to friendly P/W then taken back because professional services needed and forced to join NSDAP. Knows all Nazis and anti-Nazis around Trier because of his position.

Esch, Dr.
Born about 1880. Rechtsanwalt. In 1923 charge of administration in Trier. Member of the Zentrumspartei. "Reliable informant re former members of the Zentrumspartei in the Rhineland".

Fassbinder, Heinrich: On Mosel, near Trier
Born 1889. Retired Schulrat and writer. Devout Catholic. Retired by Nazis. Editor of Paulinus Kalender, year book for Catholics in Rhineland.

Hunscha
Former member of staff of Trier Landeszeitung. Reported by source to be definite anti-Nazi with knowledge of "white" personnel in propaganda field.

Oberhausen

Kemming, Joseph (oder **Kimming**) (jetzt im Gefängnis in Duisburg): »Anti-Nazi.« Vermieter der Quelle. Sehr beliebt in der Gemeinde. Sagte, daß die Nazis nur weiterkämpften, um ihr Leben zu verlängern. Sagte immer, was er dachte.

Rheydt

Schweitzer: Direktor der Hermann Schött AG, Rheydt. Fachmann für Lithographie, Druck und Papierindustrie. Bis 1939 mit Sicherheit »Anti-Nazi«-Tendenzen.

Solingen

Fervers (Gebrüder); Goetze-Werke: Gut informiert über Fragen der Industrie und Wirtschaft. »Anti-Nazi.« »Zuverlässig und hilfsbereit.«

Schmidt, Erich: Etwa 44 Jahre alt. Kommunist. Die Quelle vermutet, daß er in Solingen eine Untergrundbewegung organisiert und möglicherweise angeführt hat. An Weihnachten 1943 sagte Schmidt zur Quelle, daß »die Dinge sich zum Besseren wenden würden, wenn der Krieg verloren sei.«

Wischnevski, Gustav: Etwa 48 oder 49 Jahre alt. Gießer. Früher in einer Gießerei in Solingen, am Mangenberg, Luisenstraße, beschäftigt. War der Anführer einer SPD-Zelle. »Es wird angenommen, daß er absolut zuverlässig ist.«

Traben-Trarbach

Kayser, Uli und **Oscar**: Etwa 1895 bzw. 1896 geboren. Beide verheiratet. Eigentümer der Wein-Export Firma Julius Kayser & Co. »Zuverlässige Anti-Nazis. Sie weigerten sich 1935 oder 36, in die Nazi-Partei einzutreten, und wurden für einige Zeit von der Liste der Unteroffiziere der Reserve gestrichen. Sie haben viele Geschäftsverbindungen in England.«

Trier

Bertrab, von: Etwa 1880 geboren. Katholisch. Oberregierungsrat. Leiter des Finanzamts Trier. »Anti-Nazi.« Die Quelle weiß nicht, ob er noch im Amt ist.

Dennerwald; Körperich: Gemeindesekretär im Bürgermeisteramt. Hinausgeworfen, weil kein Nazi. Laut einem freundlich gesinnten Kriegsgefangenen dann wieder eingestellt, weil man seine beruflichen Dienste benötigte, und gezwungen, in die NSDAP einzutreten. Kennt auf Grund seiner Position alle Nazis und Anti-Nazis in und um Trier herum.

Esch, Dr.: Etwa 1880 geboren. Rechtsanwalt. 1923 Leitung der Verwaltung von Trier. Mitglied der Zentrumspartei. »Zuverlässiger Informant bezüglich ehemaliger Mitglieder der Zentrumspartei im Rheinland.«

Faßbinder, Heinrich; an der Mosel, in der Nähe von Trier: 1889 geboren. Pensionierter Schulrat und Schriftsteller. Gläubiger Katholik. Von den Nazis in den Ruhestand versetzt. Herausgeber des *Paulinus-Kalenders*, einem Jahrbuch für Katholiken im Rheinland.

Hunscha: Ehemaliges Redaktionsmitglied der *Trierischen Landeszeitung*. Soll nach Aussagen der Quelle eindeutig anti-Nazi sein und Kenntnis über »weißes« Personal aus dem Propaganda-Bereich haben.

White List

RHEIN-PROVINZ

Trier (2)

Ikefeld, :
Over 50 years old. Teacher in Volksschule at Wintersdorf near Trier. Reported strongly anti-Nazi.

Kersch, Christian:
Over 60 years old. Peasant, educated natural leader in community. Reported violently "anti-Nazi"; member of village council (Udelfangen) before advent of Hitler. 8 children all anti-Nazi result of domination of strong character of father.

Krause-Wichmann, Wilhelm, Dr.:
Born about 1905. Married 3 children. Protestant. Studied Political Economy Secretary of the Chamber of Commerce, Trier. Also in charge of the Luxemburg Chamber of Commerce (?). Forced to join the Nazi Party in 1936. Was still in office when the war broke out. "Did everything possible to prevent Nazi influence on the economic life of Trier and district".

Mueller: Obersgegen
"Anti-Nazi". Well known as Bauer Mueller in Obersgegen.

Niederpruemm, Wilhelm :
60 years old. Catholic, married, no children. Owner of printing house in Trier, Deimelberg 12. Has uncle Col. Wilhelm J. Niederpruemm in Ft. Benning, Ga. "Liberal convictions, anti-Nazi".

Reichardt, Dr:
P/W asserts that this official in the Building Association is a reliable anti-Nazi who would cooperate with any Allied scheme of reconstruction.

Schmitz, Matteas: Nussbaum.
Farmer who according to friendly P/W is known as an anti-Nazi.

Schorck, Georg:
Former chief editor: Trierer Landeszeitung. Now in seclusion and considered by source as excellent reorganizer for newspaper along Allied lines. Would have knowledge of "white" Germans in propaganda fields.

Stoeck, :
Born about 1870. Catholic. Oberbuergermeister 1923-24. "On good terms with French army of occupation." Member of the Center party. "Reliable informant re former members of the Center party in the Rhineland".

Zimmer, :
About 45 years old. Landrat of Stuhm. Temporarily dismissed in 1933. Regierung Trier, dismissed in 1938. Personally known to source. Record would require careful investigation.

Velbert

Dellman, Johann: Rudolfstr.
About 52 years old. Member of KPD. Considered friendly by P/W.

Muehlhause, Paul: Bovenstr.
About 54 years old. Member of KPD. Spent 6 years in concentration camp.

Trier (2)

Kenfeld: Über 50 Jahre alt. Lehrer an der Volksschule in Wintersdorf in der Nähe von Trier. Dem Bericht nach entschieden anti-Nazi.

Kersch, Christian: Über 60 Jahre alt. Kleinbauer, eine geborene Führungspersönlichkeit in Gemeindedingen. Dem Bericht nach leidenschaftlich »anti-Nazi«; bevor Hitler kam, Mitglied des Stadtrats (Udelfangen). 8 Kinder, alle anti-Nazi als Ergebnis der Dominanz des starken Charakters des Vaters.

Krause-Wichmann, Wilhelm, Dr.: Etwa 1905 geboren. Verheiratet, 3 Kinder. Protestantisch. Studierte Volkswirtschaft. Syndikus der Industrie- und Handelskammer, Trier. Leitet auch die Luxemburgische Industrie- und Handelskammer (?). Wurde 1936 gezwungen, in die NSDAP einzutreten. War noch im Amt, als der Krieg ausbrach. »Tat alles, was möglich war, um den Einfluß der Nazis auf das Wirtschaftsleben von Trier und Umgebung zu verhindern.«

Mueller/Müller; Obersgegen: »Anti-Nazi.« Gut bekannt als Bauer Mueller/Müller in Obersgegen.

Niederpruemm/Niederprümm, Wilhelm; 60 Jahre alt. Katholisch, verheiratet, keine Kinder. Besitzer einer Druckerei in Trier, Deimelberg 12. Hat einen Onkel namens Colonel [Oberst] Wilhelm J. Niederpruemm in Fort Benning, GA [Georgia]. »Liberale Überzeugungen, anti-Nazi.«

Reichardt, Dr.: Ein Kriegsgefangener behauptet, daß dieser leitende Mitarbeiter der Bausparkasse ein zuverlässiger Anti-Nazi ist, der bei ganz gleich welchem Wiederaufbauprogramm der Alliierten kooperieren würde.

Schmitz, Matthias; Nußbaum: Ein Bauer, der laut einem freundlich gesinnten Kriegsgefangenen als ein Anti-Nazi bekannt ist.

Schork, Georg: Ehemaliger Chefredakteur: *Trierische Landeszeitung*. Lebt jetzt völlig zurückgezogen und wird von der Quelle für einen ausgezeichneten Reorganisator der Zeitungen im Sinne der Alliierten gehalten. Wüßte über »weiße« Deutsche aus den Propaganda-Bereichen Bescheid.

Stöck, [Christian]: Etwa 1870 geboren. Katholisch. Von 1923-24 Oberbürgermeister. »Stand auf gutem Fuß mit den französischen Besatzungsbehörden.« Mitglied der Zentrumspartei. »Zuverlässiger Informant bezüglich früherer Mitglieder der Zentrumspartei im Rheinland.«

Zimmer, [Alois]: Etwa 45 Jahre alt. Landrat von Stuhm. 1933 vorübergehend abgesetzt. Regierung Trier, 1938 abgesetzt. Der Quelle persönlich bekannt. Bericht würde sorgfältige Nachforschungen erfordern.

Velbert

Dellman, Johann; Rudolfstr.: Etwa 52 Jahre alt. Mitglied der KPD. Freundlich gesinnt nach Ansicht eines Kriegsgefangenen.

Muehlhause/Mühlhause, Paul; Bovenstr.: Etwa 54 Jahre alt. Mitglied der KPD. Verbrachte 6 Jahre im Konzentrationslager.

SECRET

WHITE LIST

RHINE-PROVINZ

Weener

Risius, H., Dr:
Owner and publisher of Anzeiger fuer das Rheinland; paper acquired as a family property, founded in beginning of this century. Politically discreet. Guided paper with great acumen and helped thereby to withstand the strenuous competition of the NSDAP press.

Wuppertal

Joergens, M., Dr.:
About 65 years old. Trained economist and banker. In leading position in Deutsche Bank. On boards of numerous industrial companies. "Strongly anti-Nazi."

Tiamer, Dr. :
Friendly P/W asserts that this official in the Building Association is a reliable anti-Nazi who would cooperate with any Allied scheme of reconstruction.

S E C R E T

Weener

Risius, [Aeilt Fr.], Dr.: Besitzer und Herausgeber des *Anzeigers für das Rheiderland*; Zeitung wurde als Familieneigentum erworben, gegründet Anfang dieses Jahrhunderts. Politisch besonnen. Führte die Zeitung mit großer Klugheit und trug dadurch dazu bei, der heftigen Konkurrenz der NSDAP-Presse standzuhalten.

Wuppertal

Joergens/Jörgens, M., Dr.: Etwa 65 Jahre alt. Diplom-Volkswirt und Bankier. In leitender Position bei der Deutschen Bank. Im Vorstand vieler Industrieunternehmen. »Entschieden anti-Nazi.«

Tismer, Dr.: Ein freundlich gesinnter Kriegsgefangener behauptet, daß dieser leitende Mitarbeiter der Bausparkasse ein zuverlässiger Anti-Nazi ist, der bei ganz gleich welchem Wiederaufbauprogramm der Alliierten kooperieren würde.

SECRET

White List

RHEIN-PROVINZ (Supplement) (1)

Aachen

Abrahams,
Oberpfarrer (Head Priest), St. Nicholas. Reported as reliable anti-Nazi.

Arndt, Kurt,
Actor. May be in Aachen at present. Reported by PW as reliable anti-Nazi.

Franken, Rector; Huehnermarkt,
Stated to be reliable anti-Nazi.

Freiburg,
Kaplan (Chaplain). Reported as reliable anti-Nazi.

Goerres,
Kaplan (Chaplain). Stated to be reliable anti-Nazi.

Graets, Emmi,
Actress. Reported by PW as reliable anti-Nazi.

Janssen,
Dompraelat (Cathedral Prelate). Reliable anti-Nazi.

Kueppers, Heinrich, Dr. Heinrichsallee 10,
Notary. "Reliable." Source left Germany in February 1939 and reports that as far as he knows "K. had not collaborated with the Nazis up to this time."

Linzenmich, Peter.
Age 48. Accountant. Hates the Nazi system, according to German civilians, who say that he has a wide circle of acquaintances and is worth while contacting.

x Nilles, Praelat, Hermann Strasse 14,
Reported by source as anti-Nazi. Alleged member of Church Opposition (Autorenkonferenz).

Ohly,
Dipl. Volkswirt; degree in economy. PW asserts that this official in the Building Association is a reliable anti-Nazi who would cooperate with any Allied scheme of reconstruction.

Peters, Hermannstrasse 14.
Editor of the Missionszentrale. Reported as anti-Nazi.

Rehmann,
Professor. Alleged by German civilians to be a reliable anti-Nazi.

Schiffer, Dr. Archivar,
Reported by German civilians to be a reliable anti-Nazi.

Schuemmer, Dr., Kaplan,
Chaplain; reliable anti-Nazi according to German civilians.

Schuetz, Foylan.
Pfarrer (priest). Reported to be anti-Nazi by German civilians.

SECRET

Aachen

Abrahams, [Josef]: Oberpfarrer, St. Nikolaus. Dem Bericht nach ein zuverlässiger Anti-Nazi.

Arndt, Kurt; Schauspieler: Ist derzeit vielleicht in Aachen. Nach Aussagen eines Kriegsgefangenen ein zuverlässiger Anti-Nazi.

Franken, [Franz]; Rektor; Hühnermarkt: Ist den Angaben nach ein zuverlässiger Anti-Nazi.

Freiburg; Kaplan: Nach Aussagen eines Kriegsgefangenen ein zuverlässiger Anti-Nazi.

Goerres/Görres; Kaplan: Ist den Angaben nach ein zuverlässiger Anti-Nazi.

Graetz, [Emmy]; Schauspielerin: Nach Aussagen eines Kriegsgefangenen zuverlässig anti-Nazi.

Janssen, [Josef]; Domprälat: Ein zuverlässiger Anti-Nazi.

Kueppers/Küppers, Heinrich, Dr.; Heinrichsallee 10: Notar. »Zuverlässig.« Die Quelle verließ Deutschland im Februar 1939 und berichtet, daß, soweit sie weiß, »K. bis zu diesem Zeitpunkt nicht mit den Nazis kollaboriert hatte.«

Linzennich, Peter: Alter 48. Buchhalter. Haßt das Nazi-System laut deutschen Zivilpersonen, die sagen, daß er einen großen Bekanntenkreis hat und es der Mühe wert ist, kontaktiert zu werden.

Nilles; Prälat; Hermann Str. 14: Nach Aussagen der Quelle ein Anti-Nazi. Ein angebliches Mitglied der kirchlichen Opposition (Autorenkonferenz).

Ohly, [Paul]; Diplom-Volkswirt; Diplom in Ökonomie: Ein Kriegsgefangener behauptet, daß dieser leitende Mitarbeiter der Bausparkasse ein zuverlässiger Anti-Nazi ist, der bei ganz gleich welchem Wiederaufbauprogramm der Alliierten kooperieren würde.

Peters; Hermannstraße 14: Herausgeber der »Missionszentrale«. Dem Bericht nach anti-Nazi.

Rehmann, [Theodor Bernhard]; Professor: Ist, wie von deutschen Zivilpersonen behauptet wird, ein zuverlässiger Anti-Nazi.

Schiffer, Dr.; Archivar: Soll nach Aussagen deutscher Zivilpersonen ein zuverlässiger Anti-Nazi sein.

Schümmer, [Johannes], Dr.; Kaplan: Ein zuverlässiger Anti-Nazi laut deutschen Zivilpersonen.

Schuetz/Schütz; St. Foillan; Pfarrer: Soll anti-Nazi sein nach Aussagen deutscher Zivilpersonen.

White List

RHEIN-PROVINZ (Supplement) (2)

Aachen

Stefany,
Domvikar (Vicar of the Cathedral). Reported to be a reliable anti-Nazi by German civilians.

Urlichs, August,
Buehnenbildner (designer of stage scenery). Stated by friendly PW to be a reliable anti-Nazi.

Ahrweiler

Loeffler, Paul,
Father of anti-Nazi PW. Teacher at Volksschule (Elementary School). Would not allow son to make collections for Winterhilfswerk, and brought up son to be anti-Nazi in other respects too.

Bad Godesberg

Hensen, Peter,
Born 25 March 1888, at Aachen. Catholic publisher. Became editor of a Catholic paper in the Rhineland. Published a small Catholic newspaper in Godesberg. Was not an outstanding personality, according to source, but a faithful member of his party and a devout Catholic.

Betzdorf

Heinen,
Lawyer. Stated to be anti-Nazi and particularly reliable.

Beuel

Kraemer, Hermann Joseph; Gartenstrasse 79,
Poet and journalist. Alleged to be anti-Nazi.

Bitburg

Gores, Mrs.,
Midwife. Has been known to source - a not too reliable PW - for over 15 years and worked with him as back as 1933 in helping Jews to get out of the country. Her connections make her an invaluable informant embracing the whole Gau Westmark. Has a daughter Kremer-Gores, Sanni; 5 Hubert Muellerstrasse, Saarbruecken.

Bonn

Beckerath von,
Professor of Political Economy at Bonn. "Cosmopolitan, full of contempt for Nazi people and politics, but full of self love and not at all ready to stand for anything." As far as source knows, however, "has submitted to every indignity to keep his post." Published 1927 analysis of Fascist Italy and economic causes of dictatorship.

Helling, Fritz Dr.,
Was former master at the Secondary School in Schwelm and Editor of the Culural Supplement to the periodical "Die Neue Erziehung", organ of the "Bund entschiedener Schulreformer". Dismissed in 1933. Active anti-Nazi; has been in prison for his activities. Wrote manuscripts on sociological subjects, unfit for publication in Nazi

Aachen

Stephany, [Erich]; Domvikar: Soll ein zuverlässiger Anti-Nazi sein nach Aussagen deutscher Zivilpersonen.

Urlichs, August; Bühnenbildner: Ist nach Angaben eines freundlich gesinnten Kriegsgefangenen ein zuverlässiger Anti-Nazi.

Ahrweiler

Loeffler/Löffler, Paul: Vater eines Anti-Nazi-Kriegsgefangenen. Lehrer an der Volksschule. Wollte dem Sohn nicht erlauben, für das Winterhilfswerk zu sammeln, erzog den Sohn auch in anderer Hinsicht dazu, anti-Nazi zu werden.

Bad Godesberg

Hensen, Peter: Geboren am 25. März 1888 in Aachen. Katholischer Verleger. Wurde Herausgeber eines katholischen Blattes im Rheinland. Brachte in Godesberg eine kleine katholische Zeitung heraus. War, laut Quelle, keine herausragende Persönlichkeit, aber ein treues Mitglied seiner Partei und ein gläubiger Katholik.

Betzdorf

Heinen: Anwalt. Ist den Angaben nach anti-Nazi und besonders zuverlässig.

Beuel

Kraemer, Hermann Joseph; Gartenstraße 79: Dichter und Journalist. Soll angeblich anti-Nazi sein.

Bitburg

Gores, Frau: Hebamme. Ist der Quelle – einem nicht allzu zuverlässigen Kriegsgefangenen – seit über 15 Jahren bekannt und hat bereits 1933 mit ihm zusammengearbeitet, um Juden dabei zu helfen, aus dem Land herauszukommen. Ihre Verbindungen machen sie zu einer außerordentlich wertvollen Informantin, was den ganzen Gau Westmark betrifft. Hat eine Tochter namens Kremer-Gores, Sanni; Hubert-Müller-Straße 5, Saarbrücken.

Bonn

Beckerath, [Erwin] von: Professor für Nationalökonomie in Bonn. »Kosmopolit, voller Verachtung für die Nazis und ihre Politik, aber voller Eigenliebe und überhaupt nicht bereit, für etwas einzutreten.« Soweit die Quelle weiß, hat er sich jedoch »jeder Demütigung unterworfen, um seine Stelle zu behalten.«

Helling, Fritz, Dr.: War früher Lehrer am Gymnasium in Schwelm und Herausgeber der Heft-Beilagen zum Thema Kultur der Zeitschrift *Die Neue Erziehung*, des Sprachrohrs des »Bundes Entschiedener Schulrefomer«. 1933 entlassen. Ein aktiver Anti-Nazi; ist wegen seiner Aktivitäten im Gefängnis gewesen. Verfaßte Texte zu soziologischen Themen, die ungeeignet für die Veröffentlichung in Nazi-

White List

RHEIN-PROVINZ (Supplement) (3)

Bonn

Helling, Fritz Dr. (continued)
Germany, which were smuggled out of the country. First-class teacher and uncompromisingly hostile to Nazism. Was cured of militarism and pan-Germanism during the last War when he joined up as a volunteer. Was in touch with Source till 1939.

Henry, Johann; Schillerstrasse 12,
Rechtsanwalt with Chambers at Muensterplatz 20. Anti-Nazi; "parteularly reliable." Formerly Leader of the Centre Party in the Provincial Diet.

Hoffmann, Erich, Prof., Baumschulallee 25,
Born 25/4/68. Said to be of strongly anti-Nazi attitude. Honorary member of the Royal Medical Academy in Rome and numerous medical societies. Editor of the "Dermatologische Zeitschrift" and co-publisher of "Archiv fuer Dermatologie und Syphilogie." Former posts : - Director of the Dermatological Clinique at the University of Bonn. Previously Professor at Bonn and Halle.

Leifels, Maria, Haendelstrasse 15,
Devout Catholic; has expressed strong anti-Nazi views. Housekeeper-manager of Catholic students hostel in 1936 and later, but Source does not know whether she is still in charge.

Mayer, I.,
Lawyer; described as "Anti-Nazi. Particularly reliable."

Schultz, Erich; Bonn-Wesselingen.
Foreman. Not a Nazi, according to PW, and would co-operate.

Smits, Johannes, Professor,
Described by PW as anti-Nazi. Former teacher of religion at the Gymnasium in Andernach on the Rhine, near Koblenz. He is probably still Director of "Pax", the Social Insurance Scheme for Priests.

Dueren

Maubach,
Said to be anti-Nazi and particularly reliable. Lawyer.

Duesseldorf

Faerber,
Oberingenieur. Reported by PW as a reliable anti-Nazi.

Handschumacher, Robert Dr., Koenigsallee 42,
Last pre-Nazi Lord Mayor of Muenchen-Gladbach. Belonged to the Centre party, and was dismissed by the Nazi Government a few months after its ascent to power, before his term of office had expired. Established himself as a lawyer in Duesseldorf, Koenigsallee. Source had some contacts with him and his wife whilst he was still Lord Mayor, and later in Duesseldorf. Although Source never had any political discussions with him, he believes that he was genuinely adverse to the Nazi Party, and does not think it likely that his opinion and attitude have changed.

Heifer, Kurt,
Head of the art section of the Mittag, Duesseldorf; has been in the Army since 1943. According to PW, he is not a Party member and is reliable. He used to reside in Musfeldstr. (Duisburg ?)

Bonn

Helling, Fritz, Dr. (Fortsetzung): Deutschland waren und aus dem Land geschmuggelt wurden. Ein erstklassiger Lehrer und dem Nazismus kompromißlos feindlich gesinnt. Wurde während des letzten Krieges vom Militarismus und Pangermanismus geheilt, als er sich als Freiwilliger zum Kriegsdienst meldete. Stand mit der Quelle bis 1939 in Verbindung.

Henry, Johannes; Schillerstraße 12: Rechtsanwalt mit einer Kanzlei am Münsterplatz 20. Anti-Nazi; »besonders zuverlässig.« Früher Führer der Zentrumspartei im Landtag der Provinz.

Hoffmann, Erich, Prof.; Baumschulallee 25: Am 25.04.68 geboren. Soll eine entschieden anti-nazistische Einstellung haben. Ehrenmitglied der Königlich Medizinischen Akademie zu Rom und zahlreicher medizinischer Gesellschaften. Herausgeber der *Dermatologischen Zeitschrift* und Mitherausgeber des *Archivs für Dermatologie und Syphilis*. Ehemalige Posten: Direktor der Dermatologischen Klinik in Bonn. Vorher Professor in Bonn und Halle.

Leifels, Maria; Händelstraße 15: Gläubige Katholikin; hat entschieden anti-nazistische Ansichten zum Ausdruck gebracht. 1936 und später Wirtschafterin und Leiterin eines katholischen Studentenwohnheims; die Quelle weiß jedoch nicht, ob sie nach wie vor die Leitung innehat.

Mayer, I.: Anwalt; beschrieben als »Anti-Nazi. Besonders zuverlässig.«

Schultz, Erich; Wesseling, in der Nähe von Bonn: Vorarbeiter. Laut einem Kriegsgefangenen kein Nazi und würde kooperieren.

Smits, Johannes; Professor: Von einem Kriegsgefangenen als Anti-Nazi beschrieben. Ehemaliger Religionslehrer am Gymnasium in Andernach am Rhein, in der Nähe von Koblenz. Er ist wahrscheinlich noch immer Direktor von »Pax«, der Krankenversicherung für katholische Priester.

Düren

Maubach: Soll anti-Nazi und besonders zuverlässig sein. Anwalt.

Düsseldorf

Faerber/Färber: Oberingenieur. Nach Aussagen eines Kriegsgefangenen ein zuverlässiger Anti-Nazi.

Handschumacher, Johannes, Dr., Königsallee 42: Der letzte Oberbürgermeister von Muenchen-Gladbach vor der Nazi-Zeit. Gehörte zur Zentrumspartei und wurde von der Nazi-Regierung einige Monate nach ihrem Aufstieg an die Macht abgesetzt, noch bevor seine Amtszeit abgelaufen war. Ließ sich als Anwalt in Düsseldorf in der Königsallee nieder. Die Quelle hatte einige Male Kontakt mit ihm und seiner Frau, während er noch Oberbürgermeister war und später in Düsseldorf. Obwohl die Quelle niemals mit ihm politische Diskussionen führte, glaubt sie, daß er der Nazi-Partei gegenüber wirklich feindlich eingestellt war, und hält es nicht für wahrscheinlich, daß seine Ansicht und Einstellung sich geändert haben.

Heifer, Kurt: Leiter der Kulturredaktion der Zeitung *Der Mittag*, Düsseldorf; ist seit 1943 beim Heer. Laut einem Kriegsgefangenen ist er kein Parteimitglied und ist zuverlässig. Er war früher wohnhaft in der Musfeldstraße (Duisburg?).

WHITE LIST

RHEIN-PROVINZ (Supplement) (4)

Duesseldorf

Horstmann, Hermann Dr. Jur.
Rechtsanwalt. Alleged to be an honest and sincere Communist. He often defended cases against the Nazis; may be in a concentration camp. His name does not appear in the Duesseldorf Telephone Directory (1940), or in the Reichsadressbuch (1939).

Klette, Willi,
Father-in-law of friendly PW. Reported as a reliable ant-Nazi.

Letschert, Dr.,
Age 50-60 . Oberregierungsrat either in the Landesfinanzamt or the Finanzaemter at Duesseldorf. Legal training; passed the "Grosse Juristische Staatspruefung". Reliable anti-Nazi.

Linz, Friedrich Dr., Altes Garde Ufer 13,
Evangelical Pastor; strongly anti-Nazi.

Muehlhause, Paul,
Duesseldorf-Velbert. Age 54. Member (?) of the K.P.D. Six years in a concentration camp. "Friendly."

Oven von,
Oberregierungsrat either in the Landesfinanzamt or the Finanzaemter at Duesseldorf. Reported as a reliable anti-Nazi.

Sperl,
Comedian. According to PW a reliable anti-Nazi.

* WIDENHOFEN, D ~~lawyer~~ lawyer - came to lines and guided Americans into city - Good informant. Source: P+PW 1st US Army 20 April 45. (Hurtley Sect.) Info sent 6871 at DISCC - 15 May

Zweck, Ferdinand,
Architect. Reported by PW as reliable anti-Nazi.

Duisburg

Horster, F., Dr.
Ardent and influential Roman Catholic and member of Centre party. Vorstandsmitglied of Vereinigte Deutsche Metallwerke AG., Frankfurt a.M. Member of many trade organisations in metal industry. As far as Source knows, not a party member.

Ehrang

Thesen, Josef, Kirchstrasse 12,
Strictly Catholic. Secretary to the Amtsgericht in Trier. Non-political. Has good information pertaining to confiscated Jewish real estate.

Essen

Baumgart, Otto Dr.
Is feature article writer on National Zeitung; according to PW he is neither a Nazi nor a Party member.

Düsseldorf

Horstmann, Hermann, Dr. jur.: Rechtsanwalt. Soll angeblich ein ehrlicher und aufrichtiger Kommunist sein. Er verteidigte oft Fälle gegen die Nazis; ist vielleicht in einem Konzentrationslager. Sein Name taucht nicht im Düsseldorfer Telefonbuch (1940) oder im Reichsadressbuch (1939) auf.

Klette, Willi: Schwiegervater eines freundlich gesinnten Kriegsgefangenen. Dem Bericht nach ein zuverlässiger Anti-Nazi.

Letschert, Dr.: Alter zwischen 50 und 60. Oberregierungsrat entweder im Landesfinanzamt oder bei einem der Finanzämter in Düsseldorf. Jura-Studium; legte die »Große Juristische Staatsprüfung« ab. Zuverlässig anti-Nazi.

Linz, Friedrich, Dr.; Alte-Garde-Ufer 13: Evangelischer Pfarrer; entschieden anti-Nazi.

Muehlhause/Mühlhause, Paul; Velbert bei Düsseldorf: Alter 54. Mitglied (?) der KPD. Sechs Jahre im Konzentrationslager. »Freundlich gesinnt.«

Oven, von: Oberregierungsrat entweder im Landesfinanzamt oder bei einem der Finanzämter in Düsseldorf. Dem Bericht nach ein zuverlässiger Anti-Nazi.

Sperl: Komödienschauspieler. Laut einem Kriegsgefangenen ein zuverlässiger Anti-Nazi.

Widenhofen, D.; Rechtsanwalt: Kam [...] und führte die Amerikaner hinein. Guter Informant. Quelle: Gefangener und Kriegsgefangener, 1. US-Armee, 20. April 45 (Nachrichtenabteilung), Info [...] 6871 bei DISSC – 15. Mai.

Zweck, Ferdinand; Architekt: Nach Aussagen eines Kriegsgefangenen ein zuverlässiger Anti-Nazi.

Duisburg

Horster, [Franz], Dr.: Glühender und einflußreicher Katholik und Mitglied der Zentrumspartei. Vorstandsmitglied der Vereinigten Deutschen Metallwerke AG, Frankfurt a. M.; Mitglied vieler Handelsverbände der Metallindustrie. Soweit die Quelle weiß, kein Parteimitglied.

Ehrang [bei Trier]

Thesen, Josef; Kirchstraße 12: Streng katholisch. Sekretär beim Amtsgericht in Trier. Unpolitisch; verfügt über gute Informationen in Bezug auf beschlagnahmten jüdischen Grundbesitz.

Essen

Baumgart, Otto, Dr.: Schreibt Sonderbeiträge für die *National Zeitung*; laut einem Kriegsgefangenen ist er weder ein Nazi noch ein Parteimitglied.

SECRET

WHITE LIST

RHEIN-PROVINZ (SUPPLEMENT) (*)

Essen

Drees, Wilhelm Dr.,

One of the foreign policy editors of the National Zeitung, Essen; Is a Catholic and educated by the Jesuits. Although a Party member, PW does not consider him a Nazi and believes that he would reliably cooperate. May require further investigation.

Foschner,

Age 50; alleged by PW to be a decided anti-Nazi; a former SPD man with political convictions. On technical staff of National Zeitung.

Heffner,

Anti-Nazi. Formerly on editorial staff of "Rote Erde" newspaper.

Herdasch,

Age 60; a former member of the Centre Party and, according to PW, not a member of the Nazi Party. Is a newspaper writer and is likely to be reliable and co-operative.

Jahn, Robert,

Aged about 50; formerly taught as Studienrat at the Realgymnasium. Was dismissed because of his anti Nazi political attitude.

Kotzen, Dr.

Age about 50. Editor of the "Essener Volkszeitung." Reported by PW as strong anti Nazi.

Kriesser,

On staff of National Zeitung, Essen. According to PW, an intelligent newspaper man, definitely anti-Nazi. Was two years in England.

Mesler, Fraeulein, Hedwig Draussfeld Platz 10,

Anti-Nazi Catholic. Leader of the Catholic Women's Organisation.

Quittmann, Dr.

Editor of the Essener National Zeitung, formerly chief editor of the Essener Allgemeiner Zeitung. PW declares him to be a "Muss" Nazi.

Wuest, Pater (Father),

Essen-Borbeck. Reported by PW as an ardent anti-Nazi. Is director of the Oblaten Genossenschaft (Interior and Foreign Mission), Germania Platz, Borbeck.

Fortuna

Ernert,

Director General of the Fortuna Braunkohlen A.G., a Centre Party man and a strong anti Nazi according to PW.

Godesberg (See Bad Godesberg)

Juelich

Johnen,

Rechtsanwalt. "Anti-Nazi. Particularly reliable."

Kirchberg

Brunner, Werner, Hahnstrasse,

Described by PW as "friendly".

SECRET

Essen

Drees, Wilhelm, Dr.: Einer der für die Außenpolitik zuständigen Redakteure der *National Zeitung*, Essen. Ein Katholik und von den Jesuiten erzogen. Obgleich er ein Parteimitglied ist, hält ihn der Kriegsgefangene nicht für einen Nazi und er glaubt, daß er zuverlässig kooperieren würde. Erfordert vielleicht weitere Nachforschungen.

Foschner: Alter 50; soll, wie von einem Kriegsgefangenen behauptet, angeblich ein entschiedener Anti-Nazi sein. Ein ehemaliger SPD-Mann mit politischen Überzeugungen. Gehört zur technischen Belegschaft der *National Zeitung*.

Heffner: Anti-Nazi. Gehörte früher dem Redaktionsstab der Zeitung *Rote Erde* an.

Horndasch, [Max]: Alter 60; ein ehemaliges Mitglied der Zentrumspartei und, laut einem Kriegsgefangenen, kein Mitglied der Nazi-Partei. Ist ein Zeitungsjournalist und wahrscheinlich zuverlässig und kooperativ.

Jahn, Robert: Etwa 50 Jahre alt. Unterrichtete früher als Studienrat am Realgymnasium. Wurde wegen seiner politisch anti-nazistischen Einstellung entlassen.

Kotzen, Dr.: Alter etwa 50. Redakteur bei der *Essener Volkszeitung*. Nach Aussagen eines Kriegsgefangenen ein überzeugter Anti-Nazi.

Krieser: Redaktionsmitarbeiter der *National Zeitung*, Essen. Laut einem Kriegsgefangenen ein intelligenter Zeitungsmann, mit Bestimmheit anti-Nazi. War zwei Jahre in England.

Mosler, Fräulein; Hedwig-Dransfeld-Platz 10: Anti-nazistische Katholikin. Leiterin des Vereins Katholischer Frauen.

Quittmann, Dr.: Redakteur bei der *Essener National Zeitung*, früher Chefredakteur der *Essener Allgemeinen Zeitung*. Ein Kriegsgefangener erklärt, daß er ein »Muß«-Nazi ist.

Wuest/Wüst; Pater; Essen-Borbeck: Nach Aussagen eines Kriegsgefangenen ein glühender Anti-Nazi. Ist Leiter der Oblatengemeinschaft (Innere und Äußere Mission), Germania Platz, Borbeck.

Fortuna [Bergheim]

Ermert, [Otto]: Betriebsdirektor der Fortuna Braunkohlen A.G., ein Mann der Zentrumspartei und, laut einem Kriegsgefangenen, ein überzeugter Anti-Nazi.

Godesberg (Siehe Bad Godesberg)

Jülich

Jehnen: Rechtsanwalt. »Anti-Nazi. Besonders zuverlässig.«

Kirchberg

Brunner, Werner; Hohe Str.: Von einem Kriegsgefangenen als »freundlich gesinnt« beschrieben.

SECRET

WHITE LIST

RHINE-PROVINZ (Supplement) (6)

Kirchberg

Gehlert, Ernst, Wiesenerstrasse,
Described by PW as "friendly."

Georgi, Max, Wiesenerstrasse,
"Friendly."

Huebner, Kurt, Kirchberg-Geiersberg,
"Friendly."

Muench, Ernst, Hohestr.
"Friendly."

Kleve

Niehus, Willi,
Reported by PW as reliable anti-Nazi.

Koblenz

Loenarz, Schlossstr.,
Justizrat. Leading member of the Centrum Party. Alleged to be hostile to the Nazis.

Preuschen, Freiherr von,
Government position in Koblenz; formerly member of the Oberversicherungsamt in Merseburg. "He declared, as chairman of the Insurance Court, against the Ortsgruppe Merseburg of the NSDAP, that it would be impossible to send a Jewish insurance dentist who was a fighter of the last War from his office only because he is a Jew."

Wirtz,
Described as anti Nazi and particularly reliable.

Koeln

Bania, Fritz, Ostheimerstrasse 195,
Cologne-Vingst. Principle of a public school in Kalk. Lost his job owing to his open criticism of the Nazi regime.

Bartnel, Ernst, Dr. (Phil.), 29, Wonnenwerthstr.,
Professor of Philosophy at the University of Koeln from 1919 to 1941, when he was expelled for his anti-fascist statements. Reported as anti-Nazi.

*Blum(e), Dr., Friedrich (possibly: Blumrath),
With the "Koelnische Zeitung," and alleged to be anti-Nazi, according to PW. Believed to be at LÜDENSCHEIDT. "Local" editor.

Blum, Theo,
Koeln-Klingelputz. Architect. Active Catholic and Centrum Party supporter. Reported anti Nazi.

Boehm, Dominicus, Wolfgang Muellerstrasse,
Koeln-Marienburg. Architect. Active Catholic. Reported anti-Nazi.

Bollig, Joseph, Dr. Jur., Adolf-Hitler-Platz 17,
Rechtsanwalt. Anti-Nazi and "particularly reliable."

Bornhausser,
Baudirektor. He occupies a municipal position in Cologne, but his fundamental outlook is anti-Nazi.

SECRET

* See E.Y. Hartshorne, SHAEF, PWD Intell. Sect. report 22 April 1945.

Kirchberg

Gehlert, Ernst; Wissener Straße: Von einem Kriegsgefangenen als »freundlich gesinnt« beschrieben.

Georgi, Max; Wissener Straße: »Freundlich gesinnt.«

Huebner/Hübner, Kurt; Kirchberg-Geiersberg: »Freundlich gesinnt.«

Muench/Münch, Ernst; Hohe Str.: »Freundlich gesinnt.«

Kleve

Niehus, Willi: Nach Aussagen eines Kriegsgefangenen ein zuverlässiger Anti-Nazi.

Koblenz

Loennarz/Lönnarz; Schloßstr.: Justizrat. Führendes Mitglied der Zentrumspartei. Soll den Nazis angeblich feindlich gesinnt sein.

Preuschen, [Ludwig] Freiherr von: Regierungsamt in Koblenz; ehemaliges Mitglied des Oberversicherungsamtes in Merseburg. »Er erklärte als Vorsitzender des Versicherungsgerichts, gegen die NSDAP-Ortsgruppe Merseburg, daß es unmöglich sein würde, einen jüdischen Versicherungszahnarzt, der im letzten Krieg gekämpft hatte, nur deshalb aus seinem Amt zu entfernen, weil er ein Jude ist.«

Wirttz: Beschrieben als anti-Nazi und besonders zuverlässig.

Köln

Bania, Friedrich; Köln-Vingst, Ostheimer Straße 195: Rektor einer staatlichen Schule. Verlor seine Stelle wegen seiner offenen Kritik am Nazi-Regime.

Barthel, Ernst, Dr. (phil.); Nonnenwerthstr. 29: Professor für Philosophie an der Universität Köln von 1919 bis 1941, als er wegen seiner antifaschistischen Äußerungen der Universität verwiesen wurde. Dem Bericht nach anti-Nazi.

* **Blume, Dr., Friedrich** (möglicherweise: **Blumrath**) **[Blumrath, Fritz]**: Bei der *Kölnischen Zeitung* und soll, laut einem Kriegsgefangenen, angeblich anti-Nazi sein. Es wird angenommen, daß er in Lüdenscheid ist. Lokalredakteur.

Blum, Theo; Köln-Klingelpütz: Architekt. Aktiver Katholik und Unterstützer der Zentrumspartei. Dem Bericht nach anti-Nazi.

Böhm, Dominikus; Wolfgang-Müller-Straße, Köln-Marienburg: Architekt. Aktiver Katholik. Dem Bericht nach anti-Nazi.

Bollig, Joseph, Dr.; Adolf-Hitler-Platz 17: Rechtsanwalt. Anti-Nazi und »besonders zuverlässig«.

Bornhaeusser/Bornhäußer: Baudirektor. Er hat eine Position bei der Stadt inne, aber seine grundsätzliche Anschauung ist anti-nazistisch.

** Siehe E.Y. Hartshorne, SHAEF, PWD, Bericht der Nachrichtenabteilung, 22. April 1945*

SECRET

WHITE LIST

RHINE-PROVINZ (Supplement) (7)

Koeln

Breuer, Dipl. Ing., Alte Burgerstrasse,

Koeln-Bayenthal. Stated to be anti-Nazi.

Burlage, Dr.,

Oberregierungsrat at the Regierungspraesidium in Koeln, dismissed 1933 as politically unreliable. Believed to have retired to Westfalen on dismissal. Former member of Zentrum Party and exponent of Weimar Republic. Family is well known in Rheinisch-Westfalian Catholic circles. Competent administrator who in intimate circle criticized Nazis and Nazi rule.

Calmes, Dr., Petersbergerstrasse 87,

Age 51; General Secretary of the Catholic Beamtenverband; PW declares him to be a reliable anti-Nazi.

Danert, Father, Glettenbergguertel,

Koeln-Klettenberg. Age 35. Priest of the St. Bruno Church. Has helped Source and is reported as anti Nazi.

Derkum,

Koeln-Humboldt. Catholic Priest. His sermons were of an anti- fascist nature.

Eschweiler, Heinrich, Lehrerstr. 7,

Koeln-Gremberg. Auto-mechanic. Is an anti-Nazi who successfully dodged the German draft.

Franke, Wiedstr. 1,

Koeln-Gremberg. Industrial worker. Catholic. Spent over a year in a concentration camp.

Gagern, von,

Rechtsanwalt. Reported as anti-Nazi and particularly reliable.

Graven, Hubert, Prof.,

Law. Is anti-Nazi and reliable.

Greussberg, Lisbeth, Matthiasstrasse 6,

Born 1901, Frl. G. is single and a librarian by profession. Source says "she is decidedly anti-Nazi and very courageous in her oppositional attitude." Is supposed to have maintained close contact with leading Catholic circles in Koeln.

Griebel, Fritz, Mauspfadstr.,

Koeln-Brueck. Teacher at the Koeln-Deutz High School. Openly expressed his anti Nazi sentiments.

Grete, Fritz, Aggerstr. 20,

Koeln-Gremberg. Member of the Centrum Party. Reported as anti-Nazi.

Grund, Paul,

Koeln-Muelheim. Teacher at a public school in Muelheim. Anti-Nazi.

Hartmann, Paul,

Reported as a reliable anti-Nazi by PW.

SECRET

Köln

Breuer, Dipl.-Ing.; Alteburger Straße, Köln-Bayenthal: Ist den Angaben nach anti-Nazi.

Burlage, Dr.: Oberregierungsrat im Regierungspräsidium in Köln, 1933 als politisch unzuverlässig entlassen. Man nimmt an, daß er sich nach seiner Entlassung nach Westfalen zurückgezogen hat. Ehemaliges Mitglied der Zentrumspartei und ein Verfechter der Weimarer Republik. Die Familie ist in rheinisch-westfälischen katholischen Kreisen allgemein bekannt. Ein fähiger Mann der Verwaltung, der im vertrauten Kreise die Nazis und die Nazi-Herrschaft kritisierte.

Calmes, Dr.; Petersberger Straße 87: Alter 51; Generalsekretär des Katholischen Beamtenverbands; ein Kriegsgefangener erklärt ihn zu einem zuverlässigen Anti-Nazi.

Danert; Geistlicher; Köln-Klettenberg, Klettenberggürtel: Alter 36. Pfarrer der St. Bruno Kirche. Hat der Quelle geholfen und ist dem Bericht nach anti-Nazi.

Derkun; Köln-Humboldt: Katholischer Pfarrer. Seine Predigten waren antifaschistischer Natur.

Eschweiler, Heinrich; Leharstr. 7, Köln-Gremberg: Automechaniker. Ein Anti-Nazi, der erfolgreich die Einberufung zur deutschen Armee umging.

Franke; Wiedstr. 1, Köln-Gremberg: Industriearbeiter. Saß über ein Jahr in einem Konzentrationslager.

Gagern, von: Rechtsanwalt. Dem Bericht nach anti-Nazi und besonders zuverlässig.

Graven, Hubert, Prof.: Recht. Ist anti-Nazi und zuverlässig.

Greussberg/Greußberg, Lisbeth; Mathiasstraße 6: 1901 geboren. Frl. G. ist ledig und von Beruf Bibliothekarin. Die Quelle sagt: »Sie ist entschieden anti-Nazi und sehr mutig in ihrer oppositionellen Einstellung.« Hat angeblich den engen Kontakt zu führenden katholischen Kreisen in Köln aufrechterhalten.

Griebel, Fritz; Mauspfadstr., Köln-Brück: Lehrer an der Realschule Köln-Deutz. Brachte offen seine anti-nazistischen Empfindungen zum Ausdruck.

Grote, Fritz; Aggerstr. 20, Köln-Gremberg: Mitglied der Zentrumspartei. Dem Bericht nach anti-Nazi.

Grund, Paul; Köln-Mülheim: Lehrer an einer staatlichen Schule in Mülheim. Anti-Nazi.

Hartmann, Paul: Ein zuverlässiger Anti-Nazi nach Aussagen eines Kriegsgefangenen.

WHITE LIST

RHINE-PROVINZ (Supplement) (8)

Koeln

Havels, Dr.,
Formerly Staatschulrat in Koeln for about 3 years. Dismissed in April 1933. Previously in East Prussia . History specialist. Wrote a history textbook for elementary schools, dedicated to Severing, then Minister of the Interior, and containing an illustration of the synagogue in Essen a/Ruhr as an example of good modern architecture. In Spring 1933 asked Source to deliver a lecture to a certain audience on the subject of preventing youth from reading bad literature. The lecture was cancelled for no given reason. Always friendly to Source - a refugee - even in public. Was forced to join the Nazi Party. Disappeared from Koeln after his dismissal.

Hausmann, Rodder asse,
Koeln-Gremberg. Reported as anti-Nazi.

Hechherz, St. Engelbert,
Koeln-Humboldt. Catholic priest. Reported anti-Nazi.

Heinrichs, Joseph, Refratherstr.,
Koeln-Holweide. Active in the religious education of the Cologne youth. Often expressed his anti-Nazi sentiments.

Henseler, Paul, Weerthstr. 10,
Managing Director of the German Sheet Iron Syndicate and large industrial undertakings. Formerly influential Freemason. Reported by Source as a strong anti-Nazi, but may have compromised with Nazism later.

x (Hering, Dr 40 - with Köln. Zeitung ~~...~~ as "Feuilleton" but dismissed by Nazis because unpolitical. Retired near Muggenbrunn, near Todtnau (S. of Freiburg i. B.)

Hessen,
Koeln-Marienberg. Catholic priest and professor of philosophy at the University of Cologne. Was removed from his position at the University in 1939.

* Hocke, Dr. Gustav. - former Rome corresp. of Köln. Zeitung. - Worked for PWD AFHq. June - Sept 1944 - Believed interned near Rome.

Hetzer, Josef, Gottesweg 135 (?),
Koeln-Klettenberg. Age 38. Reported by German Civilians as anti-Nazi.

HUBRICH, Herbert. Koeln-Ehrenfeld Venloerstr. a.d. Peterskirche. Photog of Koelnische Zeitung - good writer and a democrat.

Kallen,
Professor of history at the University of Cologne. Formerly member of the Centrum Party.

Karbach, Dr.
An economist and lawyer. He occupies a municipal position in Koeln, but his fundamental outlook is contrary to Hitlerism.

Kleefisch, Wilhelm,
Koeln-Ubierring. Reputed leader of the Edelweiss Piraten. Reported as anti-Nazi.

* Koch, Karl Dr.,
Kaplan (Chaplain). Influential Catholic, strongly anti-Nazi. Is the brother-in-law of Source. Alleged member of Church opposition (Autoren-conferenz).

Koll, Wilhelm, Dr. Jur., Johannes-Mueller-Strasse 26,
Koeln-Riehl. Rechtsanwalt beim Oberlandesgericht. Office at Deichmannhaus. Reported as anti-Nazi and particularly reliable.

* See 22 April 1945 report, E. Y. Hartshorne, SHAEF. P.W.D. Intell. Section ~~...~~.

Köln

Havels, Dr.: Ehemals für etwa drei Jahre Stadtschulrat in Köln. Im April 1933 entlassen. Vorher in Ostpreußen. Geschichtsexperte. Schrieb ein Geschichtslehrbuch für Grundschulen, das er [Carl] Severing widmete, damals Innenminister, und das eine Abbildung der Synagoge in Essen a. d. Ruhr als ein Beispiel für gute moderne Architektur enthielt. Im Frühjahr 1933 bat er die Quelle, vor einem bestimmten Publikum einen Vortrag zum Thema zu halten, wie man die Jugend davor bewahrt, schlechte Literatur zu lesen. Der Vortrag wurde ohne Angabe von Gründen abgesagt. War stets freundlich zur Quelle – einem Flüchtling –, sogar in der Öffentlichkeit. Wurde gezwungen, in die Nazi-Partei einzutreten. Verschwand nach seiner Entlassung aus Köln.

Hausmann; Rodderstr., Köln-Gremberg: Dem Bericht nach anti-Nazi.

Hechherz; St. Engelbert; Köln-Humboldt: Katholischer Geistlicher. Dem Bericht nach anti-Nazi.

Heinrichs, Joseph; Refrather Str., Köln-Holweide: Aktiv in der religiösen Erziehung der Kölner Jugend. Brachte oft seine anti-nazistischen Empfindungen zum Ausdruck.

Henseler, Paul; Wörthstr. 10: Direktor des Feinblechverbands und großer Industrieunternehmen. Ehemals einflußreicher Freimaurer. Nach Aussagen der Quelle ein überzeugter Anti-Nazi, hat aber vielleicht später in bezug auf den Nazismus Kompromisse geschlossen.

* **Hering, [Gerhard F.], Dr.**: 40 – bei der *Kölnischen Zeitung* im »Feuilleton«, von den Nazis jedoch entlassen, weil unpolitisch. Zog sich in die Nähe von Muggenbrunn, nahe bei Todtnau (od. Freiburg i. B.) zurück.

Hessen, [Johannes]; Köln-Marienburg: Katholischer Priester und Professor der Philosophie an der Universität Köln. Wurde 1939 aus seiner Stellung an der Universität entfernt.

* **Hocke, Gustav, Dr.**: ehemaliger Rom-Korrespondent der *Kölnischen Zeitung*. Arbeitete für PWD AFH. [...] Sept. 1944 – es wird angenommen, daß er in der Nähe von Rom interniert wurde.

Hetzer, Josef; Gottesweg 135 (?), Köln-Klettenberg: Alter 38. Nach Aussagen deutscher Zivilpersonen anti-Nazi.

Hubrich, Heribert; Köln-Ehrenfeld, Venloerstr. an der Peterskirche: Photograph der *Kölnischen Zeitung* – guter Autor und ein Demokrat.

Kallen, [Gerhard]: Professor für Geschichte an der Universität Köln. Früher Mitglied der Zentrumspartei.

Karbach, Dr.: Ein Nationalökonom und Anwalt. Er hat eine Position bei der Stadt inne, aber seine grundsätzliche Anschauung ist dem Hitlerismus entgegengesetzt.

Kleefisch, Wilhelm; Köln-Ubierring: Mutmaßlicher Anführer der Edelweißpiraten. Dem Bericht nach anti-Nazi.

Koch, Karl, Dr.: Kaplan. Einflußreicher Katholik, entschieden anti-Nazi. Ist der Schwager der Quelle. Ein angebliches Mitglied der Oppositionsbewegung der Kirche (Autorenkonferenz).

Koll, Wilhelm, Dr. jur.; Johannes-Müller-Straße 26, Köln-Riehl: Rechtsanwalt beim Oberlandesgericht. Büro im Deichmannhaus. Dem Bericht nach anti-Nazi und besonders zuverlässig.

** Siehe 22. April 1945, Bericht E.Y. Hartshorne, SHAEF, PWD, Nachrichtenabteilung*

WHITE LIST

RHINE-PROVINCE (Supplement) (9)

Koeln

Krause, Dr. (philosophy), Gotenring,
Koeln-Deutz. Owner of the University of Koeln's Bookshop. Distributed books which were banned under Nazi regime to his friends.

Kurtenbach, Josef,
Koeln-Wesheim. Sexton of the Catholic Church in Koeln-Wesheim. He is an active anti-Nazi and managed to keep out of the Party until 1942.

Laven, Paul Dr.,
Speaker at Koeln Rundfunk, Langenberger Sender. PW, whose reliability is doubtful, declared Laven to be an anti-Nazi.

Luelsdorf, Marburgerstrasse 1,
Koeln Hohenberg. Stated to be anti Nazi. Formerly Centrum Party.

Moennig, Hugo, Gereonshof 27,
Moennig is a Rechtsanwalt and is stated to be anti-Nazi and particularly reliable.

Monreal, Fritz, Siebengebirge-Allee 45,
Koeln-Klettenberg. Age 37. Reported as anti-Nazi by PW Catholic layman.

Muller, Albert, An der Bastion 11,
Koeln-Deutz. Teacher at the Koeln-Deutz High School. At present officer in the German Army. Belonged to the Centrum Party. PW was a student under M. and has high praise for all his fearless criticism of the Nazi regime.

Mueller, Franz, Ostheimerstrasse,
Koeln-Ostheim. Teacher at the Koeln-Deutz High School. Anti Nazi.
Nentwiser, owner, photog. shop "an der Malzmühle" - Ruined by Nazis.

Nippen, Willy,
Koeln-Weidenbach. Aged about 52. Formerly Kriminal Sekretaer. Warrant Officer in the German Army; employed during the last War as Intelligence Officer in Warsaw, then joined Abteilung I.A. of the CID for a number of years. Source, who states that he can vouch for Nippen, declares him to be "very shrewd and quiet, absolutely reliable and hated the Nazis like poison. Disappointed in German administration as he was not promoted on account of his independence and outspokenness."

Ortsiefer, Dyonysius,
Franciscan monk; Domprediger. "Fervent anti-Nazi."

Pilgram, Bergisch-Gladbacherstrasse,
Koeln-Muehlheim. Architect. Member of the Centrum Party and a great Anti-Nazi.

Potthast,
Rechtsanwalt. "Anti-Nazi. Particularly reliable."

Prein, Wilhelm,
Koeln-Koenigsfaust. Doctor of philosophy and high school teacher. Active Catholic who despises the Nazi regime.

Reitz, Willy, Sionstal,
Reputed leader of the Edelweiss Piraten. Reported as anti-Nazi.

Köln

Krause, Dr. (Philosophie); Gotenring, Köln-Deutz: Inhaber der Kölner Universitätsbuchhandlung. Verteilte Bücher, die unter der Nazi-Herrschaft verboten waren, an seine Freunde.

Kurtenbach, Josef; Köln-Merheim: Küster der katholischen Kirche in Köln-Merheim. Er ist ein aktiver Anti-Nazi und es gelang ihm bis 1942, sich von der Partei fernzuhalten.

Laven, Paul, Dr.: Sprecher beim Kölner Rundfunk, Sender Langenberg. Ein Kriegsgefangener, dessen Zuverlässigkeit fragwürdig ist, erklärt ihn zu einem Anti-Nazi.

Luelsdorf/Lülsdorf; Marburgerstraße 1, Köln-Höhenberg: Ist den Angaben nach anti-Nazi. Früher Zentrumspartei.

Mönnig, Hugo; Gereonshof 29: Mönnig ist ein Rechtsanwalt und den Angaben nach anti-Nazi und besonders zuverlässig.

Monreal, Fritz; Siebengebirgsallee 45, Köln-Klettenberg: Alter 35. Anti-Nazi nach Aussagen eines Kriegsgefangenen, einem katholischen Laienprediger.

Mueller/Müller, Albert; An der Bastion 11, Köln-Deutz: Lehrer an der Realschule Köln-Deutz. Gegenwärtig Offizier beim deutschen Heer. Gehörte zur Zentrumspartei. Der Kriegsgefangene war ein Schüler von M. und ist voller Lob für all seine furchtlose Kritik am Nazi-Regime.

Mueller/Müller, Franz; Ostheimer Straße, Köln-Ostheim: Lehrer an der Realschule Köln-Deutz. Anti-Nazi.

Nentwiser: Inhaber des Photogeschäfts »An der Malzmühle« – von den Nazis ruiniert.

Nippen, Willy; Köln-Weidenbach: Über 52 Jahre alt. Ehemals Kriminalsekretär, Stabsfeldwebel, beim deutschen Heer; während des letzten Krieges als Nachrichtenoffizier in Warschau eingesetzt, trat dann für einige Jahre in die Abteilung für Innere Angelegenheiten der Militärstrafverfolgungsbehörde ein. Die Quelle, die angibt, daß sie für Nippen bürgen kann, erklärt, daß er »sehr schlau und ruhig und absolut zuverlässig ist und die Nazis wie die Pest haßte. Enttäuscht von den deutschen Behörden, da er wegen seiner Unabhängigkeit und Direktheit nicht befördert wurde.«

Ortsiefer, Dionysius: Franziskanermönch; Domprediger. »Glühender Anti-Nazi.«

Pilgram; Bergisch Gladbacher Str., Köln-Mülheim. Architekt. Mitglied der Zentrumspartei und ein großer Anti-Nazi.

Potthast, [Bruno]: Rechtsanwalt. »Anti-Nazi. Besonders zuverlässig.«

Prein, Wilhelm; Köln-Königsforst: Doktor der Philosophie und Oberschullehrer. Ein aktiver Katholik, der das Nazi-Regime verachtet.

Reitz, Willy; Im Sionstal: Mutmaßlicher Anführer der Edelweißpiraten. Dem Bericht nach anti-Nazi.

SECRET

WHITE LIST

RHEIN-PROVINZ (Supplement) (10)

Koeln

RICKARDT - Dr. Oskar. - Former Paris correspondent of Köln. Zeitung. fled to Switzerland in 1939 and severed relations with Germany

* Roerig - Dr. Hans. - Former London correspondent of Köln. Zeitung went to Switzerland and following status unknown

Ros, Moritz,
Director of the Cadaster Office at Cologne. Although he occupies an official position in the town, he is fundamentally hostile to the Nazis.

Sauer, Dr., Spicherstr. 22,
Aged about 65-70. Justizrat; Catholic. Source declares him to be "strongly and outspokenly anti-Nazi. Held same opinions as old Liberal Party. Has considerable knowledge of local affairs." Held former post of President of the Koeln Arbeitsgericht (a Court specially concerned with relations between employers and employees).

Schipper, Martha,
Former Social Worker in Koeln municipal service and member of SPD. Was anti-Nazi but case would require further investigation.

Schlemmer Dr.,

Catholic; former Regierungsdirektor. Conservative. Presided over the Bezirks-Gericht until 1933, and was known to Source professionally between 1928 and 1934. "Was rather outspoken in his anti-Nazi views during private discussions. Was forced to give up presidency of the Bezirks-Gericht in favour of an approved Nazi in 1933. Can safely be expected to co-operate reliably."

Schmitt, Hans, 25, Eythstr.,
Koeln-Kalk. Postal Inspector in Koeln. Anti-Nazi.
Has written religious poetry which was banned by Nazis.

Schmitt, Margot, 25 Eythstr.,
Koeln-Kalk. Student of Medicine in Freiburg/Breisgau. Reported to be anti-Nazi. Student address:- Wihlerweg 9, Freiburg.

Scholz, Gereonstr. 29,
Book-keeper. In possession of false papers to avoid the Army draft. Great anti-Nazi.

Schweitzer, Albert, Klarissenkloster,
Catholic priest and high school teacher. Reported anti-Nazi.

Schwering, Leo, Wiethasestrasse 4,
Koeln-Braunsfeld. Age between 52 and 56. Former Studienrat and member of Prussian Landtag as Zentrum member. Dismissed in 1933. Reported as a reliable anti-Nazi. Earns his living by giving lectures supported by the Church.

Spenrath, Petersbergerstr. 18,
Koeln-Klettenberg. Age 53, Finanzbeamter (employee in the Finance Office). On the Nazi Black List. Helped Source to run away.

* Spies, Dr. Hans - former Madrid correspondent for Köln. Zeitung. Severed connection with paper in 1943 and refused to return to Germany. Believed deprived ~~SECRET~~ of German citizenship.

SHAEF

* See report of E. Y. Hartshorne - P.W.D. Int. Sect. 22 April 1945.

Köln

* **Richardt, Dr., Oscar:** Ehemaliger Paris-Korrespondent der *Kölnischen Zeitung*. Floh 1939 in die Schweiz und beendete die Beziehungen zu Deutschland.

* **Rörig, Dr., Hans:** Ehemaliger London-Korrespondent der *Kölnischen Zeitung*. Ging in die Schweiz und gegenwärtige Situation unbekannt.

Rose, Moritz: Direktor des Katasteramtes in Köln. Obwohl er eine Position bei der Stadt innehat, ist er den Nazis grundsätzlich feindlich gesinnt.

Sauer, Dr.; Spichernstr. 22: Etwa 65 bis 70 Jahre alt. Justizrat; katholisch. Die Quelle erklärt ihn zu jemandem, »der entschieden und unverblümt anti-Nazi ist. Der dieselben Ansichten wie die alte Liberale Partei vertrat. Und der über beträchtliche Kenntnisse der Kommunalpolitik verfügt.« War früher Präsident des Kölner Arbeitsgerichts (ein Gerichtshof, der sich speziell mit den Beziehungen zwischen Arbeitgebern und Arbeitnehmern befaßt).

Schipper, Martha: Ehemalige Fürsorgerin im Kölner städtischen Dienst und Mitglied der SPD. War anti-Nazi, der Fall würde jedoch weitere Nachforschungen erfordern.

Schlemmer, Dr.: Katholisch; ehemaliger Regierungsdirektor. Konservativ. Hatte bis 1933 den Vorsitz des Bezirksgerichts, und die Quelle kannte ihn zwischen 1928 und 1934 beruflich. Wurde 1933 gezwungen, den Vorsitz des Bezirksgerichts zugunsten eines anerkannten Nazis aufzugeben. Man kann mit ziemlicher Sicherheit erwarten, daß er zuverlässig kooperiert.

Schmitt, Hans; Eythstr. 25, Köln-Kalk: Postinspektor in Köln. Anti-Nazi. Hat religiöse Lyrik geschrieben, die von den Nazis verboten wurde.

Schmitt, Margot; Eythstr. 25, Köln-Kalk: Medizinstudentin in Freiburg/Breisgau. Soll anti-Nazi sein. Anschrift am Studienort: Wihlerweg 9, Freiburg.

Scholz; Gereonstr. 29: Buchhalter; besitzt falsche Papiere, um der Einberufung zum Heer zu entgehen. Großer Anti-Nazi.

Schweitzer, Albert; Klarissenkloster: Katholischer Priester und Oberschullehrer. Dem Bericht nach anti-Nazi.

Schwering, Leo; Wiethasestraße 4, Köln-Braunsfeld: Alter zwischen 52 und 56. Ehemaliger Studienrat und ehemaliges Mitglied des Preußischen Landtags für die Zentrumspartei. 1933 entlassen. Dem Bericht nach ein zuverlässiger Anti-Nazi. Verdient seinen Lebensunterhalt mit Vorträgen, die von der Kirche gefördert werden.

Spenrath; Petersberg Str. 18, Köln-Klettenberg: Alter 53, Finanzbeamter (Angestellter im Finanzamt). Auf der Schwarzen Liste der Nazis. Half der Quelle, davonzulaufen.

* **Spies, Hans, Dr.**: Ehemaliger Madrid-Korrespondent für die *Kölnische Zeitung*. Brach 1942 die Beziehung zu dem Blatt ab und weigerte sich, zurückzukehren. Man nimmt an, daß ihm die deutsche Staatsbürgerschaft aberkannt wurde.

* *Siehe Bericht von E.Y. Hartshorne – PWD, SHAEF, Nachrichtenabteilung, 22. April 1945*

SECRET

WHITE LIST

RHINE-PROVINZ (Supplement) (11)

Koeln

Stabel, Good photog. - Koeln - Bickendorf Lanestrd. Polit. views unknown.

Steinrath, Karl, Agidienberrerstr. 13,
Koeln-Suelz. District Manager of Hanseatische Krankenversicherung in Krefeld. A former journalist. Was already during the last War a socialist and pacifist. Actively engaged in illegal work against the Nazis, according to refugee.

Steinhauser, Johann, Hurthstr. 55,
Reputed Leader of the Edelweiss Piraten; anti-Nazi.

Walter von,
Professor of the Russian language at the university of Koeln. Passive anti-Nazi and very religious.

Wiegand, Georg, Hauptstr. 26,
Koeln-Poll. Catholic priest. Believes in a strong and independent Germany but hates the Nazi regime.

Willems, Agnes, Siebachstr. 32,
Koeln-Nippes. Singer and Music teacher. Reported as anti-Nazi.

Willems, Joseph, Siebachstr. 32,
Employed by the Dresdener Bank in Koeln. Helped many Jews.

Willmeroth, Breuerstr. 40,
Koeln-Kalk. Metal worker. Anti-Nazi Catholic.

Wurg, Walter,
Ballet Master. Reported by PW as reliable anti-Nazi.

Wystrychowsky, Bernheimerstr. 20,
Teacher at a public school in Zollstock. Anti-Nazi.

Wystrychowsky, Ruth, Bernheimerstr. 20,
Great admirer of democratic principles. Student of medicine at Halle.

Leverkusen-Buerg

Doering, Paul,
Former Communist at Maschinenfabrik Wester. Reliable anti-Nazi.

Holdenrieht, Schlageterstr. 6,
A member of the Communist Party before 1933; did not turn Nazi. Has been arrested on various occasions and served in Concentration Camps.

Holzberg, Chank, Bluecherstr. 2 k,
A member of the Communist Party before 1933; did not turn Nazi. Has been arrested on various occasions and served in Concentration camps.

Heyne, Fritz, Am Sandweg,
A member of the Communist Party before 1933; has been in concentration camps for his political beliefs.

SECRET

Köln

Stabal, Gerd: Photograph – Köln-Bickendorf, Lauenstr., [...] Nachrichten unbekannt.

Steinrath, Karl; Aegidienberger Str. 13, Köln-Sülz: Bezirksleiter der Hanseatischen Krankenversicherung in Krefeld. Ein ehemaliger Journalist. War schon während des letzten Krieges ein Sozialist und Pazifist. Laut einem Flüchtling aktiv tätig in der illegalen Arbeit gegen die Nazis.

Steinhauser, Johann; Hardtstr. 55: Mutmaßlicher Anführer der Edelweißpiraten; anti-Nazi.

Walter, von: Professor für Russisch an der Universität Köln. Ein passiver Anti-Nazi und sehr religiös.

Wiegand, Georg; Hauptstr. 26, Köln-Poll: Katholischer Pfarrer. Glaubt an ein starkes und unabhängiges Deutschland, haßt jedoch das Nazi-Regime.

Willems, Agnes; Siebachstr. 32, Köln-Nippes: Sängerin und Musiklehrerin. Dem Bericht nach anti-Nazi.

Willems, Joseph; Siebachstr. 32: Beschäftigt bei der Dresdner Bank in Köln. Half vielen Juden.

Willmeroth; Breuerstr. 40, Köln-Kalk: Metallarbeiter. Katholischer Anti-Nazi.

Wurg, Walter: Ballettmeister. Nach Aussagen eines Kriegsgefangenen ein zuverlässiger Anti-Nazi.

Wystrychowski, [Johannes]; Bornheimerstr. 20: Lehrer an einer staatlichen Schule in Zollstock. Anti-Nazi.

Wystrychowski, Ruth; Bornheimerstr. 20: Große Bewunderin demokratischer Prinzipien. Medizinstudentin in Halle.

Leverkusen-Bürrig

Doering/Döring, Paul: Ehemaliger Kommunist, tätig bei der Maschinenfabrik Wester. Zuverlässiger Anti-Nazi.

Holdenried, [Georg]; Schlageterstr. 6: Vor 1933 ein Mitglied der Kommunistischen Partei; wurde kein Nazi. Ist verschiedentlich verhaftet worden und saß in Konzentrationslagern.

Holzberg, Chank; Blücherstr. 2 k: Vor 1933 ein Mitglied der Kommunistischen Partei; wurde kein Nazi. Ist verschiedentlich verhaftet worden und saß in Konzentrationslagern.

Hoyse, Fritz; Am Sandweg: Vor 1933 ein Mitglied der Kommunistischen Partei; ist wegen seiner politischen Überzeugungen in Konzentrationslagern gewesen.

WHITE LIST

RHINE-PROVINZ (Supplement) (12)

Leverkusen-Buerg

Otto, Dr.,
PWs former boss at Maschinenfabrik Wester. Reported as reliable anti-Nazi by PW.

Schmits, Schiessbergstr.,
A mason foreman, with great influence on his workers. Reported as reliable anti-Nazi.

Schulte, Mrs., Moelius Str., Corner Schlageter Str.,
Wife of the former Communist Reichstagsabgeordneter (M.P.) Schulte. He himself has disappeared since the Nazis came to power. May be in Russia at present. She is reported as a reliable anti-Nazi

Schweizer, Schlagetestr. 4,
Former Communistic Landtagsabgeordneter (Provincial M.P.-) He did not turn Nazi and has served in concentration camps on various occasions.

Laatsch,
Uncle of PW. Reported as reliable anti-Nazi.

Linz

Hoenig, Jacob
Aged 45; Civil Servant at the Landratsamt Neuwied. Stated to be "absolutely hostile to Nazism."

Ries, Heinrich,
Aged 40; formerly watchmaker. "Very Anglophile; speaks English. Reliable anti-Nazi. Could give valuable information about people in his district."

Moers

Pamm,
Deputy shop manager of the Bergwerks A.G. in Moers. Reported by PW as a convinced anti-Nazi.

Muenchen-Gladbach

Bischoff, Hubert,

An accountant, who worked in the Rheinmetall, Berlin. B. is an admirer of Russia and reported as an anti-Nazi.

Hilger, Fritz,
Foreman. Reported by PW as reliable anti-Nazi.

Becker, Kurt,
Born about 1908. Owner of textile factory; Catholic. One of youth leaders of Catholic Centrum Party; barely escaped imprisonment because of great difficulties with Nazis, according to Source. Has contact with all leading Catholic sources in Rheinland.

Sporken, Anna,
Born 1869. Catholic. Widow, owner of a small clothing factory. Source says she is anti-Nazi, and her home was always a center of Catholic life in Muenchen-Gladbach. Daughter Theodora speaks English and is also considered anti-Nazi.

Leverkusen-Bürrig

Otto, Dr.: Der ehemalige Chef eines Kriegsgefangenen bei der Maschinenfabrik Wester. Ein zuverlässiger Anti-Nazi nach Aussagen des Kriegsgefangenen.

Schmitz; Schießbergstr.: Ein Mauerermeister; hat großen Einfluß auf seine Arbeiter. Dem Bericht nach ein zuverlässiger Anti-Nazi.

Schulte, Frau; Mylius Str., Ecke Schlageter Str.: Ehefrau des ehemaligen kommunistischen Reichstagsabgeordneten [Fritz] Schulte. Er selbst ist verschwunden, seit die Nazis an die Macht kamen. Ist derzeit vielleicht in Rußland. Sie ist dem Bericht nach ein zuverlässiger Anti-Nazi.

Schweizer, [Fritz]; Schlageter Str. 4: Ehemaliger kommunistischer Landtagsabgeordneter. Er wurde kein Nazi und hat verschiedentlich in Konzentrationslagern gesessen.

Laatsch: Onkel eines Kriegsgefangenen. Dem Bericht nach ein zuverlässiger Anti-Nazi.

Linz [am Rhein]

Hoenig/Hönig, Jacob: 45 Jahre alt; Beamter im Landratsamt in Neuwied. Es heißt, daß er »dem Nazismus absolut feindlich gesinnt ist«.

Ries, Heinrich: 40 Jahre alt; früher Uhrmacher. »Sehr anglophil; spricht Englisch. Zuverlässiger Anti-Nazi. Könnte wertvolle Informationen über die Menschen in seinem Bezirk liefern.«

Moers

Pann: Stellvertretender Werksleiter der Bergwerke AG in Moers. Nach Aussagen eines Kriegsgefangenen ein überzeugter Anti-Nazi.

München-Gladbach [Mönchengladbach]

Bischoff, Hubert: Ein Buchhalter, der bei der Rheinmetall, Berlin, arbeitete. B. ist ein Bewunderer Rußlands und dem Bericht nach ein Anti-Nazi.

Hilger, Fritz: Vorarbeiter. Nach Aussagen eines Kriegsgefangenen ein zuverlässiger Anti-Nazi.

Becker, Curt: Etwa 1908 geboren; Besitzer einer Textilfabrik; katholisch. Einer der jungen Anführer der katholischen Zentrumspartei; entkam, laut Quelle, auf Grund großer Schwierigkeiten mit den Nazis knapp der Inhaftierung. Hat Verbindung zu allen führenden katholischen Quellen im Rheinland.

Sporken, Anna; Victoriastraße 31: 1869 geboren. Katholisch. Witwe des Besitzers einer kleinen Kleiderfabrik. Die Quelle sagt, daß sie anti-Nazi ist und ihre Heimat stets ein Zentrum katholischen Lebens in München-Gladbach war. Tochter Theodora spricht Englisch und gilt ebenfalls als anti-Nazi.

WHITE LIST

RHINE-PROVINZ (Supplement) (13)

Neuss a. Rh.

Brand, Dr.

Catholic. Former Regierungspraesident of Sigmaringen, dismissed as politically unreliable in 1933. Reported in 1937 as still sharply opposed to Nazi Regime.

Nussbaum (nr. Trier)

Schmitz, Matteas,

Farmer. Known as anti-Nazi.

Remscheid-Heidhof

Biesterfeld, Gustav,

Formerly Betriebsobmann in the Alexanderwerke. Leader of the former Reichsbanner "Schwarz-Rot-Gold" . "Still disposes of about 100 men who meet occasionally." Also Verwaltungsrat of the Reichsbanner Partei. Knows all the local Nazis very well and would "most willingly co-operate with the Allies."

Rheinbreitbach nr. Honnef

Ernert,

Catholic priest and the brother of the Director General of the Fortuna Braunkohlen A.G. PW reports him as a fanatical anti-Nazi.

Rhoendorf/Rhein

Schlueter,

Formerly Ministerialrat in the Reichserziehungsministerium. Dismissed from his post on account of being anti-Nazi.

Schiefbahn

Schmidt,

Schmidt owns the pharmacy in Schiefbahn; is a friend of a reliable PW who reports him to be an ardent anti-Nazi.

Trier

Bley, family,

Leftist Catholics, Catholic trade Unions, owners of biggest Cafe in town, Clemens Bley and Bros. One brother was engaged to Jewish girl. Nazis insisted on breaking the engagement, but he preferred emigration with her to South America.

Bley, Klemens,

Owner of Cafe Bley, Trier, Simeonstrasse, and friend of PW who says that he is a strong anti-Fascist. He has a good knowledge of the situation and persons in Trier, and would certainly act as a key informant.

Bornewasser, Dr.,

Bishop of Trier. Reliable anti-Nazi according to PW.

Danelsberg, Ricco, Koo-els er erwe l,

American citizen and brother-in law of P/W. He is anti-Nazi, according to PW, and was caught in Trier by the War while he was on a business trip. He would be co operative.

Neuss am Rhein

Brand, [Heinrich], Dr.: Katholisch. Ehemaliger Regierungspräsident von Sigmaringen, 1933 als politisch unzuverlässig entlassen. Dem Bericht nach 1937 noch immer scharf gegen das Nazi-Regime eingestellt.

Nußbaum (in der Nähe von Trier)

Schmitz, Matthias: Bauer. Als Anti-Nazi bekannt.

Remscheid-Heidhof

Biesterfeld, Gustav: Ehemaliger Betriebsobmann in den Alexanderwerken. Anführer des ehemaligen Reichsbanners »Schwarz-Rot-Gold«. »Verfügt noch immer über etwa 100 Männer, die sich gelegentlich treffen.« Ist auch Verwaltungsrat der Reichsbanner Partei. Kennt all die Nazis vor Ort sehr gut und würde »überaus bereitwillig mit den Alliierten kooperieren.«

Rheinbreitbach nahe Honnef

Ermert, [Alfred]: Katholischer Geistlicher und der Bruder des Generaldirektors der Fortuna Braunkohlen AG. Ein Kriegsgefangener bezeichnet ihn als einen fanatischen Anti-Nazi.

Rhöndorf/Rhein

Schlüter, [Johannes]: Ehemaliger Minsterialrat im Reichserziehungsministerium. Von seinem Posten abgesetzt, da er anti-Nazi war.

Schiefbahn

Schmidt: Schmidt gehört die Apotheke in Schiefbahn; ist ein Freund eines zuverlässigen Kriegsgefangenen, der aussagt, daß er ein glühender Anti-Nazi ist.

Trier

Bley; Familie: Linksgerichtete Katholiken, katholische Gewerkschaften, Besitzer des größten Cafés der Stadt Klemens Bley & Brüder. Ein Bruder war mit einem jüdischen Mädchen verlobt. Die Nazis bestanden auf der Auflösung der Verlobung, aber er zog es vor, mit ihr nach Südamerika zu emigrieren.

Bley, Klemens: Besitzer des Cafés Bley, Trier, Simeonstraße, und ein Freund des Kriegsgefangenen, der sagt, daß er ein überzeugter Anti-Faschist ist. Er weiß gut über die Lage und die Menschen in Trier Bescheid und würde bestimmt als ein Schlüsselinformant agieren.

Bornewasser, [Franz Rudolf], Dr.: Bischof von Trier. Laut einem Kriegsgefangenen ein zuverlässiger Anti-Nazi.

Dauelsberg, Ricco; Kockelsberger Weg 1: Amerikanischer Staatsbürger und Schwager des Kriegsgefangenen. Er ist, laut Kriegsgefangenem, anti-Nazi und wurde, als er sich auf einer Geschäftsreise befand, in Trier vom Krieg überrascht. Er würde kooperativ sein.

WHITE LIST

RHINE-PROVINZ (Supplement) (1A)

Trier

Debus, Heinz,
Formerly active Social Democrat and Socialist Trade Unionist. According to PW is a reliable anti-Nazi.

Jaeger, Walrerk Kuerenz,
Anti-Nazi according to reliable refugee who left Trier on 1 Feb. 39.

Koch,
Owner of the "Trierer Volksfreund," which disappeared before the War. Koch and his family believed to be anti-Nazi. Case would require further investigation.

Neuerburg - Family,
Owners of famous German Cigarette Firm. Catholic and Separatist. Anti-Nazi.

Pies, Walter,
Of old officer's family, but otherwise convinced separatist today. Reliable anti-Nazi according to PW.

Steinlein,
Architect, formerly Social Democrat and Socialist Trade Unionist.

Zimmermann, Martinsberg,
Anti-Nazi with underground contacts according to reliable refugee who left Trier 1 Feb. 39.

Rautenstrauch, Wilhelm,
Born 1864; married, 4 children. Catholic. Kommerzienrat. For many years President of the Chamber of Commerce in Trier. Leading figure in the Democratic Party. Took part in public life until 1933. "Reliable informant on political personalities."

Velbert

Loos, Willy, Hoefstr.,
Age 36. Stated to be "friendly".

Werner, Willi, Langenbergstr.,
Age 30. Stated to be "friendly."

Vochem-Bruehl

Grosche, Robert, Hauptstr. 29,
Parson; formerly "Studentenseelsorger" (Chaplain to the Students) at Cologne University. Described as an "active anti-Nazi."

Wuppertal-Barmen

Tackenberg, Hermann, Freiheitstrasse 42,
About about 65. Retired; intelligent. PW says he is an open anti-Nazi who would be ready to co-operate.

Wuppertal-Elberfeld

Endres, Jacob,
Master mechanic in Elberfeld-Hofaue with Schliener & Baum. Most anti-Nazi.

Trier

Debus, Heinz: Früher aktiver Sozialdemokrat und sozialistischer Gewerkschafter. Laut einem Kriegsgefangenen ist er ein zuverlässiger Anti-Nazi.

Jaeger/Jäger; Walzwerk in Kürenz: Anti-Nazi laut einem zuverlässigen Flüchtling, der Trier am 1. Feb. 39 verließ.

Koch, [Nikolaus]: Besitzer des *Trierischen Volksfreunds*, einer Zeitung, die vor dem Krieg verschwand. Es wird angenommen, daß Koch und seine Familie Anti-Nazis sind. Der Fall würde weitere Nachforschungen erfordern.

Neuerburg; Familie: Besitzer der berühmten deutschen Zigarettenfabrik »Haus Neuerburg«. Katholisch und separatistisch. Anti-Nazi.

Pies, Walter: Aus einer alten Offiziersfamilie, aber ansonsten heutzutage überzeugt separatistisch. Ein zuverlässiger Anti-Nazi laut einem Kriegsgefangenen.

Steinlein: Architekt, früher Sozialdemokrat und sozialistischer Gewerkschafter.

Zimmermann; Markusberg: Laut einem zuverlässigen Flüchtling, der Trier am 1. Feb. 39 verließ, ein Anti-Nazi mit Untergrundkontakten.

Rautenstrauch, Wilhelm: 1864 geboren; verheiratet, vier Kinder. Katholisch. Kommerzienrat. Viele Jahre lang der Präsident der Industrie- und Handelskammer in Trier. Führende Persönlichkeit in der [Deutschen] Demokratischen Partei. Nahm bis 1933 am öffentlichen Leben teil. »Zuverlässiger Informant in bezug auf politische Persönlichkeiten.«

Velbert

Loos, Willy; Höferstr.: Alter 36. Ist den Angaben nach »freundlich gesinnt«.

Werner, Willi; Langenberger Str.: Alter 30. Ist den Angaben nach »freundlich gesinnt«.

Vochem [bei] Brühl

Grosche, Robert; Hauptstr. 29: Pfarrer; früher »Studentenseelsorger« an der Universität Köln. Als ein »aktiver Anti-Nazi« beschrieben.

Wuppertal-Barmen

Tackenberg, Hermann; Freiheitstraße 42: Etwa 65. Im Ruhestand; intelligent. Ein Kriegsgefangener sagt, daß er ein offener Anti-Nazi ist, der bereit wäre, zu kooperieren.

Wuppertal-Elberfeld

Endres, Jacob: Mechanikermeister in Elberfeld-Hofaue bei Schlieper & Baum. Höchst anti-Nazi.

WHITE LIST

RHINE-PROVINZ (Supplement) (15)

Wuppertal-Elberfeld

Gebhardt, Valentin, Neue Friedrichstr. 49,
Elementary schoolteacher. Musician. PW reports him as a fanatical anti-Nazi.

Heussen, Markomannen Strasse 48,
Owner of a shoe shop. Is a strong anti-Nazi and, according to PW, can give information about the local Gestapo.

Karls,
Caritas (Social Welfare) Director of Laurintuskirche. Was put into concentration camp because of his support of Jewish families. PW reports him as strong anti-Nazi.

Wuppertal-Langerfeld

Hellmann, Heinrich, Zinkstrasse 3,
PW reports him as a reliable, quiet person who could be used for special tasks.

Schroetges, Arthur,
A skilled metal worker. PW sais he is an open anti-Nazi who was repeatedly threatened with concentration camp.

Wuppertal-Vohwinkel

Drinck, Miss, Von der Goltzstrasse 8,
PW reports her as anti-Nazi.

Wuppertal-Elberfeld

Gebhardt, Valentin; Neue Friedrichstr. 49: Volksschullehrer. Musiker. Ein Kriegsgefangener bezeichnet ihn als einen fanatischen Anti-Nazi.

Heussen/Heußen; Markomannenstr. 48: Inhaber eines Schuhgeschäfts. Ist ein überzeugter Anti-Nazi und kann, laut einem Kriegsgefangenen, Informationen über die örtliche Gestapo liefern.

Carls, [Hans]: Caritasdirektor (Fürsorge) der Laurentiuskirche. Wurde wegen seiner Unterstützung jüdischer Familien ins Konzentrationslager gebracht. Ein Kriegsgefangener bezeichnet ihn als einen überzeugten Anti-Nazi.

Wuppertal-Langerfeld

Hellmann, Heinrich; Zinkstraße 3: Ein Kriegsgefangener bezeichnet ihn als einen zuverlässigen, ruhigen Menschen, der für besondere Aufgaben verwendet werden könnte.

Schrötges, Arthur: Ein Metallfacharbeiter. Ein Kriegsgefangener sagt, daß er ein offener Anti-Nazi ist, der wiederholt mit Konzentrationslagerhaft bedroht wurde.

Wuppertal-Vohwinkel

Drinck, Fräulein; Von-der-Goltz-Straße 8: Ein Kriegsgefangener bezeichnet sie als anti-Nazi.

Amann

White List

SAAR-PFALZ

Frankenthal

Ackermann, Friedrich:
Born 1876. Formerly member of Bavarian Diet and Manager of Augsburg. Now practicing law. "Well informed and politically reliable."

Kaiserlautern

Winter, Paul: 5 Katharinenstr.
Reported to be anti-Nazi by friendly P/W.

Ludwigshafen

Probst, Hans:
About 55 years old; Catholic. Was head of municipal police in Ludwigshafen until 1930. When municipal police was taken over by the state, he was transferred to a less important position, but probably still works there. Formerly German Nationalist. Reported to be non-political, but anti-Nazi.

Neunkirchen

Beck, Franz:
Born 1884. Prokurist at Neunkirchener Eisenwerk. Reported to be outspokenly anti-Nazi.

Pirmasens

Kopp,
Leader of shoe industry and chosen president of shoe and boot manufacturers in Germany. Liberal minded and tried to help Jews where he could. Enjoyed high reputation and has great influence. Not openly anti-Nazi as far as source knows.

Saarbruecken

Amann (or Amman)
Ex-secretary of Freie Bergarbeiterverband, which was center of anti-Nazi activity. After dissolution of union, opened coffee shop in Saarbruecken. "Social Democrat and anti-Nazi."

Braun, Kaethe Frau: Am Neumarkt.
Housewife and volunteer social worker. Volunteer in Arbeiterwohlfahrt. Good knowledge of working class opinion. Social Democrat.

Endrich, Frau: 3, Neuhlenstrasse 8.
Mentioned by a consistent anti-Nazi German now in France, as reliable anti-Nazi.

Follmer, Luzie Frau: St. Ingbert. Saarbrueckenstr. 11.
Mentioned by consistent anti-Nazi German now in France, as reliable anti-Nazi.

Lanzendorf, Frau:
About 60 years old, Housewife; former social worker. Was voluntary worker in Arbeiterwohlfahrt. Social Democrat; reported to be anti-Nazi.

Marhoefer, August: Tauentzienstr. 61.
Roman Catholic. Brother of Otto Marhoefer. Employed in Post Office. Reported to be anti-Nazi on religious grounds.

SECRET

Frankenthal

Ackermann, Friedrich: 1876 geboren. Früher Mitglied im Bayerischen Landtag und Zweiter Bürgermeister von Augsburg. Jetzt als Anwalt tätig. »Gut informiert und politisch zuverlässig.«

Kaiserslautern

Winter, Paul; Katharinenstr. 5: Soll nach Aussagen eines freundlich gesinnten Kriegsgefangenen anti-Nazi sein.

Ludwigshafen

Probst, Hans: Etwa 55 Jahre alt; katholisch. War bis 1930 Leiter der Stadtpolizei in Ludwigshafen. Als die Stadtpolizei vom Staat übernommen wurde, wurde er auf einen weniger wichtigen Posten versetzt, arbeitet dort jedoch wahrscheinlich noch immer. Ehemals Deutschnationaler. Soll unpolitisch, aber anti-Nazi sein.

Neunkirchen

Beck, Franz: Geboren 1884. Prokurist im Neunkirchener Eisenwerk. Soll unverblümt anti-Nazi sein.

Pirmasens

Kopp, [Karl]: Vorsitzender der Schuh-Industrie und gewählter Präsident der Hersteller von Schuhen und Stiefeln in Deutschland. Liberal gesinnt und versuchte, wo er konnte, Juden zu helfen. Genoß ein großes Ansehen und hat großen Einfluß. Soweit die Quelle weiß, nicht offen anti-Nazi.

Saarbrücken

Amann, [Josef] (oder Amman): Ex-Sekretär des Freien Bergarbeiterverbands, der ein Zentrum von Anti-Nazi-Aktivitäten war. Eröffnete nach Auflösung der Gewerkschaft in Saarbrücken ein Kaffeegeschäft. »Sozialdemokrat und Anti-Nazi.«

Braun, Käthe, Frau; Am Neumarkt: Hausfrau und ehrenamtliche Fürsorgerin. Ehrenamtliche Mitarbeiterin in der Arbeiterwohlfahrt. Gute Kenntnis der Ansichten der Arbeiterklasse. Sozialdemokratin.

Endrich, Frau; Mühlenstraße 8: Von einem konsequent Anti-Nazi-Deutschen, der sich jetzt in Frankreich aufhält, als zuverlässig anti-Nazi erwähnt.

Follmer, Luzie, Frau; St. Ingbert, Saarbrücker Str. 11: Von einem konsequent anti-Nazi Deutschen, der sich jetzt in Frankreich aufhält, als zuverlässig anti-Nazi erwähnt.

Lanzendorf, Frau: Etwa 60 Jahre alt, Hausfrau; ehemalige Fürsorgerin. War ehrenamtliche Mitarbeiterin in der Arbeiterwohlfahrt. Sozialdemokratin; soll anti-Nazi sein.

Marhoefer/Marhöfer, August; Tauentzienstr. 61: Römisch-katholisch. Bruder von Otto Marhoefer/Marhöfer. Im Postamt beschäftigt. Soll aus religiösen Gründen anti-Nazi sein.

White List

SAAR-PFALZ

Saarbruecken (2)

Marhoefer, Otto: Mainzerstr. 51.
Roman Catholic. Brother of August Marhoefer. Reported to be anti-Nazi on religious grounds.

Schmidt, Johanna: Huettlinger.
About 50 years old; married. Housewife and volunteer social worker. Was volunteer in Arbeiterwohlfahrt. Social Democrat: reported to be anti-Nazi. Good knowledge of town's social conditions.

Schwarz, Julius:
About 58 years old. Protestant . Secretary of Freie Bergarbeiterverband, a Social Democratic Trade Union. Worked against return of Saar to the Reich, but later brought back Union funds from France to Germany.

Scheidt

Ludt, Hilda:
About 35 years old; single. Sister of Heinrich Ludt. Formerly active in Social Democratic Youth Movement. (Arbeiterjugend). Reported to be anti-Nazi.

St. Ingbert

Lukas,
Mentioned by reliable German informant, now in France, as reliable anti-Nazi.

Wadgassen

Kirschweng, Johannes: Saarstr. 19.
Born 1900. Roman Catholic priest and writer. A liberal Catholic who has published several books.

Wiebelskirchen

Graeser, Friedrich: Pflugstrasse.
Born 1913. Miner; Social Democrat. Formerly active in Social Democratic Youth Movement. Made anti-Nazi propaganda at time of plebiscite.

Saarbrücken (2)

Marhoefer/Marhöfer, Otto; Mainzerstr. 51: Römisch-katholisch. Bruder von August Marhoefer/Marhöfer. Soll aus religiösen Gründen anti-Nazi sein.

Schmidt, Johanna; Püttlinger Str.: Etwa 50 Jahre alt; verheiratet. Hausfrau und ehrenamtliche Fürsorgerin. War ehrenamtliche Mitarbeiterin in der Arbeiterwohlfahrt. Sozialdemokratin; soll anti-Nazi sein. Gute Kenntnis der sozialen Verhältnisse in der Stadt.

Schwarz, Julius: Etwa 58 Jahre alt. Protestantisch. Sekretär des Freien Bergarbeiterverbands, einer sozialdemokratischen Gewerkschaft. Arbeitete gegen die Rückkehr des Saarlands ins Reich, brachte jedoch später Gewerkschaftsgelder von Frankreich nach Deutschland zurück.

Scheidt

Ludt, Hilda: Etwa 35 Jahre alt; ledig. Schwester von Heinrich Ludt. Ehemals aktiv in der sozialdemokratischen Jugendbewegung (Arbeiterjugend). Soll anti-Nazi sein.

St. Ingbert

Lukas: Von einem zuverlässigen deutschen Informanten, der sich jetzt in Frankreich aufhält, als zuverlässig anti-Nazi erwähnt.

Wadgassen

Kirschweng, Johannes; Saarstr. 19: 1900 geboren. Römisch-katholischer Priester und Schriftsteller. Ein liberaler Katholik, der mehrere Bücher veröffentlicht hat.

Wiebelskirchen

Graeser/Gräser, Friedrich; Pflugstr.: 1913 geboren. Bergarbeiter; Sozialdemokrat. Ehemals aktiv in der sozialdemokratischen Jugendbewegung. Machte zur Zeit der Volksabstimmung Anti-Nazi-Propaganda.

SECRET

SECRET

White List

SAAR-PFALZ (Supplement) (1)

Illingen

Bermann, Josef,
Lumber-yard. Has very good information about Nazis in district Illingen.

Fourmann, Hermann,
Reported as anti-Nazi by reliable PW. F. had former meeting hall of the Social Democrats.

Steuer, Bernhard, Bahnhofstr.,
Social democrat. Reported as anti-Nazi.

Toenis,
Reported by PW as anti-Nazi.

Ludwigshafen

Collingro, Karl, Messplatz,
Age 22; anti-Nazi according to PW

Hochstetter,
Teaches at Realgymnasium Ludwigshafen. Anti-Nazi, according to PW, and member of a religious sect.

Lindel, Studienrat,
Age 55, former M.P. for Centre Party. Teacher at Realgymnasium Ludwigshafen. PW says he is anti-Nazi.

Sigmund, Herbert, Am Bahnhof,
Ludwigshafen-Mundenheim. Age 22; "anti-Nazi."

Werner, Studienrat,
Age 45, former MP for Centre Party. Teacher at Realgymnasium and anti-Nazi according to PW.

Saarbruecken

Geiss, "Neu Jerusalem",
Friend of Braun, Socialist Party Leader in Saar Basin. Alleged member of Church Opposition (Autorenkonferenz).

Kissel, Muehlenstrasse,
Co-owner of the firm Moldenhauer and Kissel. Social-Democrat. Reported anti-Nazi by reliable PW.

Lech, Memeler Strasse,
Bank Clerk. Has been continuously overlooked in promotion for his anti-Nazi talk; has also been threatened with concentration camp. Reported anti-Nazi.

Meilchen, Direktor, Am Rothenbuehl,
Works for the railroad. Reported as anti-Nazi by PW.

Neibecker, Dr., Auf der Wacht,
Former lawyer. This man was Hauptmann (Captain) in the Army but forced his release, according to PW, because he had to witness atrocities in Russia and simply would not carry on; has collected documents, photos etc. to prove the guilt of the Nazis. His brother from Saarlautern is a "General-Major" in the German Army.

SECRET

SECRET

Illingen

Bermann, Josef: Holzlager. Hat sehr gute Informationen über Nazis im Bezirk Illingen.

Fourmann, Hermann: Anti-Nazi nach Aussagen eines zuverlässigen Kriegsgefangenen. F. gehörte ein ehemaliger Versammlungsort der Sozialdemokraten.

Steuer, Bernhard; Bahnhofstr.: Sozialdemokrat. Dem Bericht nach anti-Nazi.

Toenis/Tönis: Nach Aussagen eines Kriegsgefangenen anti-Nazi.

Ludwigshafen

Collingro, Karl; Messplatz: Alter 22; anti-Nazi laut einem Kriegsgefangenen.

Hochstetter: Unterrichtet am Realgymnasium Ludwigshafen. Anti-Nazi, laut einem Kriegsgefangenen, und Mitglied einer religiösen Sekte.

Lindl, [Lorenz]: Studienrat; Alter 55, ehemaliger Abgeordneter der Zentrumspartei. Lehrer am Realgymnasium Ludwigshafen. Kriegsgefangener sagt, er ist anti-Nazi.

Sigmund, Herbert; Ludwigshafen-Mundenheim, am Bahnhof: Alter 22; »anti-Nazi«.

Werner; Studienrat; Alter 45, ehemaliger Abgeordneter der Zentrumspartei. Lehrer am Realgymnasium und anti-Nazi laut einem Kriegsgefangenen.

Saarbrücken

Geiss/Geiß; »Neu Jerusalem«: Ein Freund von [Max] Braun, dem Parteiführer der Sozialdemokraten im Saargebiet. Angebliches Mitglied der Kirchenopposition (Autorenkonferenz).

Kissel; Mühlenstr.: Miteigentümer der Firma Moldenhauer und Kissel. Sozialdemokrat. Anti-Nazi nach Aussagen eines zuverlässigen Kriegsgefangenen.

Lech; Memeler Str.: Bankangestellter. Ist wegen seiner Anti-Nazi-Äußerungen bei Beförderungen ständig übergangen worden; ist auch mit Konzentrationslagerhaft bedroht worden. Dem Bericht nach anti-Nazi.

Meilchen; Direktor, Am Rotenbühl: Arbeitet für die Eisenbahn. Anti-Nazi nach Aussagen eines Kriegsgefangenen.

Neibecker, Dr.; Hohe Wacht: Ehemaliger Rechtsanwalt. Dieser Mann war Hauptmann in der Armee, erzwang jedoch, laut einem Kriegsgefangenen, seine Entlassung, weil er in Rußland Zeuge von Greueltaten werden mußte und einfach nicht weitermachen konnte; hat Dokumente, Photos usw. gesammelt, um die Schuld der Nazis zu beweisen. Sein Bruder aus Saarlautern ist ein Generalmajor in der deutschen Wehrmacht.

White List

SAAR-PFALZ (Supplement) (2)

Saarbruecken

Spurve, Dr. med., Ottostrasse 14,
PW says Dr. S. has always been a protector of people who got into trouble with the Party and Police. Because of his outstanding reputation as a doctor the Nazis never harmed him although his opposition is known. Although an anti-Nazi, became Muss-member of the NSDAP whilst acting as Reichsbahnoberarzt (physician in Chief of Reich Railways).

Simmern-Hunsrueck

Fischer, Regina, Hundsgasse,
Wife of a Communist with whom she had to flee to Paris, eluding the Gestapo. Owner of a delicatessen shop in Hundsgasse. She, as well as her husband, is a well known anti-Nazi.

Weilerzbach (Schlossweilerbach or Ferschweilermuehle)

Krever,
Farmer, Catholic. According to PW - whose reliability seems doubtful - K. is an open anti-Nazi. Much valuable information fell into the hands of Source through him.

Rietz,
Owner of vineyard, according to an unreliable PW. Veteran of 1914/18. Whole family are reliable. Source owes his life to their timely warning. Strongly anti-Nazi.

Saarbrücken

Spurge/Spurve, Dr. med.; Ottostr. 14: Ein Kriegsgefangener sagt, daß Dr. S. stets ein Beschützer von Menschen war, die mit der Partei und der Polizei Schwierigkeiten bekamen. Wegen seines hervorragenden Rufes als Arzt taten die Nazis ihm nie etwas an, obwohl seine Gegnerschaft bekannt ist. Obgleich ein Anti-Nazi, wurde er zwangsweise Mitglied der NSDAP, während er als Oberarzt bei der Reichsbahn fungierte.

Simmern/Hunsrück

Fischer, Regina; Hundsgasse: Ehefrau eines Kommunisten, mit dem sie nach Paris flüchten mußte, um der Gestapo zu entkommen. Inhaberin eines Feinkostladens in der Hundsgasse. Sie ist, ebenso wie ihr Mann, ein allgemein bekannter Anti-Nazi.

Weilersbach (Schloß Weilerbach oder Ferschweiler Mühle)

Krever: Bauer; katholisch. Laut einem Kriegsgefangenen - dessen Zuverlässigkeit zweifelhaft erscheint - ist K. ein unverhohlener anti-Nazi. Durch ihn fielen der Quelle viele wertvolle Informationen in die Hände.

Rietz: Besitzer eines Weinbergs; laut einem unzuverlässigen Kriegsgefangenen ein Veteran von 1914/18. Die ganze Familie ist zuverlässig. Die Quelle verdankt ihr eigenes Leben der rechtzeitigen Warnung durch diese Familie. Entschieden anti-Nazi.

SECRET

White List

WESTFALEN

Address unknown

Neuser

Regional Superintendent of Confessional Church in Lippe-Detmold.

Arnsberg

Haslinde

Regierungspraesident Arnsberg. Landrat Arnsberg 1927. Dismissed in 1933 on grounds of "national unreliability." Would possibly cooperate.

Niemeyer

Oberbuergermeister of Recklinghausen. Dismissed sometime between 1933 and 1938.

Bethel

Schmitz, Otto:

Frequent contributor to Junge Kirche before that periodical was suppressed.

Bielefeld

Lawlowski, P.:

Evangelische Wohlfahrtsamt. Head of "organization for helping Christian Jews or non-Aryans" in Westfalen.

Schlinck, Edmund, Prof.

Formerly a teacher in the Bohle-Schlinck-School near Bielefeld. Reported as "reliable anti-Nazi."

Severing, Carl, Dr.

Born 1876. Protestant. Lives in retirement in Bielefeld. Former Social Democrat Minister of Interior.

Bochum

Breitner, Georg:

About 60 years old. His son is said to be a PW. A miner in his youth. He was later active in the co-op movement in Bochum and then became a successful merchant. Social Democrat. From 1937-39 he lived near Hagen. Source was his guest in the summer of 1938. "He was very strongly anti-Nazi," and source is sure that "he did not change his opinions."

Busch, Willi:

Protestant. Actor in Municipal Theater of Bochum and Duisburg. Said to be Anti-Nazi.

Diekamp, Leo, Dr.

About 50 years old. Strong Roman Catholic. Lawyer. Voted against expulsion of Jews from Lawyers Association in 1933. Source has not seen D. since but is convinced he did not change his mind.

Schlossmann, Prof.

About 60-65 years of age. Protestant. Surgeon and head doctor of Augustahospital in Bochum. Democratic; said to be anti-Nazi.

Dissen near Detmold

Eberhardt, Ida and Margaret:

Formerly teachers of mathematics and biology in Lichtwark Schule. Dismissed by Nazis. Social Democrats. Reported to be reliable anti-Nazis.

SECRET

Anschrift unbekannt

Neuser, [Wilhelm]: Landessuperintendent der Bekennenden Kirche in Lippe-Detmold.

Arnsberg

Haslinde, [Heinrich]: Regierungspräsident in Arnsberg. 1927 Landrat in Arnsberg. 1933 abgesetzt wegen »nationaler Unzuverlässigkeit«. Würde möglicherweise kooperieren.

Niemeyer, [Fritz]: Oberbürgermeister von Recklinghausen. Irgendwann zwischen 1933 und 1938 abgesetzt.

Bethel

Schmitz, Otto: Schrieb häufig Beiträge für die *Junge Kirche*, bevor diese Zeitschrift eingestellt wurde.

Bielefeld

Pawlowski, [Karl]: Evangelisches Wohlfahrtsamt. Leiter der »Hilfsorganisation für christliche Juden oder Nichtarier« in Westfalen.

Schlink, Edmund, Prof.: Früher Lehrer an der Bodelschwingh-Schule [Kirchlichen Hochschule Bethel] in der Nähe von Bielefeld. Dem Bericht nach »zuverlässig anti-Nazi«.

Severing, Carl, Dr.: 1876 [1875] geboren. Protestantisch. Lebt im Ruhestand in Bielefeld. Ehemaliger sozialdemokratischer Innenminister.

Bochum

Breitner, Georg: Etwa 60 Jahre alt. Sein Sohn soll ein Kriegsgefangener sein. War in seiner Jugend Bergarbeiter. Er war später aktiv in der Konsumgenossenschaftsbewegung in Bochum und wurde dann ein erfolgreicher Kaufmann. Sozialdemokrat. Von 1937-39 lebte er in der Nähe von Hagen. Die Quelle war im Sommer 1938 sein Gast. »Er war entschieden anti-Nazi«, und die Quelle ist sich sicher, daß »er seine Ansichten nicht geändert hat«.

Busch, Willi: Protestantisch. Schauspieler am Städtischen Theater in Bochum und in Duisburg. Soll anti-Nazi sein.

Diekamp, Leo, Dr.: Etwa 50 Jahre alt. Überzeugter Katholik. Rechtsanwalt. Hat gegen den Ausschluß der Juden aus der Anwaltskammer im Jahr 1933 gestimmt. Die Quelle hat D. seitdem nicht mehr gesehen, ist aber überzeugt, daß er seine Meinung nicht geändert hat.

Schlossmann, Prof.: Etwa 60 bis 65 Jahre alt. Protestantisch. Chirurg und Chefarzt des Augusta-Krankenhauses in Bochum. Demokratisch; soll anti-Nazi sein.

Dissen (in der Nähe von Detmold)

Eberhardt, Ida und Margarete: Ehemalige Mathematik- und Biologielehrerinnen an der Lichtwarkschule. Von den Nazis entlassen. Sozialdemokratinnen. Sollen zuverlässige Anti-Nazis sein.

White List

WESTFALEN (2)

Dortmund

Kraemer Brothers:
Owners of Feldbahnfabrik of their name in Dortmund. Both said to be anti-Nazi and democratic.

Lensing,   : Silberstr. 15.
Owner of Tremonia, pro-Catholic newspaper. Reported strongly anti-Nazi, although he has not openly compromised himself according to PW.

Leusch
Oberingenieur in Dortmund-Hoerder-Huettenverein. Said to be Democratic and opposed to Nazis.

Maus
About 40-45 years old. Regierungsrat Presseabteilung der Reichsregierung. Oberversicherungsamt Dortmund 1938. "Record would require careful investigation." Personally known to source.

Platte, Dr.
Lawyer in Dortmund. Member of Stahlhelm. Did not conceal anti-Nazi feelings but not engaged in anti-Nazi opposition. Source last saw him in 1935. His wife is also reported to be an ardent anti-Nazi.

Ruppert, Walter, Dr. Jur.
Practicing Catholic and said to be strongly anti-Nazi. Economist.

Sieben, Wilhelm
Born 1881. Protestant. Last known position: conductor municipal orchestra in Dortmund. Said to be strongly anti-Nazi.

Steffiensmeier, Heinz, Dr.
About 50 years old. Speaks English fairly well, having studied in London before 1914. His wife is a Jew and he has 3 daughters who are subject to the Nuernberg Laws. Member of the Zentrum Partei. From 1919-1921 he was a civil servant in the Treasury. Has been in furniture business since 1928. "Deeply interested in politics. Strongly opposed within the Zentrum Partei to the influence of von Papen."

Wessel, Helene
Former member Prussian Landtag and official of Centre Party. Connected with Catholic welfare work.

Hagen

Hinte
In his forties. Lawyer. Stadtamtmann (chief clerk) of the Hagen administration. "He was a democrat and anti-Nazi but managed to keep his job." Source does not know how far he has compromised himself since.

Hoesch, H. E.
Together with his family owns the big paper factory Kabel A.G. at Kabel near Hagen. Fought with local Nazis who tried to rob him of works. Was successful up to 1939. Expert for paper industry and local Westphalian affairs.

Richter, Pastor
Pastor in the Confessional Church. "Strongly anti-Nazi, mainly on religious grounds, and might be relied on to help with welfare, etc."

Dortmund

Kraemer, Gebrüder: Eigentümer der gleichnamigen Feldbahnfabrik in Dortmund. Sollen beide anti-Nazi und demokratisch sein.

Lensing, [Lambert]; Silberstr. 15: Eigentümer von *Tremonia*, einer prokatholischen Zeitung. Soll entschieden anti-Nazi sein, obwohl er sich laut einem Kriegsgefangenen nicht öffentlich dazu bekannt hat.

Leusch: Oberingenieur im Dortmund-Hörder-Hüttenverein. Soll demokratisch und gegen die Nazis sein.

Maus, [Rudolf]: Etwa 40 bis 45 Jahre alt. Regierungsrat in der Presseabteilung der Reichsregierung. 1938 Oberversicherungsamt Dortmund. »Bericht würde sorgfältige Nachforschungen erfordern.« Der Quelle persönlich bekannt.

Platte, Dr.: Rechtsanwalt in Dortmund. Mitglied des »Stahlhelm [– Bund der Frontsoldaten«]. Verbarg nicht seine Anti-Nazi-Gefühle, betätigte sich jedoch nicht im Widerstand gegen die Nazis. Die Quelle sah ihn letztmalig 1935. Seine Frau soll ebenfalls eine glühende Nazi-Gegnerin sein.

Ruppert, Walter, Dr. jur.: Praktizierender Katholik und soll entschieden anti-Nazi sein. Nationalökonom.

Sieben, Wilhelm: 1881 geboren. Protestantisch. Letzte bekannte Position: Leiter des Städtischen Orchesters Dortmund. Soll entschieden anti-Nazi sein.

Steffensmeier, [Heinrich], Dr.: Etwa 50 Jahre alt. Spricht ziemlich gut Englisch, da er vor 1914 in London studiert hat. Seine Frau ist Jüdin und er hat 3 Töchter, die den Nürnberger Gesetzen unterliegen. Mitglied der Zentrumspartei. Von 1919–1921 war er Beamter im Reichsfinanzministerium. Ist seit 1928 im Möbelhandel. »Äußerst interessiert an Politik. War innerhalb der Zentrumspartei entschieden gegen [Franz] von Papens Einfluß.«

Wessel, Helene: Ehemaliges Mitglied des Preußischen Landtags und Funktionärin der Zentrumspartei. Steht in Verbindung mit der katholischen Wohlfahrtsarbeit.

Hagen

Hinte: Alter: in den Vierzigern. Rechtsanwalt. Stadtamtmann in der Verwaltung von Hagen. »Er war ein Demokrat und Anti-Nazi, schaffte es jedoch, seinen Posten zu behalten.« Die Quelle weiß nicht, wie weit er seitdem Kompromisse geschlossen hat.

Hoesch, [Hans] E.: Besitzt zusammen mit seiner Familie die große Papierfabrik Kabel AG in Kabel, Ortsteil von Hagen. Setzte sich gegen die örtlichen Nazis zur Wehr, die versuchten, sich seiner Werksanlagen zu bemächtigen. Hatte damit bis 1939 Erfolg. Fachmann für die Papierindustrie und die örtlichen geschäftlichen Gegebenheiten in Westfalen.

Richter: Pfarrer der Bekennenden Kirche. »Entschieden anti-Nazi, hauptsächlich aus religiösen Gründen. Man könnte sich darauf verlassen, daß er bei Angelegenheiten der Wohlfahrt und Ähnlichem behilflich ist.«

White List

WESTFALEN (5)

Hagen (2)

Risk
Regierungsrat. Second in command in the Finanzamt in Hagen. Managed to keep his job. "He was bitterly anti-Nazi, but very much afraid." Source does not know how far he has compromised himself since.

Herne

Hoelteskamp
Former Mayor of Herne. Social Democrat.

Leiss, Willi
Social Democratic leader in Herne.

Wallbraun
Leader of Reichsbanner in Herne. In concentration camp for 4 years.

Walmeier, Karl
Leader of Social Democratic Youth organizations in Herne. Probably still in concentration camp.

Laer

Altenroxel
About 45 years old. Roman Catholic. Estate owner. Said to be anti-Nazi and anti-militarist. PW source thinks would help Allies overthrow Nazism.

Iking-Kohnert, Dr.
About 50 years old. Roman Catholic. Doctor of Medicine. Called up at beginning of war but succeeded in obtaining discharge. Compulsorily made party member although anti-Nazi according to PW.

Moellers, Joseph
About 50 years old. Roman Catholic. Married to Dutch girl who is still in Hilversum with their 5 sons. Said to be anti-Nazi and anti-militarist by PW.

Luedenscheid

Wagner, Hans Gustav
About 53 years old. Successful manufacturer of metal badges. Said to be unflinchingly anti-Nazi. Intimately known to source for 35 years and remained in contact with source until the summer of 1939. He is a liberal, anti-militarist, and an admirer of Great Britain. Is not interested in local politics.

Minden

Krause, von
About 55 years old. Regierungsvizepraesident Minden, 1928. Dismissed 1933 for "national unreliability." Would possibly cooperate.

Mueller, Fritz, Dr.
About 55 years old. Oberstudienrat. Headmaster of secondary school for boys, first in Bielefeld and later in Minden. Active Democrat before 1933 and after 1933 source says both he and his wife showed anti-Nazi feelings.

Hagen (2)

Riek: Regierungsrat. Stellvertretender Leiter des Finanzamts Hagen. Schaffte es, seine Stelle zu behalten. »Er war vehement anti-Nazi, aber sehr ängstlich.« Die Quelle weiß nicht, wie weit er sich seitdem kompromittiert hat.

Herne

Hölkeskamp, [Karl]: Ehemaliger Bürgermeister von Herne. Sozialdemokrat.

Leiss/Leiß, Willi: Parteivorsitzender der Sozialdemokraten in Herne.

Wallbraun: Anführer des Reichsbanners in Herne. 4 Jahre im Konzentrationslager.

Wallmeier, Karl: Vorsitzender von Sozialdemokratischen Jugendverbänden in Herne. Wahrscheinlich noch immer im Konzentrationslager.

Laer

Altenroxel: Etwa 45 Jahre alt. Römisch-katholisch. Gutsbesitzer. Soll Anti-Nazi und Anti-Militarist sein. Die Quelle, ein Kriegsgefangener, denkt, daß er die Alliierten dabei unterstützen würde, den Nazismus zu stürzen.

Iking-Kohnert, Dr.: Etwa 50 Jahre alt. Römisch-katholisch. Doktor der Medizin. Wurde zu Kriegsbeginn einberufen, schaffte es jedoch, seine Ausmusterung zu erhalten. Wurde zwangsweise Parteimitglied, obwohl laut einem Kriegsgefangenen anti-Nazi.

Moellers/Möllers, Joseph: Etwa 50 Jahre alt. Römisch-katholisch. Mit einer Holländerin verheiratet, die sich mit ihren 5 Söhnen noch immer in Hilversum befindet. Soll Anti-Nazi und Anti-Militarist sein nach Aussagen eines Kriegsgefangenen.

Lüdenscheid

Wagner, Hans Gustav: Etwa 53 Jahre alt. Ein geschäftlich erfolgreicher Hersteller von Metallabzeichen. Soll unbeirrbar anti-Nazi sein. Mit der Quelle seit 35 Jahren eng bekannt und blieb mit der Quelle bis Sommer 1939 in Verbindung. Er ist ein Liberaler, ein Anti-Militarist und ein Bewunderer von Großbritannien. Interessiert sich nicht für Lokalpolitik.

Minden

Krause, [Paul] von: Etwa 55 Jahre alt. Ab 1928 Regierungsvizepräsident von Minden. 1933 wegen »nationaler Unzuverlässigkeit« abgesetzt. Würde möglicherweise kooperieren.

Mueller/Müller, Fritz, Dr.: Etwa 55 Jahre alt. Oberstudienrat. Rektor eines Gymnasiums für Jungen, erst in Bielefeld und später in Minden. Vor 1933 ein aktiver Demokrat und nach 1933 zeigten, wie die Quelle sagt, sowohl er als auch seine Frau Anti-Nazi-Gefühle.

White List

WESTFALEN (4)

Muenster

Broermann, Joseph: Maximilianstr. 10.
Studienrat. "Anti-Nazi." Now in forces.

Donders, Prof.
Catholic theologian. Reported as reliable.

Galen, Clemens August, Graf von
Strongly denounced Gestapo persecution of Roman Catholics in sermon 3 August 1941 in Lambertikirche in Muenster. Source says that he is anti-Nazi but not necessarily pro-Allied.

Gronowski
About 65 years of age. Secretary Christian Trade Unions. MP for Prussia 1919-1933. Oberpraesident Muenster 1925 (?). Dismissed 1933. Personally known to source.

Hasenkamp, Gotfried, Dr.
Born 1902. Catholic. Editor and writer. Chief of Feuilleton on Muensterischer Anzeiger, Catholic paper. Remained there after Nazis took over. Deeply religious. Opposed to Nazism.

Humborg, Dr.
Lawyer. Reported to be anti-Nazi. Cousin of another Dr. Humborg of Muenster who is Studiendirektor and also reported to be anti-Nazi.

Humborg, Dr.
Studienrat. Reported to be anti-Nazi. Cousin of another Dr. Humborg of Muenster who is a lawyer and also reported to be anti-Nazi.

Humbrock
Merchant. According to source recently arrested in Muenster with 40 other anti-Nazis.

Koenig (or Koening)
Editor. Reported to be anti-Nazi.

Luen
Lawyer. Said to be anti-Nazi.

Meinl, Lothar: Dahlweg 51.
Writer. Brother killed by Nazis. At present in forces.

Reinhenbach, Ernst
Although a member of the Gauwirtschaftskammer, friendly PW reports he is not a Nazi and would cooperate.

Rozelieb, Hans: Melcherstr. 4.
Born 1884. Liberal Catholic. Writer under pen-names of Firmin Coar and Konrad Liebel. Said to be anti-Nazi. Ceased publication after 1933.

(C) Scholz, Heinrich, Dr. Prof.
About 50 years old. Protestant: Confessional Church. Open enemy of Nazi University policy. Apolitical liberal and non-Nazi according to another source. In 1943 published a series of legal aphorisms in NS weekly Das Reich.

Schulte, Dr.
Doctor. Said to be anti-Nazi.

Stier, H. E., Prof.
Historian (ancient). Reported to be reliable.

Münster

Broermann, Joseph; Maximilianstr. 10: Studienrat. »Anti-Nazi.« Jetzt beim Militär.

Donders, [Adolf], Prof.: Katholischer Theologe. Dem Bericht nach zuverlässig.

Galen, Clemens August Graf von: Hat am 3. August 1941 in einer Predigt in der Lamberti-Kirche in Münster entschieden die Verfolgung von Menschen römisch-katholischen Glaubens durch die Gestapo gebrandmarkt. Die Quelle sagt, daß er anti-Nazi ist, aber nicht notwendigerweise für die Alliierten.

Gronowski, [Johannes]: Etwa 65 Jahre alt. Arbeitersekretär der Christlichen Gewerkschaften. Abgeordneter im Preußischen Landtag von 1919–1933. 1925 Oberpräsident der Provinz Westfalen (?). 1933 abgesetzt. Der Quelle persönlich bekannt.

Hasenkamp, [Gottfried], Dr.: 1902 geboren. Katholisch. Redakteur und Schriftsteller. Leiter des Feuilletons des *Münsterischen Anzeigers*. Eine katholische Zeitung. Blieb dort, nachdem die Nazis übernommen hatten. Tief religiös. Gegen den Nazismus.

Humborg, Dr.: Rechtsanwalt. Soll anti-Nazi sein. Cousin eines anderen Dr. Humborg aus Münster, der Studiendirektor ist und auch anti-Nazi sein soll.

Humborg, Dr.: Studienrat. Soll anti-Nazi sein. Cousin eines anderen Dr. Humborg aus Münster, der Rechtsanwalt ist und auch anti-Nazi sein soll.

Humbrock: Kaufmann. Wurde laut Quelle kürzlich zusammen mit 40 anderen Anti-Nazis in Münster verhaftet.

Koenig/König (oder **Koening/Köning**): Redakteur. Soll anti-Nazi sein.

Luen/Lün: Rechtsanwalt. Soll anti-Nazi sein.

Meinl, Lothar; Dahlweg 51: Schriftsteller. Bruder von den Nazis getötet. Gegenwärtig beim Militär.

Reinhenbach, Ernst: Ein freundlich gesinnter Kriegsgefangener berichtet, daß er, obgleich Mitglied der Gauwirtschaftskammer, kein Nazi ist und kooperieren würde.

Roselieb, Hans; Melchersstr. 4: 1884 geboren. Liberaler Katholik. Schriftsteller mit den Pseudonymen Firmin Coar und Konrad Siebel. Soll anti-Nazi sein. Hörte nach 1933 auf zu veröffentlichen.

(C) **Scholz, Heinrich, Prof. Dr.**: Etwa 50 Jahre alt. Protestant: Bekennende Kirche. Ein offener Gegner der Universitätspolitik der Nazis. Unpolitisch und liberal und nicht-nazistisch laut einer anderen Quelle. 1943 veröffentlichte er in der NS-Wochenzeitung *Das Reich* eine Artikelreihe mit Aphorismen zu juristischen Themen.

Schulte, Dr.: Arzt. Soll anti-Nazi sein.

Stier, [Hans Erich], Prof.: Historiker (Alte Geschichte). Soll zuverlässig sein.

White List

WESTFALEN (5)

Muenster (2)

Suttarp, Heinrich: Hammerstr. 305.
Lehrer. Said to be anti-Nazi. Now in forces.

Terrahe, : Kronprinzenstr. 6.
Lawyer. Said to be anti-Nazi.

Wackernagel, Ilse: Hiltrup near Muenster, Adolf Hitler Str. 52.
Born 1879. Catholic. Writer under pen name of Ilse von Stach. Reported to be non-Nazi.

Paderborn

Brinkmann, Wilhelm: Pipinstr. 25.
PW reports him a trustworthy anti-Nazi.

Struck, Josef: Altbeken b. Paderborn
Tank armorer in Paderborn. PW reports him to be trustworthy anti-Nazi.

Recklinghausen

Balzerowiak, Adam
Miner. Secretary of Communist Party. In concentration camp for one year.

Mettezang, Arthur
Speaker for Social Democratic Party in Recklinghausen. In concentration camp since 1933. (Last in Augsburg, where also listed.)

Mueller, Albert: Amselstr. 16.
Relative of anti-Nazi PW who says Mueller is also anti-Nazi and has been in concentration camp for political reasons.

Mueller, Julius: Recklinghausen-Bossendorf, Lerchenstr. 4.
Close relative of anti-Nazi PW. According to PW had been in concentration camp and classified as "unworthy to bear arms". Miner.

Mueller, Leo: Recklinghausen SII, Bochumerstr. 282.
Close relative of anti-Nazi PW who says Mueller is also anti-Nazi and has been in concentration camp for political reasons.

Wersel, Otto: Recklinghausen-Marldrewer, Hildebrandstr. 65.
PW says anti-Nazi. Has been in concentration camp for political reasons. Miner.

Schwelm

Buschmann, Hugo, Dr.
About 45 years old. Protestant. Assistant editor Schwelmer Zeitung, Vossische Zeitung, and Die Hilfe.

Kopperschmidt
Teacher of mathematics. Forcibly retired in 1933. Source reports: "Unflinching anti-Nazi, but may have been killed."

Münster (2)

Suttarp, Heinrich; Hammer Str. 305: Lehrer. Soll anti-Nazi sein. Jetzt beim Militär.

Terrahe; Kronprinzenstr. 6: Rechtsanwalt. Soll anti-Nazi sein.

Wackernagel, Ilse; Hiltrup bei Münster, Adolf-Hitler-Str. 52: 1879 geboren. Katholisch. Schriftstellerin mit dem Pseudonym Ilse von Stach. Soll nicht-nazistisch sein.

Paderborn

Brinkmann, Wilhelm; Pipinstr. 25: Nach Aussagen eines Kriegsgefangenen ein vertrauenswürdiger Anti-Nazi.

Struck, Josef; Altenbeken bei Paderborn: Waffenmeister für Panzerfahrzeuge in Paderborn. Ein Kriegsgefangener sagt aus, daß er ein vertrauenswürdiger Anti-Nazi ist.

Recklinghausen

Balzerowiak, Adam: Bergarbeiter. Sekretär der Kommunistischen Partei. War ein Jahr im Konzentrationslager.

Mettezang, Arthur: Sprecher der Sozialdemokratischen Partei in Recklinghausen. Seit 1933 im Konzentrationslager. (Zuletzt in Augsburg, dort auch aufgeführt.)

Mueller/Müller, Albert; Amselstr. 16: Ein Verwandter eines Anti-Nazi-Kriegsgefangenen, der sagt, daß Mueller/Müller ebenfalls Anti-Nazi ist und aus politischen Gründen im Konzentrationslager gewesen ist.

Mueller/Müller, Julius; Bissendorf, in der Nähe von Recklinghausen, Lerchenstr. 4: Naher Verwandter eines Anti-Nazi-Kriegsgefangenen. War laut einem Kriegsgefangenen im Konzentrationslager und wurde »für unwürdig befunden, Waffen zu tragen«. Bergarbeiter.

Mueller/Müller, Leo; Recklinghausen SII, Bochumer Str. 282: Naher Verwandter eines Anti-Nazi-Kriegsgefangenen, der sagt, daß Mueller/Müller ebenfalls Anti-Nazi ist und aus politischen Gründen im Konzentrationslager gewesen ist.

Wersel, Otto; Drewer (Marl), Kreis Recklinghausen, Hildebrandstr. 65: Ein Kriegsgefangener sagt: anti-Nazi. Ist aus politischen Gründen im Konzentrationslager gewesen.

Schwelm

Buschmann, Hugo, Dr.: Etwa 45 Jahre alt. Protestantisch. Redaktionsassistent bei der *Schwelmer Zeitung*, der *Vossischen Zeitung* und bei *Die Hilfe* [Zeitschrift].

Kopperschmidt: Mathematiklehrer. 1933 zwangsweise in den Ruhestand versetzt. Die Quelle berichtet: »Ein unbeirrbarer Anti-Nazi, ist aber vielleicht getötet worden.«

SECRET

White List

WESTFALEN (6)

Siegen

Plaas, Rudolf: Koblenzerstr. 7.
Born 1902. Ex-manager of Siegen branch of Deutsche Bank. Reported to be non-Nazi.

Stein, Bernhard - publisher of Sieg-Rheinisches Volksblatt - reliable anti-Nazi.
Stein, Hans - son of " " " - editor.
Kirchmann - anti-Nazi. - Informants in press and printing world. - Source: P/W 300504.

Wanne-Eickel

Hruska, Franz
Social Democratic speaker.

Werl

Abele, Theodor, Dr.: Werl near Soest.
Born about 1884. Catholic. Zentrum Partei. Studienrat. Reported to be anti-Nazi but passive since 1933.

Siegen

Plaas, Rudolf; Koblenzer Str. 7: 1902 geboren. Ex-Direktor der Zweigstelle der Deutschen Bank in Siegen. Soll nicht-nazistisch sein.

Stein, Bernhard: Herausgeber des *Sieg-Rheinischen-Volksblatts*. Zuverlässiger Anti-Nazi.

Stein, Hans: Bruder von Stein, Bernhard, Herausgeber des *Sieg-Rheinischen-Volksblatts*: Redakteur – Kirchenmann – Anti-Nazi – Wären Informanten für Presse und Druck – Quelle: Kriegsgefangener 300504

Wanne-Eickel

Hruska, Franz: Parteisprecher der Sozialdemokraten.

Werl

Abele, Theodor, Dr.; Werl in der Nähe von Soest: Etwa 1884 geboren. Katholisch. Zentrumspartei. Studienrat. Soll anti-Nazi sein, aber passiv seit 1933.

SECRET

~~SECRET~~

White List

WESTFALEN (SUPPLEMENTARY) (1)

Arnsberg

Moog, Erich von,
Bergrat in the Oberbergamt, Dortmund. "Strong anti-Nazi convictions." Son of former Director of firm of Hahnische Werke A.G.

Ruppert, Walter, Dr. Jur.,
Age about 38. Economist. Declared as "practising Catholic and strongly anti-Nazi."

Terlinde, Dr. (Josef Wilhelm ?),
Age about 60. Formerly Minister of Agriculture. Landrat at Arnsberg. Refugee states that he is "honest, democratic and a greatly respected civil servant. Authority on farming and foresty questions."

Bielefeld

Jocknsch, Karl,
Born 18.10.1875. Married; three sons over 30. Rechtsanwalt until 1920; then became Amtsgerichtsrat. Is now probably retired. For many years before 1933 he was the leader of the Bielefeld Democratic Party. Described by refugee lawyer as "reliable, but after 1933, in view of his position, was very cautious and reserved."

Mueller-Oberlinghausen, Georg,
About 65. Leading personality in textile industry. Former member of Reichswirtschaftsrat. Anti-Nazi. Friendly towards Great Britain, U.S.A. and Soviet Russia.

S Vethake, Dr.,
Former Secondary schoolteacher. Dismissed because of his anti-Nazi attitude. Became a ~~protestant~~ clergyman in Heilanstalt, Bethel.
FW adds that the Heilanstalt saved many refugees and would form a most suitable nucleus for re-education and reconstruction. FW stresses that he, as a Roman Catholic, would not recommend a Protestant institution if he was not quite convinced that the staff there constituted a reliable and capable group.

S Wiechern, Dr., Lessingstr.,
Chemist. Was a year in prison for anti-Nazi activities. Repeatedly reported as reliable.

Bochum

Buecker, Willy,
Reported by FW as a reliable anti-Nazi.

Vippich, Josef
Reported by FW as reliable anti-Nazi.

Dortmund

Schmidt, Adolf, Schlosserstr. 77,
Owner of taxis. FW alleges him to be a confirmed anti-Nazi.

Guetersloh (nr. Muenster)

Maurecher, Olga,
FW's sister; strictly anti-Nazi. Has a dress-maker's studio.

~~SECRET~~

SECRET

Arnsberg

Moog, Erich von: Bergrat im Oberbergamt, Dortmund. »Starke anti-nazistische Überzeugungen.« Sohn des ehemaligen Direktors der Firma Hahnsche Werke AG.

Ruppert, Walter, Dr. jur.: Alter etwa 38. Nationalökonom. Wird als »praktizierender Katholik und entschieden anti-Nazi« bezeichnet.

Terlinde, Dr. (Josef Wilhelm ?), [Haslinde, Heinrich, Dr.]: Alter etwa 60. Früher Landwirtschaftsminister. Landrat in Arnsberg. Ein Flüchtling erklärt, daß er »ein ehrlicher, demokratischer und in hohem Maße respektierter Beamter« ist. Eine Autorität auf dem Gebiet der Land- und Forstwirtschaft.

Bielefeld

Jokusch, Karl: 18.10.1875 geboren; verheiratet; drei Söhne über 30. Bis 1920 Rechtsanwalt; wurde dann Amtsgerichtsrat. Ist jetzt wahrscheinlich im Ruhestand. Er war vor 1933 viele Jahre lang der Parteiführer der Bielefelder Demokratischen Partei. Von einem Flüchtling, einem Rechtsanwalt, wird er beschrieben als »zuverlässig, war aber nach 1933, in Anbetracht seiner Position, sehr vorsichtig und zurückhaltend«.

Müller-Oerlinghausen, Georg: Etwa 65. Führende Persönlichkeit in der Textilindustrie. Ehemaliges Mitglied des Reichswirtschaftsrats. Anti-Nazi. Großbritannien, den USA und Sowjetrußland freundlich gesinnt.

Vethake, Dr.: Ehemaliger Oberschullehrer. Wegen seiner Anti-Nazi-Einstellung entlassen. Wurde Pfarrer in der Heilanstalt Bethel. Der Kriegsgefangene fügt hinzu, daß die Heilanstalt viele Flüchtlinge rettete und eine überaus geeignete Keimzelle für Umerziehung und Wiederaufbau darstellen würde. Der Kriegsgefangene betont, daß er, als Katholik, keine protestantische Einrichtung empfehlen würde, wenn er nicht völlig davon überzeugt wäre, daß die Mitarbeiter dort eine zuverlässige und fähige Gruppe bildeten.

Wiechern, Dr.; Lessingstr.: Chemiker. War wegen Anti-Nazi-Aktivitäten ein Jahr im Gefängnis. Wiederholt als zuverlässig gemeldet.

Bochum

Buecker/Bücker, Willy: Nach Aussagen eines Kriegsgefangenen ein zuverlässiger Anti-Nazi.

Vippich, Josef: Nach Aussagen eines Kriegsgefangenen ein zuverlässiger Anti-Nazi.

Dortmund

Schmidt, Adolf; Schlosserstr. 77: Taxiunternehmer. Ein Kriegsgefangener behauptet, er sei ein erklärter Anti-Nazi.

Gütersloh (in der Nähe von Münster)

Mauracher, Olga: Schwester des Kriegsgefangenen; absolut anti-Nazi. Hat eine Damenschneiderei.

White List

WESTFALEN (SUPPLEMENT) (2)

Hagen

Kruesreberg, Heinrich, Wildestr. 43,

Used to belong to the SPD and retired when the Nazis came into power. PW reports him as anti-Nazi.

Herford

ALBERS, 50-60 Anti-Nazi, - journalist with Westfälische Neue NACHRICHTEN

MUND, — Anti-Nazi - w. Westf. NEUE NACHRICHTEN

(SOURCE: P/W 300502

Herne

Walmeier, Karl,

Former Leader of Social Democratic Youth Organisations in Herne. Probably still in a concentration camp. "Anti-Nazi."

Kempen

Schroers, Karl,

Specialist in the Clothing industry. Reported by PW as anti-Nazi.

Laer

Iking-Kohnert, Dr. med.,

Aged about 50; height 1.70m; bald-headed; full round face. Married; has several children. Catholic doctor. Was called up at the beginning of the War and succeeded in obtaining his discharge. "Compulsorily made a member of the Party, although he is an anti-Nazi and anti-militarist." Source considers that "he would be willing to assist the Allied Forces to overthrow National Socialism."

Moellers, Josef,

50 years old. Height 1.70m., graying hair, brown eyes, full round face. Married to a Dutch girl, who still lives in Hilversum, Holland, with their 5 sons. Is an eiderdown manufacturer. He has been a partner in the Source's business for a number of years. "Anti-Nazi and anti-militarist, and was considered as being politically unreliable by the Nazis as he refused to bring his family into Germany." Source considers that "M. would be willing to assist the Allied Forces to overthrow National Socialism."

Luedenscheid

Hoennighoff,

Doctor of philosophy. Member of the Centrum before 1933. Reported as anti-Nazi.

Muelheim-Ruhr

Handschuh,

Democratic representative on the Town Council. PW reports him as anti-Nazi.

Reiming, Gustav, Graf, Wyrichstr. 9,

Anti-Nazi according to PW.

Muenster

Buschmann, Fritz, Melcherstrasse 18,

Owns the printing shop Heinrich Buschmann in Muenster. The firm now chiefly prints Army forms but at one time printed periodicals. He is a good friend of Bishop Galen.

Hereford (cont'd)

Hagen

Krueckeberg/Krückeberg, Heinrich; Wildestraße. 43: War früher bei der SPD und zog sich zurück, als die Nazis an die Macht kamen. Ein Kriegsgefangener bezeichnet ihn als anti-Nazi.

Herford (überholt)

Albers: 50 bis 60, Anti-Nazi, Journalist bei den *Neuen Westfälischen Nachrichten.*

Mund: – , Anti-Nazi, bei den *Neuen Westfälischen Nachrichten.* (Quelle: P/W 300508)

Herne

Wallmeier, Karl: Ehemaliger Vorsitzender der sozialdemokratischen Jugendverbände in Herne. Wahrscheinlich nach wie vor in einem Konzentrationslager. »Anti-Nazi.«

Kerpen

Schroers/Schrörs, Karl: Fachmann für die Bekleidungsindustrie. Nach Aussagen eines Kriegsgefangenen anti-Nazi.

Laer

Iking-Kohnert, Dr. med.: Etwa 50 Jahre alt; Größe: 1,70 m; kahlköpfig; volles rundes Gesicht. Verheiratet; hat mehrere Kinder. Katholischer Arzt. Wurde zu Beginn des Krieges einberufen und schaffte es, seine Ausmusterung zu erhalten. »Wurde zwangsweise zum Parteimitglied gemacht, obwohl er ein Anti-Nazi und Anti-Militarist ist.« Die Quelle ist der Meinung, daß »er willens wäre, die Alliierten Streitkräfte beim Sturz des Nationalsozialismus zu unterstützen«.

Moellers/Möllers, Josef: 50 Jahre alt. Größe: 1,70 m; grau werdendes Haar; braune Augen, volles rundes Gesicht. Mit einer Holländerin verheiratet, die sich mit ihren 5 Söhnen noch immer in Hilversum befindet. Ist Hersteller von Federbetten. Er ist einige Jahre lang Partner im Geschäft der Quelle gewesen. »Anti-Nazi und anti-militaristisch und wurde von den Nazis als politisch unzuverlässig angesehen, da er sich weigerte, seine Familie nach Deutschland zu bringen. Die Quelle ist der Meinung, daß »M. willens wäre, die Alliierten Streitkräfte beim Sturz des Nationalsozialismus zu unterstützen«.

Lüdenscheid

Moennighoff/Mönnighoff: Doktor der Philosophie. Vor 1933 Zentrumsmitglied. Dem Bericht nach anti-Nazi.

Mülheim/Ruhr

Handschuh: Demokratischer Stadtratsabgeordneter. Ein Kriegsgefangener bezeichnet ihn als anti-Nazi.

Reining, Gustav; Graf-Wirich-Str. 9: Anti-Nazi laut einem Kriegsgefangenen.

Münster

Buschmann, Fritz; Melchersstr. 18: Inhaber der Druckerei Heinrich Buschmann in Münster. Die Firma druckt jetzt hauptsächlich Vordrucke für das Heer, druckte früher einmal Zeitschriften. Er ist ein guter Freund von Bischof Galen.

SECRET

WHITE LIST

WESTFALEN (Supplement) (3)

Muenster

Falkenstein, General Freiherr von,
Anti-Nazi according to friendly PW. Falkenstein said that his son, who was a General in the Luftwaffe, Berlin, had been an ardent Nazi but had become ashamed of his Nazi connections.

Moncorps, Karl, Professor, Westfaelische Wilhelmsuniversitaet,
Dermatologist, previously at Munich University. "Anti-Nazi."

Pieper, Joseph, Malmedyweg 10 (?),
Age about 40. Son of Rector Pieper. Well-known Catholic writer; man of character and outspoken views. According to refugee lawyer, he is strongly anti-Nazi, as revealed in numerous private conversations. Used to have fairly regular visits from the Gestapo officials to investigate his activities. Writes about theology, ethical problems and economics. Last known through letters 1939. Absolutely reliable at least at the time, not likely to have changed. Highly intelligent.

Reichling, Amtsgerichtrat,
Age about 55, Catholic. Anti-Nazi. Last known by Source in 1938.

Reichling, Rechtsanwalt,
Age about 55, Catholic. Date last known Oct. 1938. Defended numerous Catholics. Expressed anti-Nazi views in numerous private conversations very strongly. Brother of Amtsgerichtrat Reichling.

Reichling, Steinfurterstr. 43,
Director of the Museum; has been in a concentration camp. He is not religious but considers it the aim of his life to fight the Nazis, according to friendly PW. Has a good knowledge of personnel in Muenster.

Recklinghausen

Hoelteskamp,
Former mayor of Herne, Social Democrat. Reported anti-Nazi.

Hruska, Franz,
Social Democratic speaker in Wanne-Eickel. Reported as anti-Nazi.

Leiss, Willi,
Social Democratic Leader in Herne. Reported by PW as anti-Nazi.

Mattenzang, Arthur,
Speaker for Social Democratic Party in Recklinghausen. In concentration camp since 1933. Last in Augsburg.

Wallbraun,
Leader of Reichsbanner in Herne. In concentration camp for 4 years. Anti-Nazi.

Walmeder, Karl,
Leader of Social Democratic Youth Organisations in Herne. Arrested and probably still in concentration camp.

Schwelm

Holkott, Wilhelm, Bahnhofstr.,
Aged about 42. Civil Servant in the Stadtverwaltung. Reported by friendly as a "reliable anti-Nazi."

SECRET

Münster

Falkenstein, General Freiherr von: Anti-Nazi laut einem freundlich gesinnten Kriegsgefangenen. Falkenstein sagte, daß sein Sohn, ein General bei der Luftwaffe, Berlin, ein glühender Nazi gewesen war, sich jedoch wegen seiner Beziehungen zu den Nazis geschämt hatte.

Moncorps, Carl; Professor; Westfälische Wilhelms-Universität: Dermatologe; vorher an der Universität München. »Anti-Nazi.«

Pieper, Josef; Malmedyweg 10 (?): Alter etwa 40. Sohn von Rektor Pieper; namhafter katholischer Schriftsteller; ein Mann mit Charakter und mit offen ausgesprochenen Ansichten. Laut einem Flüchtling, einem Rechtsanwalt, ist er entschieden anti-Nazi, wie er in zahlreichen privaten Gesprächen zu erkennen gab. Hatte früher ziemlich regelmäßige Besuche von Gestapo-Beamten, um seine Aktivitäten auszuforschen. Schreibt über Theologie, Fragen der Ethik und Ökonomie. Zum letzten Mal hat man 1939 von ihm gehört. Absolut zuverlässig, zumindest damals; es ist nicht wahrscheinlich, daß sich daran etwas geändert hat. Hochintelligent.

Reichling; Amtsgerichtsrat: Alter etwa 55; katholisch. Anti-Nazi. Die Quelle hat 1938 letztmalig von ihm gehört.

Reichling; Rechtsanwalt: Alter etwa 55; katholisch. Datum der letzten Nachricht von ihm: Okt. 1938. Verteidigte zahlreiche Katholiken. Brachte in zahlreichen privaten Gesprächen sehr entschieden Anti-Nazi-Ansichten zum Ausdruck. Bruder des Amtsgerichtsrats Reichling

Reichling, [Hermann]; Steinfurter Str. 43; Direktor des Museums: ist im Konzentrationslager gewesen. Er ist nicht religiös, aber hält es, laut einem freundlich gesinnten Kriegsgefangenen, für sein Lebensziel, die Nazis zu bekämpfen. Weiß gut über das Personal in Münster Bescheid.

Recklinghausen

Hölkeskamp, [Karl]: Ehemaliger Bürgermeister von Herne, Sozialdemokrat. Dem Bericht nach anti-Nazi.

Hruska, Franz: Parteisprecher der Sozialdemokraten in Wanne-Eickel. Dem Bericht nach anti-Nazi.

Leiss/Leiß, Willi: Parteivorsitzender der Sozialdemokraten in Herne. Nach Aussagen eines Kriegsgefangenen anti-Nazi.

Mettezang, Arthur: Parteisprecher der Sozialdemokratischen Partei in Recklinghausen. Seit 1933 im Konzentrationslager. Zuletzt in Augsburg.

Wallbraun: Anführer des Reichsbanners in Herne. 4 Jahre im Konzentrationslager. Anti-Nazi.

Wallmeier, Karl: Vorsitzender von Sozialdemokratischen Jugendverbänden in Herne. Verhaftet und wahrscheinlich nach wie vor im Konzentrationslager.

Schwelm

Hollkott, Wilhelm; Bahnhofstr.: Etwa 42 Jahre alt. Ein Beamter in der Stadtverwaltung. Nach Aussagen eines freundlich Gesinnten ein »zuverlässiger Anti-Nazi«.

~~SECRET~~

White List

WESTFALEN (Supplement) (A)

Schwerte

Kleinemeyer, Pfarrer, St. Victor Kirche,
PW says he is an active anti-Nazi and a student of English politics.

Olich, Parson, St. Victor Kirche,
Active anti-Nazi according to friendly Pw.

Schwerte

Kleinemeyer, [Heinrich]; Pfarrer; St.-Viktor-Kirche: Ein Kriegsgefangener sagt, daß er ein aktiver Anti-Nazi ist und sich mit englischer Politik beschäftigt.

Ohlig, [Paul]; Pfarrer; St.-Viktor-Kirche: Aktiver Anti-Nazi laut einem freundlich gesinnten Kriegsgefangenen.

SECRET

WHITE LIST

WUERTTEMBERG

Address unknown

Heuss, Theodor:
About 60 years old. Protestant. Assistant editor Die Hilfe, 1905-1912. Editor Heilbronner Neckarzeitung, 1912- 1918. Lecturer at "Hochschule fuer Politik", 1920-1933. Reichstag member 1924-1928 and 1930-1933. Editor Die Hilfe, 1933-1935. Free-lance writer. "Uncompromising Democrat." Had close connections with source from 1928-1936. Source is not sure he would cooperate but it would be worth trying.

Lang,
Schulrat. Formerly at Biberach; dismissed by Nazis.

Richter,
Pastor in Wuerttemberg German Evangelical Church. "Reliable anti-Nazi."

Friedrichshafen

Burger,
Reichsbahnoberinspecteur. Superintendent of rail-road stations at Friedrichshafen. Was punished by being reduced to less important position at Heidenheim, but reinstated because of efficiency.

Eckener, Hugo, Dr.
Pro-Allied and reliable according to friendly PW. (!)

Epple,
Reported to be anti-Nazi. Formerly Lehrer at Friedrichshafen.

Fakler, Dr.
Editor: Verbo. Reported by friendly PW as being anti-Nazi.

Goetz
Oberreallehrer; games' master. Anti-Nazi according to friendly PW.

Mauch
Gewerbeschuldirektor. Removed from post because of anti-Nazi attitude. Brilliant educator in touch with wholesale and retail trade.

Sporn
Hauptlehrer at Wiltensweiler. "Suitable teacher for Volksschulen."

Heidenheim

Edelmann
Handelslehrer. Successful teacher, particularly in "buerotechnische Handelsfaechen". At present on Eastern front. Reported to be Anti-Nazi.

Fricker, Dr.
Studienrat at Heidenheim. Fanatical anti-Nazi according to friendly PW.

Haerlin,
Proprietor and chief editor Heidenheimer Tagblatt. Reported to be non-Nazi and forced to liquidate paper since he wouldn't capitulate to Nazis.

Hentz
Reported by PW to be anti-Nazi Bezirksschulrat at Bezirksschulamt in Heidenheim.

Kissling
Oberreallehrer; games' master. Anti-Nazi according to friendly PW.

Anschrift unbekannt

Heuss, Theodor: Etwa 60 Jahre alt. Protestant. Stellvertretender Leiter von *Die Hilfe*, 1905–1912. Chefredakteur der *Heilbronner Neckar-Zeitung*, 1912–1918. Dozent an der »Hochschule für Politik«, 1920–1933. Abgeordneter des Reichstags, 1924–1928 und von 1930–1933. Chefredakteur von *Die Hilfe*, 1933–1935. Freiberuflicher Schriftsteller. »Kompromißloser Demokrat.« Stand mit der Quelle von 1928–1936 in enger Verbindung. Die Quelle ist sich nicht sicher, ob er kooperieren würde, es wäre jedoch einen Versuch wert.

Lang: Schulrat. Früher in Biberach; von den Nazis entlassen.

Richter: Pastor in der Deutschen Evangelischen Kirche Württemberg. »Zuverlässiger Anti-Nazi.«

Friedrichshafen

Burger: Reichsbahnoberinspektor. Bahnvorstand von Friedrichshafen. Wurde bestraft, indem man ihn auf einen weniger bedeutenden Posten in Heidenheim versetzte; dann aber wegen seiner Tüchtigkeit in seiner alten Position wiedereingesetzt.

Eckener, Hugo, Dr.: Ist für die Alliierten und laut einem freundlich gesinnten Kriegsgefangenen zuverlässig. (!)

Epple: Soll anti-Nazi sein. Früher Lehrer in Friedrichshafen.

Fakler, Dr.: Redakteur bei [der Zeitung] *Verbo* [**Verb**and **O**berschwäbischer Zeitungsverleger]. Soll sich nach Aussagen eines freundlich gesinnten Kriegsgefangenen wie ein Anti-Nazi verhalten.

Goetz/Götz: Oberreallehrer; Sportlehrer. Anti-Nazi laut einem freundlich gesinnten Kriegsgefangenen.

Mauch: Gewerbeschuldirektor. Wurde wegen seiner Anti-Nazi-Einstellung von seinem Posten entfernt. Brillanter Pädagoge, steht in Verbindung mit dem Groß- und Einzelhandel.

Sponn: Hauptlehrer in Hiltensweiler. »Ein geeigneter Lehrer für Volksschulen.«

Heidenheim

Edelmann, [Josef]: Handelslehrer. Ein erfolgreicher Lehrer, besonders in »bürotechnischen Handelsfächern«. Gegenwärtig an der Ostfront. Soll anti-Nazi sein.

Fricker, [Ludwig], Dr.: Studienrat in Heidenheim. Fanatischer Anti-Nazi laut einem freundlich gesinnten Kriegsgefangenen.

Härlen, [Adolf]: Verleger und Herausgeber des *Heidenheimer Tagblatts*. Soll nicht-nazistisch sein und war dem Bericht nach gezwungen, sein Blatt einzustellen, da er vor den Nazis nicht kapitulieren wollte.

Hentz, [Matthäus]: Ist nach Aussagen eines Kriegsgefangenen ein Anti-Nazi-Bezirksschulrat im Bezirksschulamt in Heidenheim.

Kißling, [Helmut]: Oberreallehrer: Sportlehrer. Anti-Nazi laut einem freundlich gesinnten Kriegsgefangenen.

White List

WUERTTEMBERG (2)

Heidenheim (2)

Koch
Studienrat; teaches drawing and history of art. Ant-Nazi according to friendly PW.

Rueck, Dr.
Studienrat in Heidenheim. Irreproachable character according to friendly PW.

Schmidt, Dr.
Studienrat. Anti-Nazi according to friendly PW.

Vogt
Studienrat; teaches ancient languages and history. Anti-Nazi according to friendly PW.

Heilbronn

Pfleiderer
About 60 years old. Protestant. Amtsgerichtsdirektor. Married to Jewish woman. Democrat. Reported to be anti-Nazi.

Sihler, Hermann: Lothorstr.
About 55 years old. Protestant. Reported to be not politically active but strongly anti-Nazi and courageous in taking care of Jewish clients.

Hiltensweiler

Spohn
Hauptlehrer. PW reports that he did not get on with Nazis on account of his views.

Horb

Christian, Paul
Owner and former publisher of Vereinsbote fuer Katholische Lehrer. Proprietor of printing shop. Reported by PW to be strong anti-Nazi.

Oberndorf am Neckar

(C) Elben, Arnold
Born 1897. Owner and publisher of Schwarzwaelder Bote. Moderate democrat; reported by one source to be anti-Nazi. Complied with Nazi regulations in order to maintain newspaper.

Rottweil

Biedermann
Former Schulrat in Rottweil. Denounced the Nazi teachers' organization and was dismissed by Nazis. A good teacher in Volksschulen.

Brechenmacher
Former editor of the Magazin d. Paedagogik. Oberstudienrat. Experienced editor of educational papers. Reported reliable anti-Nazi by friendly PW.

Epple
Former editor of Vereinsbote fuer Katholische Lehrer. Reported reliable anti-Nazi by PW.

Heidenheim (2)

Koch: Studienrat; unterrichtet Zeichnen und Kunstgeschichte. Anti-Nazi laut einem freundlich gesinnten Kriegsgefangenen.

Rück, [Hermann], Dr.: Studienrat in Heidenheim. Untadeliger Charakter laut einem freundlich gesinnten Kriegsgefangenen.

Schmidt, Dr.: Studienrat. Anti-Nazi laut einem freundlich gesinnten Kriegsgefangenen.

Vogt, [Eugen]: Studienrat; unterrichtet alte Sprachen und Geschichte. Anti-Nazi laut einem freundlich gesinnten Kriegsgefangenen.

Heilbronn

Pfleiderer: Etwa 60 Jahre alt. Protestantisch. Amtsgerichtsdirektor. Mit einer Jüdin verheiratet. Demokrat. Soll anti-Nazi sein.

Sihler, Hermann; Lohtorstr.: Etwa 55 Jahre alt. Protestantisch. Soll politisch nicht aktiv sein, aber entschieden anti-Nazi und mutig, wenn es darum geht, sich um jüdische Mandanten zu kümmern.

Hiltensweiler

Spohn: Hauptlehrer. Ein Kriegsgefangener berichtet, daß er mit den Nazis wegen seiner Ansichten nicht auskam.

Horb

Christian, Paul: Besitzer und ehemaliger Verleger des *Vereinsboten für katholische Lehrer*. Eigentümer einer Druckerei. Soll nach Aussagen eines Kriegsgefangenen ein überzeugter Anti-Nazi sein.

Oberndorf am Neckar

(C) **Elben, [Wilhelm]**: 1897 geboren. Besitzer und Verleger des *Schwarzwälder Boten*. Gemäßigter Demokrat; soll nach Angaben einer Quelle anti-Nazi sein. Befolgte die Anordnungen der Nazis, um die Zeitung behalten zu können.

Rottweil

Biedermann: Ehemaliger Schulrat in Rottweil. Prangerte die Nazi-Lehrerorganisation öffentlich an und wurde von den Nazis entlassen. Ein guter Lehrer für Volksschulen.

Brechenmacher, [Josef Karlmann]: Ehemaliger Redakteur des *Magazins für Pädagogik*. Oberstudienrat. Erfahrener Redakteur von pädagogischen Beiträgen. Zuverlässig anti-Nazi nach Aussagen eines freundlich gesinnten Kriegsgefangenen.

Epple: Ehemaliger Redakteur des *Vereinsboten für katholische Lehrer*. Nach Aussagen eines Kriegsgefangenen zuverlässig anti-Nazi.

SECRET

White List

WUERTTEMBERG (2)

Saulgau

Ehrler,
Studienrat. Formerly of Lehrerseminar at Saulgau. According to P7 dismissed for anti-Nazi attitude.

Schwabisch Gmuend

Trea,
Schulrat. Reported to have been persecuted by Nazis after they gained power.

Sigmaringen

Brandt,
About 55 years old. Ministerialdirektor in Ministerium des Innern. Head of Civil Service Staff department. Regierungspraesident Sigmaringen in 1930. Dismissed 1933 for "national unreliability". Member Zentrum. Character doubtful.

Stuttgart

Abele, Wilhelm: Stuttgart-Degerloch, Fideliostr.
Architect. According to source: "Is supposed to be well informed about the situation in Germany. Has proved himself an active, violent anti-Nazi during the whole of the Nazi regime."

Andre, Joseph
Born 1879. Ex-secretary of Catholic Unions in Social Security matters. Ex-editor of Wurttembergische Zentrums-Korrespondenz, official bulletin of Zentrum Partei. Retired 1933. Erzberger follower. Member of German National Assembly - Weimar. Member Reichstag 1920-1933. Reported to be strongly anti-Nazi.

Baumgartner, Walter, Dr.: Kronenstr.
Lawyer. According to source: "Is supposed to be well informed about the situation in Germany. Has proved himself an active, violent anti-Nazi during the whole of the Nazi regime."

Beyerle, Dr. (May be Joseph Beyerle, Relenbergstr. 53.)
Justizminister (retired). Dismissed by Nazis in 1933. Reported to be brilliant lawyer with courage and ability to make clean sweep of Hitler's totalitarian legal system. Democratic Christian views.

Bolz, Eugen Anton: Am Kriegsbergturm 44.
Born 1881. Roman Catholic. Former State President of Wuerttemberg. Zentrum Partei; friend of Erzberger. Dismissed by Nazis 1933 and imprisoned in Hohenaspberg. Brilliant lawyer.

Contz,
Friend and colleague of Dr. Otto Hirsch. Jewish wife. Strombaudirektor. Was in charge of the Neckar Kanal construction undertaken by the Wuerttemberg state under the name of Neckar A.G. (Contz). "Strongly anti-Nazi."

Doecker, Richard: Hermann Kurz Str. 44. Tel: 2 38 09 (1941).
Dismissed from Stuttgart Techn. Hochschule professorship for not joining NSDAP. Democratic. Reported to be anti-Nazi.

Eichele, Erich: Office: Alter Postplatz 4. Home: Seestr. 110. (1941)
Born 1904. Protestant: Bekenntniskirche. Member of Wuerttemberger Oberkirchenrat. At Hartford and Union Theological Seminary, 1928-1930. Reported to be anti-Nazi.

SECRET

Saulgau

Ehrler: Studienrat. Früher am Lehrerseminar in Saulgau. Laut einem Kriegsgefangenen wegen seiner Anti-Nazi-Einstellung entlassen.

Schwäbisch Gmünd

Traa: Schulrat. Soll von den Nazis verfolgt worden sein, nachdem sie an die Macht gelangt waren.

Sigmaringen

Brand, [Heinrich]: Etwa 55 Jahre alt. Ministerialdirektor im Ministerium des Innern. Leiter der Personalabteilung. 1930 Regierungspräsident in Sigmaringen. 1933 wegen »nationaler Unzuverlässigkeit« abgesetzt. Mitglied der Zentrumspartei. Charakter zweifelhaft.

Stuttgart

Abele, Wilhelm; Stuttgart-Degerloch, Fideliostr.: Architekt. Laut Quelle: »Ist angeblich gut über die Lage in Deutschland informiert. Hat sich während des ganzen Nazi-Regimes als ein aktiver, leidenschaftlicher Anti-Nazi erwiesen.«

Andre, Josef: 1879 geboren. Ex-Sekretär der katholischen Arbeiterbewegung zuständig für Fragen der Sozialversicherung. Ex-Redakteur der *Württembergischen Zentrums-Korrespondenz*, dem offiziellen Parteiorgan der Zentrumspartei. 1933 in den Ruhestand getreten. Anhänger von [Matthias] Erzberger. Mitglied der Weimarer Nationalversammlung. Mitglied des Reichstags, 1920–1933. Soll entschieden anti-Nazi sein.

Baumgartner, Walter, Dr.; Kronenstr.: Rechtsanwalt. Laut Quelle: »Ist angeblich gut über die Lage in Deutschland informiert. Hat sich während des ganzen Nazi-Regimes als ein aktiver, leidenschaftlicher Anti-Nazi erwiesen.«

Beyerle, [Josef], Dr. (Ist vielleicht Joseph Beyerle, Relenbergstr. 53.): Justizminister (im Ruhestand). Von den Nazis 1933 abgesetzt. Soll ein brillanter Anwalt sein, mit dem Mut und der Fähigkeit, mit Hitlers totalitärem Rechtssystem reinen Tisch zu machen. Christdemokratische Ansichten.

* **Bolz, Eugen Anton**; Am Kriegsbergturm 44: 1881 geboren. Römisch-katholisch. Ehemaliger Staatspräsident von Württemberg. Zentrumspartei; Freund von Erzberger. 1933 von den Nazis abgesetzt und in Hohenasperg eingesperrt. Brillanter Anwalt.

Konz, [Otto]: Freund und Kollege von Dr. Otto Hirsch. Jüdische Ehefrau. Strombaudirektor. Leitete den Bau des Neckar-Kanals, der vom Württembergischen Staat unter der Bezeichnung Neckar A.G. (Konz) ausgeführt wurde. »Entschieden anti-Nazi.«

Döcker, Richard; Hermann-Kurz-Str. 44; Tel.: 2 38 09 (1941): Professor an der Stuttgarter Technischen Hochschule; entlassen, weil er nicht in die NSDAP eintrat. Demokratisch. Soll anti-Nazi sein.

Eichele, Erich; Alter Postplatz 4 (Büro); Seestr. 110 (Wohnung) (1941): 1904 geboren. Protestant: Bekennende Kirche. Mitglied des Württembergischen Oberkirchenrats. 1928–1930: in Hartford und am Union Theological Seminary. Soll anti-Nazi sein.

WHITE LIST

WURTTEMBERG (4)

Stuttgart (2)

Fischer, Ernst: Landhausstr. 22.
Baker. According to source: "Is supposed to be well informed about the situation in Germany. Has proved himself an active, violent anti-Nazi during the whole of the Nazi regime."

Fischer, Johannes
Over 60 years old. Former Regierungsrat and leader of the evangelical labor unions.

Gassman(n) (Possibly Ernst Gassmann, Stuttgart-Degerloch, Ahornstr. 10.)
Referent in Ministry of Education, Stuttgart.

Keller
Regierungs Inspektor Landes Hauptkasse reported anti-Nazi by PW.

Klaiber
About 60 years old. Ex-police President at Stuttgart; removed from office by Nazis. "Non-political."

Koessler, Otto: Office: Johannesstr. 58/1. Tel: 6 06 06 and 6 04 09.
Residence: Parlerstr. 78. Tel: 2 37 05. (1941) Born 1894. Protestant. Owns printing office. Reported to be apolitical and anti-Nazi.

Kranz, Elisabeth
Studiendirektorin. Refused to work under Hitler and retired from post as headmistress. Persecuted because did not drop Jewish friends. Probably rather advanced age.

Lautenschlager, Karl, Dr.: Im Kaisemer 21.
Born about 1882. Studied law. Mayor of Stuttgart until 1933. Conservative, with liberal leanings. "Definitely not Nazi."

Leitgeb, Waldemar: Werastrasse.
Actor; made "Der Rothschild" at UFA. Possible anti-Nazi. (P/W)

* Lempp, Wilfried: Christofstr. 27. Tel: 2 59 13.
Stadtpfarrer in Stuttgart German Evangelical Church. Previously minister to German community in Stanislau (Galicia). "Reliable anti-Nazi."

Lindner
Director of Schwaebische Bank. Reported anti-Nazi by PW.

Mack, August
Professor. Ministerialabteilung fuer hoehere Schulen. Was against Nazis and sympathized with Jews according to source.

Maier, Reinhold, Dr.: Stuttgart N, Dillmannstr. 16. (1941)
Wirtschaftsminister (retired). Lawyer in Stuttgart. One of leading German democrats before 1933 and Democratic member of Reichstag. Had to retire from political career in 1933. Source has not been in personal touch with M. since then, but has heard that he's taken up practice as Rechtsanwalt again and "has refrained from all political activity."

Stuttgart (2)

Fischer, Ernst; Landhausstr. 22: Bäcker. Laut Quelle: »Ist angeblich gut über die Lage in Deutschland informiert. Hat sich während des ganzen Nazi-Regimes als ein aktiver, leidenschaftlicher Anti-Nazi erwiesen.«

Fischer, Johannes: Über 60 Jahre alt. Ehemaliger Regierungsrat und Vorsitzender der evangelischen Arbeitergewerkschaften.

Gassman(n) (Möglicherweise Ernst Gassmann, Stuttgart-Degerloch, Ahornstr. 10.) [Gaßmann, Ernst]: Referent im Erziehungsministerium, Stuttgart.

Keller: Regierungsinspektor bei der Landeshauptkasse, anti-Nazi nach Aussagen eines Kriegsgefangenen.

Klaiber, [Rudolf]: Etwa 60 Jahre alt. Ex-Polizeipräsident von Stuttgart; von den Nazis aus dem Amt entfernt. »Nicht politisch.«

Kösler, Otto; Johannesstr. 38/1, Tel.: 6 06 06 und 6 04 09 (Geschäft); Parlerstr. 78, Tel.: 2 37 05 (1941) (Wohnung): 1894 geboren. Protestantisch. Besitzt eine Druckerei. Soll unpolitisch und anti-Nazi sein.

Kranz, Elisabeth: Studiendirektorin. Weigerte sich, unter Hitler zu arbeiten, und trat von ihrem Posten als Rektorin zurück. Wurde verfolgt, weil sie jüdische Freunde nicht fallenließ. Wahrscheinlich schon in ziemlich fortgeschrittenem Alter.

Lautenschlager, Karl, Dr.; Im Kaisemer 21: Etwa 1882 geboren. Hat Jura studiert. Bis 1933 Oberbürgermeister von Stuttgart, Konservativ, mit liberalen Neigungen. »Mit Bestimmtheit nicht-nazistisch.«

Leitgeb, Waldemar; Werastraße: Schauspieler; drehte bei der UFA »Die Rothschilds«. Möglicher Anti-Nazi. (Kriegsgefangener)

* **Lempp, Wilfried**; Christophstr. 27, Tel.: 2 59 13: Stadtpfarrer der deutschen Evangelischen Kirche in Stuttgart. Vorher Pfarrer der deutschen Gemeinde in Stanislau (Galizien). »Zuverlässiger Anti-Nazi.«

Lindner, [Carl], Dr.: Direktor der Schwäbischen Bank. Nach Aussagen eines Kriegsgefangenen anti-Nazi.

Mack, Albert: Professor; Ministerialabteilung für die Höheren Schulen. War laut Quelle gegen die Nazis und sympathisierte mit Juden.

Maier, Reinhold, Dr.; Stuttgart N, Dillmannstr. 16 (1941): Wirtschaftsminister (im Ruhestand). Rechtsanwalt in Stuttgart. Vor 1933 einer der führenden Demokraten und als Abgeordneter für die Demokraten im Reichstag. Mußte 1933 seine politische Laufbahn beenden. Die Quelle hat seitdem keinen persönlichen Kontakt mehr mit M. gehabt, hat aber gehört, daß er sich wieder als Anwalt niedergelassen hat und »sich von jeglicher politischer Aktivität fernhält«.

SECRET

WHITE LIST

WUERTTEMBERG (5)

Stuttgart (5)

Reichert
Oberpostrat. "Reliable democrat." Had his rank and salary reduced by the Nazis.

× Rueckle, Dr. Oskar. — Manager of Kohlhammer Verlag. Formerly connected with Mohr Verlag.

Runken, Ilse, Frau: Helfferichstr. 11.
Born 1884. Widow of co-owner of Havana Cigar Exporting House Upman's Soehne. One son in United States. Reported to be strongly anti-Nazi and liberal.

Salzmann, Mathilde, Dr.
Frauen and Kinderaerztin. Did much welfare work. Reported to be opposed to Nazis.

Sapper, Carlos: Stuttgart-Degerloch, Erwin Baelzstr. 39.
About 45 years old. Protestant. Reported to be not interested in politics but anti-Nazi, although he does not oppose Nazis openly.

Schaal, A.: Stuttgart N, Im Kaisemer 21. Tel: 2 02 79. (1943)
Oberkonsistorialrat. Head of organization for helping Christian Jews and non-Aryans for province of Wuerttemberg.

Schlichthaerle
Roman Catholic pastor of the Elisabethen Kirche in Stuttgart. Persistently spoke on behalf of the Jews.

Schlossstein, Willy: Buererstr. 23.
Born 1894. Protestant; Jewish wife. Businessman and private secretary of managing director of Robert Bosch concern, Stuttgart N, Duerrstr. 23. Board member of Stuttgart building firms. Strongly anti-Nazi; follows traditions of pro-democratic Robert Bosch.

Schoenleber, Hans: Kernerstr. 12.
Chief clerk. According to source: "Is supposed to be well informed about the situation in Germany. Has proved himself an active, violent anti-Nazi during the whole of the Nazi regime."

Schumacher, Kurt: Now in concentration camp in Wuerttemberg.
Born 1895. Protestant. Studied law and did research in Reich Ministry of Labor. Editor of Schwaebische Tagwacht, Social Democratic daily newspaper in Stuttgart. In concentration camp since 1933 but sent out word in 1941.

Vietzen, Hermann, Dr.: Reinsburgerstr. 192.
Formerly Augsburg, Neihartstr. 10. Archivist. Reported to be strong anti-Nazi. Might be useful on giving information on trustworthy individuals in the above towns.

Wickenburg, Erik, Count: Stuttgart-Degerloch, Elsaweg 24.
Born 1903. Writer and editor. Reported to be decidedly anti-Nazi. Aided foes of Nazis and maintained contact with exiles.

Wildermuth, Eberhard
Born 1890. Protestant. Co-manager of Deutsche Bau und Bodenbank A.G. Reported to have been strongly anti-Nazi in 1936 and considered unlikely to have changed since. Active in 1931 in trying to unite middle-of-road parties.

Wurm, D. Theodor: Silberburgstr. 189.
Kirchenpraesident. Bishop of the Wuerttemberg Evangelical Church. "Frequently attacked by the Nazis for his uncompromising Christian attitude towards Nazism. Very influential among the Protestants in Wuerttemberg."

× Ltr Gestinger (Bern) to C.D. Jackson 17 May 45

Stuttgart (3)

Reichert: Oberpostrat. »Zuverlässiger Demokrat.« Sein Dienstgrad und sein Gehalt wurden ihm von den Nazis heruntergestuft.

* **Rühle, Oskar, Dr.**: Leiter des Kohlhammer Verlags. Früher verbunden mit dem Mohn Verlag.

Runken, Ilse, Frau; Helfferichstr. 11: 1884 geboren. Witwe des Miteigentümers von Upman's Söhne, einem Unternehmen, das Havanna-Zigarren importierte. Ein Sohn in den Vereinigten Staaten. Soll entschieden anti-Nazi und liberal sein.

Salzmann, Mathilde, Dr.: Frauen- und Kinderärztin. Hat viel Wohlfahrtsarbeit geleistet. Soll gegen die Nazis sein.

Sapper, Carlos; Stuttgart-Degerloch, Erwin-Bälz-Str. 39: Etwa 45 Jahre alt. Protestantisch. Soll nicht an Politik interessiert sein, jedoch anti-Nazi, obwohl er nicht offen gegen die Nazis auftritt.

Schaal, A.; Stuttgart N, Im Kaisemer 21; Tel.: 2 02 79 (1941): Oberkonsistorialrat. Leiter der »Hilfsorganisation für christliche Juden und Nichtarier« für die Provinz Württemberg.

Schlichthaerle/Schlichthärle: Römisch-katholischer Pfarrer der Elisabethen-Kirche in Stuttgart. Hat sich beharrlich für die Juden eingesetzt.

Schloßstein, Willy; Dürrstr. 23: 1894 geboren. Protestantisch; jüdische Ehefrau. Geschäftsmann und Privatsekretär des Direktors des Robert-Bosch-Konzerns, Stuttgart N, Dürrstr. 23. Vorstandsmitglied von Stuttgarter Baufirmen. Entschieden anti-Nazi: folgt den Traditionen des pro-demokratischen Robert-Bosch-Unternehmens.

Schönleber, Hans; Kernerstr. 12: Büroleiter. Laut Quelle: »Ist angeblich gut über die Lage in Deutschland informiert. Hat sich während des ganzen Nazi-Regimes als ein aktiver, leidenschaftlicher Anti-Nazi erwiesen.«

Schumacher, Kurt: Jetzt im Konzentrationslager in Württemberg. 1895 geboren. Protestantisch. Studierte Rechtswissenschaften und leistete Forschungsarbeit im Reichsarbeitsministerium. Redakteur bei der *Schwäbischen Tagwacht*, einer sozialdemokratischen Stuttgarter Tageszeitung. Seit 1933 im Konzentrationslager, gab jedoch 1941 von dort Nachricht.

Vietzen, Hermann, Dr.; Reinsburgstr. 192: Früher Augsburg, Neidhartstr. 10. Archivar. Soll ein überzeugter Anti-Nazi sein. Könnte von Nutzen sein, indem er Informationen über vertrauenswürdige Personen in den oben genannten Städten gibt.

Wickenburg, Erik Graf; Stuttgart-Degerloch, Elsaweg 24: 1903 geboren. Schriftsteller und Redakteur. Soll entschieden anti-Nazi sein. Half Gegnern der Nazis und hielt den Kontakt zu Exilierten.

Wildermuth, Eberhard: 1890 geboren. Protestantisch. Einer der Direktoren der Deutschen Bau- und Bodenbank A.G. Soll dem Bericht nach 1936 entschieden anti-Nazi gewesen sein, und es gilt als unwahrscheinlich, daß er sich seitdem geändert hat. War 1931 aktiv mit dem Versuch befaßt, die gemäßigten Parteien zu vereinen.

Wurm, D. Theodor; Silberburgstr. 189: Kirchenpräsident. Bischof der Evangelischen Kirche Württemberg. »Häufig von den Nazis wegen seiner kompromißlosen christlichen Einstellung gegen den Nazismus angegriffen. Hat großen Einfluß unter den Protestanten in Württemberg.«

* *Ltd. Getsinger (Bern) an C.D. Jackson – 17. Mai 1945*

WHITE LIST

WUERTTEMBERG (6)

Tuebingen

Faber, Hermann, Dr.: Rumelinstr. 8.
Born 1888. Protestant: Bekenntniskirche. Professor of Theology at University of Tuebingen. Reported to be anti-Nazi.

Koeberle, Prof.
Evangelical theologian. Reported reliable.

Schneider, Hermann: Neckarhalde 38.
Born 1886. Protestant. Professor of German literature at University of Tuebingen. Deutschnationale. Reported non-Nazi.

Weinreich, O., Prof.
Classic philologist. Reported reliable.

Ulm

Schwamberger
Former Oberbuergermeister of Ulm. Dismissed by the Nazis.

Spohn
Oberlehrer. Reported to be anti-Nazi. May have left Ulm.

Urach

Kelber, Dr.
Studienrat. Reported to be anti-Nazi by PW.

Waldsee

Angst, Dr.
Studienrat. Young man. PW reports his political views are beyond reproach.

Tübingen

Faber, Hermann, Dr.; Rümelinstr. 8: 1888 geboren. Protestantisch: Bekennende Kirche. Professor für Theologie an der Universität Tübingen. Soll anti-Nazi sein.

Köberle, [Adolf], Prof.: Evangelischer Theologe. Dem Bericht nach zuverlässig.

Schneider, Hermann; Neckarhalde 38: 1886 geboren. Protestantisch. Professor für Deutsche Literatur an der Universität Tübingen. Deutschnationaler. Dem Bericht nach nicht-nazistisch.

Weinreich, [Otto], Prof.: Klassischer Philologe. Dem Bericht nach zuverlässig.

Ulm

Schwamberger, [Emil, Dr.]: Ehemaliger Oberbürgermeister von Ulm. Von den Nazis abgesetzt.

Spohn: Oberlehrer. Soll anti-Nazi sein. Hat Ulm vielleicht verlassen.

Urach

Kelber, Dr.: Studienrat. Soll anti-Nazi sein nach Aussagen eines Kriegsgefangenen.

Waldsee

Angst, Dr.: Studienrat. Ein junger Mann. Ein Kriegsgefangener berichtet, daß seine politischen Ansichten über jeden Tadel erhaben sind.

S E C R E T

White List

BADEN

Baden-Baden

Geiler, Karl;
About 65 years old. Former professor of Law at Heidelberg, who left and retired to Baden-Baden in protest against the Nazification of the University.

Oberst, Anna: Selighof.
About 58 years old; married, nee Stephan. Spoke English and French fluently. Devout Catholic. Owned the family hotel Selighof, which was once a popular, fashionable, holiday meeting place of intellectuals from Germany and other Western European countries. She ran the hotel with her daughters. "Anti-Nazi by faith and action." Would be able to give reliable local information.

Stephan, Toni Frl: Hotel Einhorn.
About 45 years old. Sister of Frau Anna Oberst and Dr. Med. Stephan. Speaks English and French fluently. Owns the hotel Einhorn. "Anti-Nazi by faith and action. Could give reliable local information."

Freiburg i. B.

Bayern, Konstantin von, Prinz: Schloss Umkirch. Phone 9049.
Professional officer, expelled from Wehrmacht in 1942. His wife is Maedi von Hohenzollern.

Baumeister, Walter, Werthmannhaus, former editor KONRADSBLATT. Now a director of Caritas Verband, Cath. charit. organization. Source: P/W 487615

Hering, Dr: Schwarzwald.
His exact whereabouts not definite. Former feuilleton editor of the Koelnische Zeitung, who lives in very difficult economic conditions with his wife in a small village in the Schwarzwald. In 1943 he was ejected from his post by the party, after many difficulties.

Bieberstein, Marschall von.
Age about 60. Professor of Law at Freiburg University. Refuted the validity of many Nazi laws. "Conservative."

Brentano di Tremesso, Clemens von: Eichbergstr. 2.
Devout Catholic. Former Chancellor of German Embassy at Vatican. Resigned from active service in 1930, Said to be strong anti-Nazi.

Eucken, Walter:
Born about 1891. Protestant. Professor of Economics. Liberalistic. Said to be anti-Nazi and has maintained contacts with exiled democrats.

Groeber, Conrad:
Archbishop; believed to be anti-Nazi, but not pro-Allied.
P/W says can give fullest information on Cath. press matters + journalists in Baden. P/W No. 487615

Grossmann-Doerth,
Born about 1894. Lecturer in Law at Freiburg University. "His abilities were not recognized by the Nazis. Helped political victims of Nazism. Anti-Nazi."

Guenther, Konrad:

Botanist at the University. Interested in politics and widely

Baden-Baden

Geiler, Karl: Etwa 65 Jahre alt. Ehemaliger Professor für Rechtswissenschaften in Heidelberg, der aus Protest gegen die Nazifizierung wegging und sich nach Baden-Baden zurückzog.

Oberst, Anna; Selighof: Etwa 58 Jahre alt; verheiratet, geb. Stephan. Sprach fließend Englisch und Französisch. Gläubige Katholikin. Besaß das Familienhotel Selighof, das einst ein beliebter, eleganter Ferientreffpunkt von Intellektuellen aus Deutschland und anderen westeuropäischen Staaten war. Sie führte das Hotel zusammen mit ihren Töchtern. »Anti-Nazi aus Glaubensgründen und in ihren Taten.« Würde in der Lage sein, zuverlässige Informationen über örtliche Gegebenheiten zu liefern.

Stephan, Toni, Frl.; Hotel Einhorn: Etwa 45 Jahre alt. Schwester von Frau Anna Oberst und Dr. med. Stephan. Spricht fließend Englisch und Französisch. Besitzt das Hotel Einhorn. »Anti-Nazi aus Glaubensgründen und in ihren Taten.« Könnte zuverlässige Informationen über örtliche Gegebenheiten liefern.

Freiburg im Breisgau

Bayern, Konstantin Prinz von; Schloß Umkirch, Telefon: 9049: Berufsoffizier, 1942 aus der Wehrmacht ausgeschlossen. Seine Frau ist Mädi von Hohenzollern.

Baumeister, Walter; Lorenz-Werthmann-Haus: ehemaliger Redakteur [der Bistumszeitung] *Konradsblatt*. Jetzt einer der Direktor des Caritas Verbands, einer katholischen Wohlfahrtsorganisation. Quelle: Kriegsgefangener 487615

Bering, Dr. [Hering, Gerhard F.]; Schwarzwald: Sein genauer Aufenthaltsort steht nicht fest. Ehemaliger Feuilletonredakteur der *Kölnischen Zeitung*, der zusammen mit seiner Frau unter sehr schwierigen wirtschaftlichen Bedingungen in einem kleinen Dorf im Schwarzwald lebt. Er wurde 1943, nach vielen Schwierigkeiten, von der Partei aus der Zeitung hinausgeworfen.

Bieberstein, Fritz Freiherr Marschall von: Etwa 60 Jahre alt. Professor für Rechtswissenschaften an der Universität Freiburg. Widerlegte die Gültigkeit vieler Nazi-Gesetze. »Konservativ.«

Brentano di Tremezzo, Clemens von; Eichbergstr. 2: Gläubiger Katholik. Ehemaliger Botschaftsrat der deutschen Botschaft beim Vatikan. Schied 1930 aus dem aktiven Dienst aus. Soll ein überzeugter Anti-Nazi sein.

Eucken, Walter: Etwa 1891 geboren. Protestantisch. Professor für Wirtschaftswissenschaften. Liberalistisch. Soll anti-Nazi sein und Kontakte zu im Exil lebenden Demokraten aufrechterhalten.

Gröber, Conrad: Erzbischof; es wird angenommen, daß er anti-Nazi, aber nicht für die Alliierten ist. Kriegsgefangener sagt, daß er vollständige Information über katholische Angelegenheiten und Journalisten in Baden geben kann. Kriegsgefangener Nr. 487615

Großmann-Doerth, [Hans]: Etwa 1894 geboren. Lehrbeauftragter für Recht an der Universität Freiburg. »Seine Fähigkeiten wurden von den Nazis nicht anerkannt. Half politischen Opfern des Nazismus. Anti-Nazi.«

Guenther, Konrad: Botaniker an der Universität. An Politik interessiert [...]

White List SECRET

BADEN

Freiburg i. B. (2)

Maasen, Johannes:
In late 30's. Catholic. Employed in editorial capacity in Herder Verlag AG. Former editor (1933-36) of Catholic Youth Associations' "Junge Front". Outstanding Catholic reported to be anti-Nazi.

Ortmann, Max Dr.:
Propreitor of Printing firm of Ortmann & Popen. According to friendly P/W, he is anti-Nazi and reported to be on the Nazis black list.

Popen,
Proprietor of Printing firm Of Ortmann & Popen. According to friendly P/W, he is anti-Nazi and reported to be on the Nazis black list.

Schneider,
Clergyman. In opinion of friendly P/W he is anti-Nazi.

Schuele, E. Frau: Bethovenstr. 13.
Teaches piano and knows cultural life in Freiburg well. Interest in politics and according to friendly P/. is anti-Nazi.

Sproll, Johann Baptist:
Roman Catholic Bishop of Rottenburg, Wuerttemberg, who was expelled and now lives in Freiburg under protection of Groeber. Formerly left-wing Center party member; pacifist; was attacked by SA in 1938, at which time he was expelled. Said to be one of outstanding anti-Nazis in Germany.

Steber, Franz
Born about 1905; Roman Catholic. First national leader of catholic scouts, and editor of Catholic weekly Die Junge Front. Member progressive wing of Catholic Centre Pary. Strongly anti-Nazi. Arrested and sentenced to 7 years in Rossaint trial.

Uexkuell-Gyllenbrand, Waldemar:
About 45 years old. Professor of History at Freiburg. Good writer and radio speaker. Democrat with socialistic leanings, reported to be anti-Nazi.

Uhlein, Hermann Prof.:
Expert on party and their treatment of Jews. P/W says: "Very reliable, could be useful in many ways."

Weinrich, Franz Johannes: Norben; Lilienhof.
Born about 1897. Catholic. Writer, not interested in politics. Despises war and military life, not a Nazi.

Wiebel, Franz:
Assistant to Professor Diehl of Freiburg University. Source says he is anti-Nazi, who visited him at his own risk and went out of his way to show kindness to source and to express disapproval of Nazi measures.

Wissmann, Wilhelm: Schlageterstr. 26.
Protestant. Professor of Philology at University of Freiburg. Apolitical who is said to be non-Nazi.

Wintermantel, Dr.
About 65 years old. Former high official in Freiburg school administration. Not actively anti-Nazi, but disapproves of Nazi methods, particularly in education. High blood pressure. Very pro-American. His opinions are shared by his wife and daughter, Hannagretel.

S E C R E T

Freiburg im Breisgau (2)

Maaßen, Johannes: Ende 30. Katholisch. Als Lektor bei der Herder Verlag A.G. beschäftigt. Ehemaliger Redakteur (1933-36) bei *Junge Front*, [der Wochenzeitung] des Katholischen Jungmännerverbands. Ein außergewöhnlicher Katholik, der anti-Nazi sein soll.

Ortmann, Max Dr.: Inhaber der Druckerei Ortmann & Poppen. Laut einem freundlich gesinnten Kriegsgefangenen ist er anti-Nazi und soll auf der Schwarzen Liste der Nazis stehen.

Poppen, [Adolf]: Inhaber der Druckerei Ortmann & Poppen. Laut einem freundlich gesinnten Kriegsgefangenen ist er anti-Nazi und soll auf der Schwarzen Liste der Nazis stehen.

Schneider, [Richard]: Geistlicher. Nach Meinung eines freundlich gesinnten Kriegsgefangenen ist er anti-Nazi.

Schüle/Schuele E., Frau; Beethovenstr. 13: Unterrichtet Klavier und kennt das kulturelle Leben in Freiburg gut. Interesse für Politik und ist laut einem freundlich gesinnten Kriegsgefangenen anti-Nazi.

Sproll, Johann Baptist: Römisch-katholischer Bischof von Rottenburg, Württemberg, der vertrieben wurde und jetzt in Freiburg unter dem Schutz von Gröber lebt. Früher ein linksgerichtetes Mitglied der Zentrumspartei; Pazifist; wurde 1938 von der SA überfallen; das war zu der Zeit, als er vertrieben wurde. Soll einer der herausragenden Anti-Nazis in Deutschland sein.

Steber, Franz: Etwa 1905 geboren; römisch-katholisch. Der erste Reichsführer der katholischen Pfadfinder und Redakteur der katholischen Wochenzeitung *Junge Front*. Mitglied des fortschrittlichen Flügels der katholischen Zentrumspartei. Entschieden anti-Nazi. Verhaftet und im Rossaint-Prozeß zu 7 Jahren verurteilt.

Uxkull-Gyllenband, Woldemar Graf: Etwa 45 Jahre alt. Professor für Geschichte in Freiburg. Guter Schriftsteller und Vortragender im Radio. Demokrat mit sozialistischen Tendenzen, soll anti-Nazi sein.

Uihlein, Hermann, Prof.: Ein Fachmann, was die Partei und ihre Behandlung der Juden angeht. Kriegsgefangener sagt: »Sehr zuverlässig, könnte in vielerlei Hinsicht nützlich sein.«

Weinrich, Franz Johannes; Horben; Lilienhof: Etwa 1897 geboren. Katholisch. Schriftsteller, nicht an Politik interessiert. Verachtet den Krieg und das Militärleben, kein Nazi.

Wiebel, Franz: Assistent von Professor [Karl] Diehl von der Universität Freiburg. Die Quelle sagt, daß er ein Anti-Nazi ist, der ihn auf eigene Gefahr hin besucht hat und sich große Mühe gab, der Quelle etwas Gutes zu tun und seine Mißbilligung der Maßnahmen der Nazis auszudrücken.

Wissmann, Wilhelm; Schlageterstr. 26: Protestantisch. Professor für Philologie an der Universität Freiburg. Ein Unpolitischer, der nicht-nazistisch sein soll.

Wintermantel, [Egon], Dr.: Etwa 65 Jahre alt. Ehemaliger hoher Beamter in der Schulverwaltung von Freiburg. Nicht aktiv anti-Nazi, mißbilligt aber die Nazi-Methoden, besonders in der Erziehung. Hoher Blutdruck. Sehr pro-amerikanisch. Seine Anschauungen werden von seiner Frau Hanna und seiner Tochter Gretel geteilt.

White List SECRET

BADEN

Heidelberg

Anschuetz, Gerhard Prof:
Age about 68. Lecturer at Heidelberg University. Writer of a famous commentary on the Weimar Constitution. Member of the Democratic Party. Persecuted after 1933, but refused to compromise with Hitlerism. Another source says he lost professorship because of his views.

Brecht, Franz Joseph: Albert-Ueberlesstr. 21.
Born 1899. Dozent in Philosophy at Heidelberg University. Non-Nazi in his writings.

Buchwald, Reinhard Dr:
Born 1884. Lutheran. Outstanding adult educator; writer. Democratic. Worked for Eugen Diederichs Verlag and Insel Verlag. After 1918 Regierungsrat and in Ministry of Education of Thuringia. Remained until 1933 when he was ousted by National Socialists. Reported anti-Nazi.

Eckhard, Hans:
Director of "Institut fuer Zeitungswissenschaft" at Heidelberg. Dismissed 1933 as politically unreliable. Wife is half Jewish.

Henck, Emil:
Born about 1896. Protestant. Social Democrat; was active in Underground. Spent time in concentration camp. Friend of Haubach and Mierendorff.

Hoelscher, G:
Evangelical theologian. Reported as reliable.

Hofheinz,
Between 60 & 70years old. Teacher. Inspector of Elementary schools in Baden. Member of Demokratische Partei and "gave active support to source while fighting Nazism in Heidelberg University."

Jaffe, Else Frau: Bachstr. 24.
About 65 years old. Widow of (Jewish) Professor Jaffe. Sister-in-law of D.H. Lawrence. Her two sons left Germany around 1935 and have become US citizens.

Jaspers, Karl Prof: Plock 66.
Aged about 65. Professor of Philosophy at Heidelberg. Dismissed in 1935 "because of his Jewish wife." "Absolutely opposed to Nazism, though never participated in politics." Source heard from Professor Weber that J. was working in Heidelberg in 1939.

Koehler, W.:
Evangelical theologian. Reported as reliable.

$Maas, : Hirschstr. 17.
Age about 55. Pastor of Holy Spirit Church. One of most courageous leaders of confessional church. Nazis have tried to silence him but don't dare remove him because of his popularity. Opposes Nazi ideology openly in his sermons. One source says he has been forbidden to preach. Head of organization for helping Christian Jews or non-Aryans in Baden.

Mugdan, Klaus
Age about 30. Former student at Heidelberg. Expelled in 1933 for having signed an anti-Nazi manifesto. Went to England to continue his studies; returned to Germany, but according to source ~~but~~ remained anti-Nazi.

S E C R E T

Heidelberg

Anschütz, Gerhard, Prof.: Alter etwa 68. Lehrbeauftragter an der Universität Heidelberg. Verfasser eines berühmten Kommentars zur Weimarer Verfassung. Mitglied der Demokratischen Partei. Nach 1933 politisch verfolgt, weigerte sich jedoch, mit dem Hitlerismus Kompromisse zu schließen. Eine andere Quelle sagt, daß er seine Professur wegen seiner Ansichten verlor.

Brecht, Franz Josef; Albert-Ueberle-Str. 21: 1899 geboren. Dozent für Philosophie an der Universität Heidelberg. In seinen Schriften nicht-nazistisch.

Buchwald, Reinhard, Dr.: 1884 geboren. Lutheraner. Herausragender Pädagoge für Erwachsenenbildung; Schriftsteller. Demokratisch. Arbeitete für den Eugen Diederichs Verlag und den Insel Verlag. Nach 1918 Regierungsrat und im Bildungsministerium in Thüringen. Blieb bis 1933, als er von den Nationalsozialisten hinausgeworfen wurde. Dem Bericht nach anti-Nazi.

Eckhardt, Hans [von]: Direktor des »Instituts für Zeitungswissenschaft« in Heidelberg. 1933 als politisch unzuverlässig entlassen. Seine Frau ist Halbjüdin.

Henk, Emil: Etwa 1896 geboren. Protestantisch. Sozialdemokrat; war aktiv im Untergrund. Saß im Konzentrationslager. Ein Freund von [Theodor] Haubach und [Carlo] Mierendorff.

Hölscher, [Gustav]: Evangelischer Theologe. Dem Bericht nach zuverlässig.

Hofheinz: Zwischen 60 und 70 Jahren alt. Lehrer. Volksschulinspektor in Baden. Mitglied der Demokratischen Partei und »unterstützte die Quelle aktiv, als sie an der Universität Heidelberg den Nazismus bekämpfte«.

Jaffé, Else, Frau; Bachstr. 24: Etwa 65 Jahre alt. Witwe des (jüdischen) Professors [George] Jaffé [1880–1965]. Schwägerin von D.H. Lawrence. Ihre beiden Söhne verließen Deutschland um das Jahr 1935 und wurden US-Bürger.

Jaspers, Karl, Prof.; Plöck 66: Etwa 65 Jahre alt. Professor für Philosophie in Heidelberg. 1935 »wegen seiner jüdischen Frau« entlassen. »Absolut gegen den Nazismus, obwohl er sich nie am politischen Geschehen beteiligte.« Die Quelle hat von Professor Weber gehört, daß J. 1939 noch in Heidelberg arbeitete.

Köhler, [Walther]: Evangelischer Theologe. Dem Bericht nach zuverlässig.

Maas, [Hermann]; Hirschstr. 17: Alter etwa 55. Pfarrer der Heilig-Geist-Kirche. Einer der mutigsten Führer der Bekennenden Kirche. Die Nazis haben versucht, ihn zum Schweigen zu bringen, wagen es aber wegen seiner Beliebtheit nicht, ihn aus dem Amt zu entfernen. Spricht sich in seinen Predigten offen gegen die Nazi-Ideologie aus. Eine Quelle sagt, daß man ihm verboten hat zu predigen. Leiter einer Hilfsorganisation, die christlichen Juden oder Nichtariern in Baden hilft.

Mugdan, Klaus: Alter etwa 30. Ehemaliger Student an der Universität Heidelberg. 1933 ausgeschlossen, weil er ein Anti-Nazi-Manifest unterschrieben hatte. Ging nach England, um dort weiterzustudieren; kehrte nach Deutschland zurück, blieb aber laut Quelle anti-Nazi.

White List

BADEN

Heidelberg (2)

Moe,
About 48 years old. Arrested in 1933 and tortured in Kislau concentration camp. Communist. "Had fought Nazi bandits and torn down the swastika from Heiligenberg."

Pfeffer, Eugen:
About 50 years old. Protestant. Former chief editor: Heidelberger Tageblatt; dismissed by Nazis and retired to private life. Popular in Heidelberg; knows almost every one there. Moderate conservative, said to be strongly anti-Nazi.

Planck, Wilhelm
About 37 years old. Carpenter. "Pacifist, tolerant; helped victims of Nazism between 1933 and 1938. Well informed on business life."

Radbruch, Gustav L.:
Born about 1878. Protestant. Professor at various universities. Minister of Justice in Wirth government and in Stresemann government. Retired from professorship at Heidelberg after Nazis came to power. Considered very anti-Nazi.

Regenbogen, Prof.:
Professor of classic philology. Reported as reliable.

Schnetzler, Karl: Bergstr. 154.
Born 1876. Electrical engineer; manager of Braun Boverie & Co. AG. Has a daughter living in the US. Always convinced Democrat although not active in politics, said to be anti-Nazi.

Siegel, ; Roemerstr.
Reported anti-Nazi by friendly P/W.

Taeubler, Prof:
Professor of history in Heidelberg and Frankfurt. "Anti-Nazi and opposed to the war. Suitable for future democratic administration."

Thadden, Elizabeth von:
Born about 1882. Head of private finishing school for girls. Protestant; A brother is trustee of Protestant Confessional church. She is reported to be violently anti-Nazi, but conservative and German nationalist.

Weber, Alfred: Bachstr. 24.
Born about 1868. Professor Emeritus Sociology at University of Heidelberg; retired in 1932. Brother of Max Weber. Democrat and reported non-Nazi.

Weber, Marianne Frau: Handschuhsheimer Lanstrasse.
About 70 years old. Widow of the German sociologist Max Weber. She is the author of several well-known books on the emancipation of women. "Leading member" of the liberal womens' movement.

Wildhagen, Kurt: Kisselgasse 2.
Born in Moscow. Friend and collaborator of Emil Ludwig, Alfred Mombert, Georg Hermann. In 1933, the newly appointed Nazi Education Officer offered him well-paid employment in Heidelberg University because of his popularity in the town, but he declined. "Publicly testified for anti-Fascists when on trial before the People's Court. Only escaped concentration camp because of his age. Very well informed on conditions in Heidelberg."

Heidelberg (2)

Noe: Etwa 48 Jahre alt. 1933 verhaftet und im Konzentrationslager Kislau gefoltert. Kommunist. »Hat gegen die Nazi-Banditen gekämpft und das Hakenkreuz vom Heiligenberg heruntergerissen.«

Pfeffer, Eugen: Etwa 50 Jahre alt. Protestantisch. Ehemaliger Chefredakteur: *Heidelberger Tagblatt*; von den Nazis entlassen; zog sich ins Privatleben zurück. In Heidelberg beliebt; kennt fast jeden dort. Gemäßigter Konservativer, soll entschieden anti-Nazi sein.

Planck, Wilhelm: Etwa 37 Jahre alt. Schreiner. »Pazifist, tolerant; half zwischen 1933 und 1938 Opfern des Nazismus. Gut informiert über das Geschäftsleben.«

Radbruch, Gustav: Etwa 1878 geboren. Protestantisch. Professor an verschiedenen Universitäten. Justizminister in der Regierung Wirth und der Regierung Stresemann. Legte seine Professur in Heidelberg nieder, nachdem die Nazis an die Macht kamen. Gilt als sehr anti-Nazi.

Regenbogen, [Otto], Prof.: Professor für Klassische Philologie. Dem Bericht nach zuverlässig.

Schnetzler, Karl; Bergstr. 154: 1876 geboren. Elektroingenieur; Direktor der Brown, Boveri & Cie. AG. Hat eine Tochter, die in den USA lebt. Stets ein überzeugter Demokrat, obgleich politisch nicht aktiv; soll anti-Nazi sein.

Siegel; Römerstr.: Anti-Nazi nach Aussagen eines freundlich gesinnten Kriegsgefangenen.

Täubler, [Eugen], Prof.: Professor für Geschichte in Heidelberg und Frankfurt. »Anti-Nazi und gegen den Krieg. Geeignet für eine zukünftige demokratische Verwaltung.«

Thadden, Elisabeth von: Etwa 1882 geboren. Leiterin eines privaten Mädchenpensionats. Protestantin. Ein Bruder ist Vermögensverwalter der Bekennenden Evangelischen Kirche. Sie soll leidenschaftlich anti-Nazi, aber konservativ und deutschnational sein.

Weber, Alfred; Bachstr. 24: Etwa 1868 geboren. Emeritierter Professor für Soziologie an der Universität Heidelberg; trat 1932 in den Ruhestand. Bruder von Max Weber. Demokrat und dem Bericht nach nicht-nazistisch.

Weber, Marianne, Frau; Handschuhsheimer Landstraße: Etwa 70 Jahre alt. Witwe des deutschen Soziologen Max Weber. Sie ist die Autorin mehrerer allgemein bekannter Bücher über die Emanzipation der Frauen. »Führendes Mitglied« der liberalen Frauenbewegung.

Wildhagen, Kurt; Kisselgasse 2: In Moskau geboren. Freund und Mitarbeiter von Emil Ludwig, Alfred Mombert, Georg Hermann. Wegen seiner Beliebtheit in der Stadt bot ihm der neu ernannte Nazi-Beamte vom Erziehungsministerium 1933 eine gut bezahlte Stelle an der Heidelberger Universität an, er jedoch lehnte ab. »Er sagte bei einer Verhandlung vor dem Volksgerichtshof öffentlich für Anti-Faschisten aus.« Entging dem Konzentrationslager nur wegen seines Alters. Sehr gut informiert über die Verhältnisse in Heidelberg.«

White List

BADEN

Heidelberg (3)

Zimmer, H. Prof.:
Orientalist. Reported to be reliable.

Hinterzarten

Mittelstrass, Prof.:
Formerly referent for universities in Badische Kulturministerium; and then headmaster of public school Birkhof, Hinerzarten. Later dismissed. True Democrat. Personally known to source.

Karlsruhe

Dietz, Dr.:
About 65 years old. Lawyer. Till 1935 President of Council of Baden Bar. Also former SPD member Baden Landtag. Friendly toward Great Britain, US, and Russia. Reported to be strongly anti-Nazi.

Holl, Karl Dr.:
Born about 1886. Protestant. Studied in England and expert on English literature. Before 1933 was liberal Democrat and attacked Nazis. Refused to compromise after 1933 so lost position at Karlsruhe Technical Hochschule. Thereafter worked in wife's brewing business.

Kuehlewein, Julius Dr:
Born about 1873. Regional Bishop of Baden for Confessional Church.

Martin, K. Frau Stefanienstr. 15.
Doctor, reported to be anti-Nazi.

Noeldeke, Alexander Dr.: Rueppurr.
About 57 years old. Landgerichtsrat. Admired Russian culture. Exposed himself to dissapproval or danger from Nazis by giving hospitality to Jewish friends. Source last heard of him in March 1939.

Scheidt,
Responsible position on Badische Presse until 1933. Then sent to concentration camp. Later released, became janitor of newspaper building. P/W reports him to be strongly anti-Nazi and reliable.

Schnabel, Franz Prof:
Historian (Middle Ages and Modern). Reported as reliable.

Schnepf, Justin: Zoeringerstr. 10A.
Former Social Democrat, sent to concentration camp. Finally released. Reported by friendly P/W to be anti-Nazi; reliable.

Schoepflin, :
A former editor, who was previously a foreman in a factory; who after his dismissal in 1933, went into a "nonpolitical calling" in Karlsruhe. Social Democrat.

Stoll, Heinrich: Rintheimerstr. 20.
Former Social democrat. Sent to concentration camp, eventually released Reported by friendly P/W to be reliable anti-Nazi.

Heidelberg (3)

Zimmer, H., Prof.: Orientalist. Soll zuverlässig sein.

Hinterzarten

Mittelstraß, [Gustav], Prof.: Ehemaliger Hochschulreferent im Badischen Kultusministerium; und danach Rektor der öffentlichen Schule Birklehof, Hinterzarten. Später entlassen. Ein wahrer Demokrat. Der Quelle persönlich bekannt.

Karlsruhe

Dietz, [Eduard], Dr.: Etwa 65 Jahre alt. Rechtsanwalt. Bis 1935 Präsident der badischen Anwaltskammer. Auch ehemaliges SPD-Mitglied des Badischen Landtags. Freundlich gesinnt gegenüber Großbritannien, den USA und Rußland. Soll entschieden anti-Nazi sein.

Holl, Karl, Dr.: Etwa 1886 geboren. Protestantisch. Studierte in England und ist ein Fachmann für englische Literatur. War vor 1933 ein liberaler Demokrat und griff die Nazis an. Weigerte sich nach 1933, Kompromisse zu schließen, und verlor daher seine Position an der Technischen Hochschule Karlsruhe. Arbeitete danach in der Brauerei seiner Frau.

Kühlewein, Julius, Dr.: Etwa 1873 geboren. Badischer Landesbischof der Bekennenden Kirche.

Martin, H., Frau; Stefanienstr. 15: Ärztin, soll anti-Nazi sein.

Nöldeke, Alexander Dr.; Rüppurr: Etwa 57 Jahre alt. Landgerichtsrat. Bewunderte russische Kultur. Setzte sich selbst der Mißbilligung oder Bedrohung durch die Nazis aus, indem er jüdischen Freunden Gastfreundschaft gewährte. Die Quelle hörte im März 1939 letztmalig von ihm.

Scheidt: Bis 1933 verantwortungsvolle Position in der *Badischen Presse*. Kam dann ins Konzentrationslager. Später freigelassen, wurde Hausmeister im Verlagsgebäude der Zeitung. Ein Kriegsgefangener sagt aus, daß er entschieden anti-Nazi und zuverlässig ist.

Schnabel, Franz, Prof.: Historiker (Mittelalter und Neue Geschichte). Dem Bericht nach zuverlässig.

Schnepf, Justin; Zähringerstr. 10A: Ehemaliger Sozialdemokrat, kam ins Konzentrationslager. Letztlich entlassen. Soll nach Aussagen eines freundlich gesinnten Kriegsgefangenen anti-Nazi sein; zuverlässig.

Schöpflin, [Georg]: Ein ehemaliger Redakteur, der vorher ein Vorarbeiter in einer Fabrik war und der 1933 nach seiner Entlassung in Karlsruhe einen »unpolitischen Berufsweg« einschlug. Sozialdemokrat.

Stoll, Heinrich; Rintheimer Str. 20: Ehemaliger Sozialdemokrat. Kam ins Konzentrationslager. Schließlich entlassen. Soll nach Aussagen eines freundlich gesinnten Kriegsgefangenen ein zuverlässiger Anti-Nazi sein.

SECRET

White List

BADEN

Mannheim

Bauer,
Catholic prelate. P/W (friendly) reports him to be reliable.

Hammerbacher, Leonard H.: Victoriastr. 28
Born about 1893. Accountant for Braun Boverie. Politically inactive. Had many Jewish friends, never a Nazi.

Heinerich, Hermann Dr.:
Former Oberbuergermeister of Mannheim. Social Democrat and loyal to Jewish friends. Nazis threw him out of office and marched him through the streets.

Kloe, Prof.:
Catholic priest reported to be reliable by friendly P/W.

Krieger, Dr.:
Lutheran pastor reported to be reliable by friendly P/W.

Neumann, Carl:
Reported to have been imprisoned, probably for black listening. His wife Eva imprisoned for helping Jews.

Schacherer, Dr.:
Teacher of biology and mathematics. Though party member, he is a convinced anti-Nazi according to friendly P/W. Has been reported sent to concentration camp.

Schaeffler, Prof.: Freudenheim.
Teacher; reported by friendly P/W to be anti-Nazi.

Sticht, Arthur
About 30 years old. Protestant. Attended Karl Marx Schule in Berlin. Ph. D. from Heidelberg. Works in private industry, probably 4F. Reported to work in anti-Nazi underground movement. Social Democrat.

Trumfeller, :
Born about 1880. Protestant. Social Democrat and reported to be anti-Nazi. Dismissed as Stadtrat, Mannheim in 1933. Ex-president of Public Utility Workers Union. Now owner of laundry in Mannheim, is reported to be very popular with workers in that city.

Zutt, Wilhelm Dr.:
Born about 1894. Protestant. Attorney who did legal work for Rheinische Kreditbank, Mannheim. Also has general practice. Reported to be very anti-Nazi and democratic. Defended anti-Nazi in 1933 and secured release.

Rotenfels

Guardini, :
Friendly P/W reports him as anti-Nazi.

Tauberbischofsheim

Buschler, Julius:
About 74 years old. Close relative of friendly P/W; formerly post inspector. Former member of Center party. In spite of his age, he is active and ready to suppress Nazism according to P/W.

Mannheim

Bauer, [Joseph]: Katholischer Prälat. Ein Kriegsgefangener (freundlich gesinnt) sagt aus, daß er zuverlässig ist.

Hammerbacher, Leonard H.; Viktoriastr. 28: Etwa 1893 geboren. Buchhalter bei Brown, Boveri & Cie. Politisch nicht aktiv. Hatte viele jüdische Freunde, war nie ein Nazi.

Heimerich, Hermann, Dr.: Ehemaliger Oberbürgermeister von Mannheim. Sozialdemokrat und loyal gegenüber jüdischen Freunden. Die Nazis warfen ihn aus dem Amt und trieben ihn durch die Straßen.

Kloe, Prof.: Katholischer Geistlicher, der zuverlässig sein soll nach Aussagen eines freundlich gesinnten Kriegsgefangenen.

Krieger, Dr.: Evangelisch-lutherischer Pfarrer, der zuverlässig sein soll nach Aussagen eines freundlich gesinnten Kriegsgefangenen.

Neumann, Carl: Soll inhaftiert gewesen sein, wahrscheinlich, weil er Feindsender gehört hatte. Seine Frau Eva wurde eingesperrt, weil sie Juden half.

Schacherer, Dr.: Biologie- und Mathematiklehrer. Obgleich Parteimitglied, ist er laut einem freundlich gesinnten Kriegsgefangenen ein überzeugter Anti-Nazi. Soll ins Konzentrationslager gekommen sein.

Schäffler, Prof.; Feudenheim: Lehrer; soll nach Aussagen eines freundlich gesinnten Kriegsgefangenen anti-Nazi sein.

Sticht, Arthur: Etwa 30 Jahre alt. Protestantisch. Besuchte die Karl-Marx-Schule in Berlin. Promovierte in Heidelberg. Arbeitet in der Privatwirtschaft, wahrscheinlich 4F. Soll in der Anti-Nazi-Untergrundbewegung tätig sein. Sozialdemokrat.

Trumpfheller, [Jakob]: Etwa 1880 geboren. Protestantisch. Sozialdemokrat und dem Bericht nach anti-Nazi. Als Stadtrat abgesetzt, Mannheim, 1933. Ex-Vorsitzender der Gewerkschaft der öffentlichen Versorgungsbetriebe. Jetzt Inhaber einer Wäscherei in Mannheim, soll bei den Arbeitern in dieser Stadt sehr beliebt sein.

Zutt, Wilhelm Dr.: Etwa 1894 geboren. Protestantisch. Anwalt, war juristisch für die Rheinische Kreditbank, Mannheim, tätig. Hat auch allgemeine Rechtspraxis. Soll außerordentlich anti-Nazi und demokratisch sein. Verteidigte 1933 einen Anti-Nazi und erlangte seine Freilassung.

Rotenfels

Guardini: Ein freundlich gesinnter Kriegsgefangener bezeichnet ihn als anti-Nazi.

Tauberbischofsheim

Buschler, Julius: Etwa 74 Jahre alt. Naher Verwandter eines freundlich gesinnten Kriegsgefangenen; früher Postinspektor. Ehemaliges Mitglied der Zentrumspartei. Trotz seines Alters ist er aktiv und laut Kriegsgefangenem bereit, den Nazismus zu bekämpfen.

S E C R E T

White List

BADEN

Tauberbischofsheim (2)

Zimmermann, Prof.
About 58 years old. Employed at Aufbau Oberrealschule. Former Center Party member. Dismissed from Badische Regierung in 1933. Not allowed to advance because of political ideas.

Ueberlingen

Juenger, Ernst: (on Lake Constance) Weinbergstr. 11.
Born about 1895. Writer, who according to source is hated and feared by Nazis as an irreconciliable critic. Opposed Nazi policies and is highly esteemed by anti-Nazi Germans.

Weinheim

Freudenberg, Richard:
About 65 years old. Two sons with Jewish wives in England. Leading member of the second largest German leather factory. Favorably inclined toward Great Britain and the US. Former Democratic member of Badischer Landtag.

HEUSS, Theodor - (Weinheim) Formerly member of the German Reichstag. Prior to Nazis belonged to the Democratic Party. Close collaborator of German democrat, Friedrich Naumann. Friend of the former President of the State of Würtemberg, Bolz. From 1905 to 1912 edited German periodical "Hilfe."

Tauberbischofsheim (2)

Zimmermann, Prof.: Etwa 58 Jahre alt. Tätig an der Aufbau-Oberrealschule. Ehemaliges Zentrumspartei-Mitglied. 1933 aus der Badischen Regierung entlassen. Durfte wegen seiner politischen Ideen beruflich nicht aufsteigen.

Überlingen

Jünger, Ernst; am Bodensee; Weinbergstr. 11: Etwa 1895 geboren. Ein Schriftsteller, der laut Quelle von den Nazis als ein unversöhnlicher Kritiker gehaßt und gefürchtet wird. Trat gegen die Nazi-Politik auf und wird von Anti-Nazi-Deutschen sehr geschätzt.

Weinheim

Freudenberg, Richard: Etwa 65 Jahre alt. Zwei Söhne mit jüdischen Ehefrauen, die in England leben. Gehört zur Firmenleitung der zweitgrößten deutschen Lederfabrik. Positiv eingestellt gegenüber Großbritannien und den USA. Ehemaliges demokratisches Mitglied des Badischen Landtags.

Heuss, Theodor – (Weinheim): Ehemals Mitglied des Deutschen Reichstags. Gehörte vor den Nazis der Demokratischen Partei an. Enger Mitarbeiter des deutschen Demokraten Friedrich Naumann. Freund von [Eugen] Bolz, dem ehemaligen Präsidenten des Staates Württemberg. War von 1905 bis 1912 Chefredakteur der deutschen Zeitschrift *Die Hilfe*.

~~SECRET~~

White List

HESSEN-NASSAU

Exact Address Unknown

Leuschner, Wilhelm
About 54 years old. Former Interior Minister in Hessen. One of the leaders of Free Trade Unions. German representative at ILO in Geneva. As Hessian minister published Boxheimer Dokumente and this won hatred of Nazis. Imprisoned and watched by Gestapo after release. One of most capable trade unionists and a most efficient minister.

Solms zu Braunfels, Beatrice Fuerstin; Schloss Braunfels:
She and her family have had difficulties with the Nazis.

Genaue Anschrift unbekannt

Leuschner, Wilhelm: Etwa 54 Jahre alt. Ehemaliger hessischer Innenminister. Einer der Führer der Freien Gewerkschaften. Vertreter Deutschlands bei der ILO [International Labour Organization/Internationale Arbeitsorganisation] in Genf. Veröffentlichte als hessischer Minister die Boxheimer Dokumente, und das brachte ihm den Haß der Nazis ein. Eingesperrt und nach seiner Entlassung von der Gestapo unter Beobachtung. Einer der fähigsten Gewerkschafter und ein äußerst tüchtiger Minister.

Solms zu Braunfels, Beatrice Fürstin; Schloß Braunfels: Sie und ihre Familie haben mit den Nazis Schwierigkeiten gehabt.

SECRET

White List

HESSEN-NASSAU

Darmstadt

Adelung.
Ex-editor of Mainzer Volkszeitung (1901-18), now living in retirement on farm near Darmstadt. Social Democrat who was P.M. of Hesse to 1933; considered an excelle nt source of data on Mainz. Reported anti-Nazi.

Allweiler – Max – Darmstadt-Eberstadt Stelleratr. 26. – Journalist – former contributor German Socialist Press. Now employed in book trade. Info:– P/W 300512

Bergstraesser, Ludwig: Heinrichstr.
Born about 1883. Former professor at Frankfurt, who is in retirement since 1934. Protestant. Liberal. Good knowledge of University personnel and ex-politicians.

Dittmar,
Democrat. President of police In Darmstadt until Hitler came to power. Was immediately dismissed by Nazis.

Koehler, Wilhelm: Mornewegstr. 77.
Born about 1897. Married. Owner-manager of Goebel AG., manufacturers of printing machines for railroad tickets. Practiced medicine for a short time then took over factory. Never active politically; liberal-democratic in outlook; not nationalistic; admirer of Mierendorf (Socialist). Source reports him violently anti-Nazi.

Muller, Rudolf:
Born about 1905. Protestant. Co-manager of Roehm & Haas AG. Father was mayor of Darmstadt; outstanding member of Democratic-Liberal Party, dismissed in 1933. Married to American girl; studied law in Heidelberg, also went to Amherst. Speaks English. Held Democratic and liberal views before 1933; attitude since then unknown.

Schwamb,
Ministerialrat. Started as solicitor in Mainz. Later became chief of Finanzamt in Oppenheim and finally took charge of Ministry of Interior, as Ministerial-director. "Open opponent of Nazis". Was in concentration camp.

Schwamb, Frau:
Wife of Ministerialdirektor Schwamb; very active welfare worker and open opponent of Nazis.

Zickler, Hans – Darmstadt-Eberstadt, an Laemmchesberg. Once member of S.P.D. Once printer on Eberstaedter Zeitung, closed in 1940 – then to Hessische Landeszeitung, which amalgamated with Darmstaedter Zeitung, also Nazi. – P/W consider Zickler capable of taking on tech. supervision of newspaper for allies.

Frankfurt a. M.

Albrecht, Frl: Schweitzerstr. 50.
Co-owner of printing shop. Reported by friendly P/W to be anti-Nazi. Source: P/W 300512

Arndt, Prof:
Professor of political economy at Frankfurt University. "Manchester type of Liberal, anti-Nazi but not openly. Probably too old now for any serious task."

Bartmann, Peter Dr: Kaiserstr. 30.
Bank director with wide knowledge of people in Frankfurt. Reported to be anti-Nazi.

Bauer, Conrad F.:
Born about 1904; Protestant, single. Studied art at Frankfurt; took Ph.D. Worked as journalist after completing studies. Now administrator with Bauersche Giesserei in Frankfurt. Wide knowledge of personnel in printing, graphic art photography, type and foundry trades. Said to be liberal Democratic, refused university job to keep away from Nazis.

SECRET

Darmstadt

Adelung, [Bernhard]: Ex-Redakteur der *Mainzer Volkszeitung* (1901-18), lebt jetzt zurückgezogen auf einem Bauernhof bei Darmstadt. Ein Sozialdemokrat, der bis 1933 Ministerpräs. von Hessen war; gilt als eine ausgezeichnete Quelle für Informationen zu Mainz. Dem Bericht nach anti-Nazi.

Allweiler, Max; Darmstadt-Eberstadt, Schillerstr. 26: Journalist – ehemaliger [...] Deutschen Sozialistischen Presse. Jetzt im Buchhandel beschäftigt. Info: Kriegsgefangener/300512

Bergsträsser, Ludwig; Heinrichstr.: Etwa 1883 geboren. Ein ehemaliger Professor in Frankfurt, der seit 1934 im Ruhestand ist. Protestantisch. Liberal. Weiß gut über Universitätspersonal und Ex-Politiker Bescheid.

Dittmar, [Gustav]: Demokrat. Polizeipräsident in Darmstadt, bis Hitler an die Macht kam. Wurde sofort von den Nazis entlassen.

Köhler, Wilhelm; Mornewegstr. 77: Etwa 1897 geboren. Verheiratet. Eigentümer und Leiter der Goebel AG, Hersteller von Druckmaschinen für Eisenbahnfahrscheine. Praktizierte für kurze Zeit als Arzt und übernahm dann die Fabrik. Niemals politisch aktiv; in seinen Anschauungen liberal-demokratisch; nicht nationalistisch; Bewunderer von [Carlo] Mierendorff (Sozialist). Die Quelle sagt aus, daß er äußerst anti-Nazi ist.

Mueller, Rudolf: Etwa 1905 geboren. Protestantisch. Einer der Direktoren der Röhm & Haas AG. Der Vater war Bürgermeister von Darmstadt; ein herausragendes Mitglied der Demokratisch-Liberalen Partei, 1933 abgesetzt. Verheiratet mit einer Amerikanerin; studierte Jura in Heidelberg, ging auch nach Amherst. Spricht Englisch. Vertrat vor 1933 demokratische und liberale Ansichten; Einstellung seitdem unbekannt.

Schwamb, [Ludwig]: Ministerialrat. Begann als Anwalt in Mainz. Wurde später Leiter des Finanzamts in Oppenheim und übernahm schließlich eine leitende Funktion im Innenministerium als Ministerialdirektor. »Offener Gegner der Nazis.« War im Konzentrationslager.

Schwamb, [Elisabeth], Frau: Ehefrau von Ministerialdirektor Schwamb; sehr aktive Mitarbeiterin in der Wohlfahrt und eine offene Gegnerin der Nazis.

Zickler, Hans; Darmstadt-Eberstadt, Am Lämmchesberg: Früher Mitglied der SPD und Drukker bei der *Eberstädter Zeitung*, 1940 eingestellt; dann zur *Hessischen Landeszeitung*, die mit der *Darmstädter Zeitung* fusionierte, beide nazistisch. Kriegsgefangener hält Z. für fähig, die technische Organisation von alliierten Printmedien zu übernehmen. Quelle: Kriegsgef. 300512.

Frankfurt a. M.

Albrecht, Frl.; Schweizer Str. 50: Mitinhaberin einer Druckerei. Soll nach Aussagen eines freundlich gesinnten Kriegsgefangenen anti-Nazi sein.

Arndt, [Paul], Prof.: Professor für Volkswirtschaftslehre an der Universität Frankfurt. »Der Manchester-Typ eines Liberalen; anti-Nazi, aber nicht offen erkennbar. Jetzt wahrscheinlich zu alt für eine irgendeine echte Aufgabe.«

Bartmann, Peter, Dr.; Kaiserstr. 30: Bankdirektor mit umfassendem Wissen über die Menschen in Frankfurt. Soll anti-Nazi sein.

Bauer, Conrad, F.: Etwa 1904 geboren. Protestantisch, ledig. Studierte Kunst in Frankfurt; promovierte. Arbeitete nach Abschluß seines Studiums als Journalist. Jetzt kaufmännischer Leiter der Bauerschen Gießerei in Frankfurt. Umfassendes Wissen über Personal aus den Bereichen Druck, Fotokunst, Schriftgießerei. Soll liberal-demokratisch sein, lehnte eine Universitätsstelle ab, um sich von den Nazis fernzuhalten.

SECRET

White List

HESSEN-NASSAU

Frankfurt a. M. (2)

Becker, Felix: Oberlinden 105:
Important employee in advertising section of Singer Sewing Machine Co; reported by friendly P/W to be anti-Nazi.

Benkard, Ernst: Friedberger Anlage 17.
Born about 1883. Protestant; of old Frankfurt family. Lectures on Art at the U. of Frankfurt. Contributed regularly to Frankfurter Zeitung. Never politically active, but reared in democratic, liberal spirit. Source considers him internationally minded and anti-Nazi.

Berndt, Dr.:
About 60 years old. Judge; energetic and a man of justice even under the Nazi regime, according to friendly P/W. Was permitted to stay in office despite the fact that his wife was Jewish.

Bethe, Albrecht Dr.:
Born about 1872. Protestant; Professor of Physiology at U. of Frankfurt since 1915--a leading figure in his field. A Democrat who opposed reactionary students. Considered a non-Nazi who hasnt compromised. Helped Jewish collaborators to find positions abroad.

Bilz, Alois Dr:
Catholic. For many years leader writer on economic questions for the Frankfurter General Anzeiger. "Never attempted to conceal his hostility to the Nazi regime in his own circle of friends. His attitude was presumably due to strong religious convictions." Another source reports meeting him at a center of Catholic Resistance in Frankfurt.

Bresslar, General von: Eschenheimer Graben.
Army General: out of active service before the war. Considered both anti-Nazi and anti-Prussian.

Brink, Reinhard:
Attorney; who joined NSDAP in 1932, on advice of senior party (source) but was not happy about it and was definitely anti-Nazi. Much moral courage; defended Jewish clients.

Bryll (or Brill): Bunitzstr.
Editor who lost his position because of his democratic affiliations. Reported anti-Nazi by friendly P/W.

Dirks, Walter:
Leader writer on 'kultur' subjects for the Rhein Mainische Volkszeitung which was liquidated in 1935 because of its anti-Nazi tradition. Was well known for his part in the Georg Gross Prozess before the Reichsgericht, when he spoke on behalf of Gross. (judgement on blasphemy). Later he became leader writer for the Frankfurter Zeitung on cultural subjects as music and drama. Another source reports "anti-Nazi, but made some adaptions."

Dombrowski, Erich: Boehmerstr. 7.
Married to a Jewess. Formerly chief editor of the Frankfurter General Anzeiger (now the Frankfurter Anzeiger). He was dismissed according to the Schriftleiter Gesetz, "probably because he married a Jewess. He now lives on the proceeds of a chemists shop. Always specialised in politics. Anti-Nazi."

Droenert, :
Editor in Societaets publishing house. P/W claims he is anti-Nazi.

SECRET

Frankfurt a. M. (2)

Becker, Felix; Oberlindau 106: Wichtiger Angestellter in der Werbeabteilung der Firma Singer Nähmaschinen; soll nach Aussagen eines freundlich gesinnten Kriegsgefangenen anti-Nazi sein.

Benkard, Ernst; Friedberger Anlage 17: Etwa 1883 geboren. Protestantisch; aus einer alten Frankfurter Familie. Lehrt Kunst an der Universität Frankfurt. Schrieb regelmäßig Beiträge für die *Frankfurter Zeitung*. Niemals politisch aktiv, wuchs aber in einem demokratischen, liberalen Geist auf. Die Quelle hält ihn für international gesinnt und anti-Nazi.

Berndt, Dr.: Etwa 60 Jahre alt. Richter; laut einem freundlich gesinnten Kriegsgefangenen energisch und sogar unter dem Nazi-Regime ein Mann des Rechts. Durfte im Amt bleiben, trotz der Tatsache, daß seine Frau Jüdin ist.

Bethe, Albrecht, Dr.: Etwa 1872 geboren. Protestantisch; seit 1915 Professor für Physiologie an der Universität Frankfurt – spielt eine führende Rolle auf seinem Gebiet. Ein Demokrat, der sich gegen reaktionäre Studenten stellte. Gilt als ein Nicht-Nazi, der keine Kompromisse geschlossen hat. Half jüdischen Mitarbeitern, im Ausland eine Stelle zu finden.

Bilz, Alois, Dr.: Katholisch. Schrieb als Leitartikler viele Jahre lang für den *Frankfurter General-Anzeiger* über wirtschaftliche Themen. »Versuchte in seinem eigenen Freundeskreis nie, seine feindselige Haltung gegenüber dem Nazi-Regime zu verbergen. Seine Einstellung war vermutlich auf seine starken religiösen Überzeugungen zurückzuführen.« Eine andere Quelle berichtet, daß sie ihn in Frankfurt in einem Zirkel des katholischen Widerstands getroffen hat.

Breßler, [Ludwig]; Eschenheimer Graben: General; schon vor dem Krieg außer Dienst. Gilt sowohl als anti-Nazi als auch als anti-preußisch.

Brink, Reinhard: Rechtsanwalt; trat (laut Quelle) 1932 auf Anraten seines Seniorpartners in die NSDAP ein, war aber nicht glücklich damit und war mit Bestimmtheit anti-Nazi. Sehr viel Zivilcourage, verteidigte jüdische Mandanten.

Bryll (oder **Brill**); Burnitzstr.: Ein Redakteur, der seine Stelle wegen seiner Zugehörigkeit zum demokratischen Lager verlor. Anti-Nazi nach Aussagen eines freundlich gesinnten Kriegsgefangenen.

Dirks, Walter: Schrieb Leitartikel zu Kulturthemen für die *Rhein-Mainische Volkszeitung*, die wegen ihrer Anti-Nazi-Tradition 1935 eingestellt wurde. War allgemein bekannt wegen seiner Rolle im George-Grosz-Prozeß vor dem Reichsgericht, wo er für Grosz aussagte. (Verurteilung wegen Gotteslästerung) Wurde später Leitartikler für die *Frankfurter Zeitung* und schrieb über kulturelle Themen wie Musik und Schauspiel. Eine andere Quelle berichtet: »Anti-Nazi, paßte sich aber in mancher Hinsicht an.«

Dombrowski, Erich; Böhmerstr. 7: Mit einer Jüdin verheiratet. Ehemals Chefredakteur des *Frankfurter General-Anzeigers* (jetzt der *Frankfurter Anzeiger*). Er wurde gemäß dem Schriftleitergesetz entlassen, »vemutlich weil er eine Jüdin heiratete. Er lebt jetzt von den Einkünften aus einem Drogerieladen. War immer auf Politik spezialisiert. Anti-Nazi.«

Droenert/Drönert: Redakteur beim Societäts-Verlag. Ein Kriegsgefangener behauptet, daß er anti-Nazi ist.

White List

SECRET

HESSEN-NASSAU

Frankfurt a. M. (3)

Eckert, Alois: Koselstr. 15.
Born about 1889. Catholic parish priest who was sentenced to jail for refusing to hoist Nazi flag. "Decidedly anti-Nazi."

E[illegible]bacher, Peter:
About 45 years old. Employed by Messer & Co. "Friendly" according to P/W.

Eisenhuth, :
Stadtrat. Friendly P/W thinks he is anti-Nazi.

Engel, Helene:
Secretary to a Jesuit college in the Offenbacher Landesstrasse. Knows all details of Catholic Youth Organization (maintained by letters sent to the front by the Jesuits); also knows where the organization files were hidden when it was finally disbanded by the Nazis. Close relative of friendly P/W.

Euler, Rudolf: Savignystr. 7.
Born about 1875. Protestant. Managing director of Metallgesellschaft AG. Married to Jewess; three children--one in New York. Liberal and democratic when this is compatible with business interests. Has many English business connections. "Anti-Nazi".

Fechter, Heinrich: Goebenstr. 3.
About 58 years old. Manager of coal supply organization. Reported reliable anti-Nazi by friendly P/W.

Gelzer, Matthias: Westendstr. 95.
Protestant. Professor of Ancient History at University. Liberal, apolitical. "Non-nazi".

Genzmer, Dr.:
Professor of Law at Frankfurt. "Anti-Nazi".

Gerloff, Wilhelm, Prof.:
About 65 years old. Economist, specializing in public finance. Director of Frankfurt U. when Nazis came to power. Superceded by Nazi but continued as professor until at least 1938.

Germeroth, Wilhelm:
Born about 1880. Protestant. Executive at Frankfurt R.R. station. Opposed Nazi doctrines after 1933, but kept out of politics. Sheltered persecuted anti-Nazi confessional pastor in his house and was therefore denounced by the Party.

Gessner, Heinrich: Roedelheim.
About 48 years old. Employed by Dresdner Bank. Reported by friendly P/W as a reliable anti-Nazi.

Giese, Prof.:
Democrat. Law professor, reported anti-Nazi by friendly P/W.

Grunelius, Dr. von:
Lawyer. Cultured and intelligent. Anti-Nazi according to friendly P/W.

S E C R E T

Frankfurt a. M. (3)

Eckert, Alois; Koselstr. 15: Etwa 1889 geboren. Katholischer Gemeindepfarrer, der zu einer Gefängnisstrafe verurteilt wurde, weil er sich weigerte, die Nazi-Fahne zu hissen. »Entschieden anti-Nazi.«

Eisenacher, Peter: Etwa 45 Jahre alt. Beschäftigt bei Messer & Co. »Freundlich gesinnt« laut einem Kriegsgefangenen.

Eisenhuth: Stadtrat. Ein freundlich gesinnter Kriegsgefangener denkt, daß er anti-Nazi ist.

Engel, Helene: Sekretärin an einem Jesuitenkolleg in der Offenbacher Landstraße. Kennt alle Einzelheiten der Katholischen Jugendbewegung (erhalten durch Briefe, die die Jesuiten an die Front sandten); weiß auch, wo die Unterlagen der Bewegung versteckt wurden, als diese schließlich von den Nazis aufgelöst wurde. Enge Verwandte des freundlich gesinnten Kriegsgefangenen.

Euler, Rudolf; Savignystr. 7: Etwa 1875 geboren. Protestantisch. Leitender Direktor der Metallgesellschaft AG. Mit einer Jüdin verheiratet; drei Kinder – eines in New York. Liberal und demokratisch, wenn es sich mit den Geschäftsinteressen vereinbaren läßt. Hat viele englische Geschäftsverbindungen. »Anti-Nazi.«

Fechter, Heinrich; Göbenstr. 3: Etwa 58 Jahre alt. Leiter einer Dienststelle für die Kohleversorgung. Ein zuverlässiger Anti-Nazi nach Aussagen eines freundlich gesinnten Kriegsgefangenen.

Gelzer, Matthias; Westendstr. 95: Protestantisch. Professor für Alte Geschichte an der Universität. Liberal, unpolitisch. »Nicht-nazistisch.«

Genzmer, [Erich], Dr.: Professor für Rechtswissenschaften in Frankfurt.

Gerloff, Wilhelm, Prof.: Etwa 65 Jahre alt. Nationalökonom, spezialisiert auf öffentliche Finanzwirtschaft. Rektor der Frankfurter Universität, als die Nazis an die Macht kamen. Von einem Nazi abgelöst, lehrte jedoch mindestens bis 1938 weiter als Professor.

Germeroth, Wilhelm: Etwa 1880 geboren. Protestantisch. Bahnvorstand der Frankfurter Eisenbahn. Widersetzte sich nach 1933 den Nazi-Doktrinen, hielt sich jedoch aus der Politik heraus. Gewährte einem verfolgten Anti-Nazi-Pfarrer der Bekennenden Kirche in seinem Haus Zuflucht und wurde deshalb von der Partei öffentlich angeprangert.

Gessner/Geßner, Heinrich; Rödelheim: Etwa 48 Jahre alt. Angestellt bei der Dresdner Bank. Nach Aussagen eines freundlich gesinnten Kriegsgefangenen ein zuverlässiger Anti-Nazi.

Giese, [Friedrich], Prof.: Demokrat. Professor für Rechtswissenschaften; anti-Nazi nach Aussagen eines freundlich gesinnten Kriegsgefangenen.

Grunelius, [Ernst Max] von, Dr.: Anwalt. Kultiviert und intelligent. Anti-Nazi laut einem freundlich gesinnten Kriegsgefangenen.

SECRET

White List

HESSEN-NASSAU

Frankfurt a. M. (4)

Hartel, Fritz: Schweitzerstr.
According to friendly P/W this former Nazi is now an Anti-Nazi.

Hartmann, Georg: Bauersche Giesserei.
Owner of factory for manufacture of type for printing. Belonged to committee of Art Museums in Frankfurt. Democrat.

Hecht, Wendelin:
Born about 1896. Verlagsdirektor Frankfurter Sozietaetsdrueckerei. Fought Nazi influence on Frankfurter Zeitung, partly to preserve the enterprise and its staff as well as for preservation of paper's liberal tradition. Never member of Center party and source thinks that after Hitler he remained anti-Nazi at heart and did not join party.

Heinz, Karl:
Broadcaster in the economics division of the Frankfurter Rundfunk, but kept in constant touch with the Press, "where he was outstanding as a publicist". Finally had influential position on the Neuste Zeitung (published in the Societaetsverlag like the Frankfurter Zeitung). According to friendly P/W: "unquestionably reliable anti-Nazi".

Heisterbergk, Kaete: Lyzeum Schmidt, Blittendorfplatz.
About 55 years old. Unmarried. Was for some years headmistress of German school in Brazil. Now headmistress at Lyzeum Schmidt. Kept school open for Jewish children up to summer of 1938. Attacked by Stuermer, and had various fights with Berlin school authorities about liberal tendencies. Considered strictly anti-Nazi.

Hering, : Zobelstr. 4.
Gerichtsrat. Described by informant as a man of finest character who helped anti-Nazis. Now probably in hiding.

Hilger, :
Teaches religion in Higher Institutions. Also has resided in Wiesbaden. Friendly P/W believes him to be anti-Nazi.

Hunkel, Ludwig:
Reported to be anti-Nazi by friendly P/W.

Ihlau, Hans:
Born about 1903. Journalist; former member of editorial staff of Frankfurter Zeitung (economic section). Was economist for Verein deutscher Maschinenbauanstalten. Democrat; strongly anti-Nazi. Has contacts with exiled German Democrats. Courageous.

Impekoven, Toni:
Catholic. Actor and playwright. Befriended Jews and considered to be anti-Nazi.

Jelermann, Georg:
Born about 1890. Attorney who helped Jewish clients and is considered to be anti-Nazi.

Jussek, Karl: Falkensteinstr. 62.
Assistant manager of Deutsche Effekten u. Wechselbank. Catholic. Civil servant in Reichs Finanz Ministerium (Taxation). Has helped Jews and is considered to be anti-Nazi.

SECRET

Frankfurt a. M. (4)

Hartel, Fritz; Schweizer Str.: Laut einem freundlich gesinnten Kriegsgefangenen ist dieser ehemalige Nazi nun ein Anti-Nazi.

Hartmann, Georg; Bauersche Gießerei: Besitzer eines Betriebs zur Herstellung von Drucktypen. Gehörte zum Komitee des Museums-Vereins in Frankfurt. Demokrat.

Hecht, Wendelin: Etwa 1896 geboren. Verlagsdirektor der Frankfurter Societäts-Druckerei. Bekämpfte den Einfluß der Nazis auf die *Frankfurter Zeitung*, zum Teil um das Unternehmen und seine Mitarbeiter zu erhalten, aber auch wegen der Bewahrung der liberalen Tradition der Zeitung. War niemals Mitglied der Zentrumspartei und die Quelle denkt, daß er nach [der Machtergreifung durch] Hitler im Herzen anti-Nazi blieb und nicht in die Partei eintrat.

Heinz, Karl: Redakteur und Radiosprecher in der Wirtschaftsredaktion des Frankfurter Rundfunks, blieb aber in ständiger Verbindung mit der Presse, »wo er als Publizist herausragend war«. Hatte schließlich eine einflußreiche Position bei der *Neuesten Zeitung* (wie die *Frankfurter Zeitung* vom Societäts-Verlag herausgegeben). Laut einem freundlich gesinnten Kriegsgefangenen: »fraglos zuverlässig anti-Nazi«.

Heisterbergk, Käthe; Lyzeum Schmidt; Blittersdorfplatz: Etwa 55 Jahre alt. Unverheiratet. War einige Jahre lang Rektorin einer deutschen Schule in Brasilien. Jetzt Rektorin des Lyzeums Schmidt. Hielt die Schule bis zum Sommer 1938 für jüdische Kinder offen. Wurde vom *Stürmer* [antisemitische Wochenzeitung] angegriffen und focht wegen liberaler Tendenzen verschiedene Kämpfe mit den Berliner Schulbehörden aus. Gilt als absolut anti-Nazi.

Hering; Zobelstr. 4: Gerichtsrat. Von einem Informanten als ein Mann von edelstem Charakter beschrieben, der Anti-Nazis half. Hält sich derzeit wahrscheinlich versteckt.

Hilger: Unterrichtet an Höheren Lehranstalten Religion. Hat auch in Wiesbaden gelebt. Ein freundlich gesinnter Kriegsgefangener nimmt an, daß er anti-Nazi ist.

Hunkel, Ludwig: Soll anti-Nazi sein nach Aussagen eines freundlich gesinnten Kriegsgefangenen.

Ihlau, Hans: Etwa 1903 geboren. Journalist; ehemaliges Redaktionsmitglied der *Frankfurter Zeitung* (Wirtschaftsredaktion). Arbeitete als Wirtschaftsberater beim Verband deutscher Maschinenbau-Anstalten. Demokrat; entschieden anti-Nazi. Hat Kontakte zu deutschen Demokraten, die im Exil leben. Mutig.

Impekoven, Toni: Katholisch. Schauspieler und Bühnenautor. Leistete Juden Beistand und gilt als anti-Nazi.

Jelermann, Georg: Etwa 1890 geboren. Ein Anwalt, der jüdischen Mandanten half und als anti-Nazi gilt.

Jussek, Karl; Falkensteinstr. 62: Stellvertretender Direktor der Deutschen Effekten- und Wechselbank. Katholisch. Beamter im Reichsfinanzministerium (Steuerwesen). Hat Juden geholfen und gilt als anti-Nazi.

White List

SECRET

HESSEN-NASSAU

Frankfurt a. M. (5)

Kebitz, Berthold: Franzrueckertstr.
About 56 years old. Employed at Liebich Oberrealschule. Friendly P/W reports him as a member of Center party of strong character and anti-Nazi.

Kirchgaessner, Dr:
Member of RC youth organization in Frankfurt. P/W believes him to be anti-Nazi.

Kirchner, Karl: Usingerstr. 14.
About 56 years old. Formerly on Municipal Council. Member of SPD. Considered friendly by P/W.

Klein, Frau: Schweitzerstr. 52.
Collected subscriptions for publication of the Bekenntniskirche. Considered by friendly P/W to be anti-Nazi.

Knappstein, Karl Heinz:
Former editor of Neueste Zeitung. According to friendly P/W a real anti-Nazi.

Kossmann, Heinrich: Forthausstr. 96.
Friendly P/W claims him to be anti-Nazi.

Kranz, Dr: Falkenheimerstr. 37.
Stabsarzt. P/W says he is an ardent anti-Nazi.

Kuper, ; Lessingstr. 7.
The representative of the news agency of Europa Press. "He is a strong anti-Nazi and has a very good knowledge of chief editors and editors of the whole district." Source met him at a center of Catholic Resistance.

Kutting, :
Teacher in the Frankfurt public school. Friendly P/W thinks him to be anti-Nazi.

Kutting, Frl.:
Daughter of the teacher mentioned above. Also a teacher who as her father, is considered to be anti-Nazi.

Lange, :
Pastor of the Matthias Kirche. According to friendly P/W: "Never bowed to the Nazi regime."

Lehmann, Friedrich: Hohenblick, Ginheim.
Married; one son. Went to Frankfurt as Stadtkaemmerer in 1923 and was still in this position in 1939. Able administrator. Known to have given assistance to persons persecuted by Nazis.

Lipphart, Dr.: Lessing Gymnasium.
Germanist who according to friendly P/W is believed to be anti-Nazi.

Majer-Leonhard, Ernst: Escherheimerlandstr. 130.
Born about 1892. Protestant. Director of Lessing Gymnasium who was forced to retire by NS. Liberal close to the Deutsche Demokratic Partei. Non-nazi.

SECRET

Frankfurt a. M. (5)

Kebitz, Berthold; Franz-Rücker-Allee: Etwa 56 Jahre alt. An der Liebich Oberrealschule beschäftigt. Ein freundlich gesinnter Kriegsgefangener sagt aus, daß er ein Mitglied der Zentrumspartei mit einer starken Persönlichkeit und anti-Nazi ist.

Kirchgaessner/Kirchgässner, Dr.: Mitglied einer röm.-kath. Jugendbewegung in Frankfurt. Ein freundlich gesinnter Kriegsgefangener nimmt an, daß er anti-Nazi ist.

Kirchner, Karl; Usinger Str. 14: Etwa 56 Jahre alt. Ehemals im Stadtrat. Mitglied der SPD. Von einem Kriegsgefangenen für freundlich gesinnt gehalten.

Klein, Frau; Schweizer Straße 52: Sammelte die Abonnementbeiträge für eine Publikation der Bekennenden Kirche ein. Ist nach Ansicht eines freundlich gesinnten Kriegsgefangenen anti-Nazi.

Knappstein, Karl Heinrich; Ehemaliger Redakteur der *Neuesten Zeitung*. Laut einem freundlich gesinnten Kriegsgefangenen ein wahrer Anti-Nazi.

Kossmann/Koßmann, Heinrich; Forsthausstr. 96: Ein freundlich gesinnter Kriegsgefangener behauptet, er sei anti-Nazi.

Kranz, Dr.; Falkenheimerstr. 37: Stabsarzt. Ein Kriegsgefangener sagt, daß er ein glühender Anti-Nazi ist.

Kuper; Lessingstr. 7: Der Vertreter der Nachrichtenagentur Europapress. »Er ist ein entschiedener Anti-Nazi und weiß sehr gut Bescheid über Chefredakteure und Redakteure aus dem gesamten Gebiet.« Die Quelle traf ihn in einem Zirkel des katholischen Widerstands.

Kutting: Lehrer an der Frankfurter staatlichen Schule. Ein freundlich gesinnter Kriegsgefangener hält ihn für anti-Nazi.

Kutting, Frl.: Tochter des oben genannten Lehrers. Ebenfalls Lehrerin, die, wie der Vater, als anti-Nazi eingeschätzt wird.

Lange: Pastor der Matthias-Kirche. Laut einem freundlich gesinnten Kriegsgefangenen: »Hat sich dem Nazi-Regime niemals gebeugt.«

Lehmann, Friedrich; Ginnheim, Höhenblick: Verheiratet; ein Sohn. Ging 1923 als Stadtkämmerer nach Frankfurt und war 1939 noch immer in dieser Position. Fähiger Verwaltungsmann. Bekannt dafür, daß er Menschen, die von den Nazis verfolgt wurden, Hilfe geleistet hat.

Lipphart, Dr.; Lessing-Gymnasium: Ein Germanist, von dem, laut einem freundlich gesinnten Kriegsgefangenen, angenommen wird, daß er anti-Nazi ist.

Majer-Leonhard, Ernst; Eschersheimer Landstr. 130: Etwa 1892 geboren. Protestantisch. Direktor des Lessing-Gymnasiums, der von den Nationalsozialisten gezwungen wurde, in den Ruhestand zu gehen. Ein Liberaler, der der Deutschen Demokratischen Partei nahesteht. Nichtnazistisch.

S E C R E T

White List

HESSEN-NASSAU

Frankfurt a. M. (4)

Michel, Ernst:
Born about 1889. Catholic, married, children. Editor of Bauernzeitung (am Bodensee); professor at Akademie der Arbeit, Frankfurt; now lives in retirement as free lance writer. Former Christian Democrat; candidate for minor office under Center party; after 1933 published some articles in Frankfurter Zeitung showing raprochement with Nazis, but source believes he is anti-Nazi.

Nichlen, :
Student organization member (RC) in Frankfurt. Friendly P/W thinks he is anti-Nazi.

Nielen, Alfons Maria: Parsevalstr. 70.
Born about 1890. Chaplain for Catholic stadents at Frankfurt U. A pious priest, not a strong man or fighter. No sympathy with Nazis.

Noack, U.:
Historian (Middle Ages and Modern). Reported by source to be reliable.

Noll, : Bunitzstr.
Editor who lost his position because of his democratic affiliations. Reported anti-Nazi by friendly P/W.

Oeser, Albert:
Business editor of Frankfurter Zeitung; one of group who were democratically minded, or who have for some time expressed democratic ideals in private circles.

Pagenda, Frau:
Connected with Caritas. Youth Welfare and Vocational Advice Service. P/W thinks she is anti-Nazi.

Paquet, Alfons:
Born about 1881. Protestant. Journalistic experience; extensive writer. Democratic convictions; leanings toward socialism. Friends all over world. Reported anti-Nazi. (Reported deceased Feb. 8, 1944.)

Peters, Otto:
Was on the staff of the General Anzeiger and at one time wrote for the Party press, but "was so disappointed in the development of the National Socialistic Movement that he changed completely and became a strong anti-Nazi."

Pfeiffer, :
Former editor of Frankfurter Zeitung, now believed in Switzerland: political refugee: one of group who were formerly democratically minded, or have for some time expressed democratic ideals in private circles.

Portune, Andreas: Weberstr. 62.
About 60 years old. Former member of Reichstag. Considered by friendly P/W to be friendly.

Prosch, Dr.: Kaiser Friedrich Gymnasium.
Altphilologe. Friendly P/W thinks he is anti-Nazi.

Reichwein, :
Teacher in Frankfurt public school. P/W thinks he is anti-Nazi.

Roesch, :
Teacher in Frankfurt public school. P/W thinks he is anti-Nazi.

S E C R E T

Frankfurt a. M. (6)

Michel, Ernst: Etwa 1889 geboren. Katholisch, verheiratet, Kinder. Redakteur der *Bauernzeitung* (am Bodensee); Professor an der Akademie der Arbeit in Frankfurt; lebt jetzt zurückgezogen als freischaffender Schriftsteller. Ehemaliger Christdemokrat; zur Zeit der Zentrumspartei Kandidat für ein untergeordnetes Amt; veröffentlichte nach 1933 einige Artikel in der *Frankfurter Zeitung*, die eine Annäherung an die Nazis erkennen ließen, aber die Quelle glaubt, daß er anti-Nazi ist.

Nichlen: Mitglied einer Studentenverbindung (RC) in Frankfurt. Ein freundlich gesinnter Kriegsgefangener denkt, daß er anti-Nazi ist.

Nielen, Josef Maria; Parsevalstr. 70: Etwa 1890 geboren. Kaplan für katholische Studenten an der Universität Frankfurt. Ein frommer Geistlicher, kein starker Mann oder Kämpfer. Keine Sympathie für die Nazis.

Noack, [Ulrich]: Historiker (Mittelalter und Neuzeit). Soll nach Aussagen der Quelle zuverlässig sein.

Noll; Burnitzstr.: Ein Redakteur, der seine Stelle wegen seiner Zugehörigkeit zum demokratischen Lager verlor. Anti-Nazi nach Aussagen eines freundlich gesinnten Kriegsgefangenen.

Oeser, Albert: Wirtschaftsredakteur der *Frankfurter Zeitung*; einer aus der Gruppe derer, die demokratisch gesinnt waren oder eine Zeitlang im privaten Kreis demokratische Ideale zum Ausdruck brachten.

Pagenda, Frau: Steht in Verbindung mit der Caritas. Jugendwohlfahrt und Berufsberatung. Ein Kriegsgefangener denkt, daß sie anti-Nazi ist.

Paquet, Alfons: Etwa 1881 geboren. Protestantisch. Journalistische Erfahrung; ein sehr produktiver Schriftsteller. Demokratische Überzeugungen; sozialistische Tendenzen. Freunde auf der ganzen Welt. Dem Bericht nach anti-Nazi. (Dem Bericht nach am 08. Feb. 1944 verstorben.)

Peters, Otto: Gehörte zu den Redaktionsmitarbeitern des *General Anzeigers* und schrieb früher einmal auch für die Parteipresse, aber »er war so enttäuscht über die Entwicklung der nationalsozialistischen Bewegung, daß er eine komplette Kehrtwendung machte und ein entschiedener Anti-Nazi wurde.«

Pfeiffer: Ehemaliger Redakteur der *Frankfurter Zeitung*, soll jetzt in der Schweiz sein: politischer Flüchtling: einer aus der Gruppe derer, die früher demokratisch gesinnt waren oder eine Zeitlang im privaten Kreis demokratische Ideale zum Ausdruck brachten.

Portune, Andreas; Weberstr. 62: Etwa 60 Jahre alt. Ehemaliges Reichstagsmitglied. Ist nach Ansicht eines freundlich gesinnten Kriegsgefangenen freundlich gesinnt.

Prosch, Dr.: Kaiser-Friedrichs-Gymnasium. Altphilologe. Ein freundlich gesinnter Kriegsgefangener denkt, daß er anti-Nazi ist.

Reichwein: Lehrer an einer Frankfurter staatlichen Schule. Ein Kriegsgefangener denkt, daß er anti-Nazi ist.

Roesch/Rösch: Lehrer an einer Frankfurter staatlichen Schule. Ein Kriegsgefangener denkt, daß er anti-Nazi ist.

White List   SECRET

HESSEN-NASSAU

Frankfurt a. M.   (7)

Rohe, Dr.:
Employment office Oberregierungsrat. Friendly P/W thinks he is anti-Nazi.

Rudolphi, : Am Hochwehr 11.
Parish priest believed to be anti-Nazi.

Schaab, Adam:
About 60 years old. Trade Union official and Socialist. "Stadtverordneter" until 1933. Well-educated and capable.

Schaefer, :
Clergyman; in the opinion of friendly P/W anti-Nazi.

Schaumann, Ruth:
Considered anti-Nazi by friendly P/W.

Schumacher, Arnold P.: Aronstettenstr. 50.
Head of "Organization for helping Christian Jews or Non-Aryans in Frankfurt."

Schwarz, Jean Albert:
Born March 12, 1873. Catholic, married, children. Member of Reichstag from Center Party until 1933.

Sieming, Dr.: Kaiser Friedrich Gymnasium.
Neuphilologe. In opinion of friendly P/W is anti-Nazi.

Sitterding, Herbert:
Sports editor of Frankfurter Zeitung; one of group who were formerly democratically minded, or have for some time expressed democratic ideals in private circles.

Stark, Oscar (alias Starck, Conrad):
About 55 years old. Protestant. For 20 years on Berlin staff of the Frankfurter Zeitung. Went over to the Berliner Tageblatt in 1930; became manager and chief of foreign policy department. Opposed Nazis. Worked for Damert news agency in 1934, then went back to Frankfurter Zeitung; member economics section editors. Strongly anti-Nazi; helped colleagues who were in danger.

Steigleder, Dr.: Kaiser Wilhelmschule.
Leiter der Kaiser Wilhelmschule, in the opinion of friendly P/W, he is anti-Nazi.

Stephan, Dr.:
About 60 years. Physician in charge of Catholic Hostel of Frankfurt. Was in a concentration camp in 1939 "for anti-Nazi conduct."

Sturmfels, Wilhelm: Holzhecke 7.
About 55 years old. Former Professor at Labor Academey of U. of Frankfurt. Stood by Jewish wife, yet at same time tried to establish contacts with Nazi intellectuals.

Treschow, von:
About 45-50 years old. Landrat Freystadt, Regierung Frankfurt 1932. Dismissed in 1933. Member Deutsche Demokratische Partei.

Veidt, :
Frankfurt pastor deposed 1934 by pro-Nazi Bishop Dietrich. Later chairman of confessional church group.

S E C R E T

Frankfurt a. M. (7)

Rohe, Dr.: Oberregierungsrat im Arbeitsamt. Ein freundlich gesinnter Kriegsgefangener denkt, daß er anti-Nazi ist.

Rudolphi; Am Hochwehr 11: Gemeindepfarrer, von dem angenommen wird, daß er anti-Nazi ist.

Schaab, Adam: Etwa 60 Jahre alt. Gewerkschaftsfunktionär und Sozialist. Bis 1933 »Stadtverordneter«. Gebildet und tüchtig.

Schaefer/Schäfer: Geistlicher; nach der Meinung eines freundlich gesinnten Kriegsgefangenen anti-Nazi.

Schaumann, Ruth: Wird von einem freundlich gesinnten Kriegsgefangenen für anti-Nazi gehalten.

Schumacher, Arnold P.: Cronstettenstr. 50; Leiter »der Organisation, die christlichen Juden und Nichtariern in Frankfurt hilft«.

Schwarz, Jean Albert: Am 12. März 1873 geboren. Katholisch, verheiratet, Kinder. Bis 1933 Reichstagsmitglied der Zentrumspartei.

Sieming, Dr.: Kaiser-Friedrichs-Gymnasium. Neuphilologe. Nach Meinung eines freundlich gesinnten Kriegsgefangenen anti-Nazi.

Sitterding, Herbert: Sportredakteur der *Frankfurter Zeitung*; einer aus der Gruppe derer, die früher demokratisch gesinnt waren oder eine Zeitlang im privaten Kreis demokratische Ideale zum Ausdruck brachten.

Stark, [Oskar] (alias Starck, Conrad): Etwa 55 Jahre alt. Protestantisch. Gehörte 20 Jahre lang zur Berliner Redaktion der *Frankfurter Zeitung*. Wechselte 1930 zum *Berliner Tageblatt*; wurde Leiter und Chef des Ressorts Außenpolitik. Stellte sich gegen die Nazis. Arbeitete 1934 für die Nachrichtenagentur Dammert, ging dann zur *Frankfurter Zeitung* zurück; Mitglied der Wirtschaftsredaktion. Entschieden anti-Nazi; half Kollegen, die in Gefahr waren.

Steigleder, [Klaus], Dr.: Kaiser-Wilhelms-Gymnasium. Leiter des Kaiser-Wilhelms-Gymnasiums; nach Meinung eines freundlich gesinnten Kriegsgefangenen ist er anti-Nazi.

Stephan, Dr.: Etwa 60 Jahre. Leitender Arzt im Frankfurter Katholischen Studentenwohnheim. War »wegen Anti-Nazi-Verhaltens« 1939 in einem Konzentrationslager.

Sturmfels, Wilhelm; Holzhecke 7: Etwa 55 Jahre alt. Ehemaliger Professor an der Akademie der Arbeit in der Universität Frankfurt. Hielt zu seiner jüdischen Frau, versuchte jedoch gleichzeitig, Kontakt zu Nazi-Intellektuellen herzustellen.

Treskow, [Albrecht] von: Etwa 45–50 Jahre alt. Landrat von Freystadt, 1932 in der Regierung von Frankfurt. 1933 entlassen. Mitglied der Deutschen Demokratischen Partei.

Veidt, [Karl]: Pastor in Frankfurt, 1934 von dem Pro-Nazi-Bischof [Ernst Ludwig] Dietrich abgesetzt. Später Vorsitzender einer Gruppierung der Bekennenden Kirche.

S E C R E T

White List

HESSEN-NASSAU

Frankfurt a. M. (8)

Waas, Adolf, Dr.: In Sachsenlager 20.
Librarian at Frankfurter Staatbibliothek. Director of Adult Education for Frankfurt until dismissed by Nazis in 1933. Later reemployed as Librarian. Member of SPD. Non-Nazi.

Walter, Carl, Dr:
About 60 years old. Member Central Directorate of IG Farben. From attitude toward source and general attitude he appeared to be anti-Nazi. Guarded in speech.

Weinstock, Heinrich Dr.:
Gymnasialdirektor, Frankfurt. Anti-Nazi; many difficulties with the Party because of his publications. Expert on German school problems. Protestant. Of democratic, liberal tendencies according to source.

Wesser, Gerhard:
About 34 years old. One of the founders of SAP. Before 1933 member of SAP. In 1933 put into concentration camp and joined illegal society movement in Breslau. Arrested in 1936 and sentenced to 1½ years. Reported in 1938 to have gone to Frankfurt.

Wilhelmi, Hans: Mehlenstr. 17.
Born about 1900; Protestant. Law practice mainly industrial; represented Confessional church in Hesse. Non-political but violently anti-Nazi according to source.

Willems, Dr.:
The last economic editor of the Frankfurter Zeitung. "He is a strong anti-Nazi for professional reasons." Source met him at a center of Catholic Resistance.

Wolker, :
Connected with the RC youth organization in Frankfurt. Source, a friendly P/W considers him anti-Nazi.

Friedberg

Rasp, Hans:
Born about 1895. Protestant. Librarian at U. of Giessen until 1933, when he was forced to resign because of his political views. Became Studienrat at Friedberg Gymnasium. Considered a "liberal and non-Nazi".

Vogelsberg nr. Fulda

Binder, Gottlieb:
About 58 years old. After 1933 ran hotel or boarding house in Vogelsberg. Former trade unionist. Moderate Social Democrat. Former member Bielefeld Urban Council; head of Welfare Department. Had to resign when Hitler came in. Later insurace agent in Frankfurt. Trustworthy anti-Nazi according to two sources

Giessen

Dahlen, von:
A Deputy of Diehl, suspended in 1934 by pro-Nazi Bishop Dietrich.

Diehl, :
Born about 1871. Professor of Theology at Giessen, 1913. Prelate of regional church in Hessen and President of Church Office and Church government. Author. Suggested by anti-Nazi clergy as appointee for Bishop. Suspended by pro-Nazi Bishop Dietrich from his offices.

S E C R E T

Frankfurt a. M. (8)

Waas, Adolf, Dr.; Im Sachsenlager 20: Bibliothekar der Frankfurter Stadtbibliothek. Leiter der Erwachsenenbildung in Frankfurt, bis er 1933 von den Nazis entlassen wurde. Später wieder als Bibliothekar eingestellt. Mitglied der SPD. Nicht-nazistisch.

Walter, Carl, Dr.: Etwa 60 Jahre alt. Mitglied des Aufsichtsrats von IG Farben. Von seiner Einstellung gegenüber der Quelle und seiner allgemeinen Einstellung her schien er anti-Nazi zu sein. Vorsichtig bei dem, was er sagt.

Weinstock, Heinrich, Dr.: Gymnasialdirektor, Frankfurt. Anti-Nazi; viele Schwierigkeiten mit der Partei wegen seiner Veröffentlichungen. Fachmann für Fragen des deutschen Schulwesens. Protestantisch. Laut Quelle demokratische, liberale Tendenzen.

Wesser, Gerhard: Etwa 34 Jahre alt. Einer der Gründer der SAP [Sozialistische Arbeiterpartei Deutschlands]. Vor 1933 Mitglied der SAP. Wurde 1933 ins Konzentrationslager gesteckt und schloß sich in Breslau einer illegalen Widerstandsgruppe an. 1936 verhaftet und zu 1 ¾ Jahren verurteilt. Soll 1938 nach Frankfurt gegangen sein.

Wilhelmi, Hans; Mehlenstr. 17: Etwa 1900 geboren; protestantisch. Als Anwalt hauptsächlich für die Industrie tätig; vertrat die Bekennende Kirche in Hessen. Laut Quelle nicht-politisch, aber äußerst anti-Nazi.

* **Willems, Dr.**: Der letzte Wirtschaftsredakteur der *Frankfurter Zeitung*. »Er ist aus beruflichen Gründen ein überzeugter Anti-Nazi.« Die Quelle traf ihn in einem Zirkel des katholischen Widerstands.

Wolker: Verbindungen zur röm.-kath. Jugendbewegung in Frankfurt. Die Quelle, ein freundlich gesinnter Kriegsgefangener, hält ihn für anti-Nazi.

Friedberg

Rasp, Hans: Etwa 1895 geboren. Protestantisch. Bibliothekar an der Universität Gießen, bis er 1933 wegen seiner politischen Ansichten gezwungen wurde zu gehen. Wurde Studienrat am Gymnasium Friedberg. Gilt als ein »Liberaler und Nicht-Nazi«.

Vogelsberg (in der Nähe von Fulda)

* **Binder, Gottlieb**: Etwa 58 Jahre alt. Führte nach 1933 auf dem Vogelsberg ein Hotel oder eine Pension. Ehemaliger Gewerkschafter. Gemäßigter Sozialdemokrat. Ehemaliges Mitglied des Bielefelder Stadtrats; Leiter der Wohlfahrtsbehörde. Mußte ausscheiden, als Hitler kam. Später Versicherungsvertreter in Frankfurt. Zwei Quellen zufolge ein vertrauenswürdiger Anti-Nazi.

Gießen

Dahlen, [Hans] von: Ein Stellvertreter von Diehl, 1934 von dem Pro-Nazi-Bischof Dietrich suspendiert.

Diehl, [Georg Wilhelm]: Etwa 1871 geboren. Professor für Theologie in Gießen, 1913. Prälat der Landeskirche in Hessen und Präsident des Kirchensekretariats und der Kirchenleitung. Autor. Wurde von Anti-Nazi-Geistlichen für die Ernennung zum Bischof vorgeschlagen. Von dem Pro-Nazi-Bischof Dietrich von seinen Ämtern suspendiert.

S E C R E T

White List

HESSEN-NASSAU

Giessen (2)

Fischer, Walter: Hindenburg Wall 5. — Interviewed by E.Y. HARTSHORNE
Born about 1889. Protestant. Professor of English at U. of Giessen. Apolitical liberal, non-Nazi but bitter against regime in private conversation. (Tried on several occasions to find posts abroad.)

Gross-Krotzenburg

Rausch, Gusti: Langestr. 2.
According to friendly P/W she can be classified as friendly.

Rausch, Ludwig: Langestr. 2.
According to friendly P/W he can be classified as friendly.

Hanau

Fritz, Robert, Dr.:
About 55 years old. Landgerichtspraesident. Until 1938 neither member of party or NS Lawyers Bund. Was known for impartial sentences against non-Nazis. Expressed personal views about Nazi practices in 1934 in such a way that it lead to an inquiry against him.

Rumpf, Julius:
Born about 1874. Former pastor at Marktkirche in Wiesbaden. In opinion of source a fighter and anti-Nazi.

Hersfeld

Doering, Hans:
About 45 years old. Official residence: Hannoversch-Muendin. University and legal training. In finance ministry; then appointed Judge. National liberal before 1933. From '33 to '39 he strongly opposed Nazism; remained aloof from party and kept in touch with Jewish and non-Aryan friends.

Kassel

Happich, :
Chairman of regional Church committee in Kurhessen-Waldeck; confessional.

Heinemann, Margret:
Ministerialraetin. Head of Department. "Das hoehere Maedchenschulwesen" Dismissed when Hitler came in. Belonged to Democratic Party.

Henscke, Walter:
About 38 years old. Skilled worker in lath factory in Bettenhausen-Kassel. Member of Reichsbanner; in charge of propaganda in factory. In 1937 sentenced to 3½ years for activity in illegal SPD. No reports since trial.

Hesse, Kurt:
About 36 years old. Railway clerk; dismissed in 1936. Former SPD organizer. Joined illegal group; arrested in 1936 and sentenced to 2½ years. No report since trial.

(C)Hinz, Fritz:
Born about 1890. General manager of Henschel Locomotive Works. Not Nazi although possibly NSDAP member. Frequently made deprecatory remarks about Party; helped Jewish employees.

Lieberknecht, P.: Skagerrakplatz.
Head of "Organization for helping Christian Jews or non-Aryans in Kassel."

S E C R E T

Gießen (2)

Fischer, Walter; Hindenburgwall 5. Befragt von E.Y. Hartshorne. Etwa 1889 geboren. Protestantisch. Englisch-Professor an der Universität Gießen. Unpolitisch liberal, nicht-nazistisch, aber im privaten Gespräch in seinen Äußerungen bitter gegen das Regime. (Versuchte bei mehreren Gelegenheiten, eine Stellung im Ausland zu finden.)

Großkrotzenburg

Rausch, Gusti; Langestr. 2: Kann laut einem freundlich gesinnten Kriegsgefangenen als freundlich gesinnt eingestuft werden.

Rausch, Ludwig; Langestr. 2: Kann laut einem freundlich gesinnten Kriegsgefangenen als freundlich gesinnt eingestuft werden.

Hanau

Fritz, Robert, Dr.: Etwa 55 Jahre alt. Landgerichtspräsident. Bis 1938 weder Mitglied der Partei noch des NS-Juristenbunds. War für seine unparteiischen Urteile gegen Nicht-Nazis bekannt. Brachte seine persönlichen Ansichten über die Nazi-Praktiken 1934 in solch einer Weise zum Ausdruck, daß dies zu einer Untersuchung gegen ihn führte.

Rumpf, Julius: Etwa 1874 geboren. Ehemaliger Pfarrer der Marktkirche in Wiesbaden. Nach Meinung der Quelle ein Kämpfer und Anti-Nazi.

Hersfeld

Doering/Döring, Hans: Etwa 45 Jahre alt. Dienstwohnung: Hannoversch Münden. Universität und juristische Ausbildung. Im Finanzministerium; dann zum Richter ernannt. Vor 1933 nationalliberal. Von '33 bis '39 trat er entschieden gegen den Nazismus auf; hielt sich von der Partei fern und blieb in Verbindung mit jüdischen und nicht-arischen Freunden.

Kassel

Happich, [Friedrich]: Vorsitzender des Landeskirchenausschusses in Kurhessen-Waldeck; Bekennende Kirche.

Heinemann, Margret: Ministerialrätin. Leiterin der Abteilung »Das höhere Mädchenschulwesen«. Entlassen, als Hitler kam. Gehörte der [Deutschen] Demokratischen Partei an.

Henschke, Walter: Etwa 38 Jahre alt. Facharbeiter in der Werkzeugfabrik in Bettenhausen-Kassel. Mitglied des Reichsbanners; in der Fabrik für die Propaganda zuständig. 1937 wegen Aktivitäten für die verbotene SPD zu 3½ Jahren verurteilt. Keine Nachrichten seit dem Prozeß.

Hesse, Kurt: Etwa 36 Jahre alt. Bahnangestellter; 1936 entlassen. Früher in der SPD-Parteiarbeit tätig; schloß sich einer illegalen Gruppe an; 1936 verhaftet und zu 2½ Jahren verurteilt. Keine Nachricht seit dem Prozeß.

(C) **Hinz, Fritz**: Etwa 1890 geboren. Direktor der Lokomotivfabrik Henschel. Kein Nazi, obgleich möglicherweise NSDAP-Mitglied. Machte häufig abfällige Bemerkungen über die Partei; half jüdischen Angestellten.

Lieberknecht, P.; Skagerrakplatz: Leiter »der Organisation, die christlichen Juden und Nichtariern in Kassel hilft«.

S E C R E T

White List

HESSEN-NASSAU

Kassel (2) (4)

Rininsland, Ernst:
About 43 years old. Single, skilled worker. Member SPD and joined illegal groups in 1934. In 1936 sentenced to 4 years. Last report in 1938 when he was still in prison. Ardent anti-Nazi.

Schlotterhose, Paul:
About 42 years old. Secretary of Kassel trade union. Dismissed in 1933 and sent to concentration camp for a few months. Joined illegal SPD group in 1935 and acted as liaison with illegal groups in Western Germany (Frankfurt and Duesseldorf). Arrested in 1936 and given 3 ½ years for high treason. No reports since trial.

Schwarzkopf, Karl, Dr.:
About 60 years old. Economist; General Manager of the Landes Kreditkasse, Kassel, a public banking institution with many ramifications in urban and rural districts of the province of Kassel. Formerly Secretary of State in the Ministry of Economics in the Papen Government. One of the few Conservative Federalists still in Germany. "Anti-Nazi; anti-Prussian. Friendly towards Great Britain and France. Spent all his holidays outside Germany, mainly in France and Czechoslovakia."

Ufert, Karl:
About 45 years old. Trade union secretary in Kassel until 1933. One of the leaders of Reichsbanner and leader of illegal SPD in Kassel. Arrested in 1936, sentenced to 3½ years in 1937. Last report in 1938 when still in good health in prison at Kassel-Wehlen; unshaken in anti-Nazi attitude.

Zinn, Georg:
About 40 years old. Married, one child. Attorney for SPD and Unions in Kassel until 1933. In concentration camp, then released and permitted to practice as an attorney.

Koenigstein-Taunus.

Amelung, Walter Dr.:
Protestant (Confessional Church) leader against Nazi controlled State Church.

Klingenberg

Doehler, Walter Dr.: Wilhelmstr. 133.
Studienrat. Dismissed by Nazis because allegedly Communist; actually Democrat. Was in concentration camp for 3 months in 1933 or 1934.

Limburg

Bokler, :
Friendly P/W considers him anti-Nazi.

Seidenather, :
Connected with Caritas. Friendly P/W considers him anti-Nazi.

S E C R E T

Kassel (2)

Rininsland, Ernst: Etwa 45 Jahre alt. Ledig, Facharbeiter. Mitglied der SPD und schloß sich 1934 illegalen Gruppen an. 1936 zu 4 Jahren verurteilt. Letzte Nachricht 1938, als er noch immer im Gefängnis war. Glühender Anti-Nazi.

Schlotterhose, Paul: Etwa 42 Jahre alt. Sekretär der Gewerkschaft Kassel. 1933 entlassen und für einige Monate ins Konzentrationslager geschickt. Schloß sich 1935 einer illegalen SPD-Gruppe an und agierte als Verbindungsmann zwischen illegalen Gruppen in Westdeutschland (Frankfurt und Düsseldorf). 1936 verhaftet und bekam 3½ Jahre wegen Hochverrats. Keine Nachrichten seit dem Prozeß.

Schwarzkopf, Karl, Dr.: Etwa 60 Jahre alt. Volkswirtschaftler; Direktor der Landeskreditkasse, Kassel, ein staatliches Bankinstitut mit vielen Zweigstellen in städtischen und ländlichen Bezirken der Provinz Kassel. Ehemals Staatssekretär im Wirtschaftsministerium der Papen-Regierung. Einer der wenigen konservativen Föderalisten, die sich noch in Deutschland aufhalten. »Anti-Nazi; anti-preußisch. Freundlich gesinnt gegenüber Großbritannien und Frankreich. Verbrachte alle seine Ferien außerhalb Deutschlands, hauptsächlich in Frankreich und der Tschechoslowakei.«

Ufert, Karl: Etwa 45 Jahre alt. Bis 1933 Sekretär der Gewerkschaft Kassel. Einer der Anführer des Reichsbanners und Führer der verbotenen SPD in Kassel. 1936 verhaftet, 1937 zu 3½ Jahren verurteilt. Letzte Meldung aus dem Jahr 1938, als er im Gefängnis in Kassel-Wehlen noch bei guter Gesundheit war; unerschüttert in seiner Anti-Nazi-Einstellung.

Zinn, Georg: Etwa 40 Jahre alt. Verheiratet, ein Kind. Als Anwalt für die SPD und Gewerkschaften in Kassel bis 1933 tätig. Im Konzentrationslager, dann entlassen und schloß sich in Kassel einer Anwaltskanzlei an.

Königstein-Taunus

Amelung, Walter, Dr.: Protestantischer Anführer (Bekennende Kirche) gegen eine von den Nazis kontrollierte Staatskirche.

Klingenberg

Döhler, Walter, Dr.; Wilhelmstr. 133: Studienrat. Von den Nazis entlassen, weil angeblich Kommunist; tatsächlich Demokrat. War 1933 oder 1934 drei Monate im Konzentrationslager.

Limburg

Bokler: Ein freundlich gesinnter Kriegsgefangener hält ihn für anti-Nazi.

Seidenather: Mit der Caritas verbunden. Ein freundlich gesinnter Kriegsgefangener hält ihn für anti-Nazi.

S E C R E T

White List

HESSEN-NASSAU

Marburg

Bultmann, Rudolf: Calvinstr. 14.
Protestant. Professor of Theology at U. of Marburg. Dialectical Theology Editor of Theologische Rundschau. Bekenntniskirche. In conflict with NS. Apolitical democrat, considered to be anti-Nazi.

Freudenberg, Ernst:
Born about 188[illegible]. Formerly Professor of Pediatrics, U. of Marburg, dismissed in 1937 because of his opposition to the Nazis.

Giesecke, Dr.:
About 50-55 years old. Professor of Law in Marburg. Previously Assessor in the Wirtschaftsministerium, and Privatdocent in Bonn in Commercial and Industrial Law. "Always anti-Nazi."

Hamann, Richard:
Professor of History of Art at Marburg University. Attacked by "Sturmer" kept position though opposed to Hitler, but made as little concessions as possible and tried to undermine Nazi creed.

Heiler, Friedrich Dr.:
Ordinarius fuer Theologie. About 55 years old. A converted Catholic and expert on Church problems. Democratic liberal tendencies. Pleads for cooperation of Catholic and Protestant churches against Nazis.

Krauss, Werner: Ockershaueser Allee 39.
Born about 1900. Protestant. Professor of Romance Languages at U. of Marburg. Democratic and non-Nazi according to source.

[illegible]
Evangelical theologian. Reported as reliable.

Schlier, Prof.:
Evangelical theologian. Reported as reliable.

Soden, Hans Freiherr von: Woerthstr. 37.
Born about 1881. Professor of church history. Influential in anti-Nazi Protestant circles and among Protestant ministers.

Massenheim-Bad Vilbel

Fischer, Dr.:
Born about 1880. Chemist on staff of I G Farben. Member of Confessional Church, which he actively supported. Helped pastor escape in his car. Firm Christian convictions and moral courage. Never active in politics.

Offenbach

Bauer, Willy: Hospitalstr. 2.
Imprisoned for distributing Social Democratic leaflets. Close relative of friendly P/W.

Faust, Anton: Mittelseestr. 2.
Voted for Demokratische Partei before 1933. Close relative of friendly P/W who states he has remained anti-Nazi.

Faust, Hugo: Sackgasse 12. (Muelheim a. M.)
Knows most of the pre-Nazi officials in Offenbach area. According to friendly P/W, his house is in deserted section of town, so a group meets there to listen to foreign broadcasts.

S E C R E T

Marburg

Bultmann, Rudolf; Calvinstr. 14: Protestantisch. Professor für Theologie an der Universität Marburg. Dialektische Theologie. Herausgeber der *Theologischen Rundschau*. Bekennende Kirche. Im Widerstreit mit dem Nationalsozialismus. Unpolitischer Demokrat, gilt als Anti-Nazi.

Freudenberg, Ernst: Etwa 1884 geboren. Ehemals Professor für Pädiatrie, Universität Marburg, 1937 wegen seiner Gegnerschaft gegen die Nazis entlassen.

Gieseke, [Paul], Dr.: Etwa 50–55 Jahre alt. Professor für Rechtswissenschaften in Marburg. Vorher Referent im Wirtschaftsministerium und Privatdozent für Handels- und Wirtschaftsrecht in Bonn. »Immer anti-Nazi.«

Hamann, Richard: Professor für Kunstgeschichte an der Universität Marburg. Vom *Stürmer* angegriffen, behielt er, obwohl gegen Hitler, seine Stelle, machte aber so wenig Zugeständnisse wie möglich und versuchte, das Credo der Nazis zu unterminieren.

* **Heiler, Friedrich, Dr.**: Ordinarius für Theologie. Etwa 55 Jahre alt. Ein konvertierter Katholik und Fachmann für Kirchenfragen. Demokratisch liberale Tendenzen. Plädiert für die Zusammenarbeit der katholischen und protestantischen Kirchen gegen die Nazis.

Krauss, Werner; Ockershäuser Allee 39: Etwa 1900 geboren. Protestantisch. Professor für Romanische Sprachen an der Universität Marburg. Laut Quelle demokratisch und nicht-nazistisch.

[...], Prof.: Evangelischer Theologe. Dem Bericht nach zuverlässig.

Schlier, [Heinrich], Prof.: Evangelischer Theologe. Dem Bericht nach zuverlässig.

* **Soden, Hans Freiherr von**; Wörthstr. 37: Etwa 1881 geboren. Professor für Kirchengeschichte. Einflußreich in protestantischen Anti-Nazi-Kreisen und unter protestantischen Pfarrern.

Massenheim (Bad Vilbel)

Fischer, Dr.: Etwa 1880 geboren. Chemiker, gehört zur Belegschaft von IG Farben. Mitglied der Bekennenden Kirche, die er aktiv unterstützt. Half einem Pfarrer, in seinem Auto zu entkommen. Feste christliche Überzeugungen und Zivilcourage. Niemals aktiv politisch tätig.

Offenbach

Bauer, Willy; Hospitalstr. 2: Kam ins Gefängnis, weil er sozialdemokratische Flugblätter verteilte. Naher Verwandter eines freundlich gesinnten Kriegsgefangenen.

Faust, Anton; Mittelseestr. 2: Stimmte vor 1933 für die [Deutsche] Demokratische Partei. Naher Verwandter eines freundlich gesinnten Kriegsgefangenen, der erklärt, daß er anti-Nazi geblieben ist.

Faust, Hugo; Sackgasse 12 (Mühlheim am Main): Kennt die meisten der Pro-Nazi-Beamten in der Region Offenbach. Laut einem freundlich gesinnten Kriegsgefangenen liegt sein Haus in einem verlassenen Teil der Stadt; daher trifft sich dort eine Gruppe, um ausländische Radiosendungen zu hören.

White List

SECRET

HESSEN-NASSAU

Offenbach (2)

(C)Gilbert, : Grossemarktstr.
Metteur (make-up) of the Seiboldische Buchdruckerei in Offenbach, considered by friendly P/W to be anti-Nazi; although he may be identical with Gilbert, Heinrich: Kreisamtsleiter NSKOV.

Leimbach, :
Editor who lost his job due to democratic party affiliation. Reported anti-Nazi by friendly P/W.

Usinger, Fritz, Dr.:
About 50 years old. Protestant. Writer and prominent expert on German literature. Reported anti-Nazi and liberal Democrat.

Wiesbaden

Bernus, Franz, von: Lehrstr. 8.
Born about 1886. Pastor at Bergkirche in Wiesbaden; member of confessional church; chairman of local Council of Brothers. Opposed Nazis and new Nazi church.

Bovensiepen, Rudolf: Phillipsburgstr. 18.
Born about 1877. Protestant. Ex-High Court judge in Kiel. Very liberal and democratic in his legal writings. Reported anti-Nazi.

Buttersack, Hans
About 64 years old; member of Confessional church. Rechtsanwalt in Wiesbaden. Arrested by Nazis on account of expression of strong anti-Nazi views, but was later released through influence of friends.

[illegible], Hans:
Born 191[illegible]. Assistant Pastor of Bergkirche in Wiesbaden. Expelled by Nazis in 1939. Fighter against "German Christians". Probably in Army.

Fries, Max: Bergkirche, Lehrstr.
Born about 1892. Protestant (Confessional). Pastor of Bergkirche; primarily interested in Music. Conservative prior to 1933, then joined confessional church and held meetings in his home. Reported anti-Nazi.

Hahn, Wilhelm:
Pastor at Ring Church (Confessional Protestant). Anti-Nazi.

Knies, Richard
Born about 1886. Roman Catholic. Writer and executive of publishing house. Published novels, poems. Founded Matthias Gruenewald Verlag. Had to close it down when Nazis came to power. Now works for publisher in Wiesbaden (former publisher of Catholic paper in this city). Reported anti-Nazi.

Korthauer, August: Mainzerstr. 26.
Born about 1868. Retired Bishop. President of Evangelical Society of Inner Missions, member of Confessional Church. Drew line between himself and the Nazis.

Mayer, Georg A.: Mainzerstr. 6.
Born about 1883. Retired Oberregierungsrat. Catholic. Formerly Rome correspondent of Catholic newspaper Germania. Speaks English, French, and Russian. Requested to be pensioned shortly after Nazis came to power. Strong Democratic liberal.

SECRET

Offenbach (2)

(C) **Gilbert**; Große Marktstr.: Metteur in der Seibold'schen Buchdruckerei in Offenbach, ist nach Ansicht eines freundlich gesinnten Kriegsgefangenen anti-Nazi.; obgleich er vielleicht identisch ist mit Gilbert, Heinrich: Kreisamtsleiter NSKOV [Nationalsozialistische Kriegsopferversorgung].

Leimbach: Ein Redakteur, der seine Stelle wegen seiner Zugehörigkeit zum demokratischen Parteienlager verlor. Anti-Nazi nach Aussagen eines freundlich gesinnten Kriegsgefangenen.

Usinger, Fritz, Dr.: Etwa 50 Jahre alt. Protestantisch. Schriftsteller und ein herausragender Fachmann für deutsche Literatur. Dem Bericht nach anti-Nazi und liberaler Demokrat.

Wiesbaden

Bernus, Franz von; Lehrstr. 8: Etwa 1886 geboren. Pfarrer der Bergkirche in Wiesbaden; Mitglied der Bekennenden Kirche; Vorsitzender des Ortsbruderrats. Widersetzte sich den Nazis und der neuen Nazi-Kirche.

Bovensiepen, Rudolf; Philippsbergstr. 18: Etwa 1877 geboren. Protestantisch. Ex-Richter am Obersten Gerichtshof in Kiel. Sehr libral und demokratisch in seinen juristischen Schriften. Dem Bericht nach anti-Nazi.

Buttersack, Hans: Etwa 64 Jahre alt; Mitglied der Bekennenden Kirche. Rechtsanwalt in Wiesbaden. Von den Nazis verhaftet, weil er überzeugt anti-nazistische Ansichten zum Ausdruck brachte, wurde aber später durch den Einfluß von Freunden wieder freigelassen.

Conradi, [Paul]: Geboren 1911. Vikar an der Bergkirche in Wiesbaden. 1939 von den Nazis hinausgeworfen. Ein Kämpfer gegen die »Deutschen Christen«. Wahrscheinlich beim Heer.

Fries, Max; Bergkirche, Lehrstr.: Etwa 1892 geboren. Protestantisch (Bekennend). Pfarrer an der Bergkirche; vorwiegend an Musik interessiert. Vor 1933 konservativ, schloß sich dann der Bekennenden Kirche an und hielt in seinem Haus Treffen ab. Dem Bericht nach anti-Nazi.

Hahn, Wilhelm: Pfarrer an der Ringkirche (Bekennender Protestant). Anti-Nazi.

Knies, Richard: Etwa 1886 geboren. Römisch-katholisch. Schriftsteller und Leiter eines Verlags. Veröffentlichte Romane, Gedichte. Gründete den Matthias-Grünewald-Verlag. Mußte ihn aufgeben, als die Nazis an die Macht kamen. Arbeitet jetzt für einen Verleger in Wiesbaden (den ehemaligen Verleger einer katholischen Zeitung dieser Stadt). Dem Bericht nach anti-Nazi.

Kortheuer, August; Mainzer Str. 26: Etwa 1868 geboren. Bischof im Ruhestand. Präsident der Evangelischen Gesellschaft der Inneren Mission, Mitglied der Bekennenden Kirche. Zog eine Trennungslinie zwischen sich und den Nazis.

Mayer, Georg A.; Mainzer Str. 6: Etwa 1883 geboren. Oberregierungsrat im Ruhestand. Katholisch. Ehemals Rom-Korrespondent der katholischen Zeitung *Germania*. Spricht Englisch, Französisch und Russisch. Verlangte, pensioniert zu werden, kurz nachdem die Nazis an die Macht kamen. Ein überzeugter Demokratisch-Liberaler.

S E C R E T

White List

HESSEN-NASSAU

Wiesbaden (2)

Merten, Wilhelm:

Protestant (Confessional) Paster at Ringkirche. Joined Confessional Church prior to 1933 and was threatened with dismissal. Apolitical and non-Nazi according to source.

Voss, Hermann:

About 55 years old. Director "Staedtische Kunstsammlungen", Wiesbaden. Formerly curator of paintings at Kaiser Friedrich Museum, Berlin, and transferred to Wiesbaden on account of anti-Nazi feelings. Source met him last in 1936 and "he was then as anti-Nazi in feelings as formerly."

Worms

Heil, Ludwig, Baron von:

About 54 years old. Married to daughter of an East Prussian Junker, von der Marwitz. Owner of leather factory, Cornelius Heil. Many international business connections, especially in Russia. In 1933-34 sent his children to be educated in Switzerland. Has travelled all over the world, a great deal in USA and Britain. "Anti-Nazi, helpful to Jews."

Wiesbaden (2)

Merten, Wilhelm: Protestantischer (Bekennend) Pfarrer an der Ringkirche. Schloß sich vor 1933 der Bekennenden Kirche an und wurde mit Entlassung bedroht. Laut Quelle unpolitisch und nicht-nazistisch.

Voss, Hermann: Etwa 55 Jahre alt. Direktor der »Städtischen Kunstsammlungen«, Wiesbaden. Ehemals Kurator für Gemälde im Kaiser-Friedrich-Museum, Berlin, und wegen seiner Anti-Nazi-Ansichten nach Wiesbaden versetzt. Die Quelle traf ihn 1936 zum letzten Mal und »er war damals in seinen Ansichten so anti-Nazi wie früher«.

Worms

Heyl [zu Herrnsheim], Ludwig von: Etwa 54 Jahre alt. Verheiratet mit der Tochter eines ostpreußischen Junkers namens von der Marwitz[-Stein]. Inhaber der Lederwerke Cornelius Heyl. Viele internationale Geschäftsbeziehungen, besonders nach Rußland. Schickte seine Kinder 1933-34 zum Schulbesuch in die Schweiz. Hat die ganze Welt bereist, war sehr oft in den USA und in Großbritannien. »Anti-Nazi, hilfsbereit gegenüber Juden.«

S E C R E T

White List

BAYERN

Address Unknown

— Bernhart, Josef:
Writer and journalist. Reported to be reliable

Decker, Karl:
Ministerialrat, Referent fuer Technische Hochschulen Bayerns. Previously Referent fuer Universitaeten Bayerns. Member of the Bavarian Volkspartei (Catholic). "A sincere, efficient, reliable civil servant".

— Doerfler, P. :
Writer. Reported to be reliable.

Kastl, Ludwig Dr.:
About 60 years old. Married; speaks English well. Legal and economic training. After last war was Ministerialrat in the Finance Ministry working on reparations. Retired about 1925 and became Secretary of the Reichsverband der Deutschen Industrie. In 1929 was one of the German delegates on the Young Committee and in favour of the proposals. Propagated the Young Plan in articles and speeches which were attacked by the Nazis. In 1933 had to give up his office and retired to Bavaria as a solicitor.

Strigel, Fritz:
About 37 years old. State secondary school teacher (Studienassessor) in English, History and German, in a town in the Oberpfalz. Probably called up at the outbreak of the war. "Staunch anti-Nazi". Before the war frequently informed source "about conditions in Germany by means of letters posted in Switzerland". Visited source in London in 1934 & 1938. "Unlikely to have changed his opinions. Reliable and suitable for the reconstruction of secondary schools in South Germany".

Velsen, Dorothea von:
Born about 1885. Protestant. Did much social work. Active in women's leagues. After 1933 bought farm in Bavaria and confined activities to farming. "Radical anti-Nazi".

Wiechert, Ernst: Hof-Gagert near Wolfratshausen (Upper Bavaria)
Born about 1887. Author; nationalist; "anti-Nazi".

Wiethaus, Karl Wolfgang:
Formerly sub-manager of Dresdner Bank, retired to the country near Rosenheim after 1933 for political reasons. "Anti-Nazi".

S E C R E T

Anschrift unbekannt

Bernhart, Josef: Schriftsteller und Journalist. Soll zuverlässig sein.

Decker, Karl: Ministerialrat, Referent für die Technischen Hochschulen Bayerns. Vorher Referent für die Universitäten Bayerns. Mitglied der Bayerischen Volkspartei (katholisch). »Ein aufrichtiger, tüchtiger, zuverlässiger Beamter.«

Dörfler, [Peter]: Schriftsteller. Soll zuverlässig sein.

Kastl, Ludwig, Dr.: Etwa 60 Jahre alt. Verheiratet; spricht gut Englisch. Jura- und Wirtschaftsstudium. War nach dem letzten Krieg Ministerialrat im Finanzministerium und dort mit den Reparationen befaßt. Schied um 1925 aus und wurde Sekretär des Reichsverbands der Deutschen Industrie. War 1929 einer der deutschen Delegierten im Young-Komitee und befürwortete die Vorschläge. Sorgte in Artikeln und Reden, die von den Nazis angegriffen wurden, für die Verbreitung der Inhalte des Young-Plans. Mußte 1933 sein Amt aufgeben und zog sich als Anwalt nach Bayern zurück.

Strigel, Fritz: Etwa 37 Jahre alt. Lehrer an einem staatlichen Gymnasium (Studienassessor) für Englisch, Geschichte und Deutsch, in einer Stadt in der Oberpfalz. Wahrscheinlich bei Ausbruch des Krieges eingezogen. »Standhafter Anti-Nazi.« Informierte die Quelle vor dem Krieg oft »über die Verhältnisse in Deutschland durch Briefe, die in der Schweiz aufgegeben wurden«. Besuchte die Quelle 1934 und 1938 in London. »Es ist unwahrscheinlich, daß er seine Ansichten geändert hat. Zuverlässig und geeignet für den Neuaufbau der höheren Schulen in Süddeutschland.«

Velsen, Dorothee von: Etwa 1885 geboren. Protestantisch. Hat sehr viel soziale Fürsorgearbeit geleistet. Aktiv in Frauenverbänden. Kaufte nach 1933 einen Bauernhof in Bayern und beschränkte ihre Aktivitäten auf die Landwirtschaft. »Radikale Nazi-Gegnerin.«

Wiechert, Ernst; Hof Gagert in der Nähe von Wolfratshausen (Oberbayern): Etwa 1897 geboren. Autor; Nationalist; »Anti-Nazi«.

Wiethaus, Karl Wolfgang: Ehemals stellvertretender Direktor der Dresdner Bank, zog sich nach 1933 aus politischen Gründen aufs Land in der Nähe von Rosenheim zurück. »Anti-Nazi.«

White List

BAYERN

Amberg

Matthes, Sebastian:
About 50 years old; Catholic. Secretary of Christian Trade Union. Member of Bayerische Volkspartei in Bavarian diet. "Anti-Nazi".

Ansbach

Hartwig, :
About 67 years old. Justizrat. Former member of the Board of Anwaltskammer. "Reliable anti-Nazi."

Arnberg

Endemann, Christian:
About 58 years old. Trade Union Secretary and Social Democrat member of the Bavarian Landtag.

Aschaffenburg

Karp, Werner Dr.:
Dental surgeon; half Aryan. "Strongly anti-Nazi according to Reliable informant re the political colour of members of the medical profession in his district". Cousin of the source.

Augsburg

Hoegg, Clemens:
Born about 1888. Protestant; ex Secretary SPD Augsburg. Member of Schwabian Diet; right-wing SPD. Friend of Hans Vogel. (London Soc. Dem. leader)

Hohenberger, von Dr.:
About 45-50 years old. Lawyer. Officer in Bavarian army in first world war; decorated. Expressed anti-Nazi opinions in many conversations with source. May be expected to help in reconstruction after war.

Lang, Gregor Dr.: Stephansplatz 6.
Born about 1885. Roman Catholic, ex-Director of St. Stephans Gymnasium at Benedictine Monastery (until 1939 when Nazis took over school). Bayerische Volkspartei; "anti-Nazi."

Mettezang, Arthur:
Speaker for Social Democratic Party in Recklinghausen, where also listed. In concentration camp since 1933. Last in Augsburg.

Bad Tola

Wiedermann, Anton: Oberermarkt. 54.
Born about 1892. Catholic. Soap manufacturer. Head of Bay. Volkspartei: 1921-24; Second Mayor of Bad Tola 1926-33. "Strong anti-Nazi."

Bamberg

¥-Dehler, Thomas Dr.: Hainstr. 21.
About 45 years old. Married to a Jewess. Rechtsanwalt. "He often defended at great personal risk Jews and other people persecuted by the Nazis. He was arrested several times because of his activities, but even in prison did not yield to requests made by high party officials. He is unreservedly reliable. Was reported to be still in Bamberg as late as 1941 or 1942."

Amberg

Matthes, Sebastian: Etwa 50 Jahre alt; katholisch. Sekretär der Christlichen Gewerkschaft. Mitglied der Bayerischen Volkspartei im Bayerischen Landtag. »Anti-Nazi.«

Ansbach

Hartwig, [Reinhard]: Etwa 67 Jahre alt. Justizrat. Ehemaliges Mitglied des Vorstands der Anwaltskammer. »Zuverlässiger Anti-Nazi.«

Amberg

Endemann, Christian: Etwa 58 Jahre alt. Gewerkschaftssekretär und sozialdemokratisches Mitglied des Bayerischen Landtags.

Aschaffenburg

Karp, Werner, Dr., Zahnarzt; Halbjude. »Entschieden anti-Nazi, laut den die politische Färbung der Angehörigen des medizinischen Berufsstands in seinem Bezirk betreffenden Aussagen eines zuverlässigen Informanten.« Cousin der Quelle.

Augsburg

Högg, Clemens: Etwa 1888 geboren. Protestantisch; Ex-Parteisekretär der SPD Augsburg. Abgeordneter für Bayerisch-Schwaben im Landtag; rechter Flügel der SPD. Freund von Hans Vogel (London, Führer der Sozialdemokraten).

Hohenberger, von, Dr.: Etwa 45–50 Jahre alt. Anwalt. Im Ersten Weltkrieg Offizier in der Bayerischen Armee; dekoriert. Brachte in vielen Gesprächen mit der Quelle Anti-Nazi-Ansichten zum Ausdruck. Man kann erwarten, daß er beim Wiederaufbau nach dem Krieg mithilft.

Lang, Gregor, Dr.; Stephansplatz 6: Etwa 1885 geboren. Römisch-katholisch und Ex-Direktor des Gymnasiums in der Benediktinerabtei St. Stephan (bis die Nazis 1939 die Schule übernahmen). Bayerische Volkspartei; »anti-Nazi«.

Mettezang, Arthur: Sprecher der Sozialdemokratischen Partei in Recklinghausen, dort auch aufgeführt. Seit 1933 im Konzentrationslager. Zuletzt in Augsburg.

Bad Tölz

Wiedemann, Anton; Oberer Markt 54: Etwa 1892 geboren. Katholisch. Seifenfabrikant. Vorsitzender der Bayerischen Volkspartei: 1921-24; Zweiter Bürgermeister von Bad Tölz: 1926-33. »Überzeugter Anti-Nazi.«

Bamberg

* **Dehler, Thomas, Dr.**; Hainstr. 21: Etwa 45 Jahre alt. Mit einer Jüdin verheiratet. Rechtsanwalt. »Er verteidigte oft unter großem persönlichem Risiko Juden und andere Menschen, die von den Nazis verfolgt wurden. Er wurde mehrmals wegen seiner Aktivitäten verhaftet, beugte sich aber selbst im Gefängnis nicht den Forderungen hoher Parteifunktionäre. Er ist ohne Einschränkungen zuverlässig. Soll 1941 oder 1942 noch in Bamberg gewesen sein.

White List

BAYERN

Bamberg (2)

Krapp, Vincent:
About 63 years old. Unmarried; devout Catholic. Doctor of Law. After last war a public prosecutor (Staatsanwalt) in Bavarian courts. About 1922 appointed German Government Agent at the German-Italian tribunal, set up under the Treaty of Versailles. Appointed President of the Landgericht in Bamberg. In 1933 at his own request was retired. "allegedly for reasons of health, but admitted to source that the real reason was that he felt unable to apply the new Nazi laws and principles." Has since been entrusted by the Archbishop of Bamberg with the administration of church property and art treasures in the diocese of Bamberg. "Never concealed his violent antipathy to Nazism and Nazi persecution".

Wegmann, Dr.:
Former mayor of Bamberg. National liberal. "Unlikely to have changed his political views. Suitable for future democratic administration".

Bayreuth

Giessel, Carl:
Born about 1901. Journalist; ex-owner of Bayreuther Tagblatt, surrendered his paper to the Nazis. Democratically minded, anti-Nazi prior to 1933; although easily intimidated.

Koerber, Wilhelm Dr.:
Physician; co-Director of Municipal Hospital of Bayreuth. Conservative patriot (Stahlhelm). "Anti-Nazi".

Preu, :
About 70 years old; unmarried, Protestant. Former mayor of Bayreuth, but dismissed by Nazis. Internationally minded - has good knowledge of persons in the town.

(*) Puchta, Friedrich:
About 60 years old; Protestant; married. Former editor of Bayreuther Volkszeitung (Social Democratic Newspaper). Seat in Reichstag for many years first from Saxony then from Bavaria. Dismissed when Nazis came to power. In concentration camp most of time.

Steinbrueck, Johannes:
About 50 years old; Protestant; married; children. Pharmacist in Hofapotheke. Not politically active, but "anti-Nazi".

Wild, Karl: Rosestr.
Born about 1889. Owner of brocade factory. Protestant. Apolitical, but considered strong anti-Nazi.

Boehmisch-Leipa

Preysing, Kaspar Graf von: Gut-Buerkstein.
Born 1903. Roman Catholic; Bayr. Volkspartei. Nephew of Count Preysing-Bishop of Berlin; manages family estate. Up to 1933 was Secretary of Volksverein fuer das Katholische Deutschland. Considered to be anti-Nazi.

Doerflas

Benker, Franz: Near Markredwitz.
Born about 1890. Protestant; married; children. Co-owner of Joh. Benker & Co; manufacturers of color textiles. Bavarian conservative and devoted to royal family, but democratic. Never took part in Nazi activities and frequently expressed dislike of Nazi methods in private conversation.

Bamberg (2)

Krapp, Vincent: Etwa 63 Jahre alt. Unverheiratet; gläubiger Katholik. Dr. jur.. Nach dem letzten Krieg Staatsanwalt an bayerischen Gerichten. Etwa 1922 ernannt zum Vertreter der Deutschen Regierung am Deutsch-Italienischen Schiedsgericht, das unter dem Versailler Vertrag eingerichtet wurde. Zum Präsidenten des Landgerichts in Bamberg ernannt. 1933 auf seinen eigenen Wunsch hin in den Ruhestand versetzt, »angeblich aus Gesundheitsgründen, der Quelle gegenüber gab er aber zu, daß der wahre Grund der war, daß er sich außerstande fühlte, die neuen Nazi-Gesetze und -Prinzipien anzuwenden.« Ist inzwischen vom Erzbischof von Bamberg mit der Verwaltung des Kircheneigentums und der Kunstschätze in der Diözese Bamberg betraut worden. »Hat niemals seine heftige Antipathie gegen den Nazismus und die von den Nazis betriebene Verfolgung verborgen.«

Weegmann, [Luitpold]: Ehemaliger Bürgermeister von Bamberg. Nationalliberal. »Es ist unwahrscheinlich, daß er seine politischen Ansichten geändert hat. Geeignet für eine zukünftige demokratische Verwaltung.«

Bayreuth

Giessel, Carl: Etwa 1901 geboren. Journalist; ehemaliger Besitzer des *Bayreuther Tagblatts*, übergab seine Zeitung den Nazis. Demokratisch gesinnt, vor 1933 anti-Nazi; jedoch leicht einzuschüchtern.

Koerber, Hermann, Dr.: Arzt; Co-Direktor des Städtischen Krankenhauses Bayreuth. Konservativer Patriot (»Stahlhelm [– Bund der Frontsoldaten«]). »Anti-Nazi.«

Preu, [Albert]: Etwa 70 Jahre alt; unverheiratet, protestantisch. Ehemaliger Bürgermeister von Bayreuth, von den Nazis jedoch abgesetzt. International gesinnt – weiß gut Bescheid über die Menschen in der Stadt.

Puchta, Friedrich: Etwa 60 Jahre alt; protestantisch; verheiratet. Ehemaliger Redakteur der *Bayreuther Volkszeitung* (sozialdemokratische Zeitung). Viele Jahre ein Sitz im Reichstag, erst für Sachsen, dann für Bayern. Entlassen, als die Nazis an die Macht kamen. Die meiste Zeit im Konzentrationslager.

Steinbrück, Johannes: Etwa 50 Jahre alt; protestantisch; verheiratet; Kinder. Apotheker in der Hof-Apotheke. Politisch nicht aktiv, aber »anti-Nazi«.

Wild, Karl; Rosestr.: Etwa 1889 geboren. Besitzer einer Fabrik für Brokatstoffe. Protestantisch. Unpolitisch, gilt aber als überzeugter Anti-Nazi.

Böhmisch-Leipa

Preysing, Caspar Graf von; Gut Bürgstein: 1903 geboren. Römisch-katholisch; Bayerische Volkspartei. Neffe von [Konrad] Graf von Preysing – Bischof von Berlin; leitet den Familiensitz. War bis 1933 Sekretär des Volksvereins für das Katholische Deutschland. Gilt als Anti-Nazi.

Dörflas

Benker, Franz; in der Nähe von Marktredwitz: Etwa 1890 geboren. Protestantisch; verheiratet; Kinder. Miteigentümer von Joh. Benker & Co; Hersteller von Farbtextilien. Bayerisch konservativ und der königlichen Familie treu ergeben, jedoch demokratisch. Beteiligte sich niemals an Nazi-Aktivitäten und brachte im privaten Gespräch häufig seine Abneigung gegen Nazi-Methoden zum Ausdruck.

~~S E C R E T~~

White List

BAYERN

Eichstaett

Betz, Dr. :
About 50 years old. Former Buergermeister. Member of Bayerische Volkspartei. Friendly P/W reports him to be anti-Nazi.

Bruggaier, Ludwig Dr.:
About 55 years old. Co-editor of Klerusblatt. Member of the Batyr. Volkspartei. Reported to be anti-Nazi by friendly P/W.

Gmelch, Josef Dr.:
About 58 years old. Editor of the Klerusblatt. Professor; member of the Bayr. Volkspartei.

Grasser, Johann. :
About 65 years old. Retired Oberstudiendirektor of the Teachers Training College at Eichstaett.

Maag, Justin Dr.:
About 60 years old. Philosophy professor. Reported anti-Nazi by friendly P/W.

* Rackel, Michael: (also Rackl)
About 63 years old. Catholic Bishop of Eichstatt. Reported anti-Nazi although considered to be strong German nationalist.

Seitz, :
Printer who according to friendly P/W is not a Nazi.

Ellingen

Fick, August:
Owner of printing shop who is reported by friendly P/W to be Democrat.

Wrede, Karl Fuerst.
Brewery, land and forest owner. Former Landtagsabgeordneter for the Bayerischen Volkspartei. At present believed to be in the Army. "Anti-Nazi who remained faithful to his convictions. Had repeated brushes with the Nazis".

Erlangen

Schurr, Karl:
Born about 1897. Manager of Baumwoll Industrie; worked his way up in this firm. "Anti-Nazi" last seen in 1939 and at that time had not changed his views.

Strathmann, Prof. :
Evangelical theologian. Reported as reliable.

Freilassing

Rittman, Carl:
About 60 years old; married; Protestant. Former mayor of Freilassing. Director of cooperative society in town. "Strongly anti-Nazi". Social Democrat.

Fuerstenfeldbruck

(Name unknown)
Bezirksbaurat of town is a reliable anti-Nazi according to friendly P/W.

S E C R E T

Eichstätt

Betz, [Otto], Dr.: Etwa 50 Jahre alt. Ehemaliger Bürgermeister. Mitglied der Bayerischen Volkspartei. Ein freundlich gesinnter Kriegsgefangener sagt aus, daß er anti-Nazi ist.

Bruggaier, Ludwig, Dr.: Etwa 55 Jahre alt. Redakteur der Zeitschrift *Klerusblatt*. Mitglied der Bayerischen Volkspartei. Soll anti-Nazi sein nach Aussagen eines freundlich gesinnten Kriegsgefangenen.

Gmelch, Josef, Dr.: Etwa 58 Jahre alt. Chefredakteur der Zeitschrift *Klerusblatt*. Professor; Mitglied der Bayerischen Volkspartei.

Grasser, Johann: Etwa 65 Jahre alt. Pensionierter Oberstudiendirektor der Lehrerbildungsanstalt Eichstätt.

Maag, Justin, Dr.: Etwa 60 Jahre alt. Philosophie-Professor. Anti-Nazi nach Aussagen eines freundlich gesinnten Kriegsgefangenen.

* **Rackel, Michael** (auch: **Rackl**) [Rackl]: Etwa 63 Jahre alt. Katholischer Bischof von Eichstätt. Dem Bericht nach ein Anti-Nazi, obwohl R. als überzeugter Deutschnationaler gilt.

Seitz: Ein Drucker, der laut einem freundlich gesinnten Kriegsgefangenen kein Nazi ist.

Ellingen

Fick, August: Inhaber einer Druckerei, der nach Aussagen eines freundlich gesinnten Kriegsgefangenen Demokrat sein soll.

Wrede, [Carl Fürst von]: Brauerei-, Land- und Waldbesitzer. Ehemaliger Landtagsabgeordneter der Bayerischen Volkspartei. Es wird angenommen, daß er derzeit beim Heer ist. »Ein Anti-Nazi, der seinen Überzeugungen treu blieb. Geriet immer wieder mit den Nazis aneinander.«

Erlangen

Schurr, Karl: Etwa 1897 geboren. Leiter der Baumwollindustrie [Unternehmen]; hat sich in dieser Firma hochgearbeitet. Ein »Anti-Nazi«; 1939 letztmalig gesehen; hatte damals seine Ansichten nicht geändert.

Strathmann, [Hermann], Prof.: Evangelischer Theologe. Dem Bericht nach zuverlässig.

Freilassing

Rittmann, Karl: Etwa 60 Jahre alt; verheiratet; protestantisch. Ehemaliger Bürgermeister von Freilassing. Geschäftsführer der Konsumgenossenschaft der Stadt. »Entschieden anti-Nazi.« Sozialdemokrat.

Fürstenfeldbruck

(Name unbekannt) Der Bezirksbaurat der Stadt ist laut einem freundlich gesinnten Kriegsgefangenen ein zuverlässiger Anti-Nazi.

White List

BAYERN

Fuerstenfeldbruck (2)

Buchmann, Albert:
Born about 1902; Protestant. Ex-police Captain of Ludwigshafen. Denied membership in Social Democratic party in order to remain in police force "supposedly in order to work against the Nazis there". Was later transferred to less influential post by Nazis.

Maerkl, : Wenigmuenchen nr. Fuerstenfeldbruck.
Mayor and publican. "Reliable anti-Nazi who would willingly help to exterminate all Nazi organisations."

Schiller, Georg: Goethestr. 6 or 7.
Inspector of Labor Exchange. "Reliable anti-Nazi who could act as key-man for information regarding all reliable and unreliable people in press, etc."

Sepp, Dr.:
Landrat. "Reliable anti-Nazi, who would willingly help to exterminate all Nazi organisations."

Garmisch

Muehldorfer, von:
About 60 years old; Protestant. Former director of Lederbrauerei in Nuernberg. Retired to Garmisch in 1939 because of anti-Nazi activities. Member of Deutsche Volkspartei. Never concealed anti-Nazi convictions according to report.

Gerolsheim

Heim, :
"A reactionary and assumed to be building up a reactionary clique during his detention, first at the Moabit prison and now at Gerolsheim" according to friendly P/W source.

Sponeck,
Detained at Gerolsheim with other officers according to his cousin, a friendly P/W.

Hersbruck

—Pfeiffer, Georg.:
Editor of the Hersbrucker Zeitung. Democrat.

Pflaumer, Ernst: Hohenstadt nr. Hersbruck.
Artist (painter), pupil of Professor Meid of Berlin. Social Democrat who is reported anti-Nazi by friendly P/W.

Hilpoltstein

Bernreuther, Friedrich Dr.: Pyras-Hilpoltstein.
About 40 years old. Democrat pre 1933. Economist and agricultural expert; brewery and property owner. Believed to be serving in Motorized Transport branch of the army at present. Reported by friendly P/W to be anti-Nazi.

Esper, Erich:
About 63 years old. Oberamtsrichter; president of Amtsgericht. Democrat Reported to be anti-Nazi by friendly P/W.

Goetz,
Catholic parish priest, who according to friendly P/W is an active anti-Nazi.

Fürstenfeldbruck (2)

Buchmann, Albert: Etwa 1902 geboren; protestantisch. Ehemaliger Polizei-Oberkommissar von Ludwigshafen. Verleugnete seine Mitgliedschaft in der Sozialdemokratischen Partei, um bei der Polizei zu bleiben, »vermutlich, um dort gegen die Nazis zu arbeiten«. Wurde später von den Nazis auf einen weniger einflußreichen Posten versetzt.

Märkl, [Ludwig]; Wenigmünchen in der Nähe von Fürstenfeldbruck: Bürgermeister und Gastwirt. »Ein zuverlässiger Anti-Nazi, der bereitwillig dabei helfen würde, alle Nazi-Organisationen zu vernichten.«

Schiller, Georg: Goethestr. 6 oder 7: Inspektor des Arbeitsamtes. »Ein zuverlässiger Anti-Nazi, der als Schlüsselfigur agieren könnte für Informationen über alle zuverlässigen und unzuverlässigen Personen in der Presse usw.«

Sepp, [Karl], Dr.: Landrat. »Zuverlässiger Anti-Nazi, der bereitwillig dabei helfen würde, alle Nazi-Organisationen zu vernichten.«

Garmisch

Mühldorfer, [Albert] von: Etwa 60 Jahre alt; protestantisch. Ehemaliger Direktor des Lederer Bräu in Nürnberg. Zog sich 1939 wegen Anti-Nazi-Aktivitäten nach Garmisch zurück. Mitglied der Deutschen Volkspartei. Verbarg laut Bericht niemals seine Anti-Nazi-Überzeugungen.

Gerolsheim

Heim: Laut einem freundlich gesinnten Kriegsgefangenen »ein Reaktionär und einer, von dem anzunehmen ist, daß er während seiner Internierung eine reaktionäre Clique aufbaut, zuerst im Gefängnis Moabit und jetzt in Gerolsheim.«

Sponeck: Laut seinem Cousin, einem freundlich gesinnten Kriegsgefangenen, zusammen mit anderen Offizieren in Gerolsheim interniert.

Hersbruck

Pfeiffer, Georg: Herausgeber der *Hersbrucker Zeitung*. Demokrat.

Pflaumer, Ernst; Hohenstadt bei Fürstenfeldbruck: Künstler (Maler), Schüler von Professor [Hans] Meid aus Berlin. Ein Sozialdemokrat, anti-Nazi dem Bericht eines freundlich gesinnten Kriegsgefangenen nach.

Hilpoltstein

Bernreuther, Friedrich, Dr.; Pyras bei Hilpoltstein: Etwa 40 Jahre alt. Vor 1933 Demokrat. Nationalökonom und Landwirtschaftsexperte; Brauerei- und Grundbesitzer. Es wird angenommen, daß er gegenwärtig im motorisierten Transportverband des Heeres dient. Soll nach Aussagen eines freundlich gesinnten Kriegsgefangenen anti-Nazi sein.

Esper, Erich: Etwa 63 Jahre alt. Oberamtsrichter; Präsident des Amtsgerichts. Demokrat. Soll anti-Nazi sein nach Aussagen eines freundlich gesinnten Kriegsgefangenen.

Goetz/Götz: Katholischer Gemeindepfarrer, der laut einem freundlich gesinnten Kriegsgefangenen ein aktiver Anti-Nazi ist.

White List

BAYERN

Hilpoltstein (2)

Regensburger, Michael Dr.:
Age about 55 years. Present Oberstabsarzt in Wuerzburg. Practice was in Hilpoltstein. Member of Bayr. Volkspartei. "Violently anti-Nazi."

Schlegel, : Schwimmbach.
About 58 years old. Protestant preacher who supported Nazis in period 1933 and 35. Since then has been publicly attacked and persecuted by Nazis and forbidden to teach in schools.

Hindelang

Bayern, Konrad von, Prinz: Hinterstein.
Has had difficulties with the Nazis.

Hof

Schaeffer, Fritz:
About 53 years old. Staatsrat in the Bavarian Finanzministerium. Deputy in the Bavarian Landtag and member of the Volkspartei. Was dismissed by the Nazis.

Truebel, Arthur: Neila near Hof.
About 55 years old; Protestant, married. Innkeeper. Member of Social Democratic Party in Bavarian Diet; was in Dachau concentration camp for 6 months in 1933. Offered to help anti-Nazi accross frontier. Reported an active anti-Nazi.

Kempten

Eber, Prof.:
Reported to be anti-Nazi by friendly P/W.

Wolfart, :
Oberlandesgerichtsrat. Friendly P/W reports him to be anti-Nazi.

Zimmerer, :
About 53 years old. Forest superintendant of the Bavarian State Forests. Member of the Bavarian Landtag. Was interned in Dachau.

Kulmbach

Meusdorfer, Eduard: Bayreutherstr. 4.
About 58 years old; Protestant. Owner of Malt factory. His father was a member of the Bavarian Diet and a friend of the liberal Ernst Mueller. Eduard is a member of the Deutsche Volkspartei, + Free Mason lodge and considered to be an active anti-Nazi.

Landshut

Kestel, Gottlieb:
About 55 or 60 years old. Obersteatswalt in Landshut. Educated at Gymnasium and University. "Reliable. Always opposed Nazis."

Krebs, Adolf
Born about 1905. Judge; Democratic Party. "Anti-Nazi."

Hilpoltstein (2)

Regensburger, Michael, Dr.: Etwa 55 Jahre alt. Gegenwärtig Oberstabsarzt in Würzburg. Seine Praxis war in Hilpoltstein. Mitglied der Bayerischen Volkspartei. »Leidenschaftlich anti-Nazi.«

Schlegel; Schwimmbach: Etwa 58 Jahre alt. Ein protestantischer Geistlicher, der die Nazis in den Jahren 1933 bis 1935 unterstützte. Ist seitdem von den Nazis öffentlich angegriffen und verfolgt worden und darf nicht mehr an Schulen unterrichten.

Hindelang

Bayern, Konrad Prinz von; Hinterstein: Hat Schwierigkeiten mit den Nazis gehabt.

Hof

Schäffer, Fritz: Etwa 53 Jahre alt. Staatsrat im Bayerischen Finanzministerium. Abgeordneter im Bayerischen Landtag und Mitglied der Volkspartei. Wurde von den Nazis entlassen.

Tübel, Artur: Naila in der Nähe von Hof: Etwa 55 Jahre alt; protestantisch, verheiratet. Gastwirt. Mitglied der Sozialdemokratischen Partei im Bayerischen Landtag; war 1933 sechs Monate im Konzentrationslager Dachau. Bot Anti-Nazis an, ihnen über die Grenze zu helfen. Dem Bericht nach ein aktiver Anti-Nazi.

Kempten

Eber, Prof.: Soll anti-Nazi sein nach Aussagen eines freundlich gesinnten Kriegsgefangenen.

Wolfart: Oberlandesgerichtsrat. Ein freundlich gesinnter Kriegsgefangener sagt aus, daß er anti-Nazi ist.

Zimmerer: Etwa 53 Jahre alt. Oberforstmeister der Bayerischen Staatsforsten. Mitglied des Bayerischen Landtags. War in Dachau interniert.

Kulmbach

Meußdoerffer, Eduard; Bayreutherstr. 4: Etwa 58 Jahre alt; protestantisch. Besitzer einer Mälzerei. Sein Vater war ein Mitglied des Bayerischen Landtags und ein Freund des liberalen Ernst Mueller/Müller. Eduard ist ein Mitglied der Deutschen Volkspartei und einer Freimaurerloge und gilt als ein aktiver Anti-Nazi.

Landshut

Kestel, Gottlieb: Etwa 55 oder 60 Jahre alt. Oberstaatsanwalt in Landshut. Ausbildung: Gymnasium und Universität. »Zuverlässig. Immer gegen die Nazis.«

Krebs, Adolf: Etwa 1905 geboren. Richter; [Deutsche] Demokratische Partei. »Anti-Nazi.«

S E C R E T

White List

BAYERN

Langenfeld

Frankenstein, Georg von: Schlosstillstadt Post.
Born about 1897. Conservative catholic; cousin of Count von Preysing. Large landowner and manager who is reported to be non-Nazi.

Lenggries bei Tolz

Jaenicke, Wolfgang: (See also Munich)
About 60 years old. Civil servant in city administration. In 1933-35 sent by League of Nations to Nanking. Dismissed by Nazis. Was always a strong Democrat.

Mainleus

Thiersch, Rudolf:
Studien Assistant, reported to be anti-Nazi.

Miesbach

? — Gruenau, Werner von: Fliegerhof.
Writer reported to be anti-Nazi.

Molitor, Hans:
Owner of prosperous confectionary and bakery business. Was member of Bayr. Volkspartei, but really more democratic than his party; Bavarian patriot.

Muenchen

Ammon, von:
Born about 1894. Chief engineer and director of Amperwerke. DDP. Considered to be an apolitical non-Nazi.

(*) — Aretin, Erwein von: Barelliestr. 6. Tel: 6 33 31.
About 55 years old; Catholic; married. Formerly an editor of Muenchener Neueste Nachrichten. Organizer and prominent member of Royalist Party in Bavaria. Arrested by Nazis several times. Catholic. Bavarian Monarchist, formerly close to the Bayrische Volkspartei.

Aubry, Ludwig Dr.: Kobellstr. 15.
Born about 1893. Orthopaedic Specialist; Catholic. Reported not politically active but reliably anti-Nazi.

Auiner, Herman Johann: Keplerstr. 16 or Friedrichstr. 18. Tel: 48 14 92.
Born about 1889. Bank director: Donaulaender Kreditgesellschaft AG; also director General Diamalt Ag. A reported Apolitical anti-Nazi.

Basler, Otto: Muenchen-Maria, Theresiastr. 12. Tel: 4 26 36.
Born about 1892. Protestant. Director of Wehrkreisbucherei VII. Professional Philologist. Apolitical with Liberal inclination; was outspokenly anti-Nazi in 1933, and there are no indications of compromises since then.

Bauch, :
Ministerialrat in the Landesfinanzamt in Munich. Former member of the Bayrische Volkspartei; Catholic. Reported to have left Munich for Karlsruhe. Considered to be anti-Nazi.

— Baumann, : Herbstr. 9I
Editor of building trade periodical. Former Social Democrat reported by friendly P/W as not being a Nazi.

— Baumann, Sophie: Renataheim, Jagdstr. 8.
Sister of editor Baumann; a secretary reported by friendly P/W to be anti-Nazi.

S E C R E T

Langenfeld

Franckenstein, Georg von; Post Schloß Ullstadt: Etwa 1897 geboren. Konservativer Katholik; Cousin des Grafen von Preysing. Ein Großgrundbesitzer und Verwalter der eigenen Betriebe, der nicht-nazistisch sein soll.

Lenggries bei Tölz

Jaenicke, Wolfgang (siehe auch München): Etwa 60 Jahre alt. Beamter in der Stadtverwaltung. Von 1933-35 vom Völkerbund nach Nanking geschickt. Von den Nazis entlassen. War immer ein überzeugter Demokrat.

Mainleus

Thiersch, Rudolf: Studienassessor, soll anti-Nazi sein.

Miesbach

Grünau, Werner von; Fliegerhof: Ein Schriftsteller, der anti-Nazi sein soll.

Molitor, Hans: Inhaber einer gutgehenden Konditorei und Bäckerei. War Mitglied der Bayerischen Volkspartei, in Wirklichkeit aber demokratischer als seine Partei; bayerischer Patriot.

München

Ammon, [Gustav] von: Etwa 1884 geboren. Chefingenieur und Direktor der Amperwerke. Deutsche Demokratische Partei. Gilt als ein unpolitischer Nicht-Nazi.

Aretin, Erwein von; Barellistr. 6, Tel.: 6 33 31: Etwa 55 Jahre alt; katholisch, verheiratet. Früher Redakteur der *Münchner Neuesten Nachrichten*. Bekanntes Mitglied der Bayerischen Königspartei, organisierte auch die Parteiarbeit. Mehrmals von den Nazis verhaftet. Katholisch. Bayerischer Monarchist. Früher der Bayerischen Volkspartei nahestehend.

Aubry, Ludwig, Dr.; Kobellstr. 15: Etwa 1893 geboren. Orthopäde; katholisch. Dem Bericht nach nicht politisch aktiv, aber zuverlässig anti-Nazi.

Auiner, Herman Johann; Keplerstr. 16 oder Friedrichstr. 18; Tel.: 48 14 92: Etwa 1889 geboren. Bankdirektor: Donauländer Kreditgesellschaft AG; auch Generaldirektor der Diamalt AG. Ein dem Bericht nach unpolitischer Anti-Nazi.

Basler, Otto; Maria-Theresiastr. 12; Tel. 4 26 16: Etwa 1892 geboren. Protestantisch. Direktor der Wehrkreisbücherei VII. Studierter Philologe. Unpolitisch mit liberaler Tendenz; war 1933 offen anti-Nazi, und es gibt keine Anzeichen für Kompromisse seit damals.

Bauch: Ministerialrat im Landesfinanzamt in München. Ehemaliges Mitglied der Bayerischen Volkspartei. Katholisch. Soll München verlassen haben, um nach Karlsruhe zu gehen. Gilt als anti-Nazi.

Baumann; Herbststr. 91: Herausgeber einer Zeitschrift für das Bauwesen. Ein ehemaliger Sozialdemokrat, der nach Aussagen eines freundlich gesinnten Kriegsgefangenen kein Nazi sein soll.

Baumann, Sophie; Renata-Heim, Jagdstr. 8: Schwester des Herausgebers Baumann; eine Sekretärin, die nach Aussagen eines freundlich gesinnten Kriegsgefangenen anti-Nazi sein soll.

White List

BAYERN

Muenchen (2)

Bayern, Adalbert Prinz von: Nymphenburger Schloss. Tel: 64 503.
Reported to have had difficulties with the Nazis.

Beck, Heinrich Dr.: Klementinenstr. 8. Tel: 34623.
Born about 1899; Protestant. Owner of the Publishing House of C.H.Beck. Reported to be anti-Nazi, although there is no precise information.

Bercken, Erich Dr. von der: Barerstr. 27.
Born about 1885. Hauptkonservator an der Alten Pinakothek. Art historian who is reported to be strongly anti-Nazi.

Bergengruen, Werner: Muenchen-Solln, Hirschenstr. 36. Tel: 79 45 77.
Writer and journalist reported to be reliable.

Birnstiel, Georg: Ehrwaldstr. 6. Tel: 7 57 64.
Born about 1889. Certified accountant; Social Democrat. Reported to be very anti-Nazi.

Blumschein, : Bogenhausen.
Roman Catholic priest; reported to be a liberal and anti-Nazi.

Boehmer, : Muenchen-Sendling, St. Margarets Church.
Liberal wing Roman Catholic priest who is reported to be anti-Nazi.

Brandenburg, Hans: Kaulbachstr. 42. Tel: 3 12 27.
Born about 1885. Esoteric poet reported to be non-Nazi.

Duerck, Hermann: Steinstrofstr. 10. Tel: 2 71 00.
Born about 1869. Ex-head of Municipal Hospital. University Professor of Pathological Anatomy. Reported to be anti-Nazi.

Duisberg, Carl Ludwig (Alias "Achaz"): Lochhausen, Estate Fichtenhof.
Born about 1889; Protestant. Son of Prof. Carl Duisberg. Became an actor and took name of "Achaz". For a time took over Rheinhard theatres in Berlin, but not sufficiently capable. Also refused to compromise with Nazis. Attitude during war not known.

Ehard, :
About 56 years old. Member Bayr. Volkspartei. Assistant to public prosecutor in 1923 Hitler trial. Senatspraesident of Oberlandesgericht in Muenchen. Considered to be a convinced anti-Nazi.

Falkenberg, Otto: Victoriastr. 11.
Born about 1873. Owner and director of "Kammerspiele im Schauspielhaus". Not Nazi but has stayed on under Nazis to protect his theatre and staff. Has been forced to accept decorations from Nazis but source feels sure he is true to democratic ideals and that his corps of actors is comparatively talented and free from Nazi influence.

(*) Fluegel – Rolf – Editor, "Münchner Neueste Nachrichten". In Bern (Switzerl.), Mr. Dulles' office. [illegible] anti-Nazi.

Gasteiger, :
Alderman on the city council. Dismissed by the Nazis, former member of Bayerische Volkspartei.

Giermann, Carl:
Born about 1879. Social Democrat; former President of Town Council of Nuernberg-now living on pension. Considered excellent source for information on Nuernberg.

(*) Source: Bern dd 17 May 45 – Getangen to C.O. Jackson

München (2)

Bayern, Adalbert Prinz von; Nymphenburger Schloß; Tel.: 64 503: Soll mit den Nazis Schwierigkeiten gehabt haben.

Beck, Heinrich, Dr.; Klementinenstr. 8; Tel.: 34623: Etwa 1899 geboren; protestantisch. Inhaber des Verlagshauses C.H. Beck. Soll anti-Nazi sein, obgleich es hierzu keine genaue Information gibt.

Bercken, Erich von der, Dr.; Barerstr. 27: Etwa 1895 geboren. Hauptkonservator an der Alten Pinakothek. Ein Kunsthistoriker, der entschieden anti-Nazi sein soll.

Bergengruen, Werner; München-Solln, Hirschenstr. 36; Tel.: 79 45 77: Schriftsteller und Journalist; soll zuverlässig sein.

Birnstiel, Georg; Ehrwaldstr. 6; Tel.: 7 37 64: Etwa 1889 geboren. Vereidigter Bücherrevisor; Sozialdemokrat. Soll außerordentlich anti-Nazi sein.

Blumschein, [Max]; Bogenhausen: Römisch-katholischer Geistlicher; soll ein Liberaler und Anti-Nazi sein.

Böhmer, Georg; München-Sendling, St. Margaret Kirche: Ein katholischer Geistlicher vom liberalen Flügel der katholischen Kirche; soll anti-Nazi sein.

Brandenburg, Hans; Kaulbachstr. 42; Tel.: 3 12 27: Etwa 1895 geboren. Esoterischer Dichter, soll nicht-nazistisch sein.

Dürck, Hermann; Steinsdorfstr. 10; Tel.: 2 71 00: Etwa 1869 geboren. Ex-Direktor am Städtischen Krankenhaus. Universitätsprofessor der pathologischen Anatomie. Soll anti-Nazi sein.

Duisberg, Carl Ludwig (alias **»Achaz«**); Lochhausen, Gut Fichtenhof: Etwa 1889 geboren; protestantisch. Sohn von Prof. Carl Duisberg. Wurde Schauspieler und nannte sich »Achaz«. Leitete eine Zeitlang das Reinhardt Theater in Berlin, besaß dafür aber nicht genügend Eignung. Weigerte sich außerdem, mit den Nazis Kompromisse zu schließen. Einstellung während des Krieges nicht bekannt.

Ehard, [Hans]: Etwa 56 Jahre alt. Mitglied der Bayerischen Volkspartei. Zweiter Staatsanwalt im Prozeß gegen Hitler im Jahr 1923 [1924]. Senatspräsident des Oberlandesgerichts in München. Gilt als ein überzeugter Anti-Nazi.

Falckenberg, Otto; Viktoriastr. 11: Etwa 1873 geboren. Inhaber und Direktor der »Kammerspiele im Schauspielhaus«. Kein Nazi, ist aber unter den Nazis geblieben, um sein Theater und seine Belegschaft zu schützen. Ist gezwungen worden, von den Nazis Auszeichnungen anzunehmen, aber die Quelle ist sich sicher, daß er treu zu demokratischen Idealen steht und daß sein Ensemble vergleichsweise talentiert und frei von Nazi-Einflüssen ist.

* **Flügel, Rolf**: Redakteur, *Münchner Neueste Nachrichten*. In Bern (Schweiz), Büro Mr. Dulles, [...] anti-Nazi.

Gasteiger, [Michael]: Mitglied des Stadtrats. Von den Nazis abgesetzt, ehemaliges Mitglied der Bayerischen Volkspartei.

Giermann, Karl: Etwa 1879 geboren. Sozialdemokrat; ehemaliger Präsident des Nürnberger Stadtrats, lebt jetzt von seiner Pension. Gilt als ausgezeichnete Quelle für Informationen über Nürnberg.

** Quelle: Bern [...] 17. Mai 45 – Getsinger an C. D. Jackson*

White List

BAYERN

Muenchen (3)

Gondrell, :
Comedian; artistic. Manger of Boubouriere cabaret. Reported anti-Nazi.

Grassmann, Karl:
Born about 1887. Last appointment was Senatspraesident des Landversicherungsamter in Munich. Had to resign from former position in Bavarian ministry of Education owing to Jewish descent of wife.

Guenter, H. Prof:
Historian (Middle Ages and Modern). Reported a s reliable.

Haecher, Theodor: Mchlstr. 34.
Born about 1879. Catholic; writer and philosopher. Reported decidedly anti-Nazi.

Haggenmiller, :
Member of the board of Directors of the Paulaner Brewery in Muenchen. Source reports that he has known H personally for many years and that "he is an opponent of the Nazis although he does not take part in politics." Source left Germany in 1939.

Haider, Ludwig Dr:
Former Chief of Administration of Luftgaukommando VII, Muenchen, and Chief of Administration to the General of the German Air Force attached to the Hqrs. of the Italian Air Force (until 25 July 1943). Present post unknown. Source declares he is an open anti-Nazi who was conscious that the war was lost for Germany (1943).

Halm, Hans: Adelgundenstr.
Librarian of the Muenchener Staatsbibliothek, and apolitical who according to source compromised with Nazis at first but became violently anti-Nazi.

Hanfstaengel, Eberhard Dr:
About 55 years old. Former director of National Gallerie in Berlin. Resigned directorship when ordered to remove paintings by so-called "Bolshevik painters"; and joined the publishing firm of F. Bruckmann, in Muenchen.

Hankamer, Paul Dr: Muenchen-Solln, Hofbrunnstr. 51. Tel: 79 47 56.
Born about 1891. Catholic; member of Center Party. Ex-Professor of German Literature at U. of Koenigsberg. Was retired by Nazis. His wife of non-Aryan descent emigrated to the USA, where she taught at Wellsley in 1920's. He is reported to be anti-Nazi.

Hartl, Franz: Tal nr. Maisach nr. Muenchen.
Farmer reported by friendly P/W to be anti-Nazi and reliable.

Hartlmaier, : Rosenthal 2. Tel: 24115.
In shoe business. Convinced Democrat and Free Mason. Man of great repute and unimpeachable character, whose name is well-known not only in Bavaria but all over Germany. Often told source of his contempt for Nazis but probably did not oppose them on account of his age.

Hauser, :
Bank director. Director of the Muenchener Kassen-Verein. Source who left Germany in 1939 reports that he is not a Nazi.

Hauser, Maria: Reichenbachstr. 24.
Salesgirl in sportswear shop (Lodenfrei); active in Catholic Youth movement and reported to be anti-Nazi.

München (3)

Gondrell, [Adolf]: Komödienschauspieler; Künstler. Leiter des Kabaretts »Bonbonniere«. Dem Bericht nach anti-Nazi.

Grassmann, Karl: Etwa 1887 geboren. Letzte Berufung war die zum Senatspräsidenten des Landesversicherungsamts in München. Mußte von seinem früheren Posten im Bayerischen Erziehungsministerium wegen der jüdischen Abstammung seiner Frau zurücktreten.

Guenter/Günter, H., Prof.: Historiker (Mittelalter und Neuzeit). Dem Bericht nach zuverlässig.

Haecker, Theodor; Möhlstr. 34: Etwa 1879 geboren. Katholisch; Schriftsteller und Philosoph. Dem Bericht nach entschieden anti-Nazi.

Haggenmiller, [Karl]: Mitglied des Vorstands der Paulaner Brauerei in München. Die Quelle berichtet, daß sie H. seit vielen Jahren persönlich kennt und daß »er ein Gegner der Nazis ist, obwohl er sich nicht am politischen Geschehen beteiligt«. Die Quelle verließ Deutschland 1939.

Haider, Ludwig, Dr.: Ehemaliger Leiter der Verwaltung des Luftgaukommandos VII, München, und Chef der Verwaltung beim General der deutschen Luftwaffe, im Verbindungsstab zum Hauptquartier der italienischen Luftwaffe (bis 25. Juli 1943). Gegenwärtige Position unbekannt. Die Quelle erklärt, daß er ein offener Anti-Nazi ist, der sich dessen bewußt war, daß der Krieg für Deutschland verloren war (1943).

Halm, Hans; Adelgundenstr.: Bibliothekar der Münchner Staatsbibliothek; ein Unpolitischer, der laut Quelle zunächst mit den Nazis Kompromisse geschlossen hat, dann aber leidenschaftlich anti-Nazi wurde.

Hanfstaengl, Eberhard, Dr.: Etwa 55 Jahre alt. Ehemaliger Direktor der Nationalgalerie in Berlin. Trat von seinem Posten als Direktor zurück, als man ihm befahl, Gemälde sogenannter »bolschewistischer Maler« zu entfernen; trat dann in den Verlag F. Bruckmann, München, ein.

Hankamer, Paul, Dr.: München-Solln, Hofbrunnstr. 51; Tel.: 79 47 56: Etwa 1891 geboren. Katholisch; Mitglied der Zentrumspartei. Ex-Professor für deutsche Literatur an der Universität Königsberg. Wurde von den Nazis in den Ruhestand versetzt. Seine Frau, von nichtarischer Abstammung, emigrierte in die USA, wo sie in den 1920er Jahren am Wellesley College lehrte. Er soll anti-Nazi sein.

Hartl, Franz; Maisacher Tal, in der Nähe von München: Ein Bauer, der nach Aussagen eines freundlich gesinnten Kriegsgefangenen anti-Nazi und zuverlässig sein soll.

Hartlmaier, [Carl]; Rosental 2; Tel.: 24115: Im Schuh-Handel. Ein überzeugter Demokrat und Freimaurer. Ein Mann von großem Ansehen und mit untadeligem Charakter, dessen Name nicht nur in Bayern, sondern in ganz Deutschland allgemein bekannt ist. Hat gegenüber der Quelle oft von seiner Verachtung für die Nazis gesprochen, trat aber wahrscheinlich wegen seines Alters nicht gegen sie auf.

Hauser, [Hugo]: Bankdirektor. Vorstand des Münchener Kassen-Vereins. Die Quelle, die Deutschland 1939 verließ, berichtet, daß er kein Nazi ist.

Hauser, Maria; Reichenbachstr. 24: Verkäuferin in einem Sportbekleidungsgeschäft (Lodenfrey); aktiv in der katholischen Jugendbewegung und soll anti-Nazi sein.

White List

BAYERN

Muenchen (4)

Heinz, Valentin:
Attorney; speaks English. Source says he is not Nazi-minded. Source left Germany in 1939.

Hochberg, Clothilde von.: Innstr. 1.
Proprietor of coal mines in Silesia. Trouble with Nazis.

Hofman, :
Leading director of the Bayerische Notenbank. Source, who left Germany in 1939 reports that H. is not a Nazi.

Hofmann, P. : Mathildenstr. 6.
Head of "Organization for helping Christian Jews or Non-Aryans".

Huebscher, Anton Dr.: Sendlingerstr. 80.
Journalist on Muenchener Neueste Nachrichten who is reported anti-Nazi.

Jaenike, Wolfgang: (See also Lenggries)
Former Regierungspraesident of Breslau, later of Patsdam. Democrat. Forced to retire when Nazis took over. Went to China for some years as an instructor, now in retirement in Muenchen.

Jung, :
Inspector in Labor Exchange (Agriculture). P/W reports him anti-Nazi and reliable.

Kasselmann, Kurt: Planegg.
Born about 1898; Protestant. Bank clerk; Democrat (apolitical) reported to be anti-Nazi.

Kastl, Ludwig: Leopoldstr. 18.
About 60 years old. After World War I, Geheimregierungsrat in Reich Ministry of Finance; Syndic of German Federation of industries in 1927. Forced out by Nazis. Became managing director of Bayrische Vereinsbank 1934, but Nazis forced his resignation. Thereafter legal practice in Munich.

? Kester, Philipp:
Journalist in photograph files who is one of a group who were democratically minded and have for some time expressed democratic ideals in private circles.

Landgraf, Ignaz: St Max. Church:
Born about 1883; Priest; member of Bayr. Volkspartei. Member of Munich City Council. "absolutely reliable politically: not active--wants to keep in background and pull strings--collects information--knows everybody." Considered by source as best Catholic information source in Bavaria.

Lange, Karl Arthur:
Born about 1881; Catholic; unmarried. Legal training. Director of Loewenbraeu AG; head of several brewers associations. Not politically active, former member of Bayr. Volkspartei; internationally minded. Speaks English and French. Reported anti-Nazi.

Langlotz, Franz: Heinrich Vogelstr. 18, Solln-Muenchen.
Director of Isarwerke Ag. Specialist in electricity and power stations; member of board of practiclly all important Bavarian utility companies; member former Economic Advisory Board of Bayr. Volkspartei. Knows English and French. Honest; holds no strong political convictions; not very courageous and has probably therefore never shown his anti-Nazi convictions.

München (4)

Heinz, Valentin: Rechtsanwalt; spricht Englisch; die Quelle sagt, daß er nicht-nazistisch gesinnt ist. Die Quelle verließ Deutschland 1939.

Hochberg, Clothilde von; Innstr. 1: Besitzerin von Kohlenbergwerken in Schlesien. Ärger mit Nazis.

Hofman: Leitender Direktor der Bayerischen Notenbank. Die Quelle, die Deutschland 1939 verließ, berichtet, daß H. kein Nazi ist.

Hofmann, P.; Mathildenstr. 6: Leiter der »Hilfsorganisation für christliche Juden oder Nichtarier«.

Hübscher, Arthur, Dr.; Sendlingerstr. 80: Ein Journalist der *Münchner Neuesten Nachrichten*, der anti-Nazi sein soll.

Jaenicke, Wolfgang (siehe auch Lenggries): Ehemaliger Regierungspräsident von Breslau, später von Potsdam. Demokrat. Wurde zum Rücktritt gezwungen, als die Nazis die Macht übernahmen. Ging für einige Jahre als Ausbilder nach China, lebt jetzt zurückgezogen in München.

Jung: Inspektor beim Arbeitsamt (Landwirtschaft). Nach Aussagen eines Kriegsgefangenen anti-Nazi und zuverlässig.

Kasselmann, Kurt; Planegg: Etwa 1898 geboren; protestantisch. Bankangestellter; ein Demokrat (unpolitisch), der anti-Nazi sein soll.

Kastl, Ludwig; Leopoldstr. 18: Etwa 60 Jahre alt. Nach dem Ersten Weltkrieg Geheimer Regierungsrat im Reichsfinanzministerium; 1927 Syndikus des Reichsverbands der Deutschen Industrie. Von den Nazis zum Austritt gezwungen. Wurde 1934 geschäftsführender Direktor der Bayerischen Vereinsbank, aber die Nazis erzwangen seinen Rücktritt. Danach Rechtsanwaltskanzlei in München.

Kester, Philipp: Ein Fotojournalist, der einer aus der Gruppe derer ist, die demokratisch gesinnt waren und im privaten Kreis eine Zeitlang demokratische Ideale zum Ausdruck brachten.

Landgraf, Ignaz; St. Maximilian Kirche: Etwa 1883 geboren: Pfarrer; Mitglied der Bayerischen Volkspartei. Mitglied des Münchner Stadtrats. »Politisch absolut zuverlässig: nicht aktiv – möchte im Hintergrund bleiben und die Fäden in der Hand halten – sammelt Informationen – kennt jedermann.« Wird von der Quelle für die beste katholische Informationsquelle in Bayern gehalten.

Lange, Karl Arthur: Etwa 1861 geboren; katholisch; unverheiratet. Juristische Ausbildung. Vorstandsvorsitzender der Löwenbräu AG; Vorsitzender verschiedener Brauereiverbände. Politisch nicht aktiv, ehemaliges Mitglied der Bayerischen Volkspartei; international gesinnt. Spricht Englisch und Französisch. Dem Bericht nach anti-Nazi.

Langlotz, Franz; München-Solln, Heinrich-Vogl-Str. 16: Vorstandsvorsitzender der Isarwerke AG. Experte für Elektrizität und Kraftwerke; Mitglied im Vorstand von fast allen bedeutenden bayerischen Energieversorgern; Mitglied des ehemaligen Ausschusses für Wirtschaftsfragen der Bayerischen Volkspartei. Spricht Englisch und Französisch. Ehrlich; besitzt keine starken politischen Überzeugungen; nicht sehr mutig und hat wahrscheinlich deshalb niemals seine Anti-Nazi-Überzeugungen gezeigt.

S E C R E T

White List

BAYERN

Muenchen (5)

Lebsche, Max: Pettenkoferstr. 8a.
Born 1886. Single. Head of private surgical hospital at Bavariaring 46. Formerly at U. of Muenchen, but ejected when Nazis came to power. Pro-Bavarian monarchy or some independent Bavarian state. Befriended Jews during pogroms. Not politically active, but devoted Catholic, said to be very anti-Nazi and anti-Prussian.

Leibrecht, Otto Dr: Krailling-Planegg, Hans Sachsstr. 12.
About 50 years old; married. Lawyer; pure Aryan who undertook defense of sources parents-in-law, when no other lawyer would undertake defense. Great friend of the Jews and source states that he is and was a thorough anti-Nazi.

Lurz, Dr.:
Oberstudiendirektor; former Director of Wilhelmsgymnasium. Close to former Bavarian Kulturminister. Dismissed by the Nazis.

Lutz, Carola Dr.: Trogerstr. 56.
Born about 1897. Protestant. Economist who formerly worked in Hauptarbeitsamt, but now apparently working as translator in publishing house. A left-wing Democrat who is reported to be anti-Nazi and to have participated in anti-Nazi activities.

Mantel, Theodor Walter:
Staatsrat. Former head of the Forestry Department in the Bavarian Ministry of Finance. Resigned in 1938 "when Siebert became Minister of Finance. Anti-Nazi."

Martin, Alfred von: Heimstaettenstr. 8. Tel: 3 11 80.
Born about 1884. Protestant. Social Democrat; later Center Party. Was one of few Protestants on governing board of Center Party; edited the magazine UNA Sancta, trying to bring about union between churches. Last known position was Professor of History at Munich. Dismissed from office by Nazis.

Meiser, Hans Oswald: Arcisstr. 73. Tel: 5 20 02.
Born about 1881. Regional Bishop of Bavaria for Confessional Church. Leader of opposition movement to the German Christian Church and consequently in conflict with the Nazis.

Meissinger, Karl August: Gauburg near Muenchen.
Born about 1883. Collaborator and writer for Frankfurter Zeitung. Played role in anti-Nazi movement. Due to the fact that he is not a fighter for his convictions, he has complied at least externally with Nazi regulations although he is definitely considered not to be a Nazi.

Menzel, Hans: Obermenzig, Adolf Hitlerstr. 6.
Born about 1887. Protestant; married; children. Police work under Republic and Ministerial Direktor in Reich Interior Ministry until 1932. Refused to cooperate with Nazis; has friends in former Social Democrat circles. Has lived in retirement in Bavaria; son in German army.

Miller, Walter von: Ferdinand Millerplatz 3. Tel: 5 92 58.
About 45 years old. Member of famous Munich family. Lawyer. Formerly in Augsburg then later in Munich. On various occasions in 1937 & 38 he told source "our family has nothing in common with present events. We have nothing to do with the Nazis.

S E C R E T

München (5)

Lebsche, Max; Pettenkoferstr. 8a: 1886 geboren. Alleinstehend. Leiter einer chirurgischen Privatklinik am Bavariaring 46. Früher an der Universität München, jedoch hinausgeworfen, als die Nazis an die Macht kamen. Befürworter der bayerischen Monarchie oder eines unabhängigen bayerischen Staates. Leistete Juden während der Pogrome Beistand. Nicht politisch aktiv, aber ein gläubiger Katholik, soll sehr anti-Nazi und anti-preußisch sein.

Leibrecht, Otto, Dr.; Krailling-Planegg, Hans-Sachs-Str. 12: Etwa 50 Jahre alt; verheiratet. Anwalt; rein arischer Abstammung, übernahm jedoch die Verteidigung der Schwiegereltern der Quelle, als kein anderer Anwalt dies tun wollte. Ein großer Freund der Juden, und die Quelle erklärt, daß er durch und durch ein Anti-Nazi war und ist.

Lurz, [Georg], Dr.: Oberstudiendirektor; ehemaliger Direktor des Wilhelmsgymnasiums. Steht dem ehemaligen bayerischen Kultusminister nahe. Von den Nazis entlassen.

Lutz, Carola, Dr.; Trogerstr. 56: Etwa 1897 geboren. Protestantisch. Eine Nationalökonomin, die früher im Hauptarbeitsamt arbeitete, jetzt jedoch offensichtlich als Übersetzerin in einem Verlagshaus. Eine Demokratin vom linken Flügel, die anti-Nazi sein soll und an Anti-Nazi-Aktivitäten teilgenommen haben soll.

Mantel, Theodor: Staatsrat. Ehemaliger Leiter der Ministerialforstabteilung im Bayerischen Finanzministerium. Trat 1938 zurück, »als [Ludwig] Siebert Finanzminister wurde. Anti-Nazi«.

Martin, Alfred von; Heimstättenstr. 8; Tel.: 3 11 80: Etwa 1884 geboren. Protestantisch. Sozialdemokrat; später Zentrumspartei. War einer der wenigen Protestanten im Parteivorstand der Zentrumspartei; gab die Zeitschrift *Una Sancta* heraus und versuchte, einen Zusammenschluß der Kirchen herbeizuführen. Seine zuletzt bekannte Stellung war die eines Professors für Geschichte in München. Von den Nazis aus dem Amt entlassen.

Meiser, Hans Oswald; Arcisstr. 73; Tel.: 5 20 02: Etwa 1881 geboren. Landesbischof der Bekennenden Kirche in Bayern. Anführer der Widerstandsbewegung gegen die Deutsche Christliche Kirche und folglich im Konflikt mit den Nazis.

Meißinger, Karl August; Gauting bei München: Etwa 1883 geboren. Mitarbeiter der *Frankfurter Zeitung*, für die er auch schreibt. Spielte eine Rolle in der Anti-Nazi-Bewegung. Aufgrund der Tatsache, daß er kein Kämpfer für seine Überzeugungen ist, hat er zumindest nach außen hin die Vorschriften der Nazis befolgt, obwohl er mit Bestimmtheit als jemand gilt, der kein Nazi ist.

Menzel, Hans; Obermenzing, Adolf-Hitler-Str. 6: Etwa 1887 geboren. Protestantisch; verheiratet; Kinder. Arbeit bei der Polizei zur Zeit der Republik und Ministerialdirektor im Reichsinnenministerium bis 1932. Weigerte sich, mit den Nazis zu kooperieren; hat Freunde in ehemals sozialdemokratischen Kreisen. Lebt zurückgezogen in Bayern; Sohn beim deutschen Heer.

Miller, Walther von; Ferdinand-Miller-Platz 3. Tel.: 5 92 58: Etwa 45 Jahre alt. Mitglied einer berühmten Münchner Familie. Anwalt. Früher in Augsburg, später dann in München. Hat der Quelle 1937 und 38 bei mehreren Gelegenheiten erzählt: »Unsere Familie hat nichts mit den gegenwärtigen Ereignissen gemeinsam. Wir haben nichts zu tun mit den Nazis.«

White List

BAYERN

Muenchen (6)

Moppel, Constatine:
Born about 1885. Jesuit journalist formerly member of staff of Stimmen der Zeit. Democrat and Center Party member considered to be anti-Nazi

Mueller-Erzbach, Rudolf:
Born about 1880. Professor of Law at Muenchen. "Has maintained and increased his friendships with Jewish colleagues. Anti-Nazi."

Muhler, Eugen: Adlereiterstr. 22. Tel: 7 41 84.
Preacher at St. Andreas R.C. Church. Never great political activity; favors Bavarian monarchy. Member of Bavarian People's Party and member of Munich City Council until 1933. President of various workmen's associations. Fought Nazi's rise to power; sentenced to six months in Landsberg for criticising Nazis.

Muth, K. (Possibly Muth, Carl) Muenchen-Solln, Dittlerstr. 10. Tel: 79 43 72.
Writer and journalist. Reported to be reliable.

Neef, Dr. : Geiselerstr. 75.
Syndicus of town of Munich. Reported to be anti-Nazi.

Penzoldt, Ernst: Schwedenstr. 39. Tel: 36 21 13.
Author, journalist, sculptor. Brother in law of Heimeran. Ex-writer for Muenchener Neueste Nachrichten; now in small publishing business. Reported to be non-Nazi.

Petzet, Wolfgang: Kraillerg, Post Planegg nr. Muenchen.
Born about 1896. Writer and Dramturg of Munich Kammerspiele. Liberal minded; until 1933, collaboretor of anti-Nazi political magazines like the Deutsche Republik. Reported anti-Nazi.

Pfeiffer, Andreas: Possartstr. 15. Tel: 4 41 23.
About 50 years old. Catholic; married. Director of Municipal Treasury was member of Social Democratic party ; and according to source has always been anti-Nazi; and hasn't concealed his convictions, but was kept in office because he was indispensable.

Pfeiffer, R. Prof:
Classic philologist. Reported as reliable.

Pfister, Kurt: Kaulbachstr. 94 or Siegfriedstr. 5.
Born about 1895. Catholic; single. Lecturer and writer. Regular contributor to Frankfurter Zeitung. Not politically active, but reported to be of liberal conviction s and anti-Nazi.

Poeschel, Ernst:
About 50 years old. Protestant. Former confidential clerk in Bavarian Printing Office, Munich. Lost job when Nazis came to power. Promised another but never got it. Full of resentment against officials responsible for this.

Poeschel, Hans: Franz-Josephstr. 21. Tel: 36 00 20
Professor at Max Gymnasium. Reported liberal and anti-Nazi.

Poeschel, Lydia: Franz-Josephstr. 21.
About 40 years old. Wife of Dr. Hans Poeschel. Protestant; married; children. Used to be a civil servant in office of Prime Minister of Bavaria; has outstanding knowledge of personnel in Bavarian Ministries. Reported to be strongly anti-Nazi.

München (6)

Moppel, Constantine: Etwa 1885 geboren. Jesuit, Journalist, früher Redaktionsmitglied von *Stimmen der Zeit*. Demokrat und Mitglied der Zentrumspartei; gilt als anti-Nazi.

Müller-Erzbach, Rudolf: Etwa 1880 geboren. Professor für Rechtswissenschaften in München. »Hat seine Freundschaft mit jüdischen Kollegen aufrechterhalten und verstärkt. Anti-Nazi.«

Muhler, Emil; Adlzreiterstr. 22; Tel.: 7 41 84: Pfarrer der römisch-katholischen Kirche St. Andreas. Niemals große politische Aktivitäten; favorisiert die bayerische Monarchie. Bis 1933 Mitglied der Bayerischen Volkspartei und Mitglied des Münchner Stadtrats. Präsident verschiedener Arbeitervereine. Bekämpfte den Aufstieg der Nazis zur Macht; wurde wegen Kritik an den Nazis zu sechs Monaten in Landsberg verurteilt.

Muth, K. (möglicherweise: **Muth, Carl**) [Muth, Carl]; München-Solln, Dittlerstr. 10; Tel.: 79 43 72: Schriftsteller und Journalist. Soll zuverlässig sein.

Neef, Dr.; Geibelstr. 75: Stadtsyndikus bei der Stadt München. Soll anti-Nazi sein.

Penzoldt, Ernst; Schwedenstr. 39; Tel.: 36 21 13: Autor, Journalist, Bildhauer. Schwager von [Ernst] Heimeran. Ex-Journalist der *Münchner Neuesten Nachrichten*; jetzt in einem kleinen Verlagshaus. Soll nicht-nazistisch sein.

Petzet, Wolfgang; Krailling, Post Planegg bei München: Etwa 1896 geboren. Schriftsteller und Dramaturg der Münchner Kammerspiele. Liberal gesinnt; bis 1933 Mitarbeiter anti-nazistischer politischer Zeitschriften wie die *Deutsche Republik*. Dem Bericht nach anti-Nazi.

Pfeiffer, Andreas; Possartstr. 15; Tel.: 4 41 23: Etwa 50 Jahre alt. Katholisch; verheiratet. Der Direktor der Stadtkämmerei war ein Mitglied der Sozialdemokratischen Partei; und laut Quelle ist er immer anti-Nazi gewesen; und hat seine Überzeugungen nicht verborgen, wurde jedoch im Amt belassen, weil er unentbehrlich war.

Pfeiffer, [Rudolf], Prof.: Klassischer Philologe. Dem Bericht nach zuverlässig.

Pfister, Kurt; Kaulbachstr. 94 oder Siegfriedstr. 5: Etwa 1895 geboren. Katholisch; ledig. Dozent und Schriftsteller. Schreibt regelmäßig Beiträge für die *Frankfurter Zeitung*. Nicht politisch aktiv, soll aber von liberaler Überzeugung und anti-Nazi sein.

Poeschel/Pöschel, Ernst: Etwa 50 Jahre alt. Protestantisch. Ehemaliger Prokurist in einer bayerischen Druckerei. Verlor seine Stelle, als die Nazis an die Macht kamen. Bekam eine andere versprochen, die er aber nie erhielt. Voller Verbitterung gegenüber den Funktionären, die dafür verantwortlich waren.

Poeschel, Hans; Franz-Joseph-Str. 21; Tel.: 36 00 20: Gymnasiallehrer am Max-Gymnasium. Dem Bericht nach liberal and anti-Nazi.

Poeschel, Lydia; Franz-Joseph-Str. 21: Etwa 40 Jahre alt. Ehefrau von Dr. Hans Poeschel. Protestantisch; verheiratet; Kinder. War früher Verwaltungsangestellte im Büro des bayerischen Ministerpräsidenten; hat hervorragende Kenntnis des Personals in den bayerischen Ministerien. Soll entschieden anti-Nazi sein.

SECRET

White List

BAYERN

Muenchen (7)

Prandtl, W. Prof: (or Prandl). Schwaigerstr. 2.
About 60 years old. Married; has son. Professor of chemistry at Technische Hochschule. Democrat who was dismissed in 1933 because he had a Jewish wife.

Prandl, Wolfgang: (or Prandtl) Schwaigerstr. 2.
About 25 years old. Son of Prof. W. Prandl. Student of languages and literature. Democrat who spent summer of 1939 in England.

Proesel, Theo:
Owner of "Simplicissimus" cabaret. Reported to be anti-Nazi.

Przywara, Erich:
Journalist; leading member of progressive Catholic circles. Refused to cooperate with Nazis.

Putz, Maria Frl.:
Former secretary of Volkspartei. Reported a reliable anti-Nazi and a leading member of opposition group which includes people in Army, Industry and Administration whose aim is overthrow of Nazis and the building of a Democratic Republic.

Rabe, Benno. Formerly chief editor of the Telegramm Zeitung, Munich

Rettich, : Herzog Rudolfstr.
About 70 years old; Protestant. Prominent member of Bayr. Volkspartei. Reported very anti-Nazi and quoted to have said that he would rather have his own house destroyed than have RAF stop raids on Germany.

Rheinfelder, H. Prof:
Modern philology and history of literature. Reported to be reliable.

Rieder, Sebastian: Holzstr. 43.
Born about 1915. Catholic. Former head of Catholic Youth Association in Munich; then with Engineer Corps of Army. Reported to be anti-Nazi.

Riezler, Erwin:
Born about 1880. Professor of Law at Muenchen. Reported anti-Nazi who has maintained and increased his friendships with Jewish colleagues.

Rinn, Hermann Dr.: M. 23, Siegfriedstr. 20. Tel: 3 43 68.
Writer and journalist who is reported to be reliable.

Roeckl, :
Geheimer Kommerzienrat. Proprietor of a large glove factory. Majority share holder in the Paulanerbraeu Aktiengesellschaft in Munich. Source reports that he is not a Nazi and a man of local importance.

Roh, Franz: Muenchen-Ramersdorf, Agnes Bemauerstr. 106.
About 50 years old; married. Art historian. Democrat. Stayed in London with source in 1936 Or 1937. Refused for many years to become bember of Reichskulturkammer. Has leftish tendencies. (Wife Hilda, supposed to be anti-Nazi also.

Sattler, Carl Prof: Maria Josefstr. 2B.
Born about 1884. Protestant; architect. Ex-director of Kunstgewerke Schule; dismissed in 1933 for failure to join NSDAP. Reported anti-Nazi.

SECRET

München (7)

Prandtl, [Wilhelm], Prof. (oder Prandl); Schweigerstr. 2: Etwa 60 Jahre alt. Verheiratet; hat einen Sohn. Professor der Chemie an der Technischen Hochschule. Ein Demokrat, der 1933 entlassen wurde, weil er eine jüdische Frau hatte.

Prandtl, Wolfgang; Schweigerstr. 2: Etwa 25 Jahre alt. Sohn von Prof. W. Prandtl. Studiert Sprachen und Literatur. Ein Demokrat, der den Sommer 1939 in England verbrachte.

Prosel, Theo: Inhaber des Kabaretts »Simplicissimus«. Soll anti-Nazi sein.

Przywara, Erich: Journalist; führendes Mitglied fortschrittlicher katholischer Kreise. Weigerte sich, mit den Nazis zu kooperieren.

Putz, Maria, Frl.: Ehemalige Sekretärin der Volkspartei. Soll zuverlässig anti-Nazi und ein führendes Mitglied einer Widerstandsgruppe sein, zu der Leute aus dem Heer, der Industrie und der Verwaltung gehören und deren Ziel es ist, die Nazis zu stürzen und eine demokratische Republik aufzubauen.

Rabe, Karl: Früher leitender Redakteur der *[Münchner] Telegramm Zeitung*, München.

Rettig [Hermann]; Herzog-Rudolf-Str.: Etwa 70 Jahre alt; protestantisch. Prominentes Mitglied der Bayerischen Volkspartei. Dem Bericht nach sehr anti-Nazi und wird mit den Worten zitiert, daß er es lieber möchte, daß sein eigenes Haus zerstört wird, als daß die RAF aufhörte, Deutschland zu bombardieren.

Rheinfelder, [Hans], Prof.: Moderne Philologie und Literaturgeschichte. Soll zuverlässig sein.

Rieder, Sebastian; Holzstr. 43: Etwa 1915 geboren. Katholisch. Ehemaliger Leiter des Katholischen Jugendverbands in München; dann beim Ingenieurkorps des Heeres. Soll anti-Nazi sein.

Riezler, Erwin: Etwa 1880 geboren. Professor der Rechtswissenschaften in München. Soll ein Anti-Nazi sein, der seine Freundschaften mit jüdischen Kollegen aufrechterhalten und verstärkt hat.

Rinn, Hermann, Dr.; München 23, Siegfriedstr. 20; Tel.: 3 43 68: Ein Schriftsteller und Journalist, der zuverlässig sein soll.

Roeckl, [Heinrich]: Geheimer Kommerzienrat. Eigentümer einer großen Handschuhfabrik. Mehrheitsaktionär der Paulaner Bräu Aktiengesellschaft in München. Die Quelle berichtet, daß er kein Nazi ist und jemand, der vor Ort Beutung hat.

Roh, Franz; München-Ramersdorf, Agnes-Bernauer-Str. 106: Etwa 50 Jahre alt; verheiratet. Kunsthistoriker. Demokrat. Hielt sich mit der Quelle 1936 oder 1937 in London auf. Weigerte sich viele Jahre, Mitglied der Reichskulturkammer zu werden. Hat linke Tendenzen. (Ehefrau: Hilda; ist angeblich auch anti-Nazi.)

Sattler, Carl, Prof.; Franz-Joseph-Str. 2B: Etwa 1884 geboren. Protestantisch; Architekt. Ex-Direktor der Kunstgewerbeschule; 1933 entlassen, weil er es unterließ, in die NSDAP einzutreten. Dem Bericht nach anti-Nazi.

White List

BAYERN

Muenchen (G)

Sauerlaender, Dr.:
About 65 years old. Until 1933 Ministerialrat of Bayr. Ministry of Justice. Never concealed opposition to Nazis in private converration but not active plitically according to source. Sent chilabroaabroad for education.

Scharnagl, Anton: Plandhausstr. 1.
Born about 1885. Auxiliary Bishop of Cathedral Chapter in Munich. Member of Bayr. Volkspartei; deputy in Bavarian Diet until 1935. Dels chiefly with legal problems. According to source his sentiments are highly anti-Nazi but his intelligence is not very high. Another source however considers him as one of the most important Catholic figures in Bavaria, and thinks very highly of him.

/ Scharnagl, Karl: Aeussere Wienerstr. 42. Tel: 4 17 90.
Born about 1890. Catholic. Mayor of Munich for many years until 1933 (Bayr. Volkspartei). Now owns and operates a bakery. Has probably kept in touch with Bayr. Volkspartei.

Schaumann, Ruth: Muenchen 19, Renatastr. 59a. Tel: 6 33 49.
Well-known writer. Reported to be reliable.

Scheffer, Dr. (alias Schaeffer): Druckerstr. 36.
About 58 years old. Roman Catholic. Married. Rechtsanwalt. Last Minister of Finance in Bayern before '33. Member of Bayerische Volkspartei, and advocated armed resistance to Hitler in Bayern. Arrested several times after '33; saw in approaching war only solution for Germany's liberation.

Schnell, Hugo:
Born 1905-1909. Roman Catholic. Bayerische Volkspartei (?). Author of "Der Bayerische Barock"; was connected with Catholic Youth Movement. Non-Nazi.

Schramm, Ludwig (?): Neuhausen.
55 years old; married; children. Social Democrat and member of town council in Nuernberg. Director of building corporation. In '33 put in Dachau, and when released refused permission to go back to Nuernberg. Started liquor business in Muenchen.

Schwarzer, Rudolph:
Born 1879; Married. Catholic. Former President Union of Catholic Workers in Muenchen. Reichstag member 1920-33 for Bayerische Volkspartei. Not arrested but under police supervision after '33.

Schweikart, Hans:
Rechtsanwalt; "Reliable anti-Nazi" reported to be "leading member" of Opposition movement to overthrow Nazis and set up democratic Republic.

München (8)

Sauerländer, [Johann David], Dr.: Etwa 65 Jahre alt. Bis 1933 Ministerialrat im bayerischen Justizministerium. Hat im privaten Gespräch niemals seine Gegnerschaft zu den Nazis verborgen, ist jedoch laut Quelle politisch nicht aktiv. Hat seine Kinder zum Schulbesuch ins Ausland geschickt.

Scharnagl, Anton; Pfandhausstr. 1: Etwa 1885 geboren. Weihbischof des Domkapitels in München. Mitglied der Bayerischen Volkspartei; bis 1935 Abgeordneter im Bayerischen Landtag. Beschäftigt sich hauptsächlich mit rechtlichen Fragen. Laut Quelle sind seine Gefühle ausgesprochen anti-Nazi, aber er verfügt über keine sehr hohe Intelligenz. Eine andere Quelle hält ihn jedoch für eine der wichtigsten katholischen Persönlichkeiten in Bayern und hat eine hohe Meinung von ihm.

Scharnagl, Karl; Äußere Wienerstr. 42; Tel.: 4 17 90: Etwa 1890 geboren. Katholisch. Bis 1933 viele Jahre lang Oberbürgermeister von München (Bayerische Volkspartei). Besitzt und betreibt jetzt eine Bäckerei. Ist wahrscheinlich mit der Bayerischen Volkspartei in Verbindung geblieben.

Schaumann, Ruth; München 19, Renatastr. 59a; Tel.: 6 33 49: Eine bekannte Schriftstellerin. Soll zuverlässig sein.

Scheffer, Dr. (alias Schaeffer) **[Schäffer, Fritz]**; Druckerstr. 36: Etwa 58 Jahre alt. Römisch-katholisch. Verheiratet. Rechtsanwalt. Letzter bayerischer Finanzminister vor '33. Mitglied der Bayerischen Volkspartei und befürwortete den bewaffneten Widerstand gegen Hitler in Bayern. Nach '33 mehrmals verhaftet; sah in dem herannahenden Krieg die einzige Lösung für die Befreiung Deutschlands.

Schnell, Hugo: Zwischen 1905 und 1909 geboren. Römisch-katholisch. Bayerische Volkspartei (?). Autor von *Der bayerische Barock*; stand in Verbindung mit der Katholischen Jugendbewegung. Nicht-nazistisch.

Schramm, Ludwig (?) **[Richard]**; Neuhausen: 55 Jahre alt; verheiratet; Kinder. Sozialdemokrat und Mitglied des Nürnberger Stadtrats. Direktor des Bauamtes. Kam '33 nach Dachau, nach seiner Entlassung wurde ihm die Erlaubnis verweigert, nach Nürnberg zurückzukehren. Eröffnete in München einen Wein- und Spirituosenladen.

Schwarzer, Rudolf: 1879 geboren. Verheiratet. Katholisch. Ehemaliger Vorsitzender des Katholischen Arbeitervereins in München. 1920-33 Mitglied des Reichstags für die Bayerische Volkspartei. Nach '33 nicht verhaftet, aber unter Polizeiaufsicht.

Schweikart, Hans: Rechtsanwalt; »ein zuverlässiger Anti-Nazi«, soll ein »führendes Mitglied« einer Widerstandsbewegung sein, mit dem Ziel, die Nazis zu stürzen und eine demokratische Republik aufzubauen.

White List

BAYERN

Muenchen (9)

X Schwingenstein, Karl: Ruedigerstr. 11. Tel: 63276. Office: Laemmerstr. 1 Tel: 57664.
55 years old; married. Catholic. Journalist. Editor Der Bayerische Bauernbund's Korrespondenz. Dismissed in '33 and opened public stenographers office. Arrested several times but continued anti-Nazi activity.

Schwink, Otto. Dr.:
60 years old. Until 1918 Major on active service in the Bavarian Army. Up till 1933 Director of the Bayerischer Landesfremdenverkehrsverein; dismissed by the Nazis because "he had a jewish wife". Educated at the Gymnasium and University. "Reliable".

Seidelmayer, Prof.:
Historian of the Middle Ages and Modern Era. Reported as reliable.

Seuffert, Walter, Dr.: Max-Josephstr. 2. Home: Wernekstr. 2.
About 35 years old. Reported outspokenly anti-Nazi lawyer. Arrested in 1938, but released. In army in 1939. Before 1933 he was a member of the anti-Nazi Academic Political Club in Munich.

Seyfried, Dr.:
Manager of Haus u. Grundbesitzverein, friendly P/W claims him to be anti-Nazi.

Silverberg, Louise: Mauerkirerstr. 103.
About 35 years old. Half-aryan; daughter of exiled industrialist Paul Silverberg. Passionately anti-Nazi; showing it by most courageous help to Nazi victims, according to source. Speaks English.

Soelnitz, G. von:
Professor of History (Middle Ages and Modern). Reported as reliable.

Sperr, Franz: Osserstr. 16. Tel: 48 12 68.
About 65 years old. Catholic. Former Bavarian minister of the Reich in Berlin. Personal friend of source who left Germany in 1939. According to source Sperr often criticised the Nazis violently.

Stadelmayer, Franz: Parcivalstr. 11. Tel: 3 04 14.
Born about 1891. Last appointment was as second Buergermeister of Wuerzburg. Resigned in 1933 to make room for a Nazi official. Some years after resignation entered publishing house of Dunker and Humboldt in Munich as successor to Dr. Feuchtwanger.

Stang, :
About 60 years old. Catholic. Teacher at Munich Gymnasium. Member and former president of the Bavarian Landtag (elected in Aschaffenburg). Member of the Bavarian Volkspartei. "Anti-Nazi."

Stefl, M. :
Professor of Modern Philology and history of literature. Reported to be reliable.

Stegmueller, Georg: Klenzestr. 103.
Born about 1916. Catholic. Strong ties with the Catholic Youth Movement. Reported anti-Nazi and reliable.

München (9)

Schwingenstein, August; Rüdigerstr. 11, Tel.: 63276; Lämmerstr. 1, Tel.: 57644 (Büro): 55 Jahre alt; verheiratet. Katholisch. Journalist. Herausgeber von *Des Bayerischen Bauernbund's Korrespondenz.* '33 entlassen und eröffnete ein öffentliches Schreibbüro. Mehrmals verhaftet, setzte jedoch seine Anti-Nazi-Aktivität fort.

Schwink, Otto, Dr.: 60 Jahre alt. Bis 1918 Major im aktiven Dienst in der bayerischen Armee. Bis 1933 Direktor des bayerischen Landesfremdenverkehrsverbandes; von den Nazis entlassen, weil »er eine jüdische Frau hatte«. Ausbildung: Gymnasium und Universität. »Zuverlässig.«

Seidlmayer, [Michael], Prof.: Historiker, Mittelalter und Neuzeit. Dem Bericht nach zuverlässig.

Seuffert, Walter, Dr.; Max-Joseph-Str. 2; Werneckstr. 2 (Wohnung): Etwa 35 Jahre alt. Soll ein offen anti-nazistisch gesinnter Anwalt sein. 1938 verhaftet, jedoch wieder freigelassen. 1939 zum Heer. Vor 1933 war er ein Mitglied im anti-nazistischen Akademischen Politischen Klub in München.

Seyfried, Franz, Dr.: Leiter des Haus- und Grundbesitzervereins; ein freundlich gesinnter Kriegsgefangener behauptet, er sei anti-Nazi.

Silverberg, Louise; Mauerkircherstr. 103: Etwa 35 Jahre alt. Halbjüdin; Tochter des im Exil lebenden Industriellen Paul Silverberg. Leidenschaftlich anti-Nazi; zeigt es laut Quelle, indem sie äußerst mutig Nazi-Opfern hilft. Spricht Englisch.

Soelnitz/Sölnitz, G. von [Pölnitz, Götz Freiherr von]: Geschichtsprofessor (Mittelalter und Neuzeit). Dem Bericht nach zuverlässig.

Sperr, Franz; Osserstr. 16; Tel.: 48 12 68: Etwa 65 Jahre alt. Katholisch. Ehemaliger Gesandter der bayerischen Regierung in Berlin. Persönlicher Freund der Quelle, die Deutschland 1939 verließ. Laut Quelle kritisierte Sperr die Nazis oft heftig.

Stadelmayer, Franz; Parzivalstr. 11; Tel.: 3 04 14: Etwa 1891 geboren. Letzte Berufung war die zum zweiten Bürgermeister von Würzburg. Trat 1933 zurück, um für einen Nazi-Beamten Platz zu machen. Trat einige Jahre nach seinem Rücktritt als Nachfolger von Dr. [Ludwig] Feuchtwanger in den Verlag Duncker & Humblot, München, ein.

Stang, [Georg]: Etwa 60 Jahre alt. Katholisch. Lehrer an einem Münchner Gymnasium. Mitglied und ehemaliger Präsident des Bayerischen Landtags (in Aschaffenburg gewählt). Mitglied der Bayerischen Volkspartei. »Anti-Nazi.«

Stefl, M.: Professor für moderne Philologie und Literaturgeschichte. Soll zuverlässig sein.

Stegmueller/Stegmüller, Georg; Klenzestr. 103: Etwa 1916 geboren. Katholisch. Enge Bindung an die Katholische Jugendbewegung. Dem Bericht nach anti-Nazi und zuverlässig.

S E C R E T

White List

BAYERN

Muenchen (10)

Steidle, Robert: Potsdamerstr. 1. Tel: 3 23 30.
About 50 years old. Catholic. Physician with Munich police force--later transferred to Military service. Member Bayr. Volkspartei. Closely connected with Catholic Youth in Bayern.

Steinbuechel, Theodor: .
Born about 1888. Former Professor of Theology at U. of Munich. Left wing of Center Party. Present address unknown since Nazis closed down theological faculty at Munich in 1939.

(C) Stengel, K. A. Freiherr von: Gruenswald Gasteigweg 1. Tel: 2 45 10.
Member well-known Catholic Bavarian family. Active in Bayrische Volkspartei. Capable lawyer, source last heard of him in 1938.

(C) Stengel, Paul von: Hesstr. 5. Tel: 5 22 09.
About 65 years old. Member of well-known Catholic family of civil servants, officers and university professors. Geheimer Legattsionsrat in Ministry of Interior in Munich. In 1938 offered source his advice and help if he should need it. It can be assumed that he preserved his anti-Nazi views.

Stepp, P. Hans.:
Ordinarius for Medicine. Socialistic tendencies. Former activity in the Youth movement. Well informed on personnel questions and reported anti-Nazi.

Sterner, Konrad: Muenchen-Solln, Albrecht-Duererstr. 9. Tel: 79 44 17.
About 63 years old. Protestant; liberal; refused to make application for party membership. From 1912 to about 1932 he was Ministerialrat in Bavarian Finance Ministry. Later managing director of Iarwerke and director of VIAG and Ver. Aluminum Werke. Up to 1939 an anti-Nazi who did not conceal his opposition to regime.

Thyssen, Hans: Mauerkircherstr. 87.
About 60 years old. Protestant. Industrialist; brother of Fritz Thyssen. He is very sick, a steel man; never politically active, but he and his wife are reported to be strongly anti-Nazi.

Valentin, Carl:
Comedian, who lost his theater to the Nazis. Reported a strong anti-Nazi.

Vossler, Karl: Aeussere Maximilianstr. 20.
Born about 1872. Protestant; married; children. Retired professor of Romance Languages. Active in organizations for international collaboration. Reported to be a strong democrat & anti-Nazi. However; he is also reported to have lectured in Spain for Nazi cultural organization.

Wallner, Otto: Herzog Heinrichstr. 13.
Catholic. Ex-Oberregierungsrat Staedtische Gesundheitsamt. Politically inactive but a member of Bayr. Volkspartei. Reported to be anti-Nazi and to have helped victims of Nazi persecution.

Warmuth, Dr.:
About 60 years old. Roman Catholic; lawyer. Member of Bayr. Volkspartei; reported to be strongly anti-Nazi.

Weidinger, : St. Anna Lyceum.
About 60 years old. Roman Catholic rector of girls secondary school. Democrat who is reported to have refused to allow Nazi propaganda in his school

Weisheittinger, Ferdinand; Muenchen-Solln, Adolf Hitler Allee 6. Tel: 79 40 2
Born about 1894. Roman Catholic. Popular Bavarian comedian using the stage name of Ferdl Weiss. Reported to be anti-Nazi.

S E C R E T

München (10)

Steidle, Robert; Potsdamer Str. 1; Tel.: 3 23 30: Etwa 50 Jahre alt. Katholisch. Arzt bei der Münchner Polizei, dann zum Militärdienst versetzt. Mitglied der Bayerischen Volkspartei. Eng verbunden mit der katholischen Jugend in Bayern.

Steinbüchel, Theodor: Etwa 1888 geboren. Ehemaliger Professor für Theologie an der Universität München. Linker Flügel der Zentrumspartei. Gegenwärtige Anschrift unbekannt, da die Nazis 1939 die Theologische Fakultät in München geschlossen haben.

(C) **Stengel, K. A. Freiherr von**: Grünwald, Gasteigweg 1; Tel.: 2 45 10: Mitglied einer bekannten bayerischen, katholischen Familie. Aktiv in der Bayerischen Volkspartei. Fähiger Anwalt, die Quelle hörte 1938 letztmalig von ihm.

(C) **Stengel, Paul [Freiherr] von**; Heßstr. 5; Tel.: 5 22 09: Etwa 65 Jahre alt. Mitglied einer bekannten bayerischen, katholischen Familie von Beamten, Offizieren und Universitätsprofessoren. Geheimer Rat im Innenministerium in München. Bot der Quelle 1938 Rat und Hilfe an, falls sie dies brauchen sollte. Es ist anzunehmen, daß er sich seine Anti-Nazi-Ansichten bewahrt hat.

Stepp, P. Hans: Ordinarius für Medizin. Sozialistische Tendenzen. Ehemalige Aktivität in der Jugendbewegung. Gut informiert über Personalfragen und dem Bericht nach anti-Nazi.

Sterner, Konrad; München-Solln, Albrecht-Dürer-Str. 9; Tel.: 79 44 17: Etwa 63 Jahre alt. Protestantisch; liberal; weigerte sich, einen Antrag auf Parteimitgliedschaft zu stellen. Er war von 1912 bis etwa 1932 Ministerialrat im Bayerischen Finanzministerium. Später leitender Direktor der Isarwerke und Direktor der VIAG und der Vereinigten Aluminium Werke. Bis 1939 ein Anti-Nazi, der seine Gegnerschaft zum Regime nicht verbarg.

Thyssen, Hans; Mauerkircherstr. 87: Etwa 60 Jahre alt. Protestantisch. Industrieller; Bruder [Cousin] von Fritz Thyssen. Er ist sehr krank, ein Stahlproduzent; niemals politisch aktiv, aber er und seine Frau sollen entschieden anti-Nazi sein.

Valentin, Karl: Ein Komödienschauspieler, der sein Theater an die Nazis verlor. Dem Bericht nach ein überzeugter Anti-Nazi.

Vossler, Karl; Äußere Maximilianstr. 20: Etwa 1872 geboren. Protestantisch; verheiratet; Kinder. Professor für romanische Sprachen, im Ruhestand. Aktiv in Organisationen für internationale Zusammenarbeit. Soll ein überzeugter Demokrat und Anti-Nazi sein. Allerdings: Er soll auch in Spanien Vorträge für kulturelle Nazi-Organisationen gehalten haben.

Wallner, Otto: Herzog-Heinrich-Str. 13: Katholisch. Ex-Oberregierungsrat im Städtischen Gesundheitsamt. Politisch nicht aktiv, aber ein Mitglied der Bayerischen Volkspartei. Er soll anti-Nazi sein und Opfern der Nazi-Verfolgung geholfen haben.

Warmuth, Dr.: Etwa 60 Jahre alt. Römisch-katholisch; Anwalt. Mitglied der Bayerischen Volkspartei; soll entschieden anti-Nazi sein.

Weidinger, [Michael]; St. Anna Lyzeum: Etwa 60 Jahre alt. Römisch-katholischer Schulleiter einer Oberschule für Mädchen. Ein Demokrat, der sich geweigert haben soll, Nazi-Propaganda in seiner Schule zuzulassen.

Weisheitinger, Ferdinand; München-Solln, Adolf Hitler Allee 6; Tel.: 79 40 2: Etwa 1894 geboren. Römisch-katholisch. Ein populärer bayerischer Komödiant, der den Bühnennamen Weiß Ferdl benutzt. Er soll anti-Nazi sein.

White List

BAYERN

Muenchen (11)

Wenger, L.:
Professor of Laws. Reported to be reliable.

Wieland, Heinrich: Sophienstr. 9.
Protestant; Professor of Chemistry at U. of Muenchen, winner of Nobel Prize. Reported to be anti-Nazi.

Wurm, Alois: Koeniginstr. 81.
Born about 1874. Catholic priest who became Catholic writer under Republic Left wing Bavarian Populist party. Reported strongly anti-Nazi.

Zwiedineck--Suedenhorst, Otto von: Graefeling nr. Muenchen, Stephanstr. 7.
Born about 1871. Catholic. Professor Emeritus of Economics and Staatswisschaften at U. of Munich. Democrat who is reported to be non-Nazi.

Naila

Gossler, :
Manager of a co-operative weaving mill (Genossenschaft-Weberei). Former Social Democrat deputy.

Nuernberg (including Fuerth)

Arnold, Anton:
About 63 years old. Rechtsanwalt. Reported reliable anti-Nazi.

Axthall, :
About 55 years old. Landgerichtsrat. Source reports him reliable anti-Nazi.

Beck, Hans:
Political editor: Nuernberger Zeitung: who is reported not to be Nazi and would be willing to cooperate.

Bingold, Dr.:
About 60 years old. University professor who is reported to be a reliable anti-Nazi.

Cnopf (or Knopf) :
About 73 years old. Senatspraesident who is reported to be a reliable anti-Nazi.

Daimer, :
About 40 years old. Catholic notary. Reported to be a reliable anti-Nazi.

Daumiller, :
Oberkirchenrat. At a meeting between Streicher and Nuernberg's evangelical pastors, Daumiller objected to actions against Bishop Meiser and reproached German Christians.

Deinlein, :
About 67 years old. Catholic; Oberlandesgerichtsrat. Reported to be reliable anti-Nazi.

Dessert, :
About 40 years old. Jeweller of Firma Wick of Kaiserstr. Reported to be reliable anti-Nazi.

München (11)

Wenger, [Leopold]: Professor der Rechtswissenschaften. Soll zuverlässig sein.

Wieland, Heinrich; Sophienstr. 9: Protestantisch; Professor für Chemie an der Universität München, Nobelpreisträger. Soll anti-Nazi sein.

Wurm, Alois; Königinstr. 81: Etwa 1874 geboren. Ein katholischer Geistlicher, der zur Zeit der Republik ein katholischer Schriftsteller wurde. Linker Flügel der Bayerischen Volkspartei. Soll entschieden anti-Nazi sein.

Zwiedineck-Südenhorst, Otto von; Gräfelfing bei München, Stephanstr. 7: Etwa 1871 geboren. Katholisch. Professor emeritus für Nationalökonomie und Staatswissenschaften an der Universität München. Ein Demokrat, der nicht-nazistisch sein soll.

Naila

Gossler/Goßler: Leiter einer Genossenschaftsweberei. Ehemaliger sozialdemokratischer Abgeordneter.

Nürnberg (einschließlich Fürth)

Arnold, Anton: Etwa 65 Jahre alt. Rechtsanwalt. Dem Bericht nach ein zuverlässiger Anti-Nazi.

Arthall: Etwa 55 Jahre alt. Landgerichtsrat. Nach Aussagen der Quelle ein zuverlässiger Anti-Nazi.

Beck, Hans: Ein politischer Redakteur: *Nürnberger Zeitung*, der kein Nazi sein soll und bereit wäre zu kooperieren.

Bingold, [Heinrich], Dr.: Etwa 60 Jahre alt. Ein Universitätsprofessor, der ein zuverlässiger Anti-Nazi sein soll.

Cnopf, [Heinrich] (oder Knopf): Etwa 73 Jahre alt. Senatspräsident; soll ein zuverlässiger Anti-Nazi sein.

Daimer: Etwa 40 Jahre alt. Katholisch. Notar. Soll ein zuverlässiger Anti-Nazi sein.

Daumiller, [Oscar]: Oberkirchenrat. Bei einem Treffen zwischen Streicher und evangelischen Pastoren protestierte Daumiller wegen der Maßnahmen gegen Bischof [Hans] Meiser und erhob Vorwürfe gegen die Deutschen Christen.

Deinlein, [Karl]: Etwa 67 Jahre alt. Katholisch; Oberlandesgerichtsrat. Soll zuverlässig anti-Nazi sein.

Dessert: Etwa 40 Jahre alt. Juwelier der Firma Wick in der Kaiserstraße. Soll zuverlässig anti-Nazi sein.

White List

BAYERN

Nuernberg (2)

Dotzler, Leonhard: Lauf.
About 50 years old. Teacher; Democrat. Reported by friendly P/W to be anti-Nazi.

Ehrl, :
About 50 years old. Landgerichtsrat. Jewish wife. Dismissed from his position. Source reports him a reliable anti-Nazi.

Eyerman, Erich Dr.:
About 38 years old. Married. Amtsrichter. Removed from office in 1934 or 1935 because of an alleged Jewish grandmother. Was reported to have taken over a job in industry in Western Germany. "Strict anti-Nazi who is unreservedly reliable".

Fersch, Hans Dr.:
About 60 years old. Married. Regierungsrat in Finanzamt Nuernberg. "Member of a religious society which is not in favor with Nazis. Reliable."

Forch, Anton: Fuerth, Daniel Laystr.
Chief of Schutzpolizei. According to friendly P/W an anti-Nazi who has arrested SS leaders and men for police law violations.

Gastreich, Fritz: Fuerth.
About 40 years old. Surgeon whose father also was a doctor. "attended to Jewish people voluntarily during the pogrom 1937-38. Reliable."

Heidner, :
About 60 years old. Married. Oberlandsgerichtsrat. According to source always opposed to Nazis and reliable.

Heinlein, :
About 65 years old. Oberlandesgerichtsrat. According to source a reliable anti-Nazi.

Held, :
About 50 years old. Accountant. Up to 1938 he was the managing clerk of a Jewish Wirtschaftspruefer. "Loyal to his chief and Jewish clients to the very last in spite of great pressure from the Nazis. He is a convinced anti-Nazi and is unreservedly reliable."

Helm, :
About 70 years old. Landgerichtspraesident. According to source he is a reliable anti-Nazi.

/ Hilsenbeck, Richard Dr.: (also Huelsenbeck) Maedchenlyzeum, Labenwolfstr.
About 60 years old. Oberstudienrat and director of the Girls' High School. According to several sources, he is a strict anti-Nazi who was loyal to his Jewish friends and tried to protect Jewish school girls. He is unreservedly reliable.

/ Hoffman, Georg:
Born about 1886. Professor in Nuernberger Handelshochschule. According to several sources a liberal anti-Nazi.

Nürnberg (2)

Dotzler, Leonhard; Lauf: Etwa 50 Jahre alt. Lehrer; Demokrat. Soll nach Aussagen eines freundlich gesinnten Kriegsgefangenen anti-Nazi sein.

Ehrl: Etwa 50 Jahre alt. Landgerichtsrat. Jüdische Ehefrau. Seines Amtes enthoben. Nach Aussagen der Quelle ein zuverlässiger Anti-Nazi.

Eyermann, Erich, Dr.: Etwa 38 Jahre alt. Verheiratet. Amtsrichter. Wurde 1934 oder 1935 wegen einer angeblich jüdischen Großmutter aus dem Amt entfernt. Soll in Westdeutschland eine Anstellung in der Industrie angenommen haben. »Ein absoluter Anti-Nazi, der uneingeschränkt zuverlässig ist.«

Fersch, Hans, Dr.: Etwa 60 Jahre alt. Verheiratet. Regierungsrat im Finanzamt Nürnberg. »Mitglied einer religiösen Gemeinschaft, die nicht für die Nazis ist. Zuverlässig.«

Forch, Anton; Fürth, Daniel-Ley-Str.: Leiter der Schutzpolizei. Laut einem freundlich gesinnten Kriegsgefangenen ein Anti-Nazi, der SS-Führer und SS-Männer wegen Verstößen gegen Polizeigesetze verhaftet hat.

Gastreich, Fritz; Fürth: Etwa 40 Jahre alt. Ein Chirurg, dessen Vater ebenfalls Arzt war. »Hat freiwillig während des Pogroms 1937-38 jüdische Menschen behandelt. Zuverlässig.«

Heidner: Etwa 60 Jahre alt. Verheiratet. Oberlandesgerichtsrat. Laut Quelle immer gegen die Nazis eingestellt und zuverlässig.

Heinlein: Etwa 65 Jahre alt. Oberlandesgerichtsrat. Laut Quelle ein zuverlässiger Anti-Nazi.

Held: Etwa 50 Jahre alt. Buchhalter. War bis 1938 der Büroleiter eines jüdischen Wirtschaftsprüfers. »Bis ganz zum Schluß loyal gegenüber seinem Chef und den jüdischen Klienten trotz des großen Drucks von Seiten der Nazis. Er ist ein überzeugter Anti-Nazi und uneingeschränkt zuverlässig.«

Helm: Etwa 70 Jahre alt. Landgerichtspräsident. Laut Quelle ist er ein zuverlässiger Anti-Nazi.

Hilsenbeck, Richard, Dr. (auch: Huelsenbeck), [Hilsenbeck]; Mädchen-Lyzeum, Labenwolfstr: Etwa 60 Jahre alt. Oberstudienrat und Direktor der Oberschule für Mädchen. Laut mehreren Quellen ist er ein absoluter Anti-Nazi, der seinen jüdischen Freunden gegenüber loyal war und versuchte, jüdische Schülerinnen zu beschützen. Er ist uneingeschränkt zuverlässig.

Hoffmann, Georg: Etwa 1886 geboren. Professor an der Nürnberger Handelshochschule. Laut mehreren Quellen ein liberaler Anti-Nazi.

White List

BAYERN

Nuernberg (3)

Hofmann, :
About 60 years old. Notary (Notariat Nuernberg V). According to source a reliable anti-Nazi.

Muettlinger, :
About 50 years old. Son of a judge. Chemist, in Roth bei Nuernberg. According to source was very opposed to the Nazis and was faithful to his Jewish friends.

Hundrisser, Wilhelm:
About 65 years old. His father was a judge. He is married and a Justizrat in Nuernberg. According to source a prominent member of the bar who is opposed to the Nazis.

Kern, Helmut:
About 50 years old. Parson, married. According to the source he was forbidden by the Nazis to preach from the pulpit because of his opposition to Hitler's Reichskirche. Reliable.

Klinger, :
Pastor who at a meeting between Streicher and Nuernberg evangelical pastors said that of 1450 Bavarian pastors only 70 or 80 were in favor of the Reich Church; the rest supported Bishop Meiser.

Konrad, :
Christian Trade Union leader and member of the Landtag.

Kunze, Hugo: Blumengasse 2.
Born about 1893. Reichsbankinspektor. According to the source an anti-Nazi whose present political convictions are unknown.

Leistner, Dr.:
About 65 years old. Married. Landgerichtsdirektor. According to source he has always opposed the Nazis and is reliable.

Ley, Daniel: Fuerth.
Kommerzienrat. "Reliable anti-Nazi."

Link, :
About 65 years old. Amtsgerichtsdirektor. "Reliable anti-Nazi."

Lohrer, Dr.:
About 64 years old. Oberlandesgerichtsrat. Reliable and always opposed to Nazis according to source.

Marc, :
About 60 years old. Oberregierungsrat am Finanzamt Nuernberg West. "Opponent of the Nazi regime in private conversation."

Meier, Otto:
Managing director of M.A.N. Escaped joining Nazi party. Even went so far as to prevent Streicher from entering his Nuernberg factory. "Completely independent of Nazis."

Merkl, :
About 66 years old. Justizrat who according to source is a reliable anti-Nazi.

Nürnberg (3)

Hofmann: Etwa 60 Jahre alt. Notar (Notariat Nürnberg V). Laut Quelle ein zuverlässiger Anti-Nazi.

Huettlinger/Hüttlinger: Etwa 50 Jahre alt. Sohn eines Richters, Chemiker, in Roth bei Nürnberg. War laut Quelle sehr gegen die Nazis und seinen jüdischen Freunden treu.

Hundrisser/Hundrißer, Wilhelm: Etwa 65 Jahre alt. Sein Vater war ein Richter. Er ist verheiratet und Justizrat in Nürnberg. Laut Quelle ein bedeutendes Mitglied der Anwaltschaft, das gegen die Nazis ist.

Kern, Helmut: Etwa 50 Jahre alt. Pfarrer, verheiratet. Laut Quelle wurde ihm wegen seiner Gegnerschaft zu Hitlers Reichskirche von den Nazis verboten, von der Kanzel zu predigen. Zuverlässig.

Klinger: Ein Pastor, der bei einem Treffen von [Julius] Streicher und evangelischen Pastoren sagte, daß von den 1450 bayerischen Pastoren nur 70 oder 80 für die Reichskirche wären; der Rest würde Bischof Meiser unterstützen.

Konrad, [Adolf]: Vorsitzender einer Christlichen Gewerkschaft und Mitglied des Landtags.

Kunze, Hugo, Blumengasse 2: Etwa 1893 geboren. Reichsbankinspektor. Laut Quelle ein Anti-Nazi, dessen gegenwärtige politische Überzeugungen unbekannt sind.

Leistner, Dr.: Etwa 65 Jahre alt. Verheiratet. Landgerichtsdirektor. Laut Quelle ist er stets gegen die Nazis gewesen und ist zuverlässig.

Ley, Daniel; Fürth: Kommerzienrat. »Zuverlässiger Anti-Nazi.«

Link: Etwa 65 Jahre alt. Amtsgerichtsdirektor. »Zuverlässiger Anti-Nazi.«

Lohrer, Dr.: Etwa 64 Jahre alt. Oberlandesgerichtsrat. Zuverlässig und stets gegen die Nazis laut Quelle.

Marc: Etwa 60 Jahre alt. Oberregierungsrat am Finanzamt Nürnberg West. »Ein Gegner des Nazi-Regimes im privaten Gespräch.«

Meyer, Otto: Generaldirektor von MAN. Entkam dem Eintritt in die Nazi-Partei. Ging sogar so weit, daß er Streicher daran hinderte, seine Nürnberger Fabrik zu betreten. »Völlig unabhängig von den Nazis.«

Merkl: Etwa 66 Jahre alt. Ein Justizrat, der laut Quelle ein zuverlässiger Anti-Nazi ist.

White List

BAYERN

Nuernberg (4).

Meyer, Karl: Nodring 80.
About 55 years old. Last known position was Reichsbahnoberrat, Nuernberg. Engineer; artillery officer in last war. Never active in politics but according to source he is known as a convinced anti-Nazi.

Mueller, Herman:
About 50 years old; married. Business man in the firm of August H. Mueller "Although dependant on Government orders and risking his existence to do so he helped his Jewish friends in every way especially after the pogrom in 1938. He always expressed strong anti-Nazi views in private conversation and was opposed to Hitler's aggressions."

Noack, ;
About 64 years old. Justizrat who is reported to be a reliable anti-Nazi.

Oppel, :
About 45 years old. Amtsgerichtsrat with Jewish wife. Dismissed. Is reported to be a reliable anti-Nazi.

Pitzer, ;
About 60 years old; Jewish wife. Landgerichtsdirektor. Dismissed. He is reported to be reliably anti-Nazi.

Roethel, Hans Konrad: Hirschelgasse 11.
Custodian in Germanic Museum, Nuernberg. He is reported anti-Nazi.

Rueckert, ; Fuerth.
About 60 years old. Lawyer. Former member of the Board of Anwaltskammer. According to source reliable and anti-Nazi.

/ Rudolph, Ludwig Ritter von:
About 54 years old. Married. Given the Militaer Max-Joseph Orden. His father is a schoolmaster and "extremely opposed to the Nazis and the events leading to the war." He is also a schoolmaster and a leader of the Democratic party. "Volunteered as a witness against the "Dolchstosslegende" in political libel action. Although a civil servant he risked his position by never concealing his antagonism to the Nazis and was very faithful to his Jewish friends. Reliable." (Could be identical with Lutz von Rudolf.)

Rudolf, Lutz von:
About 45 years old. Protestant; single. Gymnasium teacher in Nuernberg. Outspokenly anti-Nazi through 1938 according to source but was not dismissed because of outstanding war record. (Could be identical with L. Ritter vonRudolf)

/ Rupprecht, Jean: Prinzregentenufer 7, or Theodorstr.
About 50 years old; Protestant. Agent of life insurance companies. Represented Sueddeutsche Bodenkreditbank. Successful business man; married to Jewish wife. Apolitical liberal who is said by several sources to be non-Nazi.

Sacks, ;
About 64 years old; Jewish. Langerichtsrat. Dismissed. "Reliable anti-Nazi."

Schaffner, :
About 62 years old. Oberlandesgerichtsrat. Reported reliable anti-Nazi.

Nürnberg (4)

Meyer, Karl; Nordring 80: Etwa 55 Jahre alt. Letzte bekannte Position war Reichsbahnoberrat, Nürnberg. Ingenieur; Artillerieoffizier im letzten Krieg. Niemals aktiv in der Politik, aber laut Quelle ist er bekannt als ein überzeugter Anti-Nazi.

Müller, Hermann: Etwa 50 Jahre alt; verheiratet. Bevollmächtigter der Firma August H. Müller. »Obwohl er von Regierungsaufträgen abhängig war und er, indem er dies tat, seine Existenz riskierte, half er seinen jüdischen Freunden in jeder Hinsicht, besonders nach dem Pogrom 1938. Er brachte im privaten Gespräch immer entschieden anti-nazistische Ansichten zum Ausdruck und war gegen Hitlers Aggressionen.«

Noack: Etwa 64 Jahre alt. Ein Justizrat, der ein zuverlässiger Anti-Nazi sein soll.

Oppel: Etwa 45 Jahre alt. Ein Amtsgerichtsrat mit einer jüdischen Ehefrau. Entlassen. Soll ein zuverlässiger Anti-Nazi sein.

Pitzer: Etwa 60 Jahre alt; jüdische Ehefrau. Landgerichtsdirektor. Entlassen. Er soll zuverlässig anti-Nazi sein.

Röthel, Hans Konrad; Hirschelgasse 11: Konservator am Germanischen Museum, Nürnberg. Er ist dem Bericht nach anti-Nazi.

Rueckert/Rückert; Fürth: Etwa 60 Jahre alt. Anwalt. Ehemaliges Mitglied des Vorstands der Anwaltskammer. Laut Quelle zuverlässig und anti-Nazi.

Rudolph, Ludwig Ritter von: Etwa 54 Jahre alt. Verheiratet. Bekam den Militär-Max-Joseph-Orden verliehen. Sein Vater ist Lehrer und »in höchstem Maße gegen die Nazis und die Ereignisse, die zum Krieg geführt haben.« Er ist ebenfalls Lehrer und einer der Anführer der [Deutschen] Demokratischen Partei. »Stellte sich freiwillig als Zeuge bei einer politischen Verleumdungsklage gegen die ›Dolchstoßlegende‹ zur Verfügung. Obwohl Beamter, riskierte er seine Stellung, indem er niemals seine Feindseligkeit gegenüber den Nazis verbarg, und er stand sehr treu zu seinen jüdischen Freunden.« (Könnte identisch sein mit Lutz von Rudolf.)

Rudolph, Lutz von: Etwa 45 Jahre alt. Protestantisch; ledig. Gymnasiallehrer in Nürnberg. Das ganze Jahr 1938 hindurch laut Quelle unverblümt anti-Nazi, wurde jedoch wegen seiner herausragenden militärischen Vergangenheit nicht entlassen. (Könnte identisch sein mit L. Ritter von Rudolf.)

Rupprecht, Jean; Prinzregentenufer 7 oder Theodorstr.: Etwa 50 Jahre alt; protestantisch. Vertreter für Lebensversicherungen. Vertrat die Süddeutsche Bodenkreditbank. Erfolgreicher Geschäftsmann; mit einer Jüdin verheiratet. Ein liberaler Unpolitischer, von dem mehrere Quellen sagen, daß er nicht-nazistisch sei.

Sachs, [Camille]: Etwa 64 Jahre alt; jüdisch. Landgerichtsrat. Entlassen. »Zuverlässiger Anti-Nazi.«

Schaffner: Etwa 62 Jahre alt. Oberlandesgerichtsrat. Dem Bericht nach zuverlässig anti-Nazi.

White List

BAYERN

Nuernberg (5)

Scheidemandl, Dr.:
About 64 years old. Oberarzt who is reported a reliable anti-Nazi.

Schieder, :
About 60 years old. Kreisdekan of the Protestant Church in Nuernberg. Several sources consider him a vigorous opponent of the Nazis.

Schmauser, : Schwabach,-Nuernberg.
About 67 years old. 3 sons, all partly educated in America. Leading manufacturer in export grammaphone needle business. Good business connections in America; considered by the source to be an internationally minded democrat and anti-Nazi.

Schmidt, Erich:
Married. Industrialist in the Nuernberg firm of Troeger & Buecking. "Refused to give notice to his Jewish employees and was, therefore, strongly attacked in public. Reliable."

Schmitt, Hermann:
About 60 years old. Senatspraesident. Considered by source to be Democratic, reliable and anti-Nazi.

Schneider, Dr.: Karolinenstr. 34.
About 52 years old. Protestant; married. Patent lawyer. Formerly left-wing democrat.

Schreiner, Dr.
About 55 years old. Dentist who is considered to be a reliable anti-Nazi.

Schwerdt, Dr.:
About 55 years old. Protestant. Reichsbahnoberrat. Never political but national liberal by conviction. Reported anti-Nazi.

Speicher, Frau:
About 55 years old. Editor of Nuernberger Hausfrauenzeitung. Was in concentration camp in Dachau. Considered a reliable anti-Nazi.

Speicher, Phillip:
About 40 years old. Father was agent of Frankfurter Zeitung and mother proprietor and editor of woman's weekly paper. He is formerly lawyer in Nuernberg, but was struck off roll in 1934 because he did not vote for Hitler. Several sources consider him to be very anti-Nazi.

Staudt, Hans:
About 45 years old; married. Former public school teacher dismissed in 1933 and repeatedly offered jobs by Nazis afterwards but never accepted. President of Reichsbanner in Nuernberg.

Sturm, Hans: Fuerth, Nuernbergerstr. 25.
About 52 years old; Catholic. Regierungsrat in Fuerth. Not politically active but holds Democratic views and showed them by helping Nazi victims.

Stellwaag, Ernst: Schwabach bei Nuernberg.
About 55 years old. Married. Member of the 'Christengemeinschaft' (followers of Rudolf Steiner). Diplom Ingenieur. "Violently opposed to the Nazis and to the events leading to the war. Most faithful to his Jewish friends!

Nürnberg (5)

Scheidemandl, Dr.: Etwa 64 Jahre alt. Ein Oberarzt, der dem Bericht nach ein zuverlässiger Anti-Nazi ist.

Schieder, [Julius]: Etwa 60 Jahre alt. Kreisdekan der Evangelischen Kirche in Nürnberg. Mehrere Quellen halten ihn für einen heftigen Gegner der Nazis.

Schmauser; Schwabach, bei Nürnberg: Etwa 67 Jahre alt. 3 Söhne, alle zum Teil in Amerika ausgebildet. Führender Hersteller von für den Export bestimmten Grammophonnadeln. Gute Geschäftsverbindungen in Amerika; ist nach Ansicht der Quelle ein international gesinnter Demokrat und Anti-Nazi.

Schmidt, Erich: Verheiratet. Industrieller; Firma Troeger & Bücking, Nürnberg. »Weigerte sich, seine jüdischen Angestellten zu entlassen, und wurde daher in der Öffentlichkeit heftig angegriffen. Zuverlässig.«

Schmitt, Hermann: Etwa 60 Jahre alt. Senatspräsident. Ist nach Ansicht der Quelle demokratisch, zuverlässig und anti-Nazi.

Schneider, Dr.; Karolinenstr. 34: Etwa 52 Jahre alt. Protestantisch; verheiratet. Patentanwalt. Früher linksgerichteter Demokrat.

Schreiner, Dr.: Etwa 55 Jahre alt. Ein Zahnarzt, der als ein zuverlässiger Anti-Nazi gilt.

Schwerdt, Dr.: Etwa 55 Jahre alt. Protestantisch. Reichsbahnoberrat. Niemals politisch, aber von der Überzeugung her nationalliberal. Dem Bericht nach anti-Nazi.

Speicher, [Rosine], Frau: Etwa 55 Jahre alt. Herausgeberin der *Nürnberger Hausfrauenzeitung*. War im Konzentrationslager in Dachau. Gilt als ein zuverlässiger Anti-Nazi.

Speicher, Philip: Etwa 40 Jahre alt. Der Vater war Repräsentant der *Frankfurter Zeitung* und die Mutter Inhaberin und Herausgeberin einer Wochenzeitschrift für Frauen. Er ist ein ehemaliger Nürnberger Anwalt, wurde aber 1934 von der Anwaltsliste gestrichen, weil er nicht für Hitler stimmte. Mehrere Quellen halten ihn für sehr anti-Nazi.

Staudt, Andreas: Etwa 45 Jahre alt; verheiratet. Ehemaliger Lehrer einer öffentlichen Schule, 1933 entlassen, bekam danach mehrmals von den Nazis Stellen angeboten, die er jedoch nie akzeptierte. Vorsitzender des Reichsbanners in Nürnberg.

Sturm, Hans; Fürth, Nürnbergerstr. 25: Etwa 52 Jahre alt; katholisch. Regierungsrat in Fürth. Politisch nicht aktiv, vertrat jedoch demokratische Ansichten und zeigte diese, indem er Nazi-Opfern half.

Stellwaag, Ernst; Schwabach bei Nürnberg: Etwa 55 Jahre alt. Verheiratet. Mitglied der »Christengemeinschaft« (Anhänger von Rudolf Steiner). Diplomingenieur. »Leidenschaftlich gegen die Nazis und die Ereignisse, die zum Krieg führten. Seinen jüdischen Freunden überaus treu.«

White List

BAYERN

Nuernberg (6)

Weiss, Karl:
About 52 years old. Democrat; teacher. Friendly P/W reports him anti-Na

Wurzer, Georg Dr.: Ludwigstr.
About 50 years old; Catholic. Reported strongly anti-Nazi on religious grounds.

Pegnitz

Gentner, Hans:
Founder and Geschaeftsfuehrer of the social democratic 'Bundschule'. Former member of the Bayrischer Landtag. Former Buergermeister in Pegnitz.

Pensburg

Hjininer, :
Born about 1886. Trade unionist; Mayor of Pensburg 1918-1933. In concentration camp until 1934. Now living on pension. Reported to be anti-Nazi.

Regensburg

Artmann, :
About 50 years old. Lawyer. Keen opponent of the Nazis in law suits. Social democrat.

Brenner, Josef:
Employed in Bookprinting section of Held & Habbel, publishers. Reported reliable anti-Nazi by friendly P/W.

Burckhardt, :
Machine typesetter in newspaper section of Held & Habbel publishers. Reported reliable anti-Nazi by friendly P/W.

Doellinger, :
Machine typesetter in newspaper section of Held & Habbel, publishers. Reported by friendly P/W to be reliably anti-Nazi.

Doellinger, Frl.:
Employed in Advertising section of Held & Habbel, Publishers. Reported to be anti-Nazi by friendly P/W.

Giel, :
Machine typesetter in newspaper section of Held & Habbel, publishers. Reported reliable anti-Nazi by friendly P/W.

Heigl, Josef and Hans:
Hand typesetters employed in newspapers section of Held & Habbel, publishers. Reported by friendly P/W as being reliable anti-Nazis.

Herrmann, :
About 50 years old. Member of the Bavarian Volkspartei. Zweiter Buergermeister in Regensburg who was dismissed by the Nazis.

Hipp, :
About 63 years old. Member of the Bavarian Volkspartei. Oberbuergermeister in Regensburg who was dismissed by the Nazis.

Nürnberg (6)

Weiss/Weiß, Karl: Etwa 52 Jahre alt. Demokrat; Lehrer. Nach Aussagen eines freundlich gesinnten Kriegsgefangenen anti-Nazi.

Wurzer, Georg, Dr.; Ludwigstr.: Etwa 50 Jahre alt; katholisch. Dem Bericht nach aus religiösen Gründen entschieden anti-Nazi.

Pegnitz

Gentner, Hans: Gründer und Geschäftsführer der sozialdemokratischen »Bundschuh-Genossenschaft«. Ehemaliges Mitglied des Bayerischen Landtags. Ehemaliger Bürgermeister von Pegnitz.

Penzberg

Rummer, Hans: Etwa 1886 geboren. Gewerkschafter; von 1918–1933 Bürgermeister von Penzberg. Bis 1934 im Konzentrationslager. Lebt jetzt von seiner Pension. Soll anti-Nazi sein.

Regensburg

Artmann: Etwa 50 Jahre alt. Anwalt. Scharfer Gegner der Nazis bei Prozessen. Sozialdemokrat.

Brenner, Josef: Beschäftigt in der Buchdruckerei von Habbel & Held, Verleger. Ein zuverlässiger Anti-Nazi nach Aussagen eines freundlich gesinnten Kriegsgefangenen.

Burckhardt: Maschinensetzer im Zeitungsbereich von Habbel & Held, Verleger. Ein zuverlässiger Anti-Nazi nach Aussagen eines freundlich gesinnten Kriegsgefangenen.

Doellinger/Döllinger: Maschinensetzer im Zeitungsbereich von Habbel & Held, Verleger. Soll nach Aussagen eines freundlich gesinnten Kriegsgefangenen zuverlässig anti-Nazi sein.

Doellinger/Döllinger, Frl.: Beschäftigt in der Anzeigenabteilung von Habbel & Held, Verleger. Soll anti-Nazi sein nach Aussagen eines freundlich gesinnten Kriegsgefangenen.

Giel: Maschinensetzer im Zeitungsbereich von Habbel & Held, Verleger. Ein zuverlässiger Anti-Nazi nach Aussagen eines freundlich gesinnten Kriegsgefangenen.

Heigl, Josef und Hans: Handsetzer im Zeitungsbereich von Habbel & Held, Verleger. Verhalten sich nach Aussagen eines freundlich gesinnten Kriegsgefangenen wie zuverlässige Anti-Nazis.

Herrmann, [Hans]: Etwa 50 Jahre alt. Mitglied der Bayerischen Volkspartei. Zweiter Bürgermeister von Regensburg, der von den Nazis abgesetzt wurde.

Hipp, [Otto]: Etwa 63 Jahre alt. Mitglied der Bayerischen Volkspartei. Oberbürgermeister von Regensburg, der von den Nazis abgesetzt wurde.

White List

BAYERN

Regensburg (2)

Huber, :
Former theatrical editor: Regensburger Anzeiger. Believed to be working in the publishing house of Held & Habbel. Very religious; and friendly P/W calls him an absolutely reliable anti-Nazi.

Kehl, Anton:
An anti-Nazi from Bavaria remarked that " when Allies marched into Germany the only people they could negotiate with would be the Roman Catholic church." He named Professor Kehl of Regensburg.

Lang, Leonhard:
Typesetter in bookprinting section of Held & Habbel, publishers. Reported to be a reliable anti-Nazi by friendly P/W.

Lautenbacher, : Hombnistrisches Gymnasium, Straubing Regensburg.
Previously on the teaching staff of the Roman Catholic college in Regensburg, but was pensioned off when the Nazis came into power. "He lost 30% as a punishment for his anti-Nazi speeches. Has since been living in retirement."

Lohmann, :
Machine typesetter in newspaper section of Held & Habbel, publishers. Reported reliable anti-Nazi by friendly P/W.

Moser, Josef:
Machine typesetter in newspaper section of Held & Habbel, publishers. Reported reliable anti-Nazi by friendly P/W.

Mueller, Josef:
Employed in Bookprinting section of Held & Habbel, publishers. Reported anti-Nazi, reliable, by friendly P/W.

Oehm, Max:
Business manager of Held & Habbel, publishers. Reported by friendly P/W to be reliable anti-Nazi.

Ostler, :
About 53 years old. Protestant, married; children. Gymnasium teacher. Member Democratic Party . Reported (1938) to be anti-Nazi.

? Piehler, Josef:
Faktor. Supervisor of Held & Habbel publishers. In 1933 acted as liason man with Nazis and succeeded in having ban on Regensburger Anzeiger lifted. Friendly P/W reports him absolutely reliable anti-Nazi.

Rausse, Hubert: Albertstr. 7.
Born about 1885. Former director of Municipal Theater in Regensburg, dismissed after Nazis came to power. Now lives as a free-lance writer. Devout Catholic, not a Nazi according to reports. Considered a good official but not a gifted artist.

? Rotthammer, Joseph:
About 35 years old. Writer and editor of Social Democratic paper in Regensburg. In Dachau; where he was mishandled and then released. Lives quietly in retirement in Regensburg but has kept contact with other Social Democrats.

Staudinger, :
About 60 years old. Protestant; Hauptlehrer. President of local Democratic party. Reported by source as anti-Nazi and reliable.

Regensburg (2)

Huber: Ehemaliger Theaterredakteur: *Regensburger Anzeiger*. Es wird angenommen, daß er im Verlagshaus Habbel & Held arbeitet. Sehr religiös; und ein freundlich gesinnter Kriegsgefangener nennt ihn einen absolut zuverlässigen Anti-Nazi.

Kehl, Anton: Ein Anti-Nazi aus Bayern äußerte sich dahingehend, daß »wenn die Alliierten in Deutschland einmarschierten, die einzigen Menschen, mit denen sie verhandeln könnten, die der römisch-katholischen Kirche sein würden.« Er nannte Professor Kehl aus Regensburg.

Lang, Leonhard: Setzer in der Buchdruckerei von Habbel & Held, Verleger. Soll ein zuverlässiger Anti-Nazi sein nach Aussagen eines freundlich gesinnten Kriegsgefangenen.

Lautenbacher: Humanistisches Gymnasium, Straubing bei Regensburg. Gehörte früher zum Lehrköper des römisch-katholischen Kollegs in Regensburg, wurde aber vorzeitig pensioniert, als die Nazis an die Macht kamen. »Er verlor 30% seiner Pension als Strafe für seine Anti-Nazi-Reden. Lebt seitdem zurückgezogen.«

Lohmann: Maschinensetzer in der Zeitungsabteilung von Habbel & Held, Verleger. Ein zuverlässiger Anti-Nazi nach Aussagen eines freundlich gesinnten Kriegsgefangenen.

Moser, Josef: Maschinensetzer in der Zeitungsabteilung von Habbel & Held, Verleger. Ein zuverlässiger Anti-Nazi nach Aussagen eines freundlich gesinnten Kriegsgefangenen.

Mueller/Müller, Josef: Tätig in der Buchdruckerei von Habbel & Held, Verleger. Ein Anti-Nazi; zuverlässig, nach Aussagen eines freundlich gesinnten Kriegsgefangenen.

Oehm/Öhm, Max: Geschäftsführer von Habbel & Held, Verleger. Soll nach Aussagen eines freundlich gesinnten Kriegsgefangenen ein zuverlässiger Anti-Nazi sein.

Ostler: Etwa 53 Jahre alt. Protestantisch; verheiratet; Kinder. Gymnasiallehrer. Mitglied der [Deutschen] Demokratischen Partei. Soll anti-Nazi sein. (Stand: 1938)

Piehler, Josef: Leiter von Habbel & Held, Verleger. Agierte 1933 als Verbindungsmann zu den Nazis und es gelang ihm, daß das Verbot des *Regensburger Anzeigers* aufgehoben wurde. Ein freundlich gesinnter Kriegsgefangener bezeichnet ihn als absolut zuverlässigen Anti-Nazi.

Rausse, Hubert; Albertstr. 7: Etwa 1885 geboren. Ehemaliger Leiter des Städtischen Theaters in Regensburg; entlassen, nachdem die Nazis an die Macht kamen. Lebt jetzt als freier Autor. Gilt als guter Beamter, aber nicht als begabter Künstler.

Rothammer, Josef: Etwa 35 Jahre alt. Schriftsteller und Redakteur einer sozialdemokratischen Zeitung in Regensburg. In Dachau; wurde dort mißhandelt und dann wieder freigelassen. Lebt unauffällig und zurückgezogen in Regensburg, hat aber den Kontakt zu anderen Sozialdemokraten aufrechterhalten.

Staudinger: Etwa 60 Jahre alt. Protestantisch; Hauptlehrer; Vorsitzender der örtlichen [Deutschen] Demokratischen Partei. Nach Aussagen der Quelle anti-Nazi und zuverlässig.

White List

BAYERN

Regensburg (3)

Steil, Josef:
Faktor in Bockprinting section of Held & Habbel, publishers. Reported as reliable anti-Nazi by friendly P/W.

Reichenhall nr. Berchtesgaden

Stolz, Sebastian:
About 55 years old; Catholic. President of Social Democratic Party in Town council and member of country administration; dismissed in 1933 but re-employed.

Schoendorf am Ammersee

Hoffman, Ernst Dr:
Born about 1880. Ex professor at University of Heidelberg (Philosophy). Now teacher in secondary school at Schoendorf, after dismissal by Nazis. Source reports him to be Democratic and anti-Nazi.

Imhoff, Karl Dr; Seestr. 41.
Born about 1876. Protestant. Engineer now retired. Ex-Manager and chief engineer of Ruhrverband. Reported very democratic and anti-Nazi.

Ostern, Hermann:
About 60 years old. Protestant; married; children. Former director of Humistisches Gymnasium in Heidelberg; later teacher at private secondary school of Professor Reissinger in Schoendorf. Asked permission to punish staff who took part in anti-Jewish pogroms in 1938 and was later dismissed. Is reported a humanist and anti-Nazi.

Reissinger, Ernst:
About 58 years old. Married. Progressive School head. Democrat but conservative, therefore managed to keep school going. German nationalist who has appointed many teachers formerly dismissed by Nazis.

Schweinfurt

Goebel, Dr.: Ruefferstr. 1.
Born about 1893; Catholic. Physician well known in Catholic circles. Member of Bayr. Volkspartei; reported strictly anti-Nazi.

Heim, Frau: Kesslergasse.
Born about 1883. Protestant. Owner of confectionary shop who is reported to be anti-Nazi.

Hoffmann, : Sieben-brueckleinsgasse.
Retail clothing merchant. Protestant. Reported to be anti-Nazi.

Hoffman, Paul; Schapperstrasse.
Born about 1908. Protestant. Successful real estate agent. Democratic convictions and source states that he is very anti-Nazi.

Lang, Joseph:
About 60 years old, married; has good law practice with Joseph Seuffert. Not active politically but considered strongly anti-Nazi.

Merkle, :
Former mayor; anti-Nazi who was dismissed in 1933 and put into concentration camp; afterwards reported to have given in to Nazis.

Regensburg (3)

Steil, Josef: Technischer Leiter der Buchdruckerei von Habbel & Held, Verleger. Ein zuverlässiger Anti-Nazi nach Aussagen eines freundlich gesinnten Kriegsgefangenen.

Reichenhall bei Berchtesgaden

Stolz, Sebastian: Etwa 55 Jahre alt; katholisch. Vorsitzender der Sozialdemokratischen Partei im Stadtrat und Mitglied der Kreisverwaltung; 1933 entlassen, dann aber wieder eingesetzt.

Schondorf am Ammersee

Hoffman, Ernst, Dr.: Etwa 1880 geboren. Ex-Professor an der Universität Heidelberg (Philosophie). Jetzt, nach der Entlassung durch die Nazis, Lehrer am Realgymnasium in Schondorf. Die Quelle sagt aus, daß er demokratisch und anti-Nazi ist.

Imhoff, Karl, Dr.; Seestr. 41: Etwa 1876 geboren. Protestantisch. Ingenieur, jetzt im Ruhestand. Ex-Geschäftsführer und Chefingenieur des Ruhrverbands. Dem Bericht nach sehr demokratisch und anti-Nazi.

Ostern, Hermann: Etwa 60 Jahre alt. Protestantisch; verheiratet; Kinder. Ehemaliger Direktor des Humanistischen Gymnasiums in Heidelberg; später Lehrer am privaten Realgymnasium von Professor Reisinger in Schondorf. Bat um Erlaubnis, diejenigen Lehrer zu bestrafen, die 1938 bei den anti-jüdischen Pogromen mitgemacht hatten, und wurde später entlassen. Ist dem Bericht nach ein Humanist und Anti-Nazi.

Reisinger, Ernst: Etwa 58 Jahre alt. Verheiratet. Leiter einer fortschrittlichen Schule. Ein Demokrat, aber konservativ, daher gelang es ihm, den Schulbetrieb aufrechtzuerhalten. Ein Deutschnationaler, der viele Lehrer eingestellt hat, die einst von den Nazis entlassen wurden.

Schweinfurt

Goebel/Göbel, Dr.; Rüfferstr. 1: Etwa 1893 geboren; katholisch. Arzt; allgemein bekannt in katholischen Kreisen. Mitglied der Bayerischen Volkspartei; dem Bericht nach absolut anti-Nazi.

Heim, Frau; Kesslergasse: Etwa 1883 geboren. Protestantisch. Inhaberin eines Süßwarenladens, die anti-Nazi sein soll.

Hoffmann; Siebenbrückleinsgasse: Einzelhandelskaufmann für Bekleidung. Protestantisch. Soll anti-Nazi sein

Hoffman, Paul; Schopperstraße: Etwa 1908 geboren. Protestantisch. Erfolgreicher Immobilienmakler. Demokratische Überzeugungen, und die Quelle erklärt, daß er außerordentlich »anti-Nazi« ist.

Lang, Joseph: Etwa 60 Jahre alt; verheiratet; betreibt zusammen mit Joseph Seuffert eine gutgehende Anwaltskanzlei. Politisch nicht aktiv, gilt jedoch als entschieden anti-Nazi.

Merkle, [Benno]: Ehemaliger Bürgermeister; ein Anti-Nazi, der 1933 abgesetzt und ins Konzentrationslager gebracht wurde; soll sich danach den Nazis gebeugt haben.

White List

BAYERN

Schweinfurt (2)

Reitelh, ;
About 60 years old. Legally trained mayor (Rechtskund Buergermeister) who was dismissed by Nazis. Reported anti-Nazi.

Rittershaus, Gerhardt Dr.:
About 55 years old; Protestant; married; daughter. Gynecologist; not politically active but reported strongly anti-Nazi and internationally minded.

Roedelsperger, :
About 45 years old; single. CPA who is reported to be anti-Nazi.

Schindler, :
About 55 years old. Catholic: Former secretary of Bayr. Volkspartei in Schweinfurt, now salesman for several firms there. Reported strongly anti-Nazi.

Sonthofen

Kohmann, Peter:
Former Zweiter Buergermeister. Reported to be anti-Nazi.

Straubing

Koloman, Josef: Karmeliter Kloster.
Ex-Chaplain of Linz garrison. Dismissed in 1938 for being a monarchist. Imprisoned 1½ years. Good anti-Nazi connections according to P/W source.

Tegernsee

Steincke, Dr.:
About 60 years old; Catholic; married. Dentist who is reported to be strongly anti-Nazi.

Treuchtlingen

Schaff, Fritz:
Brewery proprietor; Democrat. Friendly P/W reports him to be anti-Nazi.

Tutzing

Hausenstein, Wilhelm:
Born about 1882. Art critic for newspapers including Frankfurter Zeitung. Not a Nazi, but did not dare to oppose the regime; concentrated on strongly non-political themes after 1933.

Weiden

Pfleger, Joseph Dr.:
About 68 years old. Married. Lawyer. Source reports him as leading member of the Catholic party and very opposed to the Nazis.

Witt, :
Largest manufacturer in Weiden (textiles). Was former member of Bayrische Volkspartei. Stong anti-Nazi on religious grounds according to friendly P/W. Who reports that his opinions are shared by his wife and that he would be cooperative and a valuable source of information.

Schweinfurt (2)

Raithel, [Konrad]: Etwa 60 Jahre alt. Ein rechtskundiger Bürgermeister, der von den Nazis abgesetzt wurde. Dem Bericht nach anti-Nazi.

Rittershaus, Gerhard, Dr.: Etwa 55 Jahre alt. Protestantisch; verheiratet; eine Tochter. Frauenarzt; politisch nicht aktiv, dem Bericht nach jedoch entschieden anti-Nazi und international gesinnt.

Roedelsperger/Rödelsperger: Etwa 45 Jahre alt; ledig; ein vereidigter Wirtschaftsprüfer, der anti-Nazi sein soll.

Schindler: Etwa 55 Jahre alt. Katholisch. Ehemaliger Sekretär der Bayerischen Volkspartei in Schweinfurt, jetzt dort Handlungsreisender für verschiedene Firmen. Dem Bericht nach entschieden anti-Nazi.

Sonthofen

Kohmann, Peter: Ehemaliger Zweiter Bürgermeister. Soll anti-Nazi sein.

Straubing

Koloman, Josef; Karmelitenkloster: Ex-Kaplan der Garnison Linz. 1938 entlassen, weil er ein Monarchist war. 1½ Jahre eingesperrt. Laut Quelle, ein Kriegsgefangener, gute Anti-Nazi-Verbindungen

Tegernsee

Steincke, Dr.: Etwa 60 Jahre alt; katholisch; verheiratet. Ein Zahnarzt, der entschieden anti-Nazi sein soll.

Treuchtlingen

Schaff, Fritz: Brauereibesitzer; Demokrat. Ein freundlich gesinnter Kriegsgefangener sagt aus, daß er anti-Nazi ist.

Tutzing

Hausenstein, Wilhelm: Etwa 1882 geboren. Kunstkritiker für Zeitungen, einschließlich *Frankfurter Zeitung*. Kein Nazi; wagte es jedoch nicht, sich gegen das Regime zu stellen; konzentrierte sich nach 1933 auf ausgeprägt unpolitische Themen.

Weiden

Pfleger, Joseph, Dr.: Etwa 68 Jahre alt. Verheiratet. Anwalt. Die Quelle bezeichnet ihn als ein führendes Mitglied der Katholischen Partei und sehr gegen die Nazis eingestellt.

Witt, [Josef]: Größter Fabrikant in Weiden (Textilien). War ehemals Mitglied der Bayerischen Volkspartei. Ein überzeugter Anti-Nazi aus religiösen Gründen, laut einem freundlich gesinnten Kriegsgefangenen. Dieser berichtet, daß Witts Ansichten von seiner Frau geteilt werden und daß er kooperativ sein würde und eine wertvolle Informationsquelle wäre.

S E C R E T

White List

BAYERN

Weilheim(Polling)

Sponsel, Christian:
About 63 years old; Democrat. Teacher reported by friendly P/W to be anti-Nazi.

Weissenburg (Syburg)

Eberhardt, Hermann:
About 46 years old. Member of aristocracy. Forestry expert. Reported anti-Nazi by friendly P/W.

Sitzler, Ludwig:
About 60 years old; Democrat. Book seller in Weissenberg who possesses good knowledge of local conditions according to friendly P/W.

Wuerzburg

Bolza, Dr.:
Born about 1890. Catholic; Democrat. Reported by source to be anti-Nazi.

Doeling, :
Born about 1882. Roman Catholic. Attorney; member of Bayr. Volkspartei. Defended Jews and was arrested in 1933 and expelled from NS Lawyers Bund. Source calls him reliable and internationally minded.

Franz, : Konradstr.
Born about 1876. Protestant. Landesgerichtsdirektor who resigned when NS came to power and lived on pension. Devoted self to church work. Used prestige to protect persons persecuted by Nazis.

Frenzinger, :
Born about 1893. Oberstudienrat at Neues Gymnasium. According to source an anti-Nazi who protected child beaten by Nazi students and associated with Jews and anti-Nazis in public.

Grafe, Erich:
Professor of Internal Medicine at University of Wuerzburg who is reported to be anti-Nazi.

Haering, Theodor Dr.:
About 55 years old. Protestant. Professor of Philosophy. Popular among students. Democratic Liberal who according to source is anti-Nazi and opponent of NS philosophy.

Heller, Vitus:
Publisher and editor of a daily newspaper. Founder of the Christlich-Soziale Partei in Bavaria. "Strongly opposed to the Nazis."

Holm, Elizábeth: Mondbergstr. 12.
Born about 1908. Wife of physician in Univ. Hospital. Apolitical prior to 1933 but actively anti-Nazi since then according to source.

Meisner, Christian:
69 years old; Catholic; married and children. Highly respected lawyer; has published strongly anti-Nazi legal works. Source saw him in 1938 or 39 and did not think he had made any concessions.

S E C R E T

Weilheim (Polling)

Sponsel, Christian: Etwa 63 Jahre alt; Demokrat. Ein Lehrer, der nach Aussagen eines freundlich gesinnten Kriegsgefangenen anti-Nazi sein soll.

Weißenburg

Eberhardt, Hermann; [Schloss Syburg]: Etwa 46 Jahre alt. Angehöriger der Aristokratie. Fachmann für Forstwirtschaft. Anti-Nazi nach Aussagen eines freundlich gesinnten Kriegsgefangenen.

Sitzler, Ludwig: Etwa 60 Jahre alt; Demokrat. Ein Buchhändler in Weißenburg, der laut einem freundlich gesinnten Kriegsgefangenen sehr gut über die örtlichen Bedingungen Bescheid weiß.

Würzburg

Bolza, [Hans], Dr.: Etwa 1890 geboren. Katholisch; Demokrat. Soll nach Aussagen der Quelle anti-Nazi sein.

Döhling, [Ernst], Dr.: Etwa 1882 geboren. Römisch-katholisch. Anwalt; Mitglied der Bayerischen Volkspartei. Verteidigte Juden und wurde 1933 verhaftet und aus dem NS-Juristenbund ausgeschlossen. Die Quelle nennt ihn zuverlässig und international gesinnt.

Franz, [Rudolf]; Konradstr.: Etwa 1876 geboren. Protestantisch. Ein Landgerichtsdirektor, der zurücktrat, als die Nazis an die Macht kamen, und von da an von seiner Pension lebte. Widmete sich der Kirchenarbeit. Nutzte sein Ansehen, um Menschen zu schützen, die von den Nazis verfolgt wurden.

Frenzinger: Etwa 1893 geboren. Oberstudienrat am Neuen Gymnasium. Laut Quelle ein Anti-Nazi, der ein Kind beschützte, das von Nazi-Schülern geschlagen wurde, und der öffentlich mit Juden und Anti-Nazis verkehrte.

Grafe, Erich: Ein Professor für Innere Medizin an der Universität Würzburg, der anti-Nazi sein soll.

Haering, Theodor, Dr.: Etwa 55 Jahre alt. Protestantisch. Professor der Philosophie. Unter den Studenten beliebt. Ein liberal-demokratisch Gesinnter, der laut Quelle anti-Nazi und ein Gegner der Nazi-Philosophie ist.

Heller, Vitus: Herausgeber und Redakteur einer Tageszeitung. Gründer der Christlich-Sozialen [Reichs]Partei in Bayern. »Entschieden gegen die Nazis.«

Holm, Elizabeth; Sandbergstr. 12: Etwa 1908 geboren. Ehefrau eines Arztes aus dem Universitätskrankenhaus. Vor 1933 unpolitisch, aber seither laut Quelle aktiv anti-Nazi.

Meisner, Christian: 69 Jahre alt; katholisch; verheiratet und Kinder. Hochangesehener Anwalt; hat entschieden anti-nazistische juristische Werke veröffentlicht. Die Quelle traf ihn 1938 oder '39 und war nicht der Meinung, daß er irgendwelche Zugeständnisse gemacht hätte.

White List

BAYERN

Wuerzburg (2)

Schloer, :
Catholic. Professor at Gymnasium. Member Bayr. Volkspartei. Author and distributor of "Goebbelsbriefe" accusing Goebbels. Discoveredand held in custody for a time.

Schmidt, Emma:
About 55 years old. Catholic; single. Proprietor of Station Hotel who is reported strongly anti-Nazi; and used to help anti-Nazi people.

Schroeder, Franz Rolf: Seimsheimstr. 13.
About 56 years old. Prof of German philology in U. Of Wuerzburg. Published many books on Germanists. After his father's death became chief editor of Germanisch-Romanische Monatschrift. Reported definitely anti-Nazi.

Stein, Otto: Neubaustr. 18.
About 48 years old. Catholic; married. Manufacturer of liquor and vinegar. Aviator in last war. Expelled from officers reserve corps for democratic and international affiliations...particularly because Master in Free Masons. In prison for a time. (information as of 1939).

Weismantel, Leo Dr.: Hitlerplatz. 4. Tel: 62 49.
Writer and former landtagsabgeordneter of the Bayr. Volkspartei. According to friendly P/W would be suitable as Unterrichts and Kulturminister.

Zivoerner, Richard:
Studienrat in Oberschule. Joined party in 1924 but turned against it before 1939 when he saw it was preparing for war. He is a pacifist and in his teachings always covertly anti-Nazi according to source.

Würzburg (2)

Schlör, [Wilhelm]: Katholisch. Professor am Gymnasium. Mitglied der Bayerischen Volkspartei. Autor und Verteiler der »Goebbels-Briefe«, in denen er Goebbels anklagte. Aufgeflogen und eine Zeitlang in polizeilichem Gewahrsam.

Schmidt, Emma: Etwa 55 Jahre alt. Katholisch; ledig. Besitzerin des Bahnhof-Hotels; dem Bericht nach entschieden anti-Nazi und half früher regelmäßig Anti-Nazis.

Schröder, Franz Rolf; Seinsheimstr. 13: Etwa 56 Jahre alt. Professor der deutschen Philologie an der Universität Würzburg. Veröffentlichte viele Bücher über Germanen. Wurde nach dem Tod seines Vaters Herausgeber der *Germanisch-Romanischen Monatsschrift*. Dem Bericht nach mit Bestimmtheit anti-Nazi.

Stein, Otto; Neubaustr. 18: Etwa 48 Jahre alt. Katholisch; verheiratet. Hersteller von Spirituosen und Essig. Im letzten Krieg Flieger. Aus dem Korps der Reserveoffiziere wegen seiner demokratischen und internationalen Ausrichtung ausgeschlossen ... besonders weil er Freimaurermeister war. War eine Zeitlang im Gefängnis. (Information Stand 1939)

Weismantel, Leo, Dr.; Adolf-Hitler-Platz 4; Tel.: 62 49: Schriftsteller und ehemaliger Landtagsabgeordneter der Bayerischen Volkspartei. Wäre laut einem freundlich gesinnten Kriegsgefangenen geeignet als Unterrichts- und Kultusminister.

Zivoerner/Zivörner, Richard: Studienrat an der Oberschule. Trat 1924 in die Partei ein, wendete sich aber vor 1939 gegen sie, als er sah, daß sie sich auf den Krieg vorbereitete. Er ist ein Pazifist und laut Quelle bei seiner Lehrtätigkeit stets versteckt anti-Nazi.

White List

BERLIN (1)

Abegg, Elizabeth: Berlin-Tempelhof, Berlinerstr. 24a. (1941)
Born 1894. Protestant. Democrat party. Never very active politically but helped persecuted friends. Reported to be anti-Nazi.

Abegg,
Brother of Elisabeth Abegg. Former Secretary of State in the Preussisches Innenministerium. Had to resign when Nazis took over. "A liberal and anti-Nazi."

* Acker, Heinrich, Dr.: Berlin N 65, Lindowerstr. 12. Tel: 46 32 28. (1941)
About 48 years old. Protestant. Former member SPD. Civil service career. Landrat dismissed 1933 for "national unreliability." Now employed in insurance company. Reported to be anti-Nazi and entirely trustworthy.

* Adam, Charlie, (See Special Suppl. "K" - attached) - artist

Albers, Hans: Berlin W 35, Lennesstr. 9.
Born 1892. Protestant. After 1926 member of staff of Deutsches Theater in Berlin under Max Reinhardt. Due to refusal to comply in all respects with Nazi demands, he was relegated to secondary roles in films, although "complied externally with Nazi regulation of German theater life." Said to have remained faithful to Jewish and anti-Nazi friends.

Alexander, Georg: (Possibly Berlin-Pankow, Zillertalstr. 49 in 1941)
Actor whose recordings were banned by the Nazis in 1943.

Amberg, Charly: Berlin W 15, Lietzenburgerstr. 1.
Journalist, free-lance writer, and author of film scripts. Reported to be anti-Nazi.

Andresen, Ernst Guenther:
About 40 years old. Research physicist in Osram works in Berlin. Strongly opposed to Nazism. Took risk of hiding source in flat for weeks and visited source in Switzerland later.

Arndt, Adolf, Dr.: Berlin W 15, Kurfuerstendamm 186. Tel: 91 14 61. (1941)
About 40 years old. Protestant. Half-Jewish. Lawyer in Berlin. Lost position as judge in 1933. Fought for many Jewish clients without regard for personal safety.

Aubel, Peter von: Berlin-Grunewald, Humboldtstrasse 10. Tel: 97 23 60. (1941)
Born 1897. Catholic. Zentrum party. Chief accountant of Phoenix-Bergbau A.G. Later chief accountant Stahlverein, from which he resigned on ethical grounds. Created Wirtschaftsberatung deutscher Gemeinden A.G. Reported to be strongly anti-Nazi.

Balz, Bruno: Berlin-Spandau.
Employee of army panzer equipment office. Believed to be anti-Nazi according to PW.

Bassewitz, Esther, Graefin: Berlin-Halensee, Halberstaedter Str. 4/5. Tel: 97 21 66. (1941) For many years chief editorial secretary of francophile Europaeische Revue. Suspected to be anti-Nazi by Gestapo, she managed to become secretary of General Udet who as a friend of Goering protected her. In this position helped Jews and gave anti-Nazis information. Sheltered endangered persons in her flat and helped non-Aryans to escape as late as 1942. Capable of running technical side of a newspaper.

Berlin (1)

Abegg, Elisabeth; Berlin-Tempelhof, Berliner Str. 24a (1941): 1894 geboren. Protestantisch. [Deutsche] Demokratische Partei. Niemals politisch sehr aktiv, half jedoch verfolgten Freunden. Soll anti-Nazi sein.

Abegg, [Wilhelm]: Bruder von Elisabeth Abegg. Ehemaliger Staatssekretär im preußischen Innenministerium. Mußte zurücktreten, als die Nazis an die Macht kamen. »Ein Liberaler und Anti-Nazi.«

Acker, Heinrich, Dr.; Berlin N 65, Lindower Str. 12; Tel.: 46 32 28 (1941): Etwa 48 Jahre alt. Protestantisch. Ehemaliges SPD-Mitglied. Beamtenkarriere. Als Landrat 1933 wegen »nationaler Unzuverlässigkeit« abgesetzt. Jetzt bei einer Versicherungsgesellschaft beschäftigt. Soll anti-Nazi und absolut vertrauenswürdig sein.

* **Adam, Charlie** (in besonderer Ergänzung »X« – angefügt) – Künstler.

Albers, Hans; Berlin W 35, Lennéstr. 9: 1892 geboren. Protestantisch. Nach 1926 Ensemblemitglied des Deutschen Theaters Berlin unter Max Reinhardt. Wegen der Weigerung, die Forderungen der Nazis in allen Punkten zu erfüllen, bekam er in Filmen nur noch zweitrangige Rollen, obgleich er »nach außen hin die das deutsche Theaterleben betreffenden Nazi-Vorschriften erfüllte«. Soll jüdischen und Anti-Nazi-Freunden die Treue gehalten haben.

Alexander, Georg (1941 möglicherweise: Berlin-Pankow, Zillertalstr. 49): Ein Schauspieler, dessen Aufnahmen 1943 von den Nazis verboten wurden.

Amberg, Charles; Berlin W 15, Lietzenburger Str. 1: Journalist, freier Schriftsteller und Drehbuchautor. Soll anti-Nazi sein.

Andresen, Ernst Günther: Etwa 40 Jahre alt. Physiker in der Forschungsabteilung der Osram-Werke in Berlin. Entschieden gegen den Nazismus. Nahm das Risiko auf sich, die Quelle wochenlang in seiner Wohnung zu verstecken, und besuchte die Quelle später in der Schweiz.

Arndt, Adolf, Dr.; Berlin W 15, Kurfürstendamm 186; Tel.: 91 14 61 (1941): Etwa 40 Jahre alt. Protestantisch. Halbjude. Rechtsanwalt in Berlin. Verlor 1933 sein Amt als Richter. Kämpfte für viele jüdische Klienten ohne Rücksicht auf seine persönliche Sicherheit.

Aubel, Peter von; Berlin-Grunewald, Humboldtstraße 10; Tel.: 97 23 60 (1941): 1897 [1894] geboren. Katholisch. Zentrumspartei. Hauptbuchhalter der Phönix-Bergbau AG. Später Leiter des betrieblichen Rechnungswesens der Vereinigten Stahlwerke; trat von dieser Position aus ethischen Gründen zurück. Schuf die Wirtschaftsberatung Deutscher Gemeinden AG. Soll entschieden anti-Nazi sein.

Balz, Bruno; Berlin-Spandau: Angestellter einer Dienststelle für Armeepanzer-Ausrüstungen. Laut einem Kriegsgefangenen wird angenommen, daß er anti-Nazi ist.

Bassewitz, Esther Gräfin [von]; Berlin-Halensee, Halberstädter Str. 4/5; Tel.: 97 21 66 (1941). Viele Jahre lang die Chefsekretärin der Redaktion der frankophilen *Europäischen Revue*. Nachdem sie von der Gestapo verdächtigt wurde, anti-Nazi zu sein, gelang es ihr, Sekretärin von General Udet zu werden, der ein Freund Görings war und sie beschützte. In dieser Position half sie Juden und gab an Anti-Nazis Informationen weiter. Sie gewährte gefährdeten Personen in ihrer Wohnung Unterschlupf und half Nichtariern, sogar 1942 noch zu entkommen. Fähig, den technischen Ablauf der Zeitungsproduktion verantwortlich zu leiten.

White List

BERLIN (2)

Baumgarten, Hans, Dr.: Berlin-Charlottenburg, Reichsstr. 49. (1941)
Editor-in-Chief of Der Deutsche Volkswirt. Formerly Berlin representative of Dutch Catholic paper Maasbode. In May 1941 openly anti-Nazi according to source.

Baurichter, Kurt: Berlin-Grunewald, Eichkatzweg 65. (1941)
Born 1902. Protestant. Social Democrat. Statistician for private firms since 1933; previously worked for Muehlert, President of Deutscher Staedtstag. Arrested by Nazis in 1933 and held in prison a year.

Bausch, Victor Th.: Berlin-Charlottenburg, Heerstr. 3. (1941)
Born 1900. Protestant. Co-owner and co-manager of Schoeller & Bausch. Independently wealthy. Socialist and reported to be anti-Nazi. Friend of Theodor Haubach.

Behl, F. E.:
About 56 years old. Regierungsrat in Polizeipraesidium in Berlin, where he dealt with the theatre, culture and literature. In private life a writer and "left-winger." Source believes he was dismissed by Nazis after 1935 at his own request and is now secretary of Gerhard Hauptmann.

Behrendt, Werner:
About 37 years old. Clerk in import business in Berlin until 1935. Liaison officer of Reichsbanner with illegal SPD group in Berlin. Arrested in 1935 and sentenced to 2½ years. According to last report in 1938 he was in Brandenburg and in good health and spirits.

Berber, Fritz, Dr.: Berlin-Charlottenburg, Tannenbergallee 22 B. (1941)
Head of Hochschule fuer Politik in Berlin. Believed by source to have "retained his moral integrity."

Berger, Erich Heinrich, Baron: Berlin W, Rankestr. 21. (1941)
Jewish wife. Chairman and member of boards of industrial and trading concerns. "Uncompromising anti-Nazi."

+ Bernstorff, Graf Albrecht:
Age about 59. For several years Botschaftsrat (charge d'affaires) at the German Embassy in London. Left the government service before the Nazis came to power and joined the banking firm of A.E. Wassermann, Berlin. Was made senior partner when the Jewish partners were forced to sell their shares. "Strongly anti-Nazi. Helped his Jewish clients." Last seen by source in March 1939. Another source lists him as a partner in von Heinz, Tecklenburg & Co. and says he has been persecuted by Nazis. A third source reports him in a concentration camp.

Beukert, Guenther: Berlin N 20, Bastianstr. 1. (1941)
Pictorial editor; formerly with A.P. picture service. Formerly democratically minded or has for sometime expressed democratic ideals in private circles.

Bildt, Paul:
Actor at the Staatstheater, Berlin. Reported to be 100 percent anti-Nazi.

+ Blankenburg, Wilhelm: Berlin-Grunewald, Zikadenweg 29. (1941)
Born 1878. Protestant. Secondary school teacher. Social Democrat and liberal party member of Prussian Diet 1913-1918. Reported to be anti-Nazi.

Berlin (2)

Baumgarten, Hans, Dr.; Berlin-Charlottenburg, Reichsstr. 49 (1941): Chefredakteur von *Der Deutsche Volkswirt*. Ehemals der Berliner Vertreter der holländischen katholischen Zeitung *De Maasbode*. Im Mai 1941 offen anti-Nazi laut Quelle.

Baurichter, Kurt; Berlin-Grunewald, Eichkatzweg 65 (1941): 1902 geboren. Protestantisch. Sozialdemokrat. Seit 1933 Statistiker für private Firmen; arbeitete davor für [Oskar] Mulert, den Präsidenten des Deutschen Städtetags. 1933 von den Nazis verhaftet und ein Jahr eingesperrt.

Bausch, Viktor Th.; Berlin-Charlottenburg, Heerstr. 3 (1941): 1900 geboren. Protestantisch. Miteigentümer und zweiter Direktor von Schoeller & Bausch. Aufgrund seines Vermögens unabhängig. Sozialist und soll anti-Nazi sein. Ein Freund von Theodor Haubach.

Behl, C.F.W., [Dr. jur.]: Etwa 56 Jahre alt. Regierungsrat im Polizeipräsidium in Berlin, wo er mit Theater, Kultur und Literatur befaßt war. Im Privatleben ein Schriftsteller und »Anhänger der Linken«. Die Quelle glaubt, daß er von den Nazis nach 1935 auf seinen eigenen Wunsch hin entlassen wurde und jetzt Sekretär von Gerhart Hauptmann ist.

Behrendt, Werner: Etwa 37 Jahre alt. Bis 1935 Angestellter einer Importfirma in Berlin. Verbindungsoffizier des Reichsbanners zu einer illegalen SPD-Gruppe in Berlin. 1935 verhaftet und zu 2½ Jahren verurteilt. Laut dem letzten Bericht war er 1938 in Brandenburg und bei guter Gesundheit und in guter Gemütsverfassung.

Berber, Fritz, Dr.; Berlin-Charlottenburg, Tannenbergallee 22 B (1941): Leiter der Hochschule für Politik in Berlin. Die Quelle nimmt an, daß er »seine moralische Integrität behalten« hat.

Berger, Erich Heinrich, Baron [Ritter und Edler Herr von]; Berlin W, Rankestr. 21 (1941): Jüdische Ehefrau. Vorsitzender und Mitglied des Vorstands von Industrie- und Handelskonzernen. »Kompromißloser Anti-Nazi.«

Bernstorff, Albrecht Graf [von]: Alter etwa 59. Einige Jahre Botschaftsrat (Geschäftsträger) an der deutschen Botschaft in London. Verließ den Staatsdienst, bevor die Nazis an die Macht kamen, und trat in das Bankhaus A.E. Wassermann, Berlin, ein. Wurde Hauptgesellschafter, als die jüdischen Teilhaber gezwungen wurden, ihre Anteile zu verkaufen. »Entschieden anti-Nazi. Half seinen jüdischen Kunden.« Von der Quelle letztmalig im März 1939 gesehen. Eine andere Quelle führt ihn als einen der Partner von Heinz, Tecklenburg & Co. an und sagt, daß er von den Nazis verfolgt wurde. Nach Aussagen einer dritten Quelle ist er in einem Konzentrationslager.

Beukert, Günther; Berlin N 20, Bastianstr. 1 (1941): Bildjournalist; früher beim Bilderdienst der Associated Press. Früher demokratisch gesinnt oder hat eine Zeitlang im privaten Kreis demokratische Ideale zum Ausdruck gebracht.

Bildt, Paul: Schauspieler am Staatstheater, Berlin. Soll zu hundert Prozent anti-Nazi sein.

Blankenburg, Wilhelm; Berlin-Grunewald, Zikadenweg 29 (1941): 1878 geboren. Protestantisch. Realschullehrer. Sozialdemokrat und von 1913–1918 ein liberales Parteimitglied im Preußischen Landtag. Soll anti-Nazi sein.

White List

BERLIN (3)

Boden, Hans: Berlin-Dahlem, Amselstr. 17. (1941)
Born about 1897. Attended college at Oxford. Minister of Finance 1921-1930. Member management of Allgemeine Elektricitaets-Gesellschaft. "Anti-Nazi at heart" but makes compromises.

Boehme, Traugott, Dr.: Berlin-Lichterfeld, Hochbaumstr. 6. (1941)
Born 1884; Protestant. Formerly teacher of German in American universities and expert on education in Foreign Office. Dismissed from Foreign Office by Nazis. Reported to be active anti-Nazi.

Boehr, Ludwig: Berlin-Charlottenburg, Waizstr. 2. (1941)
Hunch-backed. Free-lance journalist with wide connections in the German press. Reported to be strong anti-Nazi.

Bohner, Theodor, Dr.: Berlin-Zehlendorf, Zinsweiler Weg 12. (1941)
About 60 years old. Oberschulrat in Berlin. Dismissed as soon as Nazis came to power as he was a member of Democratic Party in Preussischer Landtag. Never made any secret of hatred for Nazis. Daughter married Jew and emigrated to England.

Bollert, Kurt: Berlin-Zehlendorf, Gebweilerstr. 11.
About 60 years old. Ministerialdirektor in Ministerium fuer Landwirtschaft. Dismissed 1933 on grounds of "national unreliability." Member Deutsche Demokratische Partei. Would possibly cooperate.

Bonheeffer, Dietrich:
Born 1906. Studied in England and the United States. Principal of Confessional Preachers College in Finkenwalde until it was dissolved in 1939. Privatdozent in Berlin University theological faculty but expelled for political reasons. "Has been in close contact with all those who were prepared to take an active part in overthrowing the Nazi regime, and helped to organize the anti-Hitler plot. Arrested in 1943 and now in concentration camp."

Booz, Walter, 37, (~~artist~~? - Meisterschüler von Prof. Orlik - missing in Romania one year) (See Spec. Suppl "X" - attached)

Borsig, Ernst von: Gross Behnitz near Berlin.
Born 1908. Was anti-Nazi as student at Muenchen. Helpful and kind to Allied Ps/w working on his farm.

Borstorff, Hans: Berlin W 30, Bamberger Str. 44. (1941)
Born about 1893; Protestant. Journalist; worked in Berlin section of Wolff Bureau (DNB). Not politically active but said to be anti-Nazi.

Brass, Otto:
Born 1874. Social Democrat until 1922; after that Communist. Ex-Reichstag member. Ex-manager of Laub'sche Verlagsbuchhandlung. Anti-Nazi and reported to be in Brandenburg Penitentiary for anti-Nazi activities.

Braunbehrens, Wilhelm von: Kaiserallee 20. (1941)
Manager Insel Verlag. Reported to be Social Democrat and anti-Nazi.

Broege, Alfred: Berlin NW 87, Lessingstr. 54. (1941)
General manager of the Berliner Handelsgesellschaft. Reported to be anti-Nazi.

Buchholz, Karl: Home: Berlin-Grunewald, Kudowstr. 17. Shop: Leipzigerstr. 119. (1941) Head of book-shop in Berlin. Tried to reduce selling of Nazi literature to minimum and saved many books forbidden by Nazis and sold them secretly, according to reports. Said to be strictly anti-Nazi.

Buecher, Hermann: Berlin-Steglitz, Beymestr. 10. (1941)
Born about 1877; Protestant. Chairman of Allgemeine Elektricitaets-Gesellschaft managing board. "Openly stressed his independent political views when threated by Nazi pressure."

Berlin (3)

Boden, Hans [Hans August Constantin]; Berlin-Dahlem, Amselstr. 17 (1941): Etwa 1897 geboren. Studierte in Oxford. 1921–1930: im Reichsfinanzministerium. Vorstandsmitglied der Allgemeinen Elektricitäts-Gesellschaft. »Im Herzen ein Anti-Nazi«, schließt aber Kompromisse.

Böhme, Traugott, Dr.; Berlin-Lichterfelde, Hochbaumstr. 6 (1941): 1884 geboren; Protestantisch. Ehemals Deutschlehrer an amerikanischen Universitäten und Bildungsexperte im Außenministerium. Von den Nazis aus dem Außenministerium entlassen. Soll ein aktiver Anti-Nazi sein.

Boehr/Böhr, Ludwig; Berlin-Charlottenburg, Waitzstr. 2 (1941): Bucklig. Ein freier Journalist mit weitgefächerten Verbindungen in der deutschen Presse. Soll ein überzeugter Anti-Nazi sein.

Bohner, Theodor, Dr.; Berlin-Zehlendorf, Zinsweiler Weg 12 (1941): Etwa 60 Jahre alt. Oberschulrat in Berlin. Entlassen, sobald die Nazis an die Macht kamen, da er ein Mitglied der Demokratischen Partei im Preußischen Landtag war. Machte niemals ein Geheimnis aus seinem Haß auf die Nazis. Die Tochter heiratete einen Juden und emigrierte nach England.

Bollert, Kurt; Berlin-Zehlendorf, Gebweilerstr. 11: Etwa 60 Jahre alt. Ministerialdirektor im Ministerium für Landwirtschaft. 1933 wegen »nationaler Unzuverlässigkeit« entlassen. Mitglied der Deutschen Demokratischen Partei. Würde möglicherweise kooperieren.

Bonhoeffer, Dietrich: 1906 geboren. Studierte in England und den Vereinigten Staaten. Leiter des Predigerseminars der Bekennenden Kirche in Finkenwalde, bis dieses 1939 aufgelöst wurde. Privatdozent an der Theologischen Fakultät der Universität Berlin, jedoch aus politischen Gründen ausgeschlossen. »Stand in engem Kontakt mit all denjenigen, die bereit waren, eine aktive Rolle beim Sturz des Nazi-Regimes zu übernehmen, und half, die Verschwörung gegen Hitler zu organisieren. 1943 verhaftet und jetzt im Konzentrationslager.«

Booz, Walter: 37 (Künstler ? – Meisterschüler von Prof. Orlik – [...] in Rumänien ein Jahr lang) (Siehe besondere Ergänzung »X« – beigefügt)

Borsig [jr.], Ernst von; Groß Behnitz bei Berlin: 1908 [1906] geboren. War als Student in München anti-Nazi. Hilfsbereit und nett zu einem alliierten Kriegsgef., der auf seinem Gut arbeitete.

Borstorff, Hans; Berlin W 30, Bamberger Str. 44 (1941): Etwa 1893 geboren; protestantisch. Journalist; arbeitete in der Berliner Abteilung von Wolffs [Telegraphischem] Bureau (DNB) [Deutsches Nachrichtenbüro]. Nicht politisch aktiv, soll aber anti-Nazi sein.

Brass, Otto: 1874 [1875] geboren. Bis 1922 Sozialdemokrat; danach Kommunist. Ex-Reichstagsmitglied. Ex-Geschäftsführer der Laub'schen Verlagsbuchhandlung. Anti-Nazi und soll wegen Anti-Nazi-Aktivitäten im Zuchthaus Brandenburg sein.

Braunbehrens, Wilhelm von; Kaiserallee 20 (1941): Leiter des Insel Verlags. Soll Sozialdemokrat und Anti-Nazi sein.

Broege, Alfred; Berlin NW 87, Lessingstr. 34 (1941): Generaldirektor der Berliner Handelsgesellschaft. Soll anti-Nazi sein.

Buchholz, Karl; Berlin-Grunewald, Kudowastr. 17 (Wohnung); Leipzigerstr. 119 (Geschäft) (1941): Leiter einer Buchhandlung in Berlin. Versuchte, laut Berichten, den Verkauf von Nazi-Literatur auf ein Minimum zu reduzieren, und rettete viele von den Nazis verbotene Bücher und verkaufte sie heimlich. Soll absolut anti-Nazi sein.

Bücher, Hermann; Berlin-Steglitz, Beymestr. 10 (1941): Etwa 1877 geboren; protestantisch, Vorsitzender des Vorstands der Allgemeinen Elektricitäts-Gesellschaft. »Betonte offen seine politisch unabhängigen Ansichten, als er infolge des Drucks der Nazis in Bedrängnis geriet.«

White List

BERLIN (4)

Bueschel, Herbert: Berlin W 30, Duesseldorferstr. 14. (1941)
About 40 years old. Berlin representative Zugspitze AG (chocolate manufacturers). Anti-Nazi, according to PW. Another source states that he is now in the machinery business.

Christe, Alex, Dr.: Berlin W 30, Duesseldorferstr. 14. (1941 address: Berlin N 65, Chausseestr. 93). About 32 years old. Originally in army as doctor, but discharged and returned to civilian practice when it was discovered that he was one-quarter Jewish. Reported to extremely anti-Nazi.

Craemer, Richard: Berlin-Steglitz, Mariendorfer Str. 38. Tel: 79 25 52. (1941) Superintendent of the high tension laboratory of the Allgemeine Elektricitaets-Gesellschaft transformer and high tension switchgear works, Berlin-Oberschoeneweide. "Repeatedly and officially stated his opposition to Nazis, even in the presence of representatives of the Party, until this became too dangerous."

Dressel, Herbert - artist (See Special Suppl. "K" - attached).

Deissmann, Paul, Dr.:
About 45 years old. Chief legal advisor of Agfa. Former member of London society to improve cultural relations between Germany and England. Helped source in getting out of Germany. Hated Nazis and convinced they were harming Germany according to source.

Deiters, Heinrich, Dr.: Berlin-Lichterfelde, Moltkestr. 24. Tel: 73 54 12. (1941) Born about 1890. Social Democrat. Oberschulrat; retired in 1933. Author of books on educational reform and was offered a position in Colombia but the Nazis refused to allow him to leave. Reported to be anti-Nazi.

Dewitz, Balthasar: (Probably Balthasar von Dewitz-Krebs, Berlin W 50, Rankestr. 5, Tel: 91 69 81, listed in 1941 telephone directory). Born 1910. Protestant. Member of Demokratische Studentenbund. Connected with Tobis Klangfilm until Nazis obtained control, then entered legal practice. Of liberal convictions and has steadfastly refused offers from Nazis to cooperate.

Dibelius, Otto, Dr.: Berlin-Lichterfelde, Bruederstr. 5. Tel: 73 79 27. (1941) Born 1880. Member of Reichstag in republican Germany. Confessional leader. Former General Superintendent of Kurmark. Regarded as future leader of German evangelical church if it can ever rise again.

Dietrich, Georg: Berlin-Zehlendorf, Waldstr. 1. (1941)
Manufacturer of leather goods with vast business connections in England and U.S.A. Factory at Berlin SW 68, Ritterstr. 71. Was member of Democratic party for which he worked a great deal. Did not openly oppose Nazis, but helped Jewish friends wherever he could.

Dietrich, H., Dr.: (Possibly Dr. Hugo Dietrich, Berlin-Friedenau, Ortrudstr. 2, Tel: 83 16 71, in 1941 telephone directory). Former Reichsfinanzminister. Leader of German Democratic Party. Retired when Bruening was dismissed and took up legal practice. Convinced Republican; kept in touch with many senior officials; has been frequently imprisoned. Sheltered Jewish friends during pograms of 1938 and helped some escape. Last seen by source in 1939.

Dietzenschmidt, Anton: Berlin-Steglitz, Thorwaldstr. 37. Changed name from Anton Franz Schmid. Born 1893. Catholic. Center Party. Writer and dramatist; protege of Jewish writer, Siegfried Jakobsohn. Reported to be non-Nazi.

Berlin (4)

Bueschel/Büschel, Herbert; Berlin W 30, Düsseldorfer Str. 14 (1941): Etwa 40 Jahre alt. Berlin-Repräsentant der »Zugspitze« AG (Schokoladenhersteller). Laut einem Kriegsgefangenen anti-Nazi. Eine andere Quelle erklärt, daß er jetzt im Maschinen-Gewerbe tätig ist.

Christe, Alex, Dr.; Berlin W 30, Düsseldorfer Str. 14 (Anschrift 1941: Berlin N 65, Chausseestr. 93): Etwa 32 Jahre alt. Ursprünglich als Arzt beim Militär, wurde jedoch entlassen und kehrte als Arzt ins Zivilleben zurück, als entdeckt wurde, daß er Vierteljude war. Soll in höchstem Maße anti-Nazi sein.

Craemer/Crämer, Richard; Berlin-Steglitz, Mariendorfer Str. 38; Tel.: 79 25 52 (1941): Leiter des Hochspannungslaboratoriums der Transformatorenfabrik der Allgemeinen Elektricitäts-Gesellschaft, Berlin-Oberschöneweide. »Hat wiederholt und offiziell seine Gegnerschaft zu den Nazis erklärt, sogar in Gegenwart von Vertretern der Partei, bis dies zu gefährlich wurde.«

Dessel, Herbert – Künstler (siehe besondere Ergänzung »X« – beigefügt).

Deissmann/Deißmann, Paul, Dr.: Etwa 45 Jahre alt. Hauptsyndikus der Agfa. Ehemaliges Mitglied einer Londoner Gesellschaft zur Verbesserung der kulturellen Beziehungen zwischen Deutschland und England. Half der Quelle, aus Deutschland herauszukommen. Haßte laut Quelle die Nazis und war überzeugt, daß sie Deutschland schaden würden.

Deiters, Heinrich, Dr.; Berlin-Lichterfelde, Moltkestr. 24; Tel.: 73 54 12 (1941): Etwa 1890 geboren. Sozialdemokrat. Oberschulrat; 1933 in den Ruhestand versetzt. Autor von Büchern über Reformpädagogik; bekam eine Stelle in Kolumbien angeboten; die Nazis verweigerten ihm jedoch die Erlaubnis, wegzugehen. Soll anti-Nazi sein.

Dewitz, Balthasar (wahrscheinlich Balthasar von Dewitz-Krebs; Berlin W 50, Rankestr. 5; Tel.: 91 69 81, aufgeführt im Telefonbuch von 1941): 1910 geboren. Protestantisch. Mitglied des Demokratischen Studentenbunds. Geschäftlich verbunden mit Tobis Klangfilm, bis die Nazis die Kontrolle bekamen, trat dann in eine Rechtsanwaltskanzlei ein. Mit liberalen Überzeugungen und hat standfest Angebote der Nazis, mit ihnen zu kooperieren, abgelehnt.

Dibelius, Otto, Dr.; Berlin-Lichterfelde, Brüderstr. 5; Tel.: 73 79 27 (1941): 1880 geboren. Reichstagsmitglied im republikanischen Deutschland. Religiöser Führer. Ehemaliger Generalsuperintendent der Kurmark. Gilt als zukünftiger Führer der deutschen evangelischen Kirche, sollte diese jemals wiederauferstehen können.

Dietrich, Georg; Berlin-Zehlendorf, Waldstr. 1 (1941): Hersteller von Lederwaren mit weitreichenden Geschäftsverbindungen in England und den USA. Fabrik in Berlin SW 68, Ritterstr. 71. War Mitglied der Demokratischen Partei, für die er sehr viel gearbeitet hat. Stellte sich nicht offen gegen die Nazis, half aber jüdischen Freunden, wo immer er konnte.

Dietrich, H. [Hermann], Dr. (möglicherweise Dr. Hugo Dietrich; Berlin-Friedenau, Ortrudstr. 2; Tel.: 83 16 71, im Telefonbuch von 1941): Ehemaliger Reichsfinanzminister. Vorsitzender der Deutschen Demokratischen Partei. Trat zurück, als Brüning entlassen wurde, und eröffnete eine Anwaltskanzlei; blieb in Verbindung mit vielen älteren Beamten; wurde häufig eingesperrt. Gewährte jüdischen Freunden während der Pogrome von 1938 Zuflucht und und verhalf einigen zur Flucht. Von der Quelle 1939 letztmalig gesehen.

Dietzenschmidt, Anton; Berlin-Steglitz, Thorwaldsenstr. 37: Änderte seinen ursprünglichen Namen Anton Franz Schmid. 1893 geboren. Katholisch. Zentrumspartei. Schriftsteller und Dramatiker; Protegé des jüdischen Schriftstellers Siegfried Jacobsohn. Soll nicht-nazistisch sein.

White List

BERLIN (5)

Doehring, Walther: Home: Berlin NW 40, In d. Zelten 33. Office: Berlin W 62, Burggrafenstr. 6. (1941) About 55 years old. Lawyer. "He advised victims of Nazi oppression, particularly those of Jewish origin and members of the confessional church. He was sent to a concentration camp for some time. He had moderate political views."

Dorsch, Kaethe: Berlin-Lichterfelde, Drakestr. 81. Born 1884. Actress; formerly leading actress in German theater. Non-Nazi. Extremely helpful to Jews and anti-Nazis by virtue of influence over Goering and other leading Nazis.

Douglas, Ludwig, Graf: Berlin-Grunewald, Hoehmannstr. 9. Tel: 89 43 64. On staff of DAZ. Married to a Swiss woman and partly of Swedish origin. Confirmed anti-Nazi according to friendly PW.

Dransfeld, Dr.: (Probably Maximilian Dransfeld, Berlin-Zehlendorf, Sophie-Charlotte-Str. 39, Tel: 84 42 86, in 1941 telephone directory) Roman Catholic. Former President of the Berlin Amtsgericht. He was removed from his post shortly after 1933 because "he was known to be a man without prejudice and therefore not a reliable tool in the hands of the Nazis." Source has met him many times since his dismissal and on every occasion he has expressed anti-Nazi feelings.

Dress, Walter: Berlin-Dahlem, Helfferichstr. 18. Tel: 89 32 43. (1941) Born 1904. Signer of telegram protesting against Mueller. Dismissed from post of Privatdozent at Berlin in 1938. In 1939 was pastor at Dahlem and a stout supporter of confessional church.

Dubiel, Dirck, Dr.: Owner of Albert Limbel Verlag, K.G., Berlin W 35, Rauchstr. 8. According to PW is an anti-Nazi who listens to BBC.

Dudek, Walter: Berlin-Grunewald, Kronbergerstr. 15. Born 1894. Oberbuergermeister Harburg-Wilhelmsburg; dismissed 1933. Member of Social Democrat Party. Now in business in Berlin. Reported to be anti-Nazi.

Ebeling, Friedrich: Berlin-Schlachtensee, Schopenhauerstr. 11. Tel: 84 88 55. Born 1892. Protestant. Head of sub-division of Ministry of Transport for military transportation. Source states: "Firmly opposed to Nazism when Hitler came into power. Nazis attacked him and made every effort to remove him. General Staff of Army protected him and insisted on his remaining. Had not joined the party by 1938."

Edthofer, Anton: Berlin and Vienna. About 50 years old. Actor; belongs to cast of Deutsches Theater in Berlin and Theater in der Josephstadt in Vienna. Worked for theatres owned and directed by Max Reinhardt and is now close collaborator of Rheinhardt's successor, Heinz Hilpert. According to source, refused to compromise with Nazis and declined honors and positions which Nazis were ready to bestow on him.

Ehlert, Margarete: Berlin-Charlottenburg 5, Gustloffstr. 15. Tel: 93 79 56 (1941). Former director in Reichsanstalt fuer Arbeitsvermittlung and Arbeitsversichrung. Dismissed by Nazis for political reasons and dealt afterwards with Catholic Caritas matters.

Berlin (5)

Doehring/Döhring, Walter; Wohnung: Berlin NW 40, In den Zelten 33; Büro: Berlin W 62, Burggrafenstr. 6 (1941): Etwa 55 Jahre alt. Anwalt. »Er beriet Opfer der Nazi-Unterdrückung, besonders solche von jüdischer Abstammung und Mitglieder der Bekennenden Kirche. Er wurde für einige Zeit ins Konzentrationslager gebracht. Er hatte gemäßigte politische Ansichten.«

Dorsch, Käthe; Berlin-Lichterfelde, Drakestr. 81: 1884 [1890] geboren. Schauspielerin; ehemals die größte Darstellerin im deutschen Theater. Nicht-nazistisch. Äußerst nützlich für Juden und Anti-Nazis aufgrund ihres Einflusses auf Göring und andere führende Nazis.

Douglas, Ludwig Graf; Berlin-Grunewald, Höhmannstr. 9; Tel.: 89 43 64: Im Mitarbeiterstab der *Deutschen Allgemeinen Zeitung*. Mit einer Schweizerin verheiratet und zum Teil schwedischer Abstammung. Laut einem freundlich gesinnten Kriegsgefangenen ein erklärter Anti-Nazi.

Dransfeld, Dr. (wahrscheinlich Maximilian Dransfeld, Berlin-Zehlendorf, Sophie-Charlotte-Str. 39, Tel.: 84 42 86, im Telefonbuch von 1941): Römisch-katholisch. Ehemaliger Präsident des Berliner Amtsgerichts. Er wurde kurz nach 1933 aus seinem Amt entfernt, weil »man wußte, daß er ein Mann ohne Vorurteile war und daher kein zuverlässiges Werkzeug in den Händen der Nazis.« Die Quelle hat ihn seit seiner Entlassung mehrmals getroffen, und er hat jedes Mal seine Anti-Nazi-Gefühle zum Ausdruck gebracht.

Dress, Walter; Berlin-Dahlem, Helfferichstr. 18; Tel.: 89 32 43 (1941): 1904 geboren. Unterzeichner des Telegramms, mit dem gegen [Reichsbischof Ludwig] Müller protestiert wurde. 1938 aus seiner Stelle als Privatdozent in Berlin entlassen. War 1939 Pfarrer in Dahlem und ein unerschrockener Unterstützer der Bekennenden Kirche.

Dubiel, Dirck, Dr.; Inhaber des Albert Limbach Verlags, K.G., Berlin W 35, Rauchstr. 8: Laut einem Kriegsgefangenen ist er ein Anti-Nazi, der BBC hört.

* **Dudek, Walter**; Berlin-Grunewald, Kronberger Str. 15: 1894 [1890] geboren. Oberbürgermeister von Harburg-Wilhelmsburg; 1933 abgesetzt. Mitglied der Sozialdemokratischen Partei. Jetzt geschäftlich tätig in Berlin. Soll anti-Nazi sein.

Ebeling, Friedrich; Berlin-Schlachtensee, Schopenhauerstr. 11; Tel.: 84 88 55: 1892 geboren. Protestantisch. Leiter einer Unterabteilung des Reichsverkehrsministeriums, zuständig für militärische Transporte. Die Quelle erklärt: »Entschieden gegen den Nazismus, als Hitler an die Macht kam. Die Nazis griffen ihn an und versuchten alles Mögliche, um ihn zu entfernen. Der Generalstabschef schützte ihn und bestand darauf, daß er blieb. War bis zum Jahr 1938 noch nicht in die Partei eingetreten.«

Edthofer, Anton; Berlin und Wien: Etwa 50 Jahre alt. Schauspieler; gehört zum Ensemble des Deutschen Theaters in Berlin und des Theaters in der Josefstadt in Wien. Arbeitete für Theater, die Max Reinhardt gehörten und von ihm geleitet wurden, und ist nun ein enger Mitarbeiter von Reinhardts Nachfolger, Heinz Hilpert. Laut Quelle weigerte er sich, mit den Nazis Kompromisse zu schließen, und lehnte Auszeichnungen und Posten, die die Nazis bereit waren, ihm zu gewähren, ab.

Ehlert, Margarete; Berlin-Charlottenburg 5, Gustloffstr. 15; Tel.: 93 79 56 (1941): Ehemalige Direktorin der Reichsanstalt für Arbeitsvermittlung und Arbeitslosenversicherung. Von den Nazis aus politischen Gründen entlassen; beschäftigte sich danach mit Angelegenheiten der katholischen Caritas.

White List

BERLIN (6)

Elsner, Ernst (or Erich):
Co-owner of Elsner-Verlag. Not a Nazi according to PW.

Elsner, Otto: Berlin SW 68, Oranienstr. 140-142. Tel: 61 00 12. (1941)
Co-owner of Elsner-Verlag. Not a Nazi according to PW.

Engel, Erich:
About 50 years old. Protestant. Stage manager of Deutsches Theater in Berlin; one of best German stage managers. Partly of Jewish origin but completely a-political; almost completely outside world of reality.

Engelmann,
Pictorial editor. One of group who was formerly democratically minded or has at some time expressed democratic ideals in private circles.

Erb, Alfons:
Born 1909. Roman Catholic journalist. Reported to be anti-Nazi.

(C) Ernst, Friedrich: Berlin-Nikolassee, Teutonenstr. 15. Tel: 80 52 44. (1941)
About 55 years old. Speaks English. Former Reichskommissar fuer das Bankwesen. Retired about 1938 and source believes he's now trustee for enemy property. Conservative but not nationalistic. Source believes him to be anti-Nazi.

Eschenburg, Theodor: Berlin-Zehlendorf, Theodor Fritsch Allee 32. (1941 address: Office: Berlin SW 68, Zimmerstr. 3/4; Home: Berlin-Zehlendorf, Boeckelweg 9, Tel: 84 27 59.) Born 1900. Protestant. Manager of industrial cartels. Leftwing member of Deutsche Staatspartei, which he tried to rejuvenate. Tried to minimize compromises with Nazis and joined SS. Later quit and is reported to have become violently anti-Nazi.

(C) Etzdorff, Hasso, von: Berlin W 15, Uhlandstr. 155. Tel: 91 29 17. (1941)
Born 1900. Protestant. Assistant to divisional chief in German Foreign Office. Source says that he is anti-Nazi and protected source from SS.

Fehling, August Wilhelm: Berlin-Schlachtensee, Wannseestr. 90. (1941 address: Berlin-Nikolassee, Spanische Allee 90. Tel: 80 65 15). Former representative Rockefeller Foundation in Germany. Visited England and U.S.A. Very conservative but not Nazi.

Fehling, Juergen: Berlin W 35, von der Heydtstr. 14.
About 50 years old. Protestant. Stage manager of Prussian State Theater in Berlin. Very ambitious, stubborn, quarrelsome. Not Nazi and only interested in artistic world; therefore ready to deal with any authority.

Felsenstein, Walter: Berlin-Charlottenburg 5, Windscheidstr. 31. Tel: 31 10 48. (1941) Theatrical director and producer whose records were banned by Nazis in 1943.

Fernstaedt, Carl: Berlin W 30, Nollendorfstr. 31/32. Tel: 27 14 51. (1941)
Press photographer. One of group who were democratically minded or have for some time expressed democratic ideals in private circles.

Fink, Werner:
About 40 years old. Actor, cabaret artist, writer. Said to be anti-Nazi and very courageous. Rumored to be on Eastern front.

Fischer, Erika: (Possibly Erika Fischer, Weissensee Str. 258, Nr. 3, Tel: 56 39 58, in 1941 telephone directory.) About 34 years old. Daughter of Karl Fischer. Actress in UFA. Dismissed from job for connections with underground according to source.

Berlin (6)

Elsner, Ernst (oder **Erich**) [Ernst]: Miteigentümer des Elsner-Verlags. Laut einem Kriegsgefangenen kein Nazi.

Elsner, Otto; Berlin SW 68, Oranienstr. 140–142; Tel.: 61 00 12 (1941): Miteigentümer des Elsner-Verlags. Laut einem Kriegsgefangenen kein Nazi.

Engel, Erich: Etwa 50 Jahre alt. Protestantisch. Regisseur am Deutschen Theater in Berlin; einer der besten deutschen Regisseure. Teilweise jüdischer Abstammung, jedoch vollkommen unpolitisch; beinahe vollständig außerhalb der Welt der Realität.

Engelmann, [Bernt]: Bildjournalist. Einer aus der Gruppe derer, die früher demokratisch gesinnt waren oder irgendwann im privaten Kreis demokratische Ideale zum Ausdruck brachten.

Erb, Alfons: 1909 [1907] geboren. Römisch-katholischer Journalist. Soll anti-Nazi sein.

(C) **Ernst, Friedrich**; Berlin-Nikolassee, Teutonenstr. 15; Tel.: 80 52 44 (1941): Etwa 55 Jahre alt. Spricht Englisch. Ehemaliger Reichskommissar für das Bankwesen. Ging um 1938 in Ruhestand, und die Quelle glaubt, dass er nun Treuhänder für das feindliche Vermögen ist. Konservativ, aber nicht nationalistisch. Die Quelle glaubt, daß er anti-Nazi ist.

Eschenburg, Theodor; Berlin-Zehlendorf, Theodor-Fritsch-Allee 32 (Anschrift 1941: Berlin SW 68, Zimmerstr. 3/4 (Büro); Berlin-Zehlendorf, Böckelweg 9; Tel. 84 27 59 (Wohnung): 1900 [1904] geboren. Protestantisch. Geschäftsführer von Kartellverbänden der Industrie. Mitglied des linken Flügels der Deutschen Staatspartei, die er versuchte, wiederherzustellen. Versuchte, die Kompromisse mit den Nazis auf ein Minimum zu beschränken, und trat in die SS ein. Trat später wieder aus und soll leidenschaftlich anti-Nazi geworden sein.

(C) **Etzdorf, Hasso von**; Berlin W 15, Uhlandstr. 155; Tel.: 91 29 17 (1941): 1900 geboren. Protestantisch. Sekretär des Abteilungsleiters im Deutschen Auswärtigen Amt. Die Quelle sagt, daß er anti-Nazi ist und die Quelle vor der SS schützte.

Fehling, August Wilhelm; Berlin-Schlachtensee, Wannseestr. 90 (Anschrift 1941: Berlin-Nikolassee, Spanische Allee 90; Tel.: 80 65 15): Ehemaliger Repräsentant der Rockefeller-Foundation in Deutschland. Besuchte England und die USA. Sehr konservativ, aber nicht nazistisch.

Fehling, Jürgen; Berlin W 35, Von-der-Heydt-Str. 14: Etwa 50 Jahre alt. Protestantisch. Regisseur am Preußischen Staatstheater in Berlin. Sehr ehrgeizig, eigensinnig, streitsüchtig. Nicht nazistisch und nur an der Welt der Kunst interessiert; daher bereit, sich mit jeder Obrigkeit anzulegen.

Felsenstein, Walter; Berlin-Charlottenburg 5, Windscheidstr. 31, Tel.: 31 10 48 (1941): Theaterdirektor und Produzent, dessen Aufnahmen 1943 von den Nazis verboten wurden.

Fernstädt, Carl; Berlin W 30, Nollendorfstr. 31/32; Tel.: 27 14 51 (1941): Pressephotograph. Einer aus der Gruppe derer, die früher demokratisch gesinnt waren oder eine Zeitlang im privaten Kreis demokratische Ideale zum Ausdruck brachten.

Finck, Werner: Etwa 40 Jahre alt. Schauspieler, Kabarett-Künstler, Schriftsteller. Soll anti-Nazi und sehr mutig sein. Soll Gerüchten zufolge an der Ostfront sein.

Fischer, Erika (möglicherweise Erika Fischer, Weißensee, [...]-Str. 258, Nr. 3; Tel.: 56 39 58, im Telefonbuch von 1941): Etwa 34 Jahre alt. Tochter von Karl Fischer. Schauspielerin bei der UFA. Laut Quelle wegen Verbindungen zum Untergrund entlassen.

White List

BERLIN (7)

Fischer, Karl:
About 60 years old. Former Actor in Leipzig. Dismissed in 1933 for being member of anti-Hitler organization. Twice arrested but remained in touch with underground organizations according to source.

Fischer-Lossainen, Reinhold von: Berlin-Charlottenburg. (1941 address: Berlin W 15, Schlueterstr. 43. Tel: 91 66 89.) About 38 years old. Speaks French and English fluently. Studied law and intended to go into diplomatic service but didn't want to serve Nazis. Now working on economic problems. Reported to be strong anti-Nazi and anti-militarist.

Flesch, Hans, Dr.: Berlin-Wilmersdorf, Wuerttembergischestr. 23/24. (1941) About 47 years old. After last war joined Suedwestdeutsche Rundfunk Gesellschaft, Frankfurt a.M. where he held a leading position and was responsible for program. Then offered position of Intendent in Berlin Rundfunk. When Nazis came to power he was arrested and placed in concentration camp. Afterwards put on trial for waste of public money.

Flinsch, Alexander Ferdinand: Berlin-Charlottenburg 2, Bismarckstr. 12. Owner of Ferdinand Flinsch wholesale paper business, Berlin SW 68, Lindenstr. 70. Member of executive committee of Deutsche Demokratische Partei. Reported to be anti-Nazi and to have helped opponents of regime, though another source reports that he made some concessions to Nazis.

Forst, Willi: Berlin and Vienna.
Actor whose recordings were banned by the Nazis in 1943.

Francke, Herbert: Berlin-Johannisthal, Sternpl. 13. Tel: 63 49 92. (1941) About 60 years old. Presided over the Juvenile Court, Berlin, for many years. Was removed from his post in 1932 and transferred to a division for settling disputes between landlord and tenant. "He is certainly anti-Nazi; immovably loyal to old friends; and will still command authority and confidence among the pre-Nazi generation of social workers."

Frank, Dr.: (Possibly Erich Frank, Berlin-Charlottenburg 9, Kaiserdamm 25 a, Tel: 93 14 47, in 1941 telephone directory). Editor of journal Deutsches Wohnungsarchiv. PW claims him to be anti-Nazi.

Frank, Walter:
Actor in Staatstheater, Berlin. Reported to be anti-Nazi.

* Friedensburg, Ferdinand, Dr.: Berlin-Nikolassee, Hoiruper Str. 14a. Tel: 80 52 13. (1941). Born 1886. Married; his wife is reported to be a strong anti-Nazi. Professional police administrator in Berlin and Kassel until dismissed by Nazis in 1933; then went into coal and iron business with brother. Used to contribute to democratic newspapers in Berlin and in Frankfurt a.M. Reported to be anti-Nazi and anti-militarist.

Frisch, Walther: Berlin-Schoeneberg, Freiherr vom Stein Str. 5. (1941) About 70 years old. Formerly in Reichs Ministry of Interior. From 1932 to 1938 partner in Jewish banking firm Gebr. Arnhold, Berlin and Dresden. Since 1939 has been managing director of Hardy & Co., also a banking firm. Progressive liberal. Source last saw him in 1938 and believes he remained stout anti-Nazi.

Fuchs, Emil:
Over 60 years old. Quaker minister in Thueringen. Dismissed by Nazis for Socialist attitudes. Has lost several of family in fight with Nazis and is reported to be strongly anti-Nazi.

Berlin (7)

Fischer[-Walden], Karl: Etwa 60 Jahre alt. Ehemaliger Schauspieler in Leipzig. 1933 entlassen, weil er ein Mitglied in einer Anti-Hitler-Organisation war. Zweimal verhaftet, blieb aber laut Quelle in Verbindung mit Untergrundorganisationen.

Fischer-Loßainen, Reinhold von; Berlin-Charlottenburg (Anschrift 1941: Berlin W 15, Schlüterstr. 43; Tel.: 91 66 89): Etwa 38 Jahre alt. Spricht fließend Englisch und Französisch. Studierte Jura und beabsichtigte, in den diplomatischen Dienst zu gehen, wollte aber nicht den Nazis dienen. Befaßt sich jetzt mit Problemen der Ökonomie. Soll ein überzeugter Anti-Nazi und Anti-Militarist sein.

Flesch, Hans, Dr.; Berlin-Wilmersdorf, Württembergische Str. 23/24 (1941): Etwa 47 Jahre alt. Trat nach dem letzten Krieg in die Südwestdeutsche Rundfunkdienst AG, Frankfurt a. M., ein, wo er eine leitende Position innehatte und für das Programm verantwortlich war. Bekam dann die Position des Intendanten beim Berliner Rundfunk angeboten; als die Nazis an die Macht kamen, wurde er verhaftet und ins Konzentrationslager gebracht. Wurde später wegen Verschwendung öffentlicher Gelder vor Gericht gestellt.

Flinsch, Alexander Ferdinand; Berlin-Charlottenburg 2, Bismarckstr. 12: Inhaber der Ferdinand Flinsch Papiergroßhandlung, Berlin SW 68, Lindenstr. 70. Mitglied des Präsidiums der Deutschen Demokratischen Partei. Soll anti-Nazi sein und Regimegegnern geholfen haben, obgleich eine andere Quelle berichtet, daß er den Nazis einige Zugeständnisse gemacht hat.

Forst, Willi; Berlin, Wien: Schauspieler, dessen Aufnahmen '43 von den Nazis verboten wurden.

Francke, Herbert; Berlin-Johannisthal, Sternplatz 13; Tel.: 63 49 92 (1941): Etwa 60 Jahre alt. Saß viele Jahre lang dem Berliner Jugendgericht vor. Wurde 1932 aus seinem Amt entfernt und in eine Abteilung versetzt, die Streitigkeiten zwischen Vermietern und Mietern schlichtet. »Er ist sicherlich anti-Nazi; unerschütterlich loyal gegenüber alten Freunden; und wird noch immer bei der Vor-Nazi-Generation der Fürsorge-Mitarbeiter Autorität und Respekt genießen.«

Frank, [W.], Dr. (möglicherweise Erich Frank, Berlin-Charlottenburg 9, Kaiserdamm 25a; Tel.: 93 14 47, im Telefonbuch von 1941): Herausgeber der Zeitschrift *Deutsches Wohnungs-Archiv*. Ein Kriegsgefangener behauptet, er sei anti-Nazi.

Franck, Walter: Schauspieler am Staatstheater, Berlin. Soll anti-Nazi sein.

* **Friedensburg, Ferdinand, Dr.**; Berlin-Nikolassee, Hoiruper Str. 14a. Tel.: 80 52 13. (1941). 1886 geboren. Verheiratet; seine Frau soll ein überzeugter Anti-Nazi sein. In Berlin und Kassel in einer leitenden Funktion bei der Polizei, bis er 1933 von den Nazis entlassen wurde; machte sich dann mit seinem Bruder im Kohle- und Stahlgeschäft selbständig. Schrieb früher regelmäßig Beiträge für demokratische Zeitungen in Berlin und Frankfurt a. M. Soll ein Anti-Nazi und Anti-Militarist sein.

Frisch, Walther; Berlin-Schöneberg, Freiherr-vom-Stein-Str. 5 (1941): Etwa 70 Jahre alt. Ehemals im Reichsministerium des Inneren. Von 1932 bis 1938 Teilhaber im jüdischen Bankhaus Gebr. Arnhold, Berlin und Dresden. Ist seit 1939 Geschäftsführer von Hardy & Co., gleichfalls ein Bankhaus. Fortschrittlich liberal. Die Quelle hat ihn 1938 letztmalig gesehen und glaubt, daß er ein unbeugsamer Anti-Nazi geblieben ist.

Fuchs, Emil: Über 60 Jahre alt. Ein Quäker-Pfarrer aus Thüringen. Wegen sozialistischer Gesinnung von den Nazis entlassen. Hat einige Familienmitglieder im Kampf mit den Nazis verloren und soll entschieden anti-Nazi sein.

White List

<u>BERLIN</u> (8)

Gebert, Eva: Berlin-Friedenau, Gorgestr. (or Forgestr.) 20. Tel: 88 72 92. Born in Breslau. Reported to be of strong anti-Nazi sentiments.

Gleimius, Rudolf: Home: Berlin-Kladow, Kladower Damm 43. Office: Berlin W 50, Tauentzienstr. 20. Married a Jewess. Finanzbank expert. Worked in New York for over a year in 1927 or 1928. "G.'s anti-Nazi feelings cannot be questioned."

Gobbin, Heide, Frau: Berlin-Wilmersdorf, Brabanter Str. 16. Tel: 86 64 85. (1941). About 42 years old. Protestant. Daughter of Prussian General. Social worker. Assistant criminal police inspector from 1925; Kriminal Kommissar 1932. Stayed in office in spite of strong anti-Nazi concepts. Has given valuable help to underground according to source.

Gold-Guntram, : (Probably Friedrich Gold-Guntram, Berlin-Friedenau, Offenbacher Str. 4, Tel: 83 36 43, in 1941 telephone directory). Dramaturgist with the UFA Studios. Knows Dr. Goebbels, who comes every fortnight to supervise work at the studios. PW claims him to be strongly anti-Nazi.

Goldschmidt, Heinz: Berlin-Zehlendorf, Buchsweiler Str. 37. Tel: 76 27 66 (1941). About 57 years old. Half Jewish; married to Aryan. Ministerialrat in Reichsarbeitsministerium and has been in this ministry 20 years. "Without doubt anti-Nazi." His job non-political and he still held it at outbreak of war.

Gorny, Hein: Berlin W 15, Kurfuerstendamm 35, Tel: 91 52 15. (1941) Photographer in Berlin. Reported to be anti-Nazi.

Graeber, Ludwig: Berlin-Landwitz, Frobenstr. 27/29. According to PW is anti-Nazi who has helped Jewish friends.

Groening, Adeline; Berlin-Neukoelln, Fuldastr. 22. Tel: 62 40 12. About 60 years old. Socialist. Dismissed from position of Oberschulratin of Staedische Oberlyzeum, Neukoelln, in April 1933. Source last saw her in 1939 when she was still absolutely anti-Nazi.

Grueber, Heinrich: Berlin C 2, Oranienburgerstr. 20. (1941 home address: Berlin-Kaulsdorf, Dorfstr. 12a, Tel: 50 82 79). Pastor. Sent to concentration camp as result of pro-Jewish activities but was later released. Non-Jewish himself, but runs the central office in Berlin for the organization for helping Christian Jews or non-Aryans.

Gruner, Isa: Berlin-Charlottenburg, Carmerstr. 13. Born 1903. Protestant (Confessional). Trained social worker. When Nazis ousted Anna von Gierke and took over Jugendheim social workers school, she resigned from Jugendheim and all jobs in order to show solidarity with Gierke. Opened shoe-repair shop. Never active politically before Nazis came to power but reported to be violently anti-Nazi now.

Guardini, Romano, Prof.: Berlin-Zehlendorf, Chamberlainstr. 50. Tel: 84 78 05. (1941). One of most outstanding Roman Catholic philosophers in Germany. Lectured on Catholicism in University of Berlin unti 1939 when "relieved at his own request." Leader in Roman Catholic youth movement. Reported still living in Berlin, March 1944.

Gustermann, Johann - printer (see Spec. Suppl. "X" attached)

Haeckel, Georg: Berlin-Lichterfelde, Saaleckpl. 8. Tel: 73 34 00. (1941) Press photograph files. One of group who were democratically minded or have for some time expressed democratic ideals in private circles.

Berlin (8)

Gebert, Eva; Berlin-Friedenau, Gorgestr. (oder Forgestr.) 20; Tel.: 88 72 92: In Breslau geboren. Soll entschieden anti-nazistische Empfindungen hegen.

Gleimius, Rudolf; Berlin-Gatow, Kladower Damm 43 (Wohnung); Berlin W 50, Tauentzienstr. 20 (Büro): Mit einer Jüdin verheiratet. Finanzfachmann (Banken). Arbeitete 1927 oder 1928 über ein Jahr in New York. »G.'s Anti-Nazi-Gefühle können nicht bezweifelt werden.«

Gobbin, Heide; Berlin-Wilmersdorf, Brabanter Str. 16; Tel.: 86 64 85 (1941): Etwa 42 J. alt. Protestantisch. Tochter eines preußischen Generals. Arbeit in der Fürsorge. Ab 1925 Kriminalpolizei-Inspektorin (Anwärterin); 1932: Kriminalkommissarin. Behielt ihre Stelle trotz entschieden anti-nazistischer Vorstellungen. Hat laut Quelle dem Untergrund wertvolle Hilfe geleistet.

Gold-Guntram, [Friedrich] (wahrscheinlich Friedrich Gold-Guntram, Berlin-Friedenau, Offenbacher Str. 4; Tel.: 83 36 43, im Telefonbuch von 1941): Dramaturg bei den UFA-Studios. Kennt Dr. Goebbels, der alle vierzehn Tage kommt, um die Arbeit in den Studios zu überwachen. Ein Kriegsgefangener behauptet, er sei entschieden anti-Nazi.

Goldschmidt, Heinz; Berlin-Zehlendorf, Buchsweiler Str. 37; Tel.: 76 27 66 (1941): Etwa 57 Jahre alt. Halbjüdisch; mit einer Arierin verheiratet. Ministerialrat im Reichsarbeitsministerium und ist seit 20 Jahren in diesem Ministerium. »Ohne Zweifel anti-Nazi.« Seine Tätigkeit ist nicht politisch und er übte sie bei Kriegsausbruch nach wie vor aus.

Gorny, Hein; Berlin W 15, Kurfürstendamm 35; Tel.: 91 52 15 (1941): Photograph in Berlin. Soll anti-Nazi sein.

Graeber/Gräber, Ludwig; Berlin-Lankwitz, Frobenstr. 27/29: Ist laut einem Kriegsgefangenen ein Anti-Nazi, der jüdischen Freunden geholfen hat.

Groening/Gröning, Adeline; Berlin-Neukölln, Fuldastr. 22; Tel.: 62 40 12: Etwa 60 Jahre alt. Sozialistin. Oberschulrätin am Städtischen Lyzeum in Neukölln, im April 1933 entlassen. Die Quelle sah sie letztmalig 1939, als sie nach wie vor absolut anti-Nazi war.

Grüber, Heinrich; Berlin C 2, Oranienburgerstr. 20 (1941 Anschrift Wohnung: Berlin-Kaulsdorf, Dorfstr. 12a; Tel.: 50 82 79): Pfarrer. Kam auf Grund pro-jüdischer Aktivitäten ins Konzentrationslager, wurde aber später entlassen. Selbst nicht jüdisch, leitet aber in Berlin das zentrale Büro der Organisation, die christlichen Juden oder Nichtariern hilft.

Gruner, Isa; Berlin-Charlottenburg, Carmerstr. 13: 1903 [1897] geboren. Protestantisch (Bekennend). Ausgebildete Fürsorgerin. Als die Nazis Anna von Gierke aus ihrem Amt hinauswarfen und die Wohlfahrtsschule des Jugendheims übernahmen, gab sie ihre Stelle beim Jugendheim und alle anderen Tätigkeiten auf, um Solidarität für von Gierke zu bekunden. Eröffnete ein Geschäft für Schuhreparaturen. War, bevor die Nazis an die Macht kamen, niemals politisch aktiv, soll aber jetzt absolut anti-Nazi sein.

Guardini, Romano, Prof.; Berlin-Zehlendorf, Chamberlainstr. 50; Tel.: 84 78 05 (1941): Einer der bedeutendsten römisch-katholischen Philosophen in Deutschland. Lehrte, bis er 1939 »auf eigenen Wunsch abgelöst wurde«, an der Universität Berlin Katholizismus. Führer in der römisch-katholischen Jugendbewegung. Soll nach wie vor in Berlin leben, Stand März 1944.

Gustermann, Johann – Drucker (Siehe besondere Ergänzung »X«– beigefügt)

Haeckel, Georg; Berlin-Lichterfelde, Saaleckplatz 8; Tel.: 73 34 00 (1941): Pressephotograph. Einer aus der Gruppe derer, die demokratisch gesinnt waren oder eine Zeitlang im privaten Kreis demokratische Ideale zum Ausdruck brachten.

White List

BERLIN (9)

Haeckel, Otto: Berlin-Friedenau, Wielandstr. 35. Tel: 83 09 93. (1941)
Press photograph files manager. One of group who were democratically minded or have for some time expressed democratic ideals in private circles.

Hagemann, Max, Dr.: Berlin-Wilmersdorf, Guenzelstr. 17. (1941)
Oberregierungsrat at the Polizeipraesidium in Berlin and lecturer at Berlin University. Later Oberverwaltungsgerichtsrat at the Oberverwaltungsgericht Berlin. Source has known H. for many years both before and after 1933 and reports that he is a sincere opponent of the Nazi system.

Hahn, Otto: Berlin-Dahlem, Altenskenstr. 48. Born 1879.
Protestant. Director Kaiser Wilhelm Institute of Chemistry. A-political, said to be anti-Nazi.

Harmsen, Hans: Berlin-Lichterfelde, West Margarethenstr. 19.
Born 1899. Physician; now in army. Reported to be anti-Nazi.

Harnack, Elisabet, von: Berlin-Halensee, Auguste-Viktoria-Str. 5. Tel: 97 46 69. (1941) Daughter of famous scholar Friedrich Harnack. Social worker. "Never gave in to Nazi doctrine. She had more courage than most Germans and dared to meet her Jewish friends."

Harnack, Ernst, von: Berlin-Zehlendorf, Am Fischtal 8. Tel: 84 08 87. (1941)
Civil servant. Dismissed without pension in 1933. Social Democrat. Reported to be strongly anti-Nazi. About 55 years old.

Hartenstein, Hans: Berlin-Nikolassee, Gerkrathstr. 9. Tel: 80 73 84.
Born 1899. Head of German exchange control up to 1938 when he had to retire because of "anti-Nazi mentality." Then became managing director of Scheering-Kahlbaum A.G. chemical works. Admitted his anti-Nazi opinions in private talks to one source although it would seem he never openly opposed them.

Harting, Werner: Home: Berlin-Wannsee, Bismarckstr. 69. Office: Berlin-Wilmersdorf, Kaiseralle[illegible]. About 46 years old. Well-known architect and builder of modern Be[illegible]ouses. According to source: "H. was a socialist and strongly o[illegible] to Nazism; he is associated with intellectual anti-Nazi circles."

Hartmann, Helfried, Dr.: Berlin-[illegible]gendorf, Friedrichshallerstr. 31.
About 54 years old. Scienti[illegible] assistant in Prussian Academy of Sciences. Kept up friendship with Jews and even in 1939 expressed his strong feeling against Nazis in private conversation.

Hartnack, Joachim, von: Berlin-Waidmannslust, Kurhausstr. 50.
Reported to be member of opposition group who supplies military information for propaganda purposes. "A trustworthy anti-Nazi" according to PW source.

Haubach, Theodore, Dr.: Berlin W 15, Bregenzerstr. 6.
Born 1896. Protestant. For many years editor and then chief editor of the Social Democratic daily, Hamburger Echo. Then chief of press office in Ministry of Interior and in Police Headquarters, Berlin. Dismissed by von Papen. Since 1933 has been employee of Allianz-Insurance Company or of the Schoeller & Bausch paper plant. Is reported to have worked underground against the Nazis and to have been arrested several times but always able to carry on work because of police contacts.

Berlin (9)

Haeckel, Otto; Berlin-Friedenau, Wielandstr. 35; Tel.: 83 09 93 (1941): Pressephotograph, Geschäftsführer. Einer aus der Gruppe derer, die demokratisch gesinnt waren oder eine Zeitlang im privaten Kreis demokratische Ideale zum Ausdruck brachten.

Hagemann, Max, Dr.; Berlin-Wilmersdorf, Güntzelstr. 17 (1941): Oberregierungsrat im Polizeipräsidium in Berlin und Dozent an der Berliner Universität. Später Oberverwaltungsgerichtsrat am Oberverwaltungsgericht Berlin. Die Quelle kennt H. seit vielen Jahren, sowohl vor als auch nach 1933, und berichtet, daß er ein aufrichtiger Gegner des Nazi-Systems ist.

Hahn, Otto; Berlin-Dahlem, Altensteinstr. 48: 1879 geboren. Protestantisch. Direktor des Kaiser-Wilhelm-Instituts für Chemie. Unpolitisch, soll anti-Nazi sein.

Harmsen, Hans; Berlin-Lichterfelde-West, Margaretenstr. 19: 1899 geboren. Arzt; jetzt in der Armee. Soll anti-Nazi sein.

Harnack, Elisabet von; Berlin-Halensee, Auguste-Viktoria-Str. 5; Tel.: 97 46 69 (1941): Tochter des berühmten Gelehrten Adolf von Harnack. Fürsorgerin. »Beugte sich niemals der Nazi-Doktrin. Sie hatte mehr Mut als die meisten Deutschen und traute sich, ihre jüdischen Freunde zu treffen.«

Harnack, Ernst von; Berlin-Zehlendorf, Am Fischtal 8; Tel.: 84 08 87 (1941): Beamter. 1933 ohne Pensionsanspruch entlassen. Sozialdemokrat. Soll entschieden anti-Nazi sein. Etwa 55 Jahre alt.

* **Hartenstein, Hans**; Berlin-Nikolassee, Gerkrathstr. 9; Tel.: 80 73 84: 1899 geboren. Leiter der Deutschen Devisenbewirtschaftung, bis er 1938 wegen seiner »Anti-Nazi-Mentalität« zurücktreten mußte. Wurde dann Direktor der Chemiewerke »Schering-Kahlbaum«. Gestand einer Quelle seine Anti-Nazi-Ansichten in privaten Gesprächen ein, obgleich es so scheint, als sei er niemals offen gegen die Nazis aufgetreten.

Harting, Werner; Wohnung: Berlin-Wannsee, Bismarckstr. 69; Büro: Berlin-Wilmersdorf, Kaiserallee [...]: Etwa 46 Jahre alt. Namhafter Architekt und Erbauer moderner [...]. Laut Quelle: »H. war ein Sozialist und entschieden gegen den Nazismus; er verkehrt in intellektuellen Anti-Nazi-Kreisen.«

Hartmann, Helfried, Dr.: Berlin-Schmargendorf, Friedrichshaller Str. 31: Etwa 54 Jahre alt. Wissenschaftlicher Assistent an der Preußischen Akademie der Wissenschaften. Erhielt die Freundschaft mit Juden aufrecht und brachte sogar noch 1939 im privaten Gespräch seine starken Gefühle gegen die Nazis zum Ausdruck.

Hartnack, Joachim W.; Berlin-Waidmannslust, Kurhausstr. 50: Soll ein Mitglied der Widerstandsgruppe sein, die militärische Informationen für Propagandazwecke liefert. »Ein vertrauenswürdiger Anti-Nazi«, laut Quelle, einem Kriegsgefangenen.

Haubach, Theodor, Dr.; Berlin W 15, Bregenzerstr. 6: 1896 geboren. Protestantisch. Viele Jahre lang Redakteur und dann Chefredakteur der sozialdemokratischen Tageszeitung *Hamburger Echo*. Dann Leiter des Pressebüros im Innenministerium und der Hauptdienststelle der Polizei, Berlin. Durch von Papen entlassen. Ist seit 1933 Angestellter entweder bei der Allianz Versicherungsgesellschaft oder bei der Papierfabrik Schoeller & Bausch. Soll dem Bericht nach im Untergrund gegen die Nazis gearbeitet haben und mehrmals verhaftet worden sein, konnte aber aufgrund seiner Polizei-Kontakte die Arbeit stets weiterführen.

White List

BERLIN (10)

Haubner, Wolfgang: In den Zelten 11.
Born 1879. - Professor of Pharmacology at University of Berlin. Reported to be anti-Nazi and to have refused to work for chemical industry.

Hausdorf, Dr. med. Medical writer (See Spec. Suppl "X" - attached)

Haushofer, A., Jr:
Son of Geopolitics exponent. Professor of Geopolitics like his father, but, according to a PW, anti-Nazi and member of anti-government group around Hess. This group is composed of young outwardly-appearing Nazis.

Heck-Lessing, Otto: Berlin-Friedenau, Oldenwaldstr.
Bank clerk at the Deutsche bank, Berlin headquarters. "Liberal. Has frequently expressed strong anti-Nazi views."

Heimerich, Hermann: Home: Berlin-Dahlem, Am Hirschsprung 42a. Office: Berlin W 35, Potsdamer Str. 72. Born 1889. Social Democrat. Oberburgermeister of Mannheim until 1933, when arrested and imprisoned by Nazis. After release opened private legal practice in Berlin. Reported to be anti-Nazi.

Heinitz, Paul: Berlin-Wilmersdorf, Barstr. 53a.
About 56 years old. Non-Aryan Protestant. Lawyer. Worked in Reichs-Ernaehrungs ministerium but dismissed in 1935 on racial grounds. In 1938-1939 on a relief committee of Confessional Church to "help victims of Nazi oppression."

Heise, Carl Georg, Dr.: Berlin-Lichterfelde, Kamillenstr. 2.
Born 1890. Protestant. Art critic and historian. Now works for publisher: Gebr. Mann Verlag, Friedrichstr. 16.

Hellbardt, Eva: Berlin-Friedenau, Sieglindestr. 2 bei Lahman.
About 55 years old. Active member Confessional Church. Private secretary to director of Lorenz Works. According to report, actions have proven that she is strongly opposed to Nazism and anti-Semitism.

Helmrich, Eberhard: Berlin-Charlottenburg, West End Allee 99 F.
Professional farm administrator. Born 1897. Protestant. May be in Army as agricultural administrator. According to report he is anti-Nazi and he and his wife helped Jews and other Nazi victims.

Henckels, Paul:
Actor whose records were banned by the Nazis in 1943.

Hepner, M. Hermann: Reichstr. 83.
Born 1897. Co-owner and manager: Wilhelm Benert (leather goods), Burgstr. 21. Reported to be anti-Nazi and to have helped Nazi victims by hiding them.

Hertneck, Friedrich: Berlin-Eichkamp, Am Vogelherd 14. Tel: 93 22 30. (1941)
Born 1901. Protestant. From 1925 to 1929, legal and economic advisor to Metal Workers Trade Union. From 1930 to 1933, chief editor Spandauer Volkszeitung, Social Democratic paper. Since 1933, free-lance non-political journalist. Reported to be steadfastly anti-Nazi.

Heuser, Kurt: Berlin-Wannsee, Hohenzollernstr. 23.
Born 1904. Protestant. Author. Reported to be non-Nazi.

Heuss, Theodor, Dr.: Berlin-Lichterfelde, Kamillenstr. 3. Tel: 76 05 10. (1941
About 60 years old. Editor of democratic periodical, Die Hilfe, until some time after 1933 when he had to discontinue its publication. "A democratic member of the Reichstag and specialised in adult education questions."

Berlin (10)

Heubner, Wolfgang; In den Zelten 11: 1879 [1877] geboren. Professor der Pharmakologie an der Universität Berlin. Soll anti-Nazi sein und sich geweigert haben, für die chemische Industrie zu arbeiten.

Hausdorf, Dr. med.: Autor medizinischer Veröffentlichungen (s. bes. Erg. »X« – beigefügt)

Haushofer, [Albrecht]: Sohn des Vertreters der Geopolitik. Wie sein Vater Professor der Geopolitik, aber, laut einem Kriegsgefangenen, anti-Nazi und Mitglied einer gegen die Regierung gerichteten Gruppe unter [Rudolf] Heß. Diese Gruppe besteht aus jungen Nazis, die nur nach außen hin als solche erscheinen.

Heck-Lessing, Otto; Berlin-Friedenau, Odenwaldstr.: Bankangestellter bei der Deutschen Bank, Berliner Zentrale. »Liberal. Hat häufig entschieden anti-nazistische Ansichten zum Ausdruck gebracht.«

Heimerich, Hermann; Berlin-Dahlem, Am Hirschsprung 42a (Wohnung); Berlin W 35, Potsdamer Str. 72 (Büro): 1889 [1885] geboren. Sozialdemokrat. Oberbürgermeister von Mannheim bis 1933, als er von den Nazis verhaftet und eingesperrt wurde. Eröffnete nach seiner Entlassung eine private Anwaltskanzlei in Berlin. Soll anti-Nazi sein.

Heinitz, Paul: Berlin-Wilmersdorf, Barstr. 53a: Etwa 56 Jahre alt. Nichtarischer Protestant. Anwalt. Arbeitete im Reichsernährungsministerium, wurde jedoch 1935 aus rassischen Gründen entlassen. War von 1938–1939 in einem Hilfskomitee der Bekennenden Kirche, um »Opfern der Nazi-Unterdrückung zu helfen«.

Heise, Carl Georg, Dr.; Berlin-Lichterfelde, Kamillenstr. 2: 1890 geboren. Protestantisch. Kunstkritiker und Historiker. Arbeitet jetzt für einen Verleger: Gebr. Mann Verlag, Friedrichstr. 16.

Hellbardt, Eva; Berlin-Friedenau, Sieglindestr. 2 bei Lahman: Etwa 55 Jahre alt. Aktives Mitglied der Bekennenden Kirche. Privatsekretärin des Direktors der Lorenz-Werke. Laut Bericht haben ihre Handlungen bewiesen, daß sie entschieden gegen Nazismus u. Antisemitismus ist.

Helmrich, Eberhard; Berlin-Charlottenburg, Westendallee 99 F: Landwirtschaftsexperte. 1897 [1899] geboren. Protestantisch. Ist vielleicht beim Heer als Leiter der Landwirtschaftsverwaltung. Laut Bericht ist er anti-Nazi, und er und seine Frau haben Juden und anderen Nazi-Opfern geholfen.

Henckels, Paul: Ein Schauspieler, dessen Aufnahmen von den Nazis 1943 verboten wurden.

Hepner, M. Hermann; Reichsstr. 83: 1897 geboren. Miteigentümer und Geschäftsführer von: Wilhelm Benert (Lederwaren), Burgstr. 21. Soll anti-Nazi sein und Nazi-Opfern geholfen haben, indem er sie versteckte.

Hertneck, Friedrich; Berlin-Eichkamp, Am Vogelherd 14; Tel.: 93 22 30 (1941): 1901 geboren. Protestantisch. Von 1925 bis 1929 juristischer und wirtschaftlicher Berater der Metallarbeitergewerkschaft. Von 1930 bis 1933 Chefredakteur des *Spandauer Volksblatts*, einem sozialdemokratischen Blatt. Seit 1933 freier unpolitischer Journalist. Soll unerschütterlich anti-Nazi sein.

Heuser, Kurt; Berlin-Wannsee, Hohenzollernstr. 23: 1904 [1903] geboren. Protestantisch. Autor. Soll nicht-nazistisch sein.

Heuss, Theodor, Dr.; Berlin-Lichterfelde, Kamillenstr. 3; Tel.: 76 05 10 (1941): Etwa 60 Jahre alt. Redakteur der Zeitschrift *Die Hilfe*, bis einige Zeit nach 1933, als er deren Veröffentlichung einstellen musste. »Ein demokratisches Mitglied des Reichstags und spezialisiert auf Fragen der Erwachsenenbildung.«

White List

BERLIN (11)

Heydenreich, Ludwig Heinrich, Dr.: Berlin-Schoeneberg, Innsbruckerstr. 37.
Born 1904. Lutheran. Professor of art history at University of Berlin. Reported to be anti-Nazi; refused to join NSDAP and helped anti-Nazi friends.

Hilgenstock, Fritz:
Formerly chief editor of a small paper. One of group who were democratically minded or have for some time expressed democratic ideals in private circles.

Hilpert, Heinz:
Director of Deutsches Theater and Kammerspiele in Berlin and Theater in der Josefsstadt, Vienna. Born about 1890. Leading German theater director and producer at present time and said to be "One of the few non-Nazi artists who hold leading positions under Nazi rule." Reported to be decidedly anti-Nazi. "One of those German artists who considered it their duty to remain in their positions in order to safeguard as much as possible of German cultural values from the grip of the Nazis."

Himmel, Konrad: Berlin-Schlachtensee.
Film journalist. One of group who were democratically minded or have for some time expressed democratic ideals in private circles.

Hoffman-Harnish, Wolfgang, Dr.: Berlin W 30, Barbarossastr. 30.
Born 1893. Former stage manager and writer under pen name of Wolfgang Lindrober. "Not primarily interested in politics, but anti-Nazi who refused to compromise with the Nazi authorities in order to renew his theatrical career. Complied only externally with regulations set forth by Nazis in order to be able to publish his books, but refused to become one of the profiteers of the Third Reich."

Hoff, Curt: Office: Berlin NW 7, Unter den Linden 38.
About 58 years old. Roman Catholic. Under the Weimar Republic represented the Deutsche Volkspartei in the Reichstag. In 1932 joined the Catholic Centre Party and in 1933 appointed Reichskommissar fuer die Wollbewirtschaftung. After a few months resigned because of conflicts with Nazis. "Strongly anti-Nazi, and did not conceal it even to members of the Party. Intelligent and energetic."

Hofferreich, Luiji:
Editor, Deutscher Verlag. Mainly concerned with cultural matters. According to PW, not a Nazi.

Holsten, : Berlin-Borsigwalde, Mauserweg 12.
According to PW, collects propaganda material against government, has a radio-jamming apparatus for Berlin stations in his cellar, and is a trustworthy anti-Nazi. The reliability of PW furnishing this data is questionable.

Horwitz, Leo: Berlin W 15, Duisburger Str. 19. Tel: 92 53 63. (1941)
About 54 years old. Jewish. Regierungsrat. Formerly in Reichszentrale fuer Heimatdienst, propaganda office of Weimar Republic. Excellently informed about RMVP activities and provided foreign correspondents with information 1933 - 1939. Reported to be fervent anti-Nazi.

Jung, Arthur:
Born 1881. Ex-coeditor Koelnische Zeitung and lecturer on advertising in Koelner Handelshochschule. Active in advertising business. Reported to be anti-Nazi.

Berlin (11)

Heydenreich, Ludwig Heinrich, Dr.; Berlin-Schöneberg, Innsbruckerstr. 37: 1904 [1903] geboren. Lutheraner. Professor für Kunstgeschichte an der Universität Berlin. Soll anti-Nazi sein; weigerte sich, in die NSDAP einzutreten, und half Anti-Nazi-Freunden.

Hilgenstock, Fritz: Ehemals Chefredakteur einer kleinen Zeitung. Einer aus der Gruppe derer, die demokratisch gesinnt waren oder eine Zeitlang im privaten Kreis demokratische Ideale zum Ausdruck brachten.

Hilpert, Heinz: Direktor des Deutschen Theaters und der Kammerspiele in Berlin und des Theaters in der Josefstadt in Wien. Etwa 1890 geboren. Gegenwärtig führender deutscher Theaterregisseur und Produzent und soll »einer der wenigen nicht-nazistischen Künstler« sein, »die leitende Positionen unter der Nazi-Herrschaft innehaben«. Dem Bericht nach entschieden anti-Nazi. »Einer der deutschen Künstler, die es für ihre Pflicht hielten, in ihren Positionen zu bleiben, um soviel wie möglich von den deutschen Kulturwerten vor dem Zugriff der Nazis zu schützen.«

Himmel, Konrad; Berlin-Schlachtensee: Filmjournalist. Einer aus der Gruppe derer, die demokratisch gesinnt waren oder eine Zeitlang im privaten Kreis demokratische Ideale zum Ausdruck brachten.

Hoffmann-Harnisch, Wolfgang, Dr.; Berlin W 30, Barbarossastr. 30: 1893 geboren. Ehemaliger Theaterregisseur und Schriftsteller unter dem Pseudonym Wolfgang Lindroder. »Nicht in erster Linie an Politik interessiert, aber ein Anti-Nazi, der sich weigerte, mit den Nazi-Behörden Kompromisse zu schließen, nur um seine Theaterkarriere wieder in Gang zu bringen. Befolgte, um seine Bücher veröffentlichen zu können, nur nach außen hin die Regeln, die von den Nazis aufgestellt wurden, weigerte sich jedoch, zu einem der Profiteure des Dritten Reichs zu werden.

Hoff, Curt: Berlin NW 7, Unter den Linden 38 (Büro): Etwa 58 Jahre alt. Römisch-katholisch. Vertrat in der Weimarer Republik die Deutsche Volkspartei im Reichstag. Trat 1932 in die katholische Zentrumspartei ein und wurde 1933 zum Reichskommissar für die Waldbewirtschaftung ernannt. Trat nach einigen Monaten wegen Konflikten mit den Nazis zurück. »Entschieden anti-Nazi und verbarg dies selbst vor Parteimitgliedern nicht. Intelligent und tatkräftig.«

Hofferreich, Luiji: Lektor, Deutscher Verlag. Vor allem mit kulturellen Dingen befaßt. Laut einem Kriegsgefangenen kein Nazi.

Holsten; Berlin-Borsigwalde, Mauserweg 12: Sammelt, laut einem Kriegsgefangenen, Propagandamaterial gegen die Regierung, hat in seinem Keller eine Vorrichtung zum Stören von Berliner Rundfunkstationen und ist ein vertrauenswürdiger Anti-Nazi. Die Zuverlässigkeit des Kriegsgefangenen, der diese Angaben liefert, ist fragwürdig.

Horwitz, Leo; Berlin W 15, Duisburger Str. 19;. Tel.: 92 53 63 (1941): Etwa 54 Jahre alt. Jüdisch. Regierungsrat. Ehemals in der Reichszentrale für Heimatdienst, dem Propagandabüro der Weimarer Republik. Ausgezeichnet informiert über RMVP-Aktivitäten [Reichsministerium für Volksaufklärung und Propaganda]; versorgte Auslandskorrespondenten zwischen 1933 und 1939 mit Informationen. Soll ein glühender Anti-Nazi sein.

Jung, Arthur: 1881 geboren. Ehemaliger Chefredakteur des [Stadt-Anzeigers zur] *Kölnischen Zeitung* und Dozent für Werbung an der Kölner Handelshochschule. Aktiv im Werbegeschäft tätig. Soll anti-nazi sein.

White List

BERLIN (12)

+ Kaestner, Erich: Berlin-Halensee, Kurfuerstendamm.
About 50 years old. Novelist and journalist. Up to 1933 wrote for Weltbuehne. Pacifist and because of anti-fascist views not enrolled in Reichsschriftumskammer. Source has known him for ten years and is sure he would help overthrow Nazism. Another source, a friendly PW, reports that K. is anti-Nazi and still in Berlin in December 1943.

Kandela, Mila, Frau: Berlin SW 18, Urbanerstr. 187.
According to PW is leader of SW Women's group of anti-fascist opposition movement and is a trustworthy anti-Nazi.

Kaufmann, Carl, Dr.: Berlin-Charlottenburg 4, Giesebrechstr. 13. Tel: 31 32 20. (1941) Professor of gynecology at University of Berlin. Source says strongly anti-Nazi; very responsible, progressive and excellent scientist.

Keiser, Guenther: Berlin NW 7, Dortheen Str. 4. (1941 address: Berlin-Zehlendorf, Heimat 44) Born 1902. Protestant. Social Democrat. Chief editor of Bankarchiv and head of statistical department of Wirtschaftsgruppe Privates Bankgewerke. Reported to be anti-Nazi.

Kellermann, Otto: Kurfuerstendam 56-58.
Born 1890. Protestant. Conservative. Paper manufacturer: co-manager Feldmuehle Papier- und Zellstoffwerke AG, Oldermunde near Stettin. Reported to be non-Nazi.

Kemmerle, Dr.: Berlin-Steglitz, Holsteinischestr. 44.
Catholic. Zentrum Partei. Active journalist for over 30 years and was Berlin representative for several West German newspapers. "He is a well informed person with good connections in industrial and political circles. He is hostile to the Nazis."

Kempin, Paul: Berlin-Lictenrade, Walweg 5.
Verlagsdirektor of Berlinische Verlagsanstalt, Berlin NW 21, Altmoabit 105. According to PW is a trustworthy anti-Nazi who permits the printing of anti-fascist leaflets on his printing-presses. However, the reliability of PW furnishing this information seems doubtful.

(c) Kiaulen (or Kaulien), Walter:
Assistant editor of Deutscher Verlag for technical and economic matters. Another source states he has worked for a technical newsreel of UFA. One source lists him as an anti-Nazi who takes risks to help victims of Nazism; another source calls him a "hard-boiled Nazi." His name therefore appears on both white and black lists.

Kind, Enno: Berlin W 30, Bamberger Str. 17. Tel: 26 14 15. (1941)
Press photographer. One of group who were democratically minded or have for some time expressed democratic ideals in private circles.

Klagus, Viktor: Berlin-Wilmersdorf, Lahnburger Platz 6.
About 50 years old. Married to Jewess; knows nine European languages. From 1922 to 1933 member of staff of Berliner Tageblatt where he dealt with foreign affairs, particularly the Far East. Resigned in 1933 as he "refused to collaborate with the Nazis."

Klawitter, Erich: Berlin N 31, Ackerstr. 117. Tel: 41 26 68. (1941)
Born 1902. Head of Roman Catholic Jugendseelsorgeamt, which existed as late as 1939. Formerly head of the dissolved Roman Catholic Youth Office.

Kleinspehn, Hans: (probably in prison)
Born 1880. Protestant. From 1910 editor (political) of Social Democrat Nordhaus Volkszeitung. Member of Prussian Diet from 1921. Went to Berlin in 1935 and worked underground until arrested in 1938.

Berlin (12)

Kästner, Erich; Berlin-Halensee, Kurfürstendamm: Etwa 50 J. alt. Romanautor u. Journalist. Schrieb bis '33 für die *Weltbühne*. Pazifist und wegen seiner anti-faschistischen Ansichten nicht in der Reichsschrifttumskammer registriert. Die Quelle kennt ihn seit 10 Jahren und ist sich sicher, daß er helfen würde, den Nazismus zu stürzen. Eine andere Quelle, ein freundlich gesinnter Kriegsgefangener, berichtet, daß K. anti-Nazi ist und im Dez. '43 noch in Berlin war.

Kandela, Mila, Frau; Berlin SW 18, Urbanstr. 187: Ist laut einem Kriegsgefangenen Leiterin einer Frauengruppe von Fürsorgerinnen der anti-faschistischen Widerstandsbewegung und ein vertrauenswürdiger Anti-Nazi.

Kaufmann, Carl, Dr.: Berlin-Charlottenburg 4, Giesebrechtstr. 13; Tel.: 31 32 20 (1941): Professor für Gynäkologie an der Universität Berlin. Die Quelle sagt: entschieden anti-Nazi; sehr verantwortungsbewußt, fortschrittlich und ein ausgezeichneter Wissenschaftler.

Keiser, Günther; Berlin NW 7, Dorotheen Str. 4 (Anschrift 1941: B.-Zehlendorf, Heimat 44): 1902 geboren. Protestantisch. Sozialdemokrat. Chefredakteur [der Zeitschrift] *Bank-Archiv* u. Leiter der statistischen Abteilung der Wirtschaftsgruppe Privates Bankgewerbe. Soll anti-Nazi sein.

Kellermann, Otto; Kurfürstendamm 56–58: 1890 geboren. Protestantisch. Konservativ. Papierfabrikant: Vorstandsmitglied der Feldmühle, Papier- und Zellstoffwerke AG, Odermünde, in der Nähe von Stettin. Soll nicht-nazistisch sein.

Kemmerle, Dr.; Berlin-Steglitz, Holsteinische Str. 44: Katholisch. Zentrumspartei. Seit über 30 Jahren aktiver Journalist und war Berlin-Korrespondent für mehrere westdeutsche Zeitungen. »Er ist sehr gut informiert, mit guten Verbindungen zu industriellen und politischen Kreisen. Er ist den Nazis feindlich gesinnt.«

Kempin, Paul; Berlin-Lichtenrade, Waldweg 5: Verlagsdirektor der Berlinischen Verlagsanstalt, Berlin NW 21, Alt-Moabit 105. Ist laut einem Kriegsgefangenen ein vertrauenswürdiger Anti-Nazi, der es erlaubt, daß auf seinen Druckmaschinen anti-faschistische Flugblätter gedruckt werden. Jedoch: die Zuverlässigkeit des Kriegsgefangenen, der diese Information liefert, erscheint zweifelhaft.

(C) **Kiaulehn, Walther**: Stellvertretender Leiter des Deutschen Verlags, zuständig für technische und wirtschaftliche Fragen. Eine andere Quelle erklärt, daß er für eine technische Wochenschau der UFA gearbeitet hat. Eine Quelle führt ihn als einen Anti-Nazi an, der Risiken auf sich nimmt, um Opfern des Nazismus zu helfen; eine andere Quelle nennt ihn einen »hartgesottenen Nazi«. Sein Name erscheint daher sowohl auf Weißen als auch auf Schwarzen Listen.

Kind, Enno; Berlin W 30, Bamberger Str. 17; Tel.: 26 14 15 (1941): Pressephotograph. Einer aus der Gruppe derer, die demokratisch gesinnt waren oder eine Zeitlang im privaten Kreis demokratische Ideale zum Ausdruck brachten.

Klages, Victor: Berlin-Wilmersdorf, Laubenheimer Platz 6: Etwa 50 Jahre alt. Mit einer Jüdin verheiratet; spricht neun europäische Sprachen. Von 1922 bis 1933 Redaktionsmitglied des *Berliner Tageblatts*, wo er für das Ausland zuständig war, insbesondere für den Fernen Osten. Schied 1933 aus, da er »sich weigerte, mit den Nazis zusammenzuarbeiten.«

Klawitter, Erich; Berlin N 31, Ackerstr. 117; Tel.: 41 26 68 (1941): 1902 geboren. Direktor des katholischen Jugendseelsorgeamts, das es noch bis 1939 gab. Ehemals Leiter des aufgelösten Katholischen Jugendbüros.

Kleinspehn, Johannes (wahrscheinlich im Gefängnis): 1880 geboren. Protestantisch. Von 1910 an Redakteur (politisch) der sozialdemokratischen *Nordhäuser Volkszeitung*. Von 1921 an Mitglied des Preußischen Landtags. Ging 1935 nach Berlin und arbeitete im Untergrund, bis er 1938 verhaftet wurde.

White List

BERLIN (13)

Klingler, Karl: Berlin Charlottenburg, Sophienstr. 11.
Born 1879. Outstanding violinist and taught at Musical Academy in Berlin. Ousted by Nazis because he refused to dismiss a Jewish cellist from his quartet. Apolitical liberal. Reported to be anti-Nazi.

Knaak, Lothar, Dr.: Berlin-Tempelhof, Parkstr. 12. Tel: 75 74 87. (1941)
Editor Nachtausgabe (Scherl). One of group who were democratically minded or have for some time expressed democratic ideals in private circles.

Knoblauch, Kurt, von: Friedrichstr.
Owner of printing works and publisher of art books. Had an excellent reputation and was appointed judge for commercial matters (Handelsrichter). Old client of source and frequently expressed hatred of Nazis and their atrocities. Source is sure he has not changed views.

Koehler,
Foreman at Trias Druckerei, Berlin SW 63, Dresdener Str. 97. Considered reliable anti-Nazi by FW.

Koehler, Gustav, Dr.: Berlin-Wilmersdorf, Fichte Gymnasium.
Taught school in France and England. Studienrat at Fichte Gymnasium, teaching French and English. Reported to have strongly opposed Nazism and anti-semitism as did his wife.

Koeppel, Wilhelm, Dr.:
Partner and managing director of the Berliner Handelsgesellschaft, one of the big five banks. "Anti-Nazi." Rumoured to have committed suicide since the revolt of the Generals in July 1944.

Kohr, Karl, Dr.: Berlin-Moabit, Helgolaender Ufer 3.
About 50 years old. Conservative. Member Turnerschaft Alemannia and Brandenburgia-Berlin and influential in these two organizations. "Very anti-Nazi."

Kollwitz, Hans, Dr.: Berlin 3, Lichtenrade, Waldweg 29.
About 48 years old. Was a municipal health officer. Reported to have always been strong anti-Nazi.

Kolmsperger, Max: Uhlandstr. 28.
Member Bayerische Bauernbund. Ex-Bavarian journalist; editor until 1933 of Die Welt am Sonntag. Reported to be anti-Nazi.

Korsch, Liselotte, Dr.: Berlin-Friedenau, Deidesheimerstr. 2.
Born about 1904. Protestant. Practicing physician specializing in internal medicine. South African authorites denied her right to practice, so she unwillingly returned to Germany. Democrat with Socialist leanings. Swiss friend of source saw her in 1940 and says attitude unchanged.

Korsch, Martin: Berlin W 15, Kaiserallee 20.
Born 1887. Protestant. Lawyer. Conservative; monarchist; reported to be anti-Nazi. Has freely helped Jewish organizations and defended Jewish parties in litigation, disregarding pressure Nazis have brought against him.

Kothe, Frau. ~~artist~~ (See Special Suppl. "X"-attached) print shop owner

Krawielicki, Robert, Dr.: Berlin-Schmargendorf, Doberaner Str. 9. Tel: 89 65 05
(1941) About 40 years old. Had been appointed Privatdocent in Law at Berlin in 1933 but was put in concentration camp at Oranienburg for helping Dr. Maier to write an article ridiculing a Nazi camp for law students.

Kreidt, Hermann, 38, art instructor. — (See Spec. Suppl. "X" attached) (P/W 219255)

Krenz, Hans: Berlin W 6, Nettelbeckstr. 7/8.
Born about 1890. Art dealer. Apolitical. Reported ~~that he is~~ anti-Nazi and has helped artists and Jews persecuted by the Nazis.

Berlin (13)

Klingler, Karl; Berlin-Charlottenburg, Sophienstr. 11: 1879 geboren. Herausragender Geiger, lehrte an der Musikakademie in Berlin. Von den Nazis hinausgeworfen, weil er sich weigerte, eine jüdische Cellistin seines Quartetts zu entlassen. Ein unpolitischer Liberaler. Soll anti-Nazi sein.

Knaak, Lothar, Dr.; Berlin-Tempelhof, Parkstr. 12; Tel.: 75 74 87 (1941): Redakteur bei der [*Berliner Illustrierten*] *Nachtausgabe* (Scherl-[Verlag]). Einer aus der Gruppe derer, die demokratisch gesinnt waren oder im privaten Kreis eine Zeitlang demokratische Ideale zum Ausdruck brachten.

Knoblauch, Kurt von; Friedrichstr.: Inhaber eines Druckereibetriebs und Verleger von Kunstbüchern. Hatte einen ausgezeichneten Ruf und wurde zum Handelsrichter ernannt. Ein alter Kunde der Quelle; brachte häufig seinen Haß auf die Nazis und ihre Greueltaten zum Ausdruck. Die Quelle ist sich sicher, daß er seine Ansichten nicht geändert hat.

Koehler/Köhler: Vorarbeiter bei der Trias-Druckerei, Berlin SW 68, Dresdener Str. 97. Wird von einem Kriegsgefangenen für einen zuverlässigen Anti-Nazi gehalten.

Koehler/Köhler, Gustav, Dr.; Berlin-Wilmersdorf, Fichte-Gymnasium: Unterrichtete in Frankreich und England. Studienrat am Fichte-Gymnasium für Englisch und Französisch. Soll entschieden gegen Nazismus und Antisemitismus aufgetreten sein, ebenso wie auch seine Frau.

Koeppel, Wilhelm, Dr.: Teilhaber und Direktor der Berliner Handelsgesellschaft, einer der fünf großen Banken. »Anti-Nazi.« Soll Gerüchten zufolge nach dem Aufstand der Generäle im Juli 1944 Selbstmord begangen haben.

Kohr, Karl, Dr.: Berlin-Moabit, Helgoländer Ufer 3: Etwa 50 Jahre alt. Konservativ. Mitglied der Turnerschaften Alemannia und Brandenburgia-Berlin und einflußreich in beiden Vereinen »Ausgesprochen anti-Nazi.«

Kollwitz, Hans, Dr.; Berlin 3, Lichtenrade, Waldweg 29: Etwa 48 Jahre alt. War ein Beamter bei der städtischen Gesundheitsverwaltung. Soll stets ein überzeugter Anti-Nazi gewesen sein.

Kolmsperger, Max; Uhlandstr. 28: Mitglied des Bayerischen Bauernbunds. Ehemaliger bayerischer Journalist; bis 1933 Chefredakteur von *Die Welt am Sonntag*. Soll anti-Nazi sein.

Korsch, Liselotte, Dr.; Berlin-Friedenau, Deidesheimerstr. 2: Etwa 1904 geboren. Protestantisch. Praktizierende Ärztin, Fachgebiet Innere Medizin. Die südafrikanischen Behörden verweigerten ihr das Recht zu praktizieren, daher kehrte sie widerwillig nach Deutschland zurück. Demokratin mit sozialistischen Tendenzen. Ein Schweizer Freund der Quelle traf sie 1940 und sagt, ihre Einstellung sei unverändert.

Korsch, Martin; Berlin W 15, Kaiserallee 20: 1887 geboren. Protestantisch. Anwalt. Konservativ; Monarchist; soll anti-Nazi sein. Hat bereitwillig jüdischen Organisationen geholfen und bei Gerichtsverfahren jüdische Klienten verteidigt, ungeachtet des Drucks von Seiten der Nazis.

Kothe, ~~Künstler~~ [...], (s. bes. Erg. »X« – beigefügt), Inhaber einer Druckerei.

Krawielicki, Robert, Dr.; Berlin-Schmargendorf, Doberaner Str. 9; Tel.: 89 65 05 (1941): Etwa 40 Jahre alt. Wurde 1933 in Berlin zum Privatdozenten für Recht berufen, kam dann aber ins Konzentrationslager Oranienburg, weil er Dr. [Georg] Maier dabei geholfen hatte, einen Spottartikel über ein Nazi-Lager für Jurastudenten zu schreiben.

Kreidt, Hermann: 38, Kunstdozent (s. bes. Erg. »X« – beigefügt) (Kriegsgef. 219225)

Krenz, Hanns; Berlin W 6, Nettelbeckstr. 7/8: Etwa 1890 geb. Kunsthändler. Unpolitisch. Es wird berichtet, daß er anti-Nazi ist und von den Nazis verfolgten Künstlern u. Juden geholfen hat.

White List

BERLIN (14)

Krone, Heinrich: Berlin-Wilhelmshagen, Kaiserstr. 43.
Born 1895. Owner of small publishing house. Very active in Zentrum affairs before 1933; editor of Jung Zentrum. Editor of a Readers Digest in Berlin after 1933. Member of Reichstag 1925 - 1933. Reported to be anti-Nazi.

Kronika, Jacob: Berlin NW 87, Handelallee 12, Tel: 39 49 29.
German citizen, but belongs to Danish minority in Schleswig-Holstein. Berlin correspondent for Svenska Dagbladet. Correspondent in Berlin for last 13 years. Official representative of Reichstag in Berlin. K. took part in last war as a German conscript; has since been connected with German peace movement under Foerster and Ossietsky, who were his personal friends. K. admitted to source that he tried to help people who were in the danger zone by hiding them and giving them financial assistance and food; also helped those Jews still in Germany. K. remains in Germany because he's afraid of reprisals on the Danish minority if he doesn't return from one of his foreign trips. "His sympathies are without doubt pro-Allied."

Kurtz, H.: An der Apostelkirche.
Born about 1893. Lutheran Pastor. One of strongest and most courageous ministers of Confessional Church. Has organized help for German non-Aryan Christians and has negotiated on their behalf in England several times. Has been molested by searches and is in constant danger. Great following among younger people. Source last saw him in 1941.

Kutzner, Hans Georg: Berlin-Zehlendorf, Machnower 61/63.
Partner in wholesale paper business: Ferdinand Flinsch, Berlin SW 68, Landesstr. 70. Conservative. Connected with Bekenntnis Kirche. Reported to be anti-Nazi.

Laemmer, Friedrich, Dr.: Berlin-Steglitz, Heydstr. 22.
Born 1898. Protestant. Formerly managing director of the Vereinigung Deutscher Arbeitsgeberverbande. Reported to be anti-Nazi and willing to cooperate.

Langenscheidt, (Senior): Bahnstr. 27, Berlin-Schoeneberg.
Proprietor and manager of large printing establishment. Reported by PW to be known anti-Nazi who has had difficulties with party.

Langewiesche, Marianne: Berlin-Wilmersdorf, Guentzelstr. 64.
Writer in touch with Hans u. Hugo-Verlag. Reported to be anti-Nazi. She and her husband can provide much personnel information and are well informed on cultural problems.

Lattner, K. A. artist (See Spec. Suppl. "K" - attached)

Lauritzen, Lauritz, Dr.: Altonaerstr. 34.
About 35 years old; Protestant. Legal and economic advisor of Reichsstelle der Chemie. Former Social Democratic President of District County Council of Elmschenhagen near Kiel. Reported to be decidedly anti-Nazi but timid.

Lautenbach, Otto: Berlin-Buckow 1, Wevolerostr. 14.
Editor of Schule der Freiheit. Reported to be anti-Nazi.

Lautenbach, Wilhelm: Berlin-Wilmersdorf, Berlinerstr. 59.
Born about 1900. Protestant. Was in Ministry of Economics under republic, transferred to statistical office by Schacht. Reported to be strongly anti-Nazi but not outspoken politically; wanted to leave Germany. PW reports still in statistical office up to 1943 and "remained sceptical toward Nazi regime."

Berlin (14)

Krone, Heinrich; Berlin-Wilhelmshagen, Kaiserstr. 43: 1895 geboren. Inhaber eines kleinen Verlages. Vor 1933 sehr aktiv für das Zentrum; Herausgeber von *Das Junge Zentrum* [Zeitschrift]. Nach 1933 Herausgeber eines Digest in Berlin. 1925–1933: Mitglied des Reichstags. Soll anti-Nazi sein.

Kronika, Jacob; Berlin NW 87, Händelallee 12; Tel.: 39 49 29: Deutscher Staatsbürger, gehört aber zur dänischen Minderheit in Schleswig-Holstein. Berlin-Korrespondent für das *Svenska Dagbladet*. Die letzten 13 Jahre Korrespondent in Berlin. Offizieller Vertreter beim Reichstag in Berlin. K. nahm am letzten Krieg als deutscher Wehrpflichtiger teil; steht seitdem mit der deutschen Friedensbewegung in Verbindung, geleitet von [Friedrich Wilhelm] Foerster und [Carl] von Ossietzky, die seine persönlichen Freunde waren. Gab der Quelle gegenüber zu, daß er versuchte, Menschen in der Gefahrenzone zu helfen, indem er sie versteckte und ihnen finanzielle Unterstützung und Essen gab; und er half auch denjenigen Juden, die noch in Deutschland waren. K. bleibt in Deutschland, weil er Repressalien gegenüber der dänischen Minderheit befürchtet, wenn er von einer seiner Auslandsreisen nicht zurückkehrt. »Seine Sympathien liegen ohne Zweifel auf Seiten der Alliierten.«

Kurtz, Adolf; An der Apostelkirche: Etwa 1893 geboren. Evangelisch-lutherischer Pfarrer. Einer der stärksten und mutigsten Seelsorger der Bekennenden Kirche. Hat Hilfe für deutsche nichtarische Christen organisiert und hat mehrmals für sie in England verhandelt. Wurde mit Hausdurchsuchungen belästigt und befindet sich in ständiger Gefahr. Große Anhängerschaft unter jungen Menschen. Die Quelle sah ihn 1941 letztmalig.

Kutzner, Hans Georg; Berlin-Zehlendorf, Machnower Str. 62/63: Teilhaber eines Papiergroßhandels: Ferdinand Flinsch, Berlin SW 68, Landesstr. 70. Konservativ. Steht in Verbindung mit der Bekennenden Kirche. Soll anti-Nazi sein.

Lemmer, Ernst, Dr.; Berlin-Steglitz, Haydnstr. 22: 1898 geboren. Protestantisch. Ehemaliger Vorsitzender der Vereinigung Deutscher Arbeitgeberverbände. Soll anti-Nazi sein und bereit, zu kooperieren.

Langenscheidt (senior), [Carl]; Bahnstr. 27, Berlin-Schöneberg: Eigentümer und Leiter eines großen Verlagshauses. Soll nach Aussagen eines Kriegsgefangenen als ein Anti-Nazi bekannt sein, der Schwierigkeiten mit der Partei gehabt hat.

Langewiesche, Marianne; Berlin-Wilmersdorf, Güntzelstr. 64: Schriftstellerin, steht in Verbindung mit dem Hans von Hugo Verlag. Soll anti-Nazi sein. Sie und ihr Mann können viele Informationen über Personal liefern und sind sehr gut informiert über Fragen der Kultur.

Lattner, K. A.: Künstler (siehe besondere Ergänzung »X« – beigefügt).

Lauritzen, Lauritz, Dr.; Altonaer Str. 34: Etwa 35 Jahre alt; protestantisch. Juristischer und wirtschaftlicher Berater der Reichsstelle für Chemie. Ehemaliger sozialdemokratischer Vorsitzender des Gemeinderats von Elmschenhagen bei Kiel. Soll entschieden anti-Nazi, aber ängstlich sein.

Lautenbach, Otto; Berlin-Buckow 1, Wevolerostr. 14: Herausgeber von *Die Schule der Freiheit* [Monatsschrift]. Soll anti-Nazi sein.

Lautenbach, Wilhelm; Berlin-Wilmersdorf, Berliner Str. 59: Etwa 1900 geboren. Protestantisch. War in der Republik im Wirtschaftsministerium, von [Hjalmar] Schacht in die Statistische Abteilung versetzt. Soll entschieden anti-Nazi sein, aber politisch nicht direkt; wollte Deutschland verlassen. Ein Kriegsgefangener berichtet, daß er bis zum Jahr 1943 noch in der Statistischen Abteilung arbeitete und »dem Nazi-Regime gegenüber skeptisch geblieben war«.

White List

BERLIN (15)

Lauts, Jan, Dr.: Berlin-Charlottenburg 15, Gustloffstr. 43.
Born 1903. Protestant. Art historian in Karlsruhe Museum. Apolitical. Reported to be non-Nazi.

Legal, Ernst:
Former director of the Theater an der Stresemannstrasse, Berlin. Reported to be "not a Nazi."

Lehmann, Erich, Prof. Dr.
Former professor at the Technische Hochschule, Charlottenburg. Authority on photo-chemistry. Unable to obtain a passport to leave Germany before the outbreak of war. Speaks English well.

Leuschner (or Leuchner), Wilhelm:
Minister of Interior until Hitler came to power. Member of International Labour Office in Geneva and "open opponent of Nazis." In concentration camp for many years. Reported executed by Nazis in September 1944.

Lewinski, Karl, von: Berlin W 62, Luetzowpl. 25. Tel: 25 12 13. (1941)
Age about 55. International lawyer. Represented Germany at the U.S.A. War Claims Commission in the twenties and later became Consul-General in New York. Retired about 1927 and set up in Berlin as a solicitor, specializing in English and American law. "Politically decidedly liberal. Avoided any contact with the Nazis. Helped political and racial enemies of the Nazi regime."

Liebknecht, Wilhelm, Dr.: Berlin N 4, Chausseestr. 121. Tel: 41 33 10. (1941)
About 60 years old. Protestant. Lawyer. Brother of murdered Carl Liebknecht. Reported to be "extreme anti-Nazi."

Linfert, Carl: Berlin W 35, Luetzowufer 22.
Kunstmitarbeiter on Frankfurter Zeitung. Reported to be anti-Nazi.

Lingen, Theo: Berlin-Schlachtensee, Waldomarstr. 7a.
About 40 years old. Protestant. Actor. Has worked in several theatres in Germany; has also been employed in the movies. Made reputation before Nazis came to power. Forced to comply externally with Nazi regulations, but source believes he still clings to old convictions and belongs to potential opposition to Nazi regime.

Looff, Fritz: Berlin W 9, Lennestr. 5. Tel: 21 97 26. (1941)
About 45 years old. Protestant. Berlin correspondent of Magdeburgische Zeitung. Left wing of Deutsche Volkspartei. "Outspoken anti-Nazi."

Lucas, Gerda:
Born about 1896. Protestant (Confessional). Manager Evangelische Frauenhilfe, Potsdam. Formerly social worker in Berlin. Reported to be very anti-Nazi.

Luedemann,
About 60 years old. Protestant. Prussian minister of finance 1918-1920, then became Oberpraesident of Silesia, Breslau. In concentration camp and after release became either proprietor or manager of small motion picture theatre in Berlin.

Luedtke, Gerhard, Dr.: Berlin-Schmargendorf, Cunostr. 50.
Born 1876. Manager of Walter de Gruyter Verlag, Berlin W 35, Woyrschstr. 13. One of most outstanding men in German publishing business. Apolitical Democrat. Reported to be non-Nazi.

Berlin (15)

Lauts, Jan, Dr.; Berlin-Charlottenburg 15, Gustloff Str. 43: 1903 [1908] geboren. Protestantisch. Kunsthistoriker im Museum in Karlsruhe. Unpolitisch. Soll nicht-nazistisch sein.

Legal, Ernst: Ehemaliger Leiter des Theaters in der Stresemannstraße, Berlin. Soll »kein Nazi« sein.

Lehmann, Erich, Prof. Dr.: Ehemaliger Professor an der Technischen Hochschule, Charlottenburg. Autorität auf dem Gebiet der Photochemie. Schaffte es nicht mehr, vor Ausbruch des Krieges einen Paß zu bekommen, um Deutschland zu verlassen. Spricht gut Englisch.

Leuschner (oder Leuchner), **Wilhelm**: [Hessischer] Innenminister, bis Hitler an die Macht kam. Mitglied des Internationalen Arbeitsamtes in Genf und »ein offener Gegner der Nazis«. Viele Jahre im Konzentrationslager. Soll von den Nazis im September 1944 hingerichtet worden sein.

Lewinski, Karl von; Berlin W 62, Lützowplatz 25; Tel.: 25 12 13 (1941): Alter etwa 55. Anwalt für Internationales Recht. Vertrat Deutschland in den Zwanzigern bei der USA Kriegsschadenskommission und wurde später Generalkonsul in New York. Ging etwa 1927 in Ruhestand und ließ sich in Berlin als Anwalt nieder, Spezialgebiet englisches und amerikanisches Recht. »Politisch entschieden liberal. Vermied jeden Kontakt mit den Nazis. Half politischen und rassischen Feinden des Nazi-Regimes.«

Liebknecht, Wilhelm [Theodor], **Dr.**; Berlin N 4, Chausseestr. 121; Tel.: 41 33 10 (1941): Etwa 60 Jahre alt. Protestantisch. Anwalt. Bruder des ermordeten Karl Liebknecht. Soll »äußerst anti-Nazi« sein.

Linfert, Carl; Berlin W 35, Lützowufer 22: Kulturredakteur bei der *Frankfurter Zeitung*. Soll anti-Nazi sein.

Lingen, Theo; Berlin-Schlachtensee, Waldemarstr. 7a: Etwa 40 Jahre alt. Protestantisch. Schauspieler. Hat in Deutschland an mehreren Theatern gearbeitet; war auch im Filmgeschäft beschäftigt. Machte sich einen Namen, bevor die Nazis an die Macht kamen. War gezwungen, nach außen hin die Vorschriften der Nazis zu erfüllen, aber die Quelle glaubt, daß er noch immer an alten Überzeugungen festhält und zu einer möglichen Opposition gegen das Nazi-Regime gehört.

Looff, Fritz; Berlin W 9, Lennéstr. 5; Tel.: 21 97 26 (1941): Etwa 45 Jahre alt. Protestantisch. Berlin-Korrespondent der *Magdeburgischen Zeitung*. Linker Flügel der Deutschen Volkspartei. »Unverblümt anti-Nazi.«

Lucas, Gerda: Etwa 1896 geboren. Protestantisch (Bekennend). Leiterin der Evangelischen Frauenhilfe, Potsdam. Früher Fürsorgerin in Berlin. Soll sehr »anti-Nazi« sein.

Lüdemann, [Hermann]: Etwa 60 Jahre alt. Protestantisch. Von 1918–1920 preußischer Finanzminister, wurde dann Oberpräsident von [Nieder-]Schlesien in Breslau. War im Konzentrationslager; wurde nach seiner Entlassung entweder Inhaber oder Geschäftsführer eines kleinen Kinotheaters in Berlin.

Lüdtke, Gerhard, Dr.; Berlin-Schmargendorf, Cunostr. 50: 1876 [1875] geboren. Direktor des Verlags Walter de Gruyter & Co., Berlin W 35, Woyrschstr. 13. Einer der herausragendsten Männer im deutschen Verlagswesen. Ein unpolitischer Demokrat. Soll nicht-nazistisch sein.

~~SECRET~~

White List

BERLIN (16)

Mackensy, Werner, Dr.: Berlin W 8, Jaegerstr. 61.
About 58 years old. Civil servant; then lawyer and notary. Protested frequently against Nazi brutalities. Faithful to Jewish friends; gave legal advice to persecuted persons without charging fee.

Maier, Georg, Dr.: Office: Berlin W 50, Tauentzienstr. 18. Home: Berlin-Grunewald, Taunusstr. 10. (1941) Privatdocent in Law at Berlin. Was put in concentration camp at Oranienburg for 2 weeks for ridiculing the national socialistic 'Docenten-Lager' (camp for postgraduate law students who wish to become university lecturers). On his release became an advocate. "Helped anti-Nazis and Jews as much as possible."

Manuel, Bruno:
Newspaperman. Reported to be anti-Nazi who helped Jewish and anti-Nazi friends escape from Germany.

Marlow, Heinrich: Berlin-Wilmersdorf, Laubenheimerstr. 23.
About 55 years of age. Actor. Though he complied eventually with Nazi regulations, he is reported not a Nazi.

* Matejko, Theo - (See Special Supplement "X" attached) - Rated as best newsp. artist in Germany - Imprisoned in 1935.

Mayer, Auguste (Gustl):
Born about 1896. Personal secretary to General-Intendent of Prussian State Theater (Gustav Gruendgens). Previously worked for Max Reinhardt. Disliked by Nazis but protected by Gruendgens. Reported to be non-Nazi and to have helped anti-Nazis.

Mayer-Falkow, Hermann: Berlin-Halensee, Markgraf-Albrechtstr. 4.
Director and actor. Reported by PW to be anti-Nazi.

Mayer-Kulenkampf, Lina, Dr.: Berlin-Klein Machnow.
About 56 years old. Lutheran. Connected with Bekenntniskirche. Was director of Augustagymnasium in Berlin. Refused to take oath of allegiance to Hitler in 1933 and lives in retirement.

Mentzingen, Anna, von: Berlin-Charlottenburg, Reichstr. 18.
Born 1905. Catholic. Practicing medicine in Berlin. Nothing known about her political affiliation but source states she sheltered Jewish acquaintances in November 1938.

Merleker, Hartmuth: Berlin W 15, Brandenburgische Str. 28. (1941)
Editor Deutscher Verlag. One of group who were democratically minded or have for some time expressed democratic ideals in private circles.

Mesnil, Herbert du: Berlin-Dahlem, Koenigin-Luise-Str. 36. Tel: 76 08 49.
(1941) About 65 years old. For many years worked in church administration in Rhineland, then for Prussian Ministry of Finance. Lost position in 1934 but retained title and some duties. Reported to be conservative but firm anti-Nazi.

Meyerink, Hubert, von: Berlin-Charlottenburg, Giesebrechtstr. 18.
One of most outstanding German actors. Refused to associate with Nazi theatrical leaders and reported to be anti-Nazi.

Mierendorf, Carlo, Dr.: Berlin W 15, Konstanzerstr. 14. (1941) Another report says that he now works as an accountant for a coal-mine somewhere in Lausitz. Born 1896. Protestant. Former Social-Democrat member of Reichstag and chief of public-relations bureau of government of Hessen in Darmstadt. Social Democratic journalist. Engaged in underground Social-Democratic activity. Spent two years in concentration camp, but resumed underground activity in 1942 when released.

~~SECRET~~

Berlin (16)

Mackensy, Werner, Dr.: Berlin W 8, Jägerstr. 61: Etwa 58 Jahre alt. Beamter; dann Anwalt und Notar. Protestierte häufig gegen Nazi-Brutalitäten. Hielt treu zu jüdischen Freunden; gab Verfolgten juristischen Rat, ohne dafür Honorar zu verlangen.

Maier, Georg, Dr.; Berlin W 50, Tauentzienstr. 18 (Büro); Berlin-Grunewald, Taunusstr. 10 (Wohnung) (1941): Privatdozent für Recht in Berlin. Kam für zwei Wochen ins Konzentrationslager in Oranienburg, weil er das nationalsozialistische Dozenten-Lager (Lager für Doktoranden der Rechtswissenschaften, die eine Dozentenstelle an der Universität anstreben) verspottet hatte. Wurde nach seiner Entlassung Anwalt. »Half Anti-Nazis und Juden soviel wie möglich.«

Manuel, Bruno: Zeitungsmann. Soll ein Anti-Nazi sein, der jüdischen und Anti-Nazi-Freunden half, aus Deutschland zu entkommen.

Marlow, Heinrich; Berlin-Wilmersdorf, Laubenheimerstr. 23: Etwa 55 Jahre alt. Schauspieler. Obwohl er die Vorschriften der Nazis letzten Endes doch befolgte, soll er kein Nazi sein.

Matejko, Theo (s. bes. Erg. »X«– beigef.): Gilt als bester Pressezeichner Deutschlands. Kam 1935 ins Gefängnis.

Mayer, Auguste (Gustl): Etwa 1896 geboren. Persönliche Mitarbeiterin des Generalintendanten des Preußischen Staatstheaters (Gustaf Gründgens). Arbeitete davor für Max Reinhardt. Von den Nazis abgelehnt, aber von Gründgens geschützt. Soll nicht-nazistisch sein und Anti-Nazis geholfen haben.

Mayer-Falkow, Hermann; Berlin-Halensee, Markgraf-Albrecht-Str. 4: Regisseur und Schauspieler. Soll nach Aussagen eines Kriegsgefangenen anti-Nazi sein.

Mayer-Kulenkampff, Lina, Dr.: Berlin-Kleinmachnow: Etwa 56 Jahre alt. Lutheranerin. Mit der Bekennenden Kirche verbunden. War Schulleiterin des Augusta-Gymnasiums in Berlin. Weigerte sich, 1933 den Treueeid auf Hitler zu leisten, und lebt jetzt im Ruhestand.

Mentzingen, Anna von; Berlin-Charlottenburg, Reichsstr. 18: 1905 geboren. Katholisch. Praktiziert als Ärztin in Berlin. Über ihre politische Zugehörigkeit ist nichts bekannt, aber die Quelle erklärt, daß sie im November 1938 jüdischen Bekannten Zuflucht gewährte.

Merleker, Hartmuth; Berlin W 15, Brandenburgische Str. 28 (1941): Redakteur beim Deutschen Verlag. Einer aus der Gruppe derer, die demokratisch gesinnt waren oder im privaten Kreis eine Zeitlang demokratische Ideale zum Ausdruck brachten.

Mesnil, Herbert du; Berlin-Dahlem, Königin-Luise-Str. 36; Tel.: 76 08 49 (1941): Etwa 65 Jahre alt. Arbeitete viele Jahre lang in der Kirchenverwaltung im Rheinland, dann für das Preußische Finanzministerium. Verlor seinen Posten 1934, behielt aber seinen Titel und einige Pflichten. Soll konservativ sein, aber standhaft anti-Nazi.

Meyerinck, Hubert von; Berlin-Charlottenburg, Giesebrechtstr. 18: Einer der herausragendsten deutschen Schauspieler. Weigerte sich, mit Nazi-Theaterleitern Umgang zu haben, und soll anti-Nazi sein.

Mierendorff, Carlo, Dr.; Berlin W 15, Konstanzer Str. 14 (1941): In einem anderen Bericht heißt es, daß er jetzt als Buchhalter für ein Kohlenbergwerk irgendwo in der Lausitz arbeitet. 1896 [1897] geboren. Protestantisch. Ehemaliges sozialdemokratisches Mitglied des Reichstags und Leiter der Pressestelle der Regierung von Hessen in Darmstadt. Sozialdemokratischer Journalist. Beteiligt an Aktivitäten des sozialdemokratischen Untergrunds. Verbrachte drei Jahre im Konzentrationslager, nahm jedoch seine Untergrundaktivität wieder auf, als er 1942 entlassen wurde.

White List

<u>BERLIN</u> (17)

Montania (Montanus?),
Owner of Montania Druckerei (possibly Montanus Druckerei, Berlin W 35, Kurfuerstenstr. 146). German Nationalist, opposed to the Nazis and boycotted by them according to PW.

Mueller, Arthur, Dr.: Rankestr. 23.
About 50 years old. Speaks English. Expert on administration of estates and insurance. Strongly anti-Nazi according to source.

Mueller, Gerda: (Possibly the Gerda Mueller at Berlin-Schoenwalde O, Griechische Allee 22). Born about 1894. Protestant. One of most outstanding German actresses in period following first World War. Worked in Frankfurt a.M. and in Prussian State Theater in Berlin. Became ill and was in sanatorium in Switzerland until 1941, when she returned to Berlin. Source says she is strongly anti-Nazi.

Mueller, Toni: Tiergartenstr.
Publisher. Anti-Nazi according to source.

Nau, Adolf Oscar: Berlin W 8, Mohraenstr. 58/59.
Born 1884. Protestant. Former Director General and President of the German match concern; now member of supervising board of same concern. After 1935 started business for theatrical decorations and provided Nazis settings for their public celebrations. Reported to have liberal views and to have helped anti-Nazis even when this was dangerous.

Nerking, : Berlin-Charlottenburg.
Actor and director. Reported to be anti-Nazi by PW.

Nestriepke, Siegfried, Dr.: Berlin-Wilmersdorf, Eberbachstr. 20.
Born 1890. Protestant. Social Democrat. Ex-editor of <u>Vorwaerts</u>. After 1919 became general secretary of Berlin Volksbuehne theatre. Retired when Hitler came to power and got position as manager of movie theatres. Reported to have helped victims of Nazi persecution.

Odemar, Fritz:
About 50 years old. Protestant. Worked as actor in Mannheim and Frankfurt a.M. and later in Berlin. Held important roles in several German films. Not interested in politics but of firm liberal convictions. Did all he could to shield victims of Nazi persecution and as a result was in difficulties and unemployed several times himself.

Ossenbach, : Berlin-Charlottenburg.
Director of Volksverband der Buecherfreunde, a book club of over 1,000,000 customers. According to PW is convinced democrat who has assisted families of his employees who were sent to concentration camps. Reported to have selected anti-Nazi books for distribution even after 1933.

Ostermann, : Berlin-Dahlem.
About 65 years old. Liberal. Prussian Public Health officer. Was for several years Ministerialrat in public health section of Prussian Ministry of Welfare. Applied for dismissal in 1933 or 1934 as "could not stand Nazi atmosphere." Editor of <u>Medizinische Welt</u>.

Ostermayer, Paul: Berlin-Charlottenburg.
Motion picture director. Anti-Nazi according to PW.

* Pechel, Rudolf: Berlin W 30, Mackensenstr. 11.
Born 1882. Protestant. Published several books on literary topics and wrote numerous literary and political essays for newspapers and periodicals. Editor: <u>Deutsche Rundschau</u>, until 1940. Conservative, but appears to be a determined anti-Nazi and openly opposed some measures of Nazi regime.

Berlin (17)

Montania (Montanus?) **[Montanus]**: Inhaber der Montania [Montanus] Druckerei (möglicherweise Montanus Druckerei, Berlin W 35, Kurfürstenstr. 146). Deutschnationaler, gegen die Nazis und von ihnen, laut einem Kriegsgefangenen, boykottiert.

Mueller/Müller, Arthur, Dr.; Rankestr. 23: Etwa 50 Jahre alt. Spricht Englisch. Fachmann für die Verwaltung von Grundbesitz und für Versicherungen. Entschieden anti-Nazi laut Quelle.

Müller, Gerda (möglicherweise *die* Gerda Müller aus Berlin-Oberschöneweide, Griechische Allee 22): Etwa 1894 geboren. Protestantisch. Eine der herausragendsten Schauspielerinnen in der Zeit nach dem Ersten Weltkrieg. Arbeitete in Frankfurt a.M. und am Preußischen Staatstheater in Berlin. Erkrankte und war in einem Sanatorium in der Schweiz, bis sie 1941 nach Berlin zurückkehrte. Die Quelle sagt, daß sie entschieden anti-Nazi ist.

Müller, Toni [Antonie]: Tiergartenstr.: Verlegerin. Laut Quelle anti-Nazi.

Nau, Adolf Oscar; Berlin W 8, Mohrenstr. 58/59: 1884 geboren. Protestantisch. Ehemaliger Generaldirektor und Präsident der deutschen Zündholzfabriken; jetzt Mitglied des Aufsichtsrats desselben Konzerns. Gründete nach 1935 eine Firma für Theaterdekorationen und belieferte die Nazis mit Ausstattungsmaterial für ihre öffentlichen Feiern. Soll liberale Ansichten haben und Anti-Nazis geholfen haben, sogar dann, wenn dies gefährlich war.

Nerking, [Hans]; Berlin-Charlottenburg: Schauspieler und Regisseur. Soll anti-Nazi sein nach Aussagen eines Kriegsgefangenen.

Nestriepke, Siegfried, Dr.; Berlin-Wilmersdorf, Eberbachstr. 20: 1890 [1885] geboren. Protestantisch. Sozialdemokrat. Ex-Redakteur von *Vorwärts* [Zeitung]. Wurde nach 1919 Generalsekretär der Berliner Volksbühne. In den Ruhestand versetzt, als Hitler an die Macht kam, und bekam eine Stelle als Geschäftsführer von Filmtheatern. Soll Opfern der Nazi-Verfolgung geholfen haben.

Odemar, Fritz: Etwa 50 Jahre alt. Protestantisch. Arbeitete als Schauspieler in Mannheim und Frankfurt a. M. und später in Berlin. Spielte große Rollen in mehreren deutschen Filmen. Nicht an Politik interessiert, aber mit festen liberalen Überzeugungen. Tat alles, was er konnte, um Opfer der Nazi-Verfolgung zu schützen, und sah sich als Folge davon selbst in Schwierigkeiten und war mehrere Jahre ohne Beschäftigung.

Ossenbach, [Hans]; Berlin-Charlottenburg: Leiter des Volksverbands der Bücherfreunde, ein Buchklub mit über einer Million Kunden. Ist laut einem Kriegsgefangenen ein überzeugter Demokrat, der den Familien derjenigen seiner Angestellten geholfen hat, die ins Konzentrationslager kamen. Soll sogar nach 1933 Anti-Nazi-Bücher zur Verbreitung ausgewählt haben.

Ostermann, [Arthur]; Berlin-Dahlem: Etwa 65 Jahre alt. Liberal. Preußischer Beamter für das Gesundheitswesen. War mehrere Jahre lang Ministerialrat in der Gesundheitsabteilung des preußischen Ministeriums für Volkswohlfahrt. Suchte 1933 oder 1934 um seine Entlassung an, weil »er die Nazi-Atmosphäre nicht ertragen konnte«. Herausgeber von *Die Medizinische Welt*.

Ostermayr, Paul: Berlin-Charlottenburg: Filmregisseur. Anti-Nazi laut einem Kriegsgefangenen.

* **Pechel, Rudolf**; Berlin W 30, Mackensenstr. 11: 1882 geboren. Protestantisch. Veröffentlichte mehrere Bücher über literarische Themen und schrieb zahlreiche literarische und politische Essays für Zeitungen und Zeitschriften. Herausgeber: *Deutsche Rundschau*, bis 1940. Konservativ, aber scheint ein entschlossener Anti-Nazi zu sein und trat offen gegen einige Maßnahmen des Nazi-Regimes auf.

SECRET

White List

BERLIN (18)

Peikert, Magda, Frau: Berlin-Oberschoeneweide, Irmhildstr. 8.
Reported by PW to have organized women in works in Oberschoeneweide as anti-fascists and to have composed leaflets on sabotage. "A trustworthy anit-Nazi." The reliability of the PW furnishing this information is doubtful.

Pepper, Karl Heinz:
Owns wholesale radio store, Berlin SW 68, Ritterstr. 85. Former member of Red and White sport club, which included many anti-Hitler members. Expressed dissatisfaction with Nazi Germany to source.

Peters, Hans:
Born 1896. Professor of Public Law at Berlin University. According to one source, openly challenged the Nazi pogrom in 1938. According to another source, is outspoken anti-Nazi who helped emigres. May have been killed by Nazis.

Poensgen, Albert: Brandenburgischestr. 38.
Born about 1887. Protestant. Oberregierungsrat; chief of the Central Tax Authority. Reported to be anti-Nazi.

Predeck, Albert, Dr.: Berlin-Grunewald, Orberstr. 1.
Born 1883. Catholic. Librarian at Technische Hochschule in Berlin-Charlottenburg. Reported to be not in sympathy with Nazis.

x Prengel, Fritz/- Once propaganda expert of Ullstein Verlag. Recently with Deutsche Verlag. Berlin

Preysing, Konrad, Graf von:
Born 1879. Chairman of conference of German Catholic Bishops and reported to be in close touch with the Vatican. Has protested against several Nazi policies and has never been in favor of compromising with Nazism.

Prittwitz-Gaffron, Erich, von, Dr.: Berlin-Wilmersdorf, Saechsische Str. 75.
(1941) Brother of Friedrich W. von Prittwitz und Gaffron. Generalintendanz der Staatsoper. Former member of the European Committee of the Carnegie Foundation. A liberal and well-known in international intellectual circles. Reported to be anti-Nazi.

Prittwitz und Gaffron, Friedrich Wilhelm, von, Dr.: Berlin W 15,
Lietzenburgerstr. 16. (1941) Born 1884. German ambassador to United States; resigned in 1933. Has since been active in business but not in politics. Reported to be absolutely anti-Nazi.

~~[illegible]~~

Radecki, Sigismund, von:
Writer and journalist. Reported to be reliable.

Raeck, Kurt, Dr.: Berlin-Wilmersdorf, Brandenburgische Str. 36. Tel: 97 56 26
(1941) Administrative director of the Theater an der Stresemannstr. Jewish wife (Ingeborg Raeck). Said to be anti-Nazi.

Reif, Hans, Dr.:
About 45 years old. Protestant. Secretary of economic council of Democratic party. Free-lance journalist, secretary of economic associations and accountant since 1933. Supported international cooperation, but quite nationalistic. Reported to be genuine Democrat who has helped many victims of Nazism.

(C) Reuter, Fritz, Dr.: Berlin NW 87, Eyke-von-Repkowpl. 2. (1941)
Publisher of Der Volkswirt and Textilzeitung. Was appointed economic advisor to army at outbreak of war. Trustworthy anti-Nazi according to PW.

SECRET

x Ltr. Gestinger (Bern) to C. D. Jackson - 17 May 45.

Berlin (18)

Peikert, Magda, Frau; Berlin-Oberschöneweide, Irmhildstr. 8: Soll nach Aussagen eines Kriegsgefangenen in Oberschöneweide Werksarbeiterinnen in einer anti-faschistischen Gruppe organisiert und Flugblätter mit der Aufforderung zur Sabotage verfaßt haben. »Ein vertrauenswürdiger Anti-Nazi.« Die Zuverlässigkeit des Kriegsgefangenen, der diese Information liefert, ist zweifelhaft.

Pepper, Karl Heinz: Besitzt einen Rundfunkgeräte-Großhandel, Berlin SW 68, Ritterstr. 85. Ehemaliges Mitglied des Sportklubs Rot-Weiß, der viele Anti-Hitler-Mitglieder zählte. Brachte gegenüber der Quelle seine Unzufriedenheit mit Nazi-Deutschland zum Ausdruck.

Peters, Hans: 1896 geboren. Professor für Öffentliches Recht an der Berliner Universität. Lehnte, laut Quelle, das Nazi-Pogrom von 1938 offen ab. Ist, laut einer anderen Quelle, ein sehr offen auftretender Anti-Nazi, der Emigranten half. Kann sein, daß er von den Nazis ermordet wurde.

Poensgen, Albert; Brandenburgische Str. 38: Etwa 1887 geboren. Protestantisch. Oberregierungsrat; Leiter des Oberfinanzpräsidiums. Soll anti-Nazi sein.

Predeek, Albert, Dr.; Berlin-Grunewald, Orber Str. 1: 1883 geboren. Katholisch. Bibliothekar an der Technischen Hochschule in B.-Charlottenburg. Soll keine Sympathien für die Nazis haben.

* **Prengel, Fritz**: Ehemals Fachmann für Werbung beim Ullstein Verlag, in letzter Zeit beim Deutschen Verlag, Berlin.

Preysing, Konrad Graf von: 1879 [1880] geboren. Leiter [des Pressereferats] der Deutschen Bischofskonferenz; soll in enger Verbindung zum Vatikan stehen. Hat gegen mehrere politische Grundsätze der Nazis protestiert und ist nie dafür gewesen, mit dem Nazismus Kompromisse zu schließen.

Prittwitz und Gaffron, Erich von, Dr.: Berlin-Wilmersdorf, Sächsische Str. 75 (1941): Bruder von Friedrich W. von Prittwitz und Gaffron. Assistent des Generalintendanten der Staatsoper. Ehemaliges Mitglied der europäischen Kommission der Carnegie-Stiftung. Ein Liberaler und bekannt in internationalen intellektuellen Kreisen. Soll anti-Nazi sein.

Prittwitz und Gaffron, Friedrich Wilhelm von, Dr.; Berlin W 15, Lietzenburgerstr. 16 (1941): 1884 geboren. Deutscher Botschafter in den Vereinigten Staaten; trat 1933 zurück. Ist seitdem unternehmerisch aktiv gewesen, aber nicht in der Politik. Soll absolut anti-Nazi sein.

Radecki, Sigismund von: Schriftsteller und Journalist. Soll zuverlässig sein.

Raeck, Kurt, Dr.; Berlin-Wilmersdorf, Brandenburgische Str. 36; Tel.: 97 56 26 (1941): Administrativer Leiter des Theaters in der Stresemannstraße. Jüdische Ehefrau (Ingeborg Raeck). Soll anti-Nazi sein.

Reif, Hans, Dr.: Etwa 45 Jahre alt. Protestantisch. Geschäftsführer des Wirtschaftsausschusses der [Deutschen] Demokratischen Partei. Freier Journalist, seit 1933 Geschäftsführer von Handelsorganisationen und Wirtschaftsberater. Unterstützte internationale Zusammenarbeit, aber mit ziemlich nationalistischer Einstellung. Soll ein echter Demokrat sein, der vielen Opfern des Nazismus geholfen hat.

(C) **Reuter, Franz, Dr.**; Berlin NW 87, Eyke-von-Repkow-Platz 2 (1941): Herausgeber von *Der Volkswirt* [Zeitung] und der *Textil-Zeitung*. Wurde bei Ausbruch des Krieges zum wirtschaftlichen Berater des Heeres ernannt. Laut einem Kriegsgefangenen vertrauenswürdig.

* *Ltd. Getsinger (Bern) an C.D. Jackson – 17. Mai 45*

White List

<u>BERLIN</u> (19)

Roethe, Eberhard, Dr.: Berlin-Charlottenburg, Sophienstr. 13.
Born 1905. Protestant. Berlin attorney. Did not join NS lawyers organization and represented Jewish clients. Liberal-Democrat. Never active politically, but resented Nazi tampering with law.

Ruge, Ludwig: Office: Berlin NW 7, Unter den Linden 10. Home: Berlin-Charlottenburg, Tannenbergallee 8. (1941) About 60 years old. Protestant. Jewish wife. Son in England in HM forces. Attorney. Said to be anti-Nazi of strong character who did not make any concessions to Nazis.

Rupnov, Erich: Berlin-Charlottenburg, Lietzensee Ufer 4.
Assistant at the Auslandswissenschaftliche Institut, where he works under General von Metzsch. According to PW source, is a strong anti-Nazi and has never been a party member.

Sarre, Maria: Berlin-Babelsberg, Bergstr. 5.
Born about 1875. Catholic. Wealthy and intelligent. Reported to be violently anti-Nazi and to have befriended victims of Nazi persecution.

Schade, Wolfgang: Berlin-Lankwitz, Dillgestr. 24. (1941)
About 48 years old. Protestant. Worked for <u>Koelnische Illustrierte Zeitung</u>. No political affiliations, but a liberal. After Nazis came to power he tried to help colleagues who were in danger.

Scheck, Gustav, Dr.: Berlin-Grunewald, Trabenerstr. 2.
About 45 years old. Professor at Hochschule fuer Musik. Not primarily interested in politics, but did much for victims of Nazi persecution.

Scherpenberg, A. Hilger, van: Berlin-Schlachtensee, Spanische Allee 47. (1941)
Born in Germany of Dutch parents. Secretary in Ministry of Foreign Affairs in Berlin. Arrested by Gestapo in Berlin in connection with finding of a suitcase which had been stolen from him and which contained incriminating papers.

Schirner, Karl: Berlin-Charlottenburg, Karolingerplatz 9.
Spent some years in England as young man. Managing director of Vereinigte Stahlwerke, then of Vereinigte Aluminiumwerke. Since 1939 president of Deutsche Erdoel A.G. and director of Deutsche Bank. According to source, he is stout anti-Nazi and refused job in four year plan to avoid Nazis.

Schirner, Max: Berlin SW 68, Markgrafenstr. 58. (1941)
Sports photographer. One of group who were formerly democratically minded or have for some time expressed democratic ideals in private circles.

Schluter-Hermkes, Maria: Berlin-Dahlem, Ladenbergstr. 18.
Born 1892. Ex-president of German Catholic Women's League, which was dissolved by National Socialists. Also active in International University Women's Association and Women's International League. Speaks English fluently. Reported to be non-Nazi.

Schmidt, Bill: Berlin-Dahlem, Breitenbachplatz 10.
Stage decorator. Reported to be anti-Nazi.

Schmidt, Walter, Dr.: Berlin-Charlottenburg, Lindenallee 7.
Born 1889. Protestant (Confessional). Democrat. Attorney. Reported to be anti-Nazi but not politically active.

Schmitz, Elizabeth, Dr.: Berlin NW 7, Luisenstr. 67.
Born 1893. Protestant. Resigned as teacher in Berlin Girls High School in protest against anti-Jewish pogroms. Now doing Protestant church work. Reported to be anti-Nazi.

Berlin (19)

Roethe/Röthe, Eberhard, Dr.; Berlin-Charlottenburg, Sophienstr. 13: 1905 geboren. Protestantisch. Berliner Anwalt. Trat nicht in den Verband der NS-Rechtsanwälte ein und vertrat jüdische Mandanten. Liberal-demokratisch. Niemals politisch aktiv, nahm es jedoch übel, daß die Nazis das Recht verfälschten.

Ruge, Ludwig; Berlin NW 7, Unter den Linden 10 (Büro); Berlin-Charlottenburg, Tannenbergallee 8 (Wohnung) (1941): Etwa 60 Jahre alt. Protestantisch. Jüdische Ehefrau. Sohn in England bei den königlichen Streitkräften. Anwalt. Soll ein Anti-Nazi von starkem Charakter sein, der den Nazis keinerlei Zugeständnisse machte.

Rupnov, Erich; Berlin-Charlottenburg, Lietzensee Ufer 4: Assistent am Deutschen Auslandswissenschaftlichen Institut, wo er unter General von Metzsch arbeitet. Ist laut Quelle, einem Kriegsgefangenen, ein überzeugter Anti-Nazi und niemals ein Parteimitglied gewesen.

Sarre, Maria; Berlin-Babelsberg, Bergstr. 5: Etwa 1875 geboren. Katholisch. Vermögend und intelligent. Soll leidenschaftlich anti-Nazi sein und Opfern der Nazi-Verfolgung behiflich gewesen sein.

Schade, Wolfgang; Berlin-Lankwitz, Dillgesstr. 24 (1941): Etwa 48 Jahre alt. Protestantisch. Arbeitete für die *Kölnische Illustrierte Zeitung*. Keine politischen Zugehörigkeiten, aber ein Liberaler. Nachdem die Nazis an die Macht kamen, versuchte er, Kollegen zu helfen, die in Gefahr waren.

Scheck, Gustav, Dr.; Berlin-Grunewald, Trabenerstr. 2: Etwa 45 Jahre alt. Prof. an der Hochschule f. Musik. Nicht primär an Politik interessiert, tat aber viel für Opfer der Nazi-Verfolgung.

Scherpenberg, Albert Hilger van; Berlin-Schlachtensee, Spanische Allee 47 (1941): In Deutschland geboren, Eltern Niederländer. Legationssekretär im Auswärtigen Amt in Berlin. Von der Gestapo in Berlin verhaftet im Zusammenhang mit dem Auffinden eines Koffers, der ihm gestohlen worden war und der belastende Papiere enthielt.

Schirner, Karl; Berlin-Charlottenburg, Karolingerplatz 9: Verbrachte als junger Mann einige Jahre in England. Leiter der Vereinigten Stahlwerke, dann der Vereinigten Aluminium-Werke. Seit 1939 Präsident der Deutschen Erdöl AG und im Aufsichtsrat der Deutschen Bank. Laut Quelle ist er ein unerschrockener Anti-Nazi und lehnte, um den Nazis aus dem Weg zu gehen, einen Posten in der Vierjahresplan-Organisation ab.

Schirner, Max; Berlin SW 68, Markgrafenstr. 58 (1941): Sportphotograph. Einer aus der Gruppe derer, die früher demokratisch gesinnt waren oder eine Zeitlang im privaten Kreis demokratische Ideale zum Ausdruck brachten.

Schlüter-Hermkes, Maria; Berlin-Dahlem, Ladenbergstr. 18: 1892 geboren. Ex-Präsidentin des Deutschen Katholischen Frauenbunds, der von den Nationalsozialisten aufgelöst wurde. Auch aktiv in der International Federation of University Women und in der Internationalen Frauenliga [für Frieden und Freiheit]. Spricht fließend Englisch. Soll nicht-nazistisch sein.

Schmidt, Bill [Willi]; Berlin-Dahlem, Breitenbachplatz 10: Bühnenbildner. Soll anti-Nazi sein.

Schmidt, Walter, Dr.; Berlin-Charlottenburg, Lindenallee 7: 1889 geboren. Protestantisch (Bekennend). Demokrat. Anwalt. Soll anti-Nazi, aber politisch nicht aktiv sein.

Schmitz, Elisabeth, Dr.; Berlin NW 7, Luisenstr. 67: 1893 geboren. Protestantisch. Trat aus Protest gegen die anti-jüdischen Pogrome von ihrer Stelle als Lehrerin an einem Berliner Mädchenlyzeum zurück. Leistet jetzt Kirchenarbeit für die protestantische Kirche. Soll anti-Nazi sein.

White List

BERLIN (20)

Schobert, Max: Berlin-Schmargendorf, Auguste Victoria Str. 63.
Born 1903. Wife is English by birth. Sub-manager Dresdner Bank. Never favored Nazis and kept away from them as much as possible but may have joined some Nazi organizations under pressure.

Schoeller, Walter: Berlin-Charlottenburg 9, Akazienallie 15.
Born about 1887. Protestant. Chemist in Schering A.G. Reported to be anti-Nazi.

(c) Scholtz, Guenther Hermann: Berlin-Grunewald, Koenigsallee 28.
Born 1897. Protestant. Was for a time chief of Press Bureau of Otto Wolff. Now co-president of Joachim Wiernick A.G. chemical plant, which position he owes to close contacts with Prussian government officials. Friend of Social-Democrat leader Rudolf Breitscheid. Joined Nazi party in 1933 and told his friends it was to help victims of Nazi persecution. Maintained contacts with exiled anti-Nazis. Informant believes Scholz can be trusted and is really anti-Nazi.

Schuele, Adolf: Berlin-Zehlendorf, Am Fischtal 21a. (1941)
Privatdocent in law at Berlin University but "had to give up his lectureship as he was known as anti-Nazi."

Schuette, Ernst: Office: Deutsches Theater.
Born about 1894. Stage painter and designer. Went to Paris after 1933 but couldn't earn a living so returned to Germany on invitation from Heinz Hilpert. Agreed to return on condition his Jewish wife would not be molested. Reported to be non-Nazi.

Sedlmayer, Betty: Berlin-Halensee, Markgraf Albrechtstr. 4.
Actress. Reported to be anti-Nazi by friendly PW.

Seiffherdt, Arthur:
About 60 years old. Protestant. Publisher and manager of Axel Juncker Verlag, Berlin W 30, Eisenacher Str. 2. Used to belong to Stahlhelm; source assumes he is working underground against Nazis in a conservative group. Reported to be strictly anti-Nazi, although not pro-Allied.

Selemeyer, Dr.
Editor Deutscher Verlag. One of group who were formerly democratically minded or have for some time expressed democratic ideals in private circles.

Soehlmann, Fritz: Berlin-Lichterfelde, Baselerstr. 62. (1941)
One of first editors of Junge Kirche and was also a writer for Die Reformation.

Sperrlich, : Berlin-Charlottenburg, Joachimsthalerstr.
Actor's agent. Reported anti-Nazi by friendly PW.

Springer, F., Dr.:
Main partner of publishing firm of Julius Springer, Berlin W 9, Linkstr. 23. Was in charge of medical department and was generally considered one of the leading publishers. Not sympathetic to Nazi doctrines.

Starck, Hermann C.: Berlin W 50, Tauentzienstr. 12B.
Born 1894. Protestant. Communist sympathizer. Business man: owner of H. C. Starck, dealing in precious metals and connected with I. G. Farben. Patron and subsidizer of Malik Verlag. Non-Nazi; gave up all political activities after 1933 and devoted himself to business.

Stein, Luise: Berlin-Wilmersdorf, Warneckstr. 10. Tel: 86 42 97. (1941)
Editor of Textil-Verlag. Well informed on newspaper men and press situation in Berlin. Reported to be anti-Nazi.

Berlin (20)

Schobert, Max: Berlin-Schmargendorf, Auguste-Viktoria-Str. 63: 1903 geboren. Ehefrau ist von Geburt Engländerin. Abteilungsleiter bei der Dresdner Bank. War nie für die Nazis und hielt sich von ihnen soweit wie möglich entfernt, ist aber möglicherweise unter Druck in einige Nazi-Organisationen eingetreten.

Schoeller, Walter; Berlin-Charlottenburg 9, Akazienallee 15: Etwa 1887 geboren. Protestantisch. Chemiker bei der Schering AG. Soll anti-Nazi sein.

(C) **Scholtz, Günther Hermann**; Berlin-Grunewald, Königsallee 28: 1897 geboren. Protestantisch. War eine Zeitlang Leiter des Pressebüros von Otto Wolff. Jetzt Vize-Präsident der Chemischen Fabriken Joachim Wiernik A.G., eine Position, die er seinen engen Kontakten zu Beamten der preußischen Regierung verdankt. Freund des sozialdemokratischen Anführers Rudolf Breitscheid. Trat 1933 in die Nazi-Partei ein und erzählte seinen Freunden, daß er dies tat, um Opfern der Nazi-Verfolgung zu helfen. Erhielt den Kontakt zu im Exil lebenden Anti-Nazis aufrecht. Der Informant glaubt, daß man Scholtz trauen kann und er wirklich anti-Nazi ist.

Schüle, Adolf; Berlin-Zehlendorf, Am Fischtal 21a (1941): Privatdozent für Recht an der Berliner Universität, jedoch: »mußte seine Dozentur aufgeben, da er als Anti-Nazi bekannt war.«

Schütte, Ernst; Deutsches Theater (Büro): Etwa 1894 geboren. Bühnenmaler und Bühnenbildner. Ging nach 1933 nach Paris, konnte dort jedoch seinen Lebensunterhalt nicht verdienen und kehrte so auf Einladung von Heinz Hilpert nach Deutschland zurück. Erklärte sich bereit, zurückzukehren, unter der Bedingung, daß seine jüdische Frau nicht belästigt werden würde. Soll nicht-nazistisch sein.

Sedlmayer, Betty; Berlin-Halensee, Markgraf-Albrecht-Str. 4: Schauspielerin. Soll anti-Nazi sein nach Aussagen eines freundlich gesinnten Kriegsgefangenen.

Seiffhart, Arthur: Etwa 60 Jahre alt. Protestantisch. Verleger und Leiter des Axel Juncker Verlags, Berlin W 30, Eisenacher Str. 2. War früher beim »Stahlhelm [– Bund der Frontsoldaten«]; die Quelle nimmt an, daß er in einer konservativen Gruppe im Untergrund gegen die Nazis arbeitet. Soll absolut anti-Nazi sein, aber nicht für die Alliierten.

Selemeyer, Dr.: Lektor beim Deutschen Verlag. Einer aus der Gruppe derer, die früher demokratisch gesinnt waren oder eine Zeitlang im privaten Kreis demokratische Ideale zum Ausdruck brachten.

Söhlmann, Fritz; Berlin-Lichterfelde, Baselerstr. 62 (1941): Einer der ersten Redakteure von *Junge Kirche,* hat auch für *Die Reformation* geschrieben.

Sperrlich: Berlin-Charlottenburg, Joachimsthaler Str.: Schauspielagent. Anti-Nazi nach Aussagen eines freundlich gesinnten Kriegsgefangenen.

Springer [junior], Ferdinand, Dr.: Mehrheitseigner des Verlagsunternehmens von Julius Springer, Berlin W 9, Linkstr. 23. Leitete den medizinischen Bereich und galt allgemein als einer der führenden Verleger. Sympathisiert nicht mit den Nazi-Doktrinen.

Starck, Hermann Carl; Berlin W 50, Tauentzienstr. 12B: 1894 geb. Protestantisch. Sympathisiert mit den Kommunisten. Geschäftsmann: Eigentümer der Fa. H.C. Starck, die mit wertvollen Metallen handelt und mit I.G. Farben verbunden ist. Förderer u. Unterstützer des Malik Verlags. Nicht-nazistisch; gab nach 1933 alle politischen Aktivitäten auf u. widmete sich dem Geschäft.

Stein, Luise; Berlin-Wilmersdorf, Warneckstr. 10; Tel.: 86 42 97 (1941): Lektorin beim Textil-Verlag. Gut informiert über Zeitungsleute und die Situation der Presse in Berlin. Soll anti-Nazi sein.

SECRET

White List

BERLIN (21)

Stiebner, Prof.:
Professor of Reichsbahnrecht at Berlin University. According to friendly PW, he held meetings for anti-Nazi students and actively formulated plans with them.

Stiewe, Willy, Dr.: Berlin-Zehlendorf, Kronprinzenallee 250 b.
Belonged to the editorial staff of the Deutsche Allgemeine Zeitung. According to source: "S. was a broad minded, very independent man with clear anti-Nazi views and these seemed to have infected his publications which got him into serious troubles with the Nazi press court."

Suess, Theodor, Prof. Dr.: Berlin-Grunewald, Douglasstr. 30. (1941)
Lecturer on private international law at the Wirtschafts-Hochschule. Describes himself as 'cosmopolitan, pacifist, individualist and internationalist'. "Hated Nazism, though did not fight it actively."

Suhr, Otto, Dr.: Berlin-Wilmersdorf, Kreuznacherstr. 28.
Economist. High official in Central Association of Clerk's Trade Unions. Contributed articles on economics to Frankfurter Zeitung. Reported to be strongly anti-Nazi.

Susat, Walter: Berlin-Zehlendorf, Hoenbroeckstr. 45.
About 60 years old. Social Democrat. Director of Central Statistical office from 1927 to 1933. Joint managing director of Deutsche Revisions und Treuhand Gesellschaft, a government owned firm of chartered accountants, but forced to resign by Nazis in 1933. Last known position: manager of Deutsche Warentreuhand, A.G. Reported to be strongly anti-Nazi.

Tauche, Erich: Berlin-Charlottenburg, Niebuhrstr. 39 D.
Social Democrat. Spent two years in concentration camp because of political activities. According to PW source, is excellent lay-out technician and capable of technical management of printing plant.

Taut, Bruno: Potsdamerstr. 129-130.
Born 1880. Architect. Social Democrat. Reported to be anti-Nazi.

Theunissen, Gért H., Berlin-Wilmersdorf, Suedwestkorso 48. (1941)
Berlin political correspondent for Koelnische Zeitung. Reported to be convinced anti-Nazi in close touch with strong anti-Nazi circles in Berlin.

Thimig, Hans (or Hugo): Vienna and Berlin.
About 55 years old. Roman Catholic. Actor belonging to cast of Deutsches Theater in Berlin and Theater in der Josephstadt, Vienna. Belonged for some years to cast of theatres owned and directed by Max Reinhardt and still holds engagement with those theatres under Hilpert. Not at all interested in politics and complied with Nazi regulations. Source believes he will give allegiance to any government succeeding Nazis.

Tigges, Edward, Dr.: Berlin-Grunewald, Fontanestr. 8.
Born 1874. Protestant. Former President of the Kammergericht in Berlin. Resigned in 1933. Reported to be anti-Nazi. "Commands an almost universal confidence."

Topf, Erwin:
Journalist on Berliner Tageblatt until 1935 when he left to enter Reichswehr. Reported to be anti-Nazi.

Torhorst, Marie, Dr.: Berlin-Wilmersdorf, Tuebingerstr. 5. (1941)
About 55 years old. Protestant. Former high school teacher who was dismissed by Nazis, entered welfare work, and then became secretary to son of Professor Haushofer. Reported to be engaged in underground activity and to be strongly anti-Nazi.

SECRET

Berlin (21)

Stiebner, Prof.: Prof. für Reichsbahnrecht an der U. Berlin. Laut einem freundlich gesinnten Kriegsgef. veranstaltete er Treffen von Anti-Nazi-Studenten u. entwarf aktiv Pläne mit ihnen.

Stiewe, Willy, Dr.; Berlin-Zehlendorf, Kronprinzenallee 250 b: Gehörte zum Redaktionsstab der *Deutschen Allgemeinen Zeitung*. Laut Quelle: »S. war ein sehr unabhängiger Mann mit weitem Horizont und mit offensichtlichen Anti-Nazi-Ansichten, und diese schienen seine Veröffentlichungen infiziert zu haben, was ihn in ernste Schwierigkeiten mit dem Nazi-Berufsgericht der Presse brachte.«

Süss, Theodor, Prof. Dr.; Berlin-Grunewald, Douglasstr. 30 (1941): Dozent für internationales Privatrecht an der Wirtschaftshochschule. Beschreibt sich selbst als ›Kosmopoliten, Pazifisten, Individualisten und Internationalisten‹. »Haßte den Nazismus, obwohl er ihn nicht aktiv bekämpfte.«

Suhr, Otto, Dr.; Berlin-Wilmersdorf, Kreuznacherstr. 28: Volkswirtschaftler. Hoher Funktionär beim Zentralverband der Angestellten. Schrieb Wirtschaftsbeiträge für die *Frankfurter Zeitung*. Soll entschieden anti-Nazi sein.

Susat, Walter; Berlin-Zehlendorf, Hochbrückenstr. 45: Etwa 60 Jahre alt. Sozialdemokrat. Von 1927 bis 1933 Direktor des Zentralen Statistischen Amts. Mitglied der Gesamtgeschäftsführung bei der Deutschen Revisions- und Treuhand-Gesellschaft, einem regierungseigenen Unternehmen für zugelassene Wirtschaftsprüfer, wurde jedoch 1933 von den Nazis zum Rücktritt gezwungen. Letzte bekannte Stellung: Leiter der Deutschen Warentreuhand, AG. Soll entschieden anti-Nazi sein.

Tauche, Erich; Berlin-Charlottenburg, Niebuhrstr. 39 D: Sozialdemokrat. Verbrachte wegen politischer Aktivitäten zwei Jahre im Konzentrationslager. Ist laut Quelle, einem Kriegsgefangenen, ein ausgezeichneter Facharbeiter für Druckvorlagen und dazu fähig, die technische Leitung einer Druckerei zu übernehmen.

Taut, Bruno; Potsdamerstr. 129–130: 1880 geboren. Architekt. Sozialdemokrat. Soll anti-Nazi sein.

Theunissen, Gert H.; Berlin-Wilmersdorf, Südwestkorso 48 (1941): Berlin-Korrespondent der *Kölnischen Zeitung* für politische Themen. Soll ein überzeugter Anti-Nazi sein, der in enger Verbindung zu entschieden anti-nazistischen Kreisen in Berlin steht.

Thimig, Hans (oder Hugo) [Hans]; Wien und Berlin: Etwa 55 Jahre alt. Römisch-katholisch. Schauspieler, gehört zum Ensemble des Deutschen Theaters in Berlin und des Theaters in der Josefstadt, Wien. War einige Jahre Ensemblemitglied von Theatern, die Max Reinhardt gehörten und von ihm geleitet wurden, und hat unter Hilpert nach wie vor Engagements an diesen Theatern. Überhaupt nicht an Politik interessiert und hat die Nazi-Vorschriften erfüllt. Die Quelle glaubt, daß er jeder Regierung, die auf die der Nazis folgt, Gefolgschaft leisten wird.

Tigges, Eduard, Dr.; Berlin-Grunewald, Fontanestr. 8: 1874 geboren. Protestantisch. Ehemaliger Präsident des Kammergerichts in Berlin. Schied 1933 aus dem Dienst aus. Soll anti-Nazi sein. »Verfügt über ein beinahe universales Vertrauen [in die Zukunft].«

Topf, Erwin: Journalist beim *Berliner Tageblatt*, bis er 1935 die Zeitung verließ, um in die Reichswehr einzutreten. Soll anti-Nazi sein.

Torhorst, Marie, Dr.; Berlin-Wilmersdorf, Tübingerstr. 5 (1941): Etwa 55 Jahre alt. Protestantisch. Ehemalige Oberschullehrerin, die von den Nazis entlassen wurde, für die Fürsorge arbeitete und dann Sekretärin des Sohnes von Professor Haushofer wurde. Soll sich im Untergrund engagieren und entschieden anti-Nazi sein.

White List

BERLIN (22)

Trapp, Margarete: Berlin-Grunewald, Salzbrunnerstr. 35.
About 58 years old. Social Democrat. Originally factory inspector. From 1918 to 1933 in Prussian Ministry of Industry, Trade and Commerce. Dismissed by Nazis.

Tressel, Joseph Matthias: Berlin N 31, Gartenstr. 44.
Pen-name: Ernst Thrasolt. Born 1878. Catholic (Jesuit) priest who later became free-lance journalist. Active in many Catholic publications. Reported to be strongly anti-Nazi.

Troeger, Heinrich, Dr.: Berlin-Lichterfelde, Devrienweg 24.
About 40 years old. Protestant. Ousted in 1933 as Social-Democratic mayor in Neustadt, lower Silesia. Became highly successful consultant on foreign exchange restrictions. Reported to be strongly anti-Nazi and to have helped underground in Berlin.

Tromm, Bruno: Berlin SW 29, Koerterstr. 38.
About 55 years old. Pastor. Reported to be strongly anti-Nazi and helpful to non-Aryan friends.

Veit, Otto, Dr.: Berlin-Grunewald, Karlsbader Str. 13a. Tel: 89 21 97. (1941)
About 50 years old. Economic journalist and author of several books on world currency problems and foreign trade. Left editorial board of Industrie und Handel in 1933. Has since been economic advisor of Hardy & Co. and editor of quarterly bulletin for firm. Looked for job in London in 1938 but none offered which he considered good enough. Reported in 1941 to be member of small circle of intellectuals who managed to have regular secret discussions of anti-Nazi nature.

Vockel, Heinrich: Berlin-Wilmersdorf, Gieselerstr. 15.
Born 1892. Catholic. Member of staff of Catholic Centre Party and for a time Secretary General of Party. Became owner of shop for religious articles after 1933.

Waaser, Ludwig: Berlin-Grunewald, Kudowstr. 12a. (1941)
Age about 55. Member of the board of the Osram Lamp Company and in charge of relations with foreign lamp manufacturers. A major in the last war. "Between 1933 and 1939 was very helpful to Jews. Anti-Nazi."

Warburg, Otto: Berlin-Dahlem, Garystr. 18.
Director of Cancer Research Institute. Reported to be strongly anti-Nazi.

* Weber, Helene: Berlin W 30, Geisbergstr. 44.
About 60 years old. Roman Catholic. Leading member of Zentrum Reichstag party. Former headmistress of secondary girls school. Dismissed by Nazis from Prussian Ministry for Education. Reported to be outspoken anti-Nazi.

Wedekind, Tilly and Pamela: Berlin NW 87, Lessingstr. 50.
Actresses (mother and daughter). Reported to be apolitical and non-Nazi. A younger daughter, Kadidja Wedekind, is a writer and not politically minded.

* Wegener, Paul Hermann: Berlin W 35, Am Karlsbad 2.
Born 1874. Eminent film actor. Conservative. One source, a PW, considers W. most anti-Nazi of all prominent film personnel. Other sources list him as "anti-Nazi."

(C) Weltzien, Hans: Berlin-Dahlem, Schweinfurthstr. 49.
Partner and managing director of the Berliner Handelsgesellschaft, one of the big five banks. Former Staatsfinanzrat. "Anti-Nazi." Rumoured to have committed suicide since the revolt of the Generals in July 1944.

Berlin (22)

Trapp, Margarete; Berlin-Grunewald, Salzbrunnerstr. 35: Etwa 58 Jahre alt. Sozialdemokratin. Ursprünglich Fabrikinspektorin. Von 1918 bis 1933 im Preußischen Ministerium für Handel und Gewerbe. Von den Nazis entlassen.

Tressel, Joseph Matthias; Berlin N 31, Gartenstr. 44; Pseudonym: Ernst Thrasolt: 1878 geboren. Katholischer Priester (Jesuit), der später freier Journalist wurde. Aktive Mitarbeit bei vielen katholischen Publikationen. Soll entschieden anti-Nazi sein.

Troeger, Heinrich, Dr.; Berlin-Lichterfelde, Devrientweg 24: Etwa 40 Jahre alt. Protestantisch. 1933 als sozialdemokratischer Bürgermeister von Neusalz, Niederschlesien, seines Amtes enthoben. Wurde ein höchst erfolgreicher Berater für den Bereich Devisenbeschränkungen. Soll entschieden anti-Nazi sein und dem Untergrund in Berlin geholfen haben.

Tromm, Bruno; Berlin SW 29, Körtestr. 38: Etwa 55 Jahre alt. Pfarrer. Soll entschieden anti-Nazi sein und hilfsbereit gegenüber nichtarischen Freunden.

Veit, Otto, Dr.; Berlin-Grunewald, Karlsbader Str. 13a; Tel.: 89 21 97 (1941): Etwa 50 Jahre alt. Wirtschaftsjournalist und Autor mehrerer Bücher zu Problemen der Weltwährung und zum Außenhandel. Verließ 1933 die Redaktionsleitung der *Industrie- und Handelszeitung*. Ist seitdem volkswirtschaftlicher Berater von Hardy & Co. und der Herausgeber des vierteljährlich erscheinenden Bulletins des Unternehmens. Hielt 1938 nach einem Posten in London Ausschau, bekam aber keinen angeboten, den er für gut genug hielt. Soll 1941 Mitglied in einem kleinen Kreis von Intellektuellen gewesen sein, dem es gelang, regelmäßig geheime Diskussionen anti-nazistischer Art zu führen.

Vockel, Heinrich; Berlin-Wilmersdorf, Gieselerstr. 15: 1892 geboren. Katholisch. Mitarbeiter der katholischen Zentrumspartei und eine Zeitlang Generalsekretär der Partei. Wurde nach 1933 Inhaber eines Geschäfts für Devotionalien.

Waaser, Ludwig; Berlin-Grunewald, Kudowastr. 12a (1941): Etwa 55 Jahre alt. Mitglied des Vorstands der Osram Licht AG und verantwortlich für die Beziehungen zu ausländischen Leuchtmittel-Herstellern. Im letzten Krieg Major. »War zwischen 1933 und 1939 sehr hilfsbereit gegenüber Juden. Anti-Nazi.«

Warburg, Otto; Berlin-Dahlem, Garystr. 18: Leiter eines Instituts für Krebsforschung. Soll entschieden anti-Nazi sein.

Weber, Helene; Berlin W 30, Geisbergstr. 44: Etwa 60 Jahre alt. Römisch-katholisch. Führendes Mitglied der Zentrumspartei im Reichstag. Ehemalige Direktorin eines Lyzeums für Mädchen. Von den Nazis aus dem Staatsdienst im Preußischen Erziehungsministerium entlassen. Soll offen anti-Nazi sein.

Wedekind, Tilly und **Pamela**; Berlin NW 87, Lessingstr. 50: Schauspielerinnen (Mutter und Tochter). Sollen unpolitisch und nicht-nazistisch sein. Eine jüngere Tochter, Kadidja Wedekind, ist Schriftstellerin und nicht politisch gesinnt.

Wegener, Paul Hermann; Berlin W 35, Am Karlsbad 2: 1874 geboren. Berühmter Filmschauspieler. Konservativ. Eine Quelle, ein Kriegsgefangener, hält W. von allen prominenten Filmschaffenden für den am meisten anti-nazistisch eingestellten. Eine andere Quelle führt ihn als »Anti-Nazi« an.

(C) **Weltzien, Hans**; Berlin-Dahlem, Schweinfurthstr. 49: Teilhaber u. Direktor der Berliner Handelsgesellschaft, einer der 5 großen Banken. Ehemaliger Staatsfinanzrat. »Anti-Nazi.« Soll Gerüchten zufolge nach dem Aufstand der Generäle im Juli 1944 Selbstmord begangen haben.

White List

BERLIN (23)

Wepler, Paul: Berlin-Charlottenburg, Kaiser Friedrichstr. 45 B.
Reported anti-Nazi by PW.

Werner, Carl Arthur:
Born 1902. Protestant. Democrat. Studienrat who was dismissed in 1933 and then reemployed. Editor of Abendgymnasium, an adult education periodical. Reported to be non-Nazi.

Werner, Georg: Fuersterstr. 12.
Editor of Knappichoftszeitung until 1933. Leading member of Miner's trade union in the Ruhr. Spent a year in a concentration camp. About 65 years old.

x Wiegler, Paul. 65. (address: "Germany") Connected with Ullstein Verlag for 30 years, specialized in publication of novels.

Windelband, Wolfgang: Berlin-Grunewald, Beymestr. 7.
About 55 years old. Formerly Ministerialrat in Prussian Kulturministerium and had to deal with appointing university professors. Later professor of history at Berlin University. Dismissed from both positions by Nazis on account of independent opinions. Reported to be strongly anti-Nazi. Non-Jewish but friendly to Jews.

Winschuh, Dr.
Editorial writer for DAZ. PW reports him anti-Nazi; personal friendship with the source probably has influenced this classification.

Winterstein, Eduard: (Probably Berlin-Charlottenburg 4, Niebuhrstr. 8.)
Actor at Deutsches Theater. Reported to be anti-Nazi.

Wuest, Jola:
Actress. Reported to be anti-Nazi.

Zachaus, Herbert, Dr.:
Editor of Berliner Illustrierte. Seriously wounded in the war. One of group who were formerly democratically minded or have for some time expressed democratic ideals in private circles.

Zarnack, Hulda: Berlin-Dahlem, Rudeloffstr. 27.
Born about 1882. Protestant. Vice-chairman YWCA. After 1933 brought YWCA into Confessional Church. Brought YWCA to resume international relations after last war. Reported to be strongly anti-Nazi but of strong national feelings.

Zentner, Kurt, Dr.: Berlin-Dahlem, Haderslebener Str. 10 a. (1941)
Editor of Deutscher Verlag for light articles and cultural topics. Reported to be anti-Nazi.

Ziegel, Erich: Berlin-Grunewald, Auerbachstr. 3. (1941)
Protestant. Democrat. Former director of Kammerspiel in Hamburg; now actor and stage manager at State Theater in Berlin. Wife is Jewish. Reported to be non-Nazi.

Zocher, Werner: Berlin SW 68, Charlottenstr. 97.
Composes and distributes anti-fascist leaflets according to PW source. The reliability of this source is very doubtful.

Zutt, Juerg: Berlin-Charlottenburg, Kaiserdamm 36.
Born about 1895. Protestant. Psychiatrist; professor at University of Berlin. Conducts private nursing home. Reported to be anti-Nazi who has helped many Jews.

Berlin (23)

Wepler, Paul; Berlin-Charlottenburg, Kaiser-Friedrich-Str. 45B: Anti-Nazi nach Aussagen eines Kriegsgefangenen.

Werner, Carl Artur, [Dr.]: 1902 geboren. Protestantisch. Demokrat. Ein Studienrat, der 1933 entlassen wurde und dann wieder eingestellt. Herausgeber des *Abendgymnasiums*, einer Zeitschrift für die Erwachsenenbildung. Soll nicht-nazistisch sein.

Werner, Georg; Fürstenstr. 12: Bis 1933 Herausgeber der Zeitschrift *Die Knappschaft*. Führendes Mitglied der Gewerkschaft der Bergarbeiter im Ruhrgebiet. War ein Jahr im Konzentrationslager. Etwa 65 Jahre alt.

Wiegler, Paul, 65 (Anschrift: »Deutschland«): Mit dem Ullstein Verlag 30 Jahre lang verbunden, spezialisiert auf die Veröffentlichung von Romanen.

Windelband, Wolfgang; Berlin-Grunewald, Beymestr. 7: Etwa 55 Jahre alt. Ehemals Ministerialrat im Preußischen Kultusministerium, war mit der Ernennung von Universitätsprofessoren befaßt. Später Professor für Geschichte an der Universität Berlin. Aus beiden Positionen wegen unabhängiger Ansichten von den Nazis entlassen. Soll entschieden anti-Nazi sein. Nichtjüdisch, aber freundlich zu Juden.

Winschuh, [Josef], Dr.: Schreibt Leitartikel für die *DAZ* [*Deutsche Allgemeine Zeitung*]. Nach Aussagen eines Kriegsgefangenen anti-Nazi; die persönliche Freundschaft mit der Quelle hat wahrscheinlich diese Einstufung beeinflußt.

Winterstein, Eduard [von] (wahrscheinlich: Berlin-Charlottenburg 4, Niebuhrstr. 8): Schauspieler am Deutschen Theater. Soll anti-Nazi sein.

Wuest/Wüst, Jola: Schauspielerin. Soll anti-Nazi sein.

Zachäus, Herbert, Dr.: Redakteur bei der *Berliner Illustrierten [Zeitung]*. Im Krieg schwer verwundet. Einer aus der Gruppe derer, die früher demokratisch gesinnt waren oder eine Zeitlang im privaten Kreis demokratische Ideale zum Ausdruck brachten.

Zarnack, Hulda; Berlin-Dahlem, Rudeloffweg 27: Etwa 1882 geboren. Protestantisch. Vizepräsidentin der YWCA [Young Women's Christian Association]. Brachte die YWCA nach 1933 zur Bekennenden Kirche. Brachte die YWCA dazu, nach dem letzten Krieg die internationalen Beziehungen wiederaufzunehmen. Soll entschieden anti-Nazi sein, aber starke nationale Gefühle haben.

Zentner, Kurt, Dr.; Berlin-Dahlem, Haderslebener Str. 10 a (1941): Redakteur beim Deutschen Verlag, zuständig für Artikel mit unterhaltsamem Inhalt und kulturelle Themen. Soll anti-Nazi sein.

Ziegel, Erich; Berlin-Grunewald, Auerbachstr. 3 (1941): Protestantisch. Demokrat. Ehemaliger Direktor der Kammerspiele in Hamburg; jetzt Schauspieler und Regisseur beim Staatstheater in Berlin. Ehefrau ist jüdisch. Soll nicht-nazistisch sein.

Zocher, Werner; Berlin SW 68, Charlottenstr. 97: Verfaßt und verteilt, laut Quelle, einem Kriegsgefangenen, anti-faschistische Flugblätter. Die Zuverlässigkeit dieser Quelle ist sehr zweifelhaft.

Zutt, Jürg; Berlin-Charlottenburg, Kaiserdamm 36: Etwa 1895 geboren. Protestantisch. Psychiater; Professor an der Universität Berlin. Führt ein privates Pflegeheim. Soll ein Anti-Nazi sein, der vielen Juden geholfen hat.

White List

<u>BERLIN (Supplement)</u> (1)

Albers, Hans: Berlin.

Was married to a Jewish actress who lives in London. Actor. "Was definitely anti-Nazi in the beginning and very likely belongs to the category of 'Muss' Nazis." Last known to Source in 1937.

Bagier, Guido, Dr: Berlin.

Perhaps identical with:-

Bagier, Wolfgang (Loi): Berlin, Halensee, Paulsbornerstrasse 17. (1941)

A music lecturer and former director of Tobis Film. His wife Maria Bagier, has written books about films. They are both strongly anti-Nazi. Also reported to be living in Salzburg.

Beier, Arthur: Berlin N.20, Stettinerstr. 44.

Fitter (Einrichter) in the radio factory A.E.G. (Allgemeine-Elektricitaets-Gesellschaft). Reported as reliable anti-Nazi.

Bernard, Ministerialrat (i.R.?): Berlin.

Age: about 50. Protestant. Married. Formerly Ministerialrat in the Reichswirtschaftsministerium (Ministry of Economics). "Presumably anti-Nazi. He left the Civil Service when his hopes that the Nazi regime would fall had vanished. Was always ready to help Jews who were in difficulty. Of great professional ability". Source was in contact with him between 1934 and 1936.

Bernhard, Gerd-Dieter: Berlin-Zehlendorf, Sophie-Charlottestrasse 21.

Age: 21. Former member illegal youth org., DJ 1-11, according to <u>unreliable</u> P/W.

Biermanns, Dr. Josef: Berlin.

Director of Allgemeine Elektricitäts-Gesellschaft Transformatoren-Fabrik (A.E.G. Transformer factory), Berlin, Oberschöneweide. A South German, an excellent engineer and scientist and a lecturer at the Technical Hochschule, Berlin. Livelong democrat. Source does not think that he has changed his political conviction.

Boehr, Ludwig: Berlin - Charlottenburg, Waitzstr. 2.

Former chief editor of a scientific periodical. Good connections in democratic and left centre circles. Has never joined the Party.

Bomba: Berlin.

Betriebsleiter (Works-manager) in the A.E.G. radio factory on Drontheimerstr. Reported anti-Nazi.

Braesch, Frau: Berlin, Kaiser Allee 190 or 188.

Owner of a bookshop at above given address. P/W, a writer, reports her as strong anti-Nazi.

Berlin (Ergänzung) (1)

Albers, Hans; Berlin: War mit einer jüdischen Schauspielerin verheiratet, die in London lebt. Schauspieler. »War mit Bestimmheit zu Beginn anti-Nazi und gehört sehr wahrscheinlich in die Kategorie der ›Muss‹-Nazis.« Die Quelle hat 1937 letztmalig von ihm gehört.

Bagier, Guido, Dr.; Berlin; vielleicht identisch mit:

Bagier, Wolfgang, (Loi) [Loë Bagier]; Berlin-Halensee, Paulsbronnerstraße 17 (1941): Ein Musik-Lehrer und ehemaliger Regisseur bei der Tobis Film. Seine Frau, Maria Bagier, hat Bücher über Filme geschrieben. Sie sind beide entschieden anti-Nazi. Es wird auch berichtet, daß sie in Salzburg leben sollen.

Beier, Arthur; Berlin N 20, Stettinerstr. 44: Einrichter in der Rundfunkgerätefabrik AEG (Allgemeine Elektricitäts Gesellschaft). Dem Bericht nach ein zuverlässiger Anti-Nazi.

Bernard, [Karl]; Ministerialrat (i.R.); Berlin: Etwa 50 Jahre alt. Protestantisch. Verheiratet. Früher Ministerialrat im Reichswirtschaftsministerium. »Vermutlich anti-Nazi. Er verließ den Staatsdienst, als seine Hoffnungen, daß das Nazi-Regime untergehen würde, geschwunden waren. War immer bereit, Juden zu helfen, die sich in Schwiergkeiten befanden. Großes berufliches Können.« Die Quelle stand mit ihm zwischen 1934 und 1936 in Kontakt.

Bernhard, Gerd-Dieter; Berlin-Zehlendorf, Sophie-Charlotte-Str. 21: Alter: 21. Laut einem unzuverlässigen Kriegsgefangenen ein ehemaliges Mitglied der illegalen Jugendbewegung DJ [Deutsche Jungenschaft] 1-11.

Biermanns, Josef, Dr.; Berlin: Technischer Direktor der AEG-Transformatoren- und Schalterfabrik Berlin-Schöneweide. Ein Süddeutscher, ein ausgezeichneter Ingenieur und Wissenschaftler und Dozent an der Technischen Hochschule, Berlin; sein Leben lang ein Demokrat. Die Quelle denkt nicht, daß er seine politische Überzeugung geändert hat.

Boehr/Böhr, Ludwig; Berlin-Charlottenburg, Waitzstr. 2: Ehemaliger Chefredakteur einer wissenschaftlichen Zeitschrift. Gute Verbindungen zu demokratischen und Mitte-Links-Kreisen. Ist niemals in die Partei eingetreten.

Bomba; Berlin: Betriebsleiter in der AEG-Rundfunkgerätefabrik in der Drontheimer Straße. Dem Bericht nach anti-Nazi.

Braesch/Bräsch, Frau; Berlin: Kaiserallee 190 oder 188: Inhaberin einer Buchhandlung unter der oben genannten Anschrift. Ein Kriegsgefangener, ein Schriftsteller, bezeichnet sie als einen überzeugten Anti-Nazi.

White List

BERLIN (Supplement) (2)

von Caprivi, Friedrich: Berlin - Wilmersdorf, Berlinerstrasse 67.

Aged 39. Former Hundertschaftsfuehrer in illegal youth org., DJ - 1 - 11. Now officer in forces. Data from unreliable P/W.

Clements. Obermagistratsrat Dr.: Berlin.

Obermagistratsrat (civil servant who has passed the two requisite juridical examinations). He was an assistant for several years with the City of Berlin's finance administration. "He was pensioned in 1933 because he was a member of the Social Democrat party. He has a knowledge of financial matters".

Dede, Louis. Prof. Dr.: Berlin-Lichterfelde, Parallelstrasse 14b.

Age about 55. Married. Professor of Anorganische Chemie at Giessen - temporarily absent (beurlaubt). Editor of the Physikalische Berichte. "He has taken part in activities since 1933 which, while not illegal, exposed him to some slight danger or disapproval. Expressed strong anti-Nazi views in private conversation". Source saw him last in 1939.

Dittlen: Berlin W, Charlottenburgerstr.

Diplomingeneur (licensed engineer). Manager with Telefunken. Reported by P/W as reliable.

Duren, van. Landgerichtsrat.: Berlin.

Age: about 62. Judge at the Arbeitsgericht in Berlin. "Well acquainted with the differences between employer organisations and trade unions." Source adds that he last saw him in 1933 and does not know how he has developed since.

Forster, Rudolf: Berlin.

Actor. "Left Germany for America because he did not agree with the Nazis. He was not successful in America, and is supposed to be back in Germany. Reported as anti-Nazi." Last known to Source in 1939.

(c) Gruendgens, Gustav: Berlin.

Left film production voluntarily for the theatre as the theatre was more independent. Became General Intendent of the Staatstheater. After some censorship difficulties involving the film "Tanz auf dem Vulkan", was called up for the army. Joined the Regiment Goering. Source says that he be considered as a real anti-Nazi. Other sources consider him an opportunist and real Nazi. He therefore can be found on 'Black List' as well.

Grünewald. Oberregierungsrat Dr.: Berlin.

Age: about 45. Catholic. Oberregierungsrat in the Reichsarbeitsministerium. "Was always willing to help Source with his work. Presumably anti-Nazi." Source was in contact with him between 1935 and 1938.

Grünler. Regierungsrat: Berlin.

Age: between 40-50. Works in the Reichspatentamt in Berlin. "Source does not think he is a member of the Party or that he has left Germany."

Berlin (Ergänzung) (2)

Caprivi, Friedrich von; Berlin-Wilmersdorf, Berlinerstraße 67: 39 Jahre alt. Ehemaliger Hundertschaftsführer bei der illegalen Jugendbewegung DJ [Deutsche Jungenschaft] 1-11. Nun Offizier bei den Streitkräften. Angaben von einem unzuverlässigen Kriegsgefangenen.

Clements, Dr.; Berlin: Obermagistratsrat (Staatsbeamter, der die beiden erforderlichen juristischen Examen bestanden hat). Er war mehrere Jahre Beigeordneter bei der Berliner Finanzverwaltung. »Er wurde 1933 pensioniert, weil er Mitglied der Sozialdemokratischen Partei war. Er kennt sich in Finanzdingen aus.«

Dede, Louis, Prof. Dr.; Berlin-Lichterfelde, Parallelstraße 14b: Alter etwa 55. Verheiratet. Professor für Anorganische Chemie in Gießen - beurlaubt. Herausgeber der *Physikalischen Berichte.* »Er hat seit 1933 an Aktivitäten teilgenommen, die ihn, obwohl sie nicht illegal waren, einer geringfügigen Gefahr oder Mißbilligung aussetzten. Brachte im privaten Gespräch entschieden anti-nazistische Ansichten zum Ausdruck.« Die Quelle sah ihn letztmalig 1939.

Dittlen; Berlin W, Charlottenburgerstr.: Diplomingenieur. Leitender Angestellter bei Telefunken. Nach Aussagen eines Kriegsgefangenen anti-Nazi.

Duren, van; Landgerichtsrat; Berlin: Alter etwa 62. Richter am Arbeitsgericht in Berlin. »Sehr vertraut mit dem Unterschied zwischen Arbeitgeberorganisationen und Gewerkschaften.« Die Quelle fügt hinzu, daß er ihn letztmalig 1933 sah und nicht weiß, wie er sich seitdem entwikkelt hat.

Forster, Rudolf; Berlin: Schauspieler. »Verließ Deutschland, um nach Amerika zu gehen, weil er nicht mit den Nazis einverstanden war. Er hatte keinen Erfolg in Amerika und soll angeblich zurück in Deutschland sein. Dem Bericht nach anti-Nazi.« Die Quelle hat 1939 zum letzten Mal von ihm gehört.

(C) **Gründgens, Gustaf**; Berlin: Verließ freiwillig den Film für das Theater, weil das Theater unabhängiger war. Wurde Generalintendant des Staatstheaters. Wurde nach einigen Schwierigkeiten mit der Zensur, die den Film »Tanz auf dem Vulkan« betrafen, zum Militär einberufen. Trat in das Regiment Göring ein. Die Quelle sagt, daß er als wirklicher Anti-Nazi anzusehen ist. Andere Quellen halten ihn für einen Opportunisten und wirklichen Nazi. Er kann daher auch auf der ›Schwarzen Liste‹ gefunden werden.

Grünewald, Dr.; Oberregierungsrat; Berlin: Alter etwa 45. Katholisch. Oberregierungsrat im Reichsarbeitsministerium. »War immer bereit, der Quelle bei ihrer Arbeit zu helfen. Vermutlich anti-Nazi.« Die Quelle stand mit ihm zwischen 1935 und 1938 in Kontakt.

Grünler; Regierungsrat; Berlin: Alter: zwischen 40 und 50. Arbeitet im Reichspatentamt in Berlin. »Die Quelle denkt nicht, daß er ein Parteimitglied ist oder daß er Deutschland verlassen hat.«

White List

BERLIN (Supplement) (3)

Haller, Kurt, Dr., Patentamt, Berlin, Gitschinerstrasse.

Age: about 60. Senatsrat in the Patentamt. Joint editor of the Fertigungstechnik. "Not a typical civil servant and has shown an anti-Nazi attitude." Last known to Source in 1938.

Hemmerle, Dr., Berlin. Steglitz, Holsteinerstr. 44

For a long time representative of several West German newspapers. Well informed and cooperative. Reported as reliable by P/W.

Hesse, Fritz, Berlin.

Age: about 65 - 67. Originally lawyer (Rechtsanwalt) at Dessau. Did not fight in last war. Oberbuergermeister (Lord Mayor) from 1920 to 1932 when he was dismissed by the Nazis. Disciplinary Court granted him only part of his pension. An "active member of Democratic party from early youth, and Democratic member of the Anhalt Landtag and opponent to the Nazi party".

Hoensch, Alfred, Berlin - North Part in Odebergerstr. Nr. Alexanderplatz.

Technician in the Funkhaus employed by Telefunken. P.W. reports him as reliable anti-Nazi who is a specialist on Funk matters.

Hoernecke, Christa, Berlin-Wilmersdorf, Ahrweiler Str. 12.

Age: about 30. Protestant. The family has connections with the Army and higher Civil Service. Was sentenced to two years imprisonment for continuing to be active in a Socialist youth movement. Source saw her last in summer 1939 and had the impression that the whole family was anti-Nazi.

Hueller, Fritz. Berlin. Probably Hueller, Fritz, Wilmersdorf

Constructing engineer at Siemens (Berlin) or Siemens-Schuckert (Nuernberg). Arrested by the Gestapo in 1936 or 1937 together with others for plotting against the NSDAP. He was kept a prisoner on trial for about two years. His ability as an electro-engineer is evident from the efforts which his firm made to get him back for his important job after he had been imprisoned and from the fact that they entrusted him after his release with the job again, but transferred him to their Berlin branch lest he might feel embarrassed in Nuernberg.

Idhser, Franz, Dr. Phil. Berlin-Charlottenburg 9, Mecklenburg Allee 5.

Born 24th April 1897 (in Munich). Roman-Catholic. 1916-18: military service. 1918-22: Munich University. 1925-26: Literary consultant and supervisor for radio lectures with the Bavarian Broadcasting Co. 1926-27: Editor of the first Bavarian Radio Journal. 1927-29: Joined the publishing house of Georg Mueller, Munich. 1929: moved to Berlin, did translations for the Deutsche Buchgemeinschaft. 1930-34: worked with the Buehnenvolksbund, lector and editor for theatre magazines and correspondence, critic. 1934-35: art, theatre and entertainments' editor on the Kreuzzeitung; popular edition of Schiller's works.

Berlin (Ergänzung) (3)

Heller, Kurt, Dr.; Patentamt; Berlin, Gitschiner Straße: Alter etwa 60. Senatsrat im Patentamt. Mitherausgeber der [Zeitschrift] *Fertigungstechnik.* »Kein typischer Beamter und hat eine Anti-Nazi-Einstellung gezeigt.« Die Quelle hat 1938 zum letzten Mal von ihm gehört.

Hemmerle, [Eduard], Dr.; Berlin-Steglitz, Holsteinerstr. 44: Lange Zeit Repräsentant mehrerer westdeutscher Zeitungen. Gut informiert und kooperativ. Zuverlässig nach Aussagen eines Kriegsgefangenen.

Hesse, Fritz; Berlin: Alter zwischen 65 und 67. Ursprünglich Rechtsanwalt in Dessau. Kämpfte nicht als Soldat im letzten Krieg. Oberbürgermeister von 1920 an, bis er 1932 von den Nazis abgesetzt wurde. Das Disziplinargericht gewährte ihm nur einen Teil seiner Pension. Ein »aktives Mitglied der [Deutschen] Demokratischen Partei von früher Jugend an und für die [Deutsche] Demokratische Partei als Abgeordneter im Anhaltischen Landtag und ein Gegner der Nazi-Partei«.

Hoensch/Hönsch, Alfred; Berlin – nördlicher Teil der Oderberger Str., in der Nähe vom Alexanderplatz: Techniker im Funkhaus, angestellt bei Telefunken. Ein Kriegsgefangener bezeichnet ihn als einen zuverlässigen Anti-Nazi, der ein Spezialist in Sachen Funk ist.

Hoernecke/Hörnecke, Christa; Berlin-Wilmersdorf, Ahrweiler Str. 12: Alter etwa 30. Protestantisch. Die Familie hat Verbindungen zum Heer und zur höheren Beamtenschaft. Wurde zu zwei Jahren Gefängnis verurteilt, weil sie weiterhin in einer sozialdemokratischen Jugendbewegung aktiv war. Die Quelle sah sie letztmalig im Sommer 1939 und hatte den Eindruck, daß die ganze Familie anti-Nazi sei.

Hueller/Hüller, Fritz; Berlin. Wahrscheinlich Hueller/Hüller, Fritz, Wilmersdorf: Konstrukteur bei Siemens (Berlin) oder Siemens-Schuckert (Nürnberg). 1936 oder 1937 zusammen mit anderen von der Gestapo wegen Verschwörung gegen die NSDAP verhaftet. Er wurde etwa zwei Jahre als Untersuchungshäftling festgehalten. Sein Können als Elektroingenieur ist aus den Bemühungen ersichtlich, die seine Firma anstellte, um ihn, nachdem er eingesperrt gewesen war, für diese wichtige Tätigkeit wieder zurückzubekommen, und aus der Tatsache, daß sie ihm nach seiner Entlassung diesen Arbeitsbereich wieder anvertrauten, ihn jedoch an ihre Berliner Zweigstelle versetzten, damit er sich in Nürnberg nicht in Verlegenheit gebracht fühlte.

Iblher, Franz, Dr. phil.; Berlin-Charlottenburg 9, Mecklenburger Allee 5: Am 24. April 1897 geboren (in München). Römisch-katholisch. 1916-18: Militärdienst. 1918-22: Universität München. 1925-26: literarischer Berater und Sendeleiter von Vortragsreihen im Radio bei der Bayerischen Rundfunk GmbH. 1926-27: Redakteur des ersten bayerischen Radiojournals. 1927-29: Trat in das Verlagshaus Georg Müller, München, ein. 1929: zog nach Berlin um, machte Übersetzungen für die Deutsche Buchgemeinschaft. 1930-34: arbeitete beim Bühnenvolksbund, Lektor und Redakteur von Theatermagazinen und Erledigung von Korrespondenz, Kritiker. 1934-35: Redakteur der *Kreuzzeitung* für Kunst, Theater und Unterhaltung; populäre Ausgabe von Schillers Werken.

White List

BERLIN (Supplement) (4)

Jostock, Dr., Berlin, Institut fuer Kulturforschung.

Reported as anti-Nazi.

Kaeber, Dr. Phil., Berlin-Moabit. Possibly Kaeber, Ernst, Berlin NW 21, Dortmunder Strasse 6.

Age: about 60. Protestant. Married, wife of Jewish origin. Formerly director of the Berlin archives (municipal). After Hitler came to power his salary was cut so that his pension was lowered when he was dismissed in 1935. Formerly a member of the Democratic Party. "He is a historian of standing and a strong opponent of Nazism in any form".

Klein, Fritz., (Office) Heereswaffenamt, Berlin-Charlottenburg.

Age: about 55. Married. Protestant. Group leader (Oberingenieur) in the Heereswaffenamt. Social democratic views. "Had great trouble in keeping his position and can be considered as reliable." Last known to Source in 1938.

Knoblauch, Kurt von, Berlin SW 68, Friedrichstr.

Editor of the Publishing House Gebrueder Mann, Art and Books Publishers. Reported as anti-Nazi.

Koppenhofer, Maria, Berlin.

Actress at Stadtstheater, Berlin. Report lists her as anti-Nazi.

Korn, Fred. Berlin, W.30, Muenchenstr. 12.

Specialist in picture advertisements. Still had his agency in 1941. Is an efficient and a convinced anti-Nazi.

Kohlmann, Fritz. (Business) Reichsverband des Kraftfahrzeughandels und Gewerbes, Berlin-Charlottenburg.

Age: about 40. Christian. Unmarried in 1938. Assistant to Manager of the Reichsverband des Kraftfahrzeughandels und Gewerbes. "Privately outspoken anti-Nazi". Last known to Source in 1938.

Krause, Richard, Berlin S.W., Hallesches Uffer 11.

Age: about 75. Married. Christian. Diamond Tool manufacturer. He was chairman of the German Association of Diamond Tool Manufacturers and Dealers. Efficient manufacturer. "Absolute anti-Nazi". Last known to Source in 1938.

Loehmer, Heinrich, Oberregierungsrat Dr., Berlin-Friedenau. (Possibly Loehmer, Heinrich, Dr. Reg-Rat Steglitz Lenbacherstr. 6a)

Age: about 55. Married to a Jewess. Accountant - made inspections of industrial and other firms to check their accounts or financial status. Had to resign from the Civil Service at the end of 1937, mainly on account of his Jewish wife. Source does not think he is a member of the Party or that he has left Germany.

Lohmeyer, Brigitte, Berlin, Wilmersdorf, Rudolfstaedter Str. 24.

Assistant of the Deutsche Auslands Wissenschaftl. Institut (The German Foreign Institute of Science). Is reliable and well informed about film and literary personnel. Is the daughter of a former Oberbuergermeister (Lord Mayor) of Koenigsberg who was dismissed in 1933.

Berlin (Ergänzung) (4)

Jostonk, Dr.; Berlin, Institut für Kulturforschung: Dem Bericht nach anti-Nazi.

Kaeber, [Ernst], Dr. phil.; Berlin-Moabit. Möglicherweise Kaeber, Ernst; Berlin NW 21, Dortmunder Straße 6: Alter etwa 60. Protestantisch. Verheiratet, Ehefrau jüdischer Herkunft. Früher Leiter des Berliner Stadtarchivs. Nachdem Hitler an die Macht kam, wurde K.'s Gehalt gekürzt, so daß seine Pension gemindert wurde, als er 1935 entlassen wurde. Ehemals ein Mitglied der [Deutschen] Demokratischen Partei. »Er ist ein Historiker von Rang und ein überzeugter Gegner jeglicher Art von Nazismus.«

Klein, Fritz; Heereswaffenamt (Büro), Berlin-Charlottenburg: Alter etwa 55. Verheiratet. Protestantisch. Gruppenleiter (Oberingenieur) beim Heereswaffenamt. Sozialdemokratische Ansichten. »Hatte große Schwierigkeiten, seine Stelle zu behalten, und kann für zuverlässig gehalten werden.« Die Quelle hat 1938 zum letzten Mal von ihm gehört.

Knoblauch, Kurt von; Berlin SW 68, Friedrichstr.: Lektor beim Verlagshaus Gebrüder Mann, Verleger von Kunst und Büchern. Dem Bericht nach anti-Nazi.

Koppenhöfer, Maria; Berlin: Schauspielerin am Staatstheater Berlin. Der Bericht führt sie als anti-Nazi an.

Korn, Fred; Berlin W 30, Münchener Str. 12: Fachmann für bebilderte Reklame. Hatte seine Agentur 1941 nach wie vor. Ist ein tüchtiger und überzeugter Anti-Nazi.

Kohlmann, Fritz; Reichsverband des Kraftfahrzeughandels und -gewerbes (Geschäft); Berlin-Charlottenburg: Alter etwa 40. Christ. 1938 nicht verheiratet. Assistent des Leiters des Reichsverbands des Kraftfahrzeughandels und -gewerbes. »Privat ein offen auftretender Anti-Nazi.« Die Quelle hat 1938 zum letzten Mal von ihm gehört.

Krause, Richard; Berlin SW, Hallesches Ufer 11: Alter etwa 75. Verheiratet. Christ. Diamantwerkzeughersteller. Er war Vorsitzender des Verbandes der deutschen Diamantwerkzeughersteller und -händler. Ein tüchtiger Fabrikant. »Ein absoluter Anti-Nazi.« Die Quelle hat 1938 zum letzten Mal von ihm gehört.

Löhmer, [Adolf Hermann] Heinrich, Dr.; Oberregierungsrat; Berlin-Friedenau. (Möglicherweise Loehmer/Löhmer, Heinrich, Dr. Reg.-Rat, Steglitz, Lenbachstr. 6a.): Alter etwa 55. Mit einer Jüdin verheiratet. Wirtschaftsprüfer: prüfte Industrie- und andere Unternehmen, um ihre Konten oder die Finanzlage zu kontrollieren. Mußte Ende 1937 aus dem Staatsdienst ausscheiden, hauptsächlich wegen seiner jüdischen Ehefrau. Die Quelle denkt nicht, daß er ein Parteimitglied ist oder daß er Deutschland verlassen hat.

Lohmeyer, Brigitte; Berlin-Wilmersdorf, Rudolstädter Str. 24: Assistentin im Deutschen Ausland-Institut der Wissenschaften. Ist zuverlässig und gut infomiert über Film- und Literaturschaffende. Ist die Tochter eines ehemaligen Oberbürgermeisters von Königsberg, der 1933 abgesetzt wurde.

~~S E C R E T~~

White List

BERLIN (Supplement) (5)

Maid, Hans. Professor.

Age: 65. Married. Related by marriage to Dr. Rust the Nazi Minister for Education. Protestant. Draftsman and illustrator. Member of the Academy of Art. He steadfastly refused to become a Party member and always emphasised his detachment from politics and kept his personal independence.

Mathey, Alexander. Berlin, N.W.87, Brueckenallee 6.

Report gives his name as anti-Nazi.

Meyer, Albert. Berlin-Charlottenburg, Weimarerstr.

Age: about 70. Protestant. Technical representative and inventor. A production engineer. Anti-Nazi. Last known to Source in 1938.

Mortzek, Hans. Berlin-Heinersdorf, Alexanderstrasse 61.

Reported as anti-Nazi by P.W.

Porstmann, Walter. (Business) Fabriknorm GmbH, Berlin-Steglitz.

Age: about 65. Protestant. Scientist. Owner of Fabriknorm, G.m.b.H. Started as secretary to Professor W. Ostwald, then came in contact with commerce and created the metric standardisation of paper sizes. "Outspoken anti-Nazi and reliable character". Last known to Source in 1936.

Reitstoetter, Dr. Techn. Dr. Phil., Berlin-Schlachtensee. (Possibly Reitstoetter, Josef Dr.PAT-ANW.W62 Wittenbergpl.3. Home:Niksee Krottnaurerstr.82-4 Tel: 806985)
Age: 52. Roman Catholic. Patentanwalt (patent agent). Colloid expert and well known chemist. Source thinks he remembers seeing his name in literary publications last year.

Richter, Bernt., Berlin-Charlottenburg, Fritschestr. 54.

Used to be the radio speaker with the Deutschland Sender but was sent to the army because of his political "unreliability". Became a driver for O.K.W.

Rudman, Emil., Berlin-Neukoelln, Berlinstrasse 105.

Printer by trade. Belongs to the SAPD. P/W reports him as anti-Nazi.

Schultz, Edith, Berlin-Britz., Buschkrug, Rembowstr. 4.

Wife of P/W. who gave her name as reliable anti-Nazi. She speaks English and used to be a foreign language correspondent.

Schulz, H.D., Berlin-Charlottenburg, Uhlandstrasse 179.
(Office) Radio AG. D.S. Loewe, Berlin-Steglitz, Wiesenweg 10.

Age about 34. Single. Former science master. Since 1937 patent engineer with Radio AG D.S. Loewe. "Expressed strong anti-Nazi views." Source saw him last in 1937.

Seiffert, Rudolf., Berlin-Bohnsdorf, Dahmestrasse 71.

Age 35: Employee of the Dresdner Bank. Socialist and reliable; may have connections with former trade unionists and underground workers. Expressed strong anti-Nazi views in private conversation. Source last saw him in 1939.

Berlin (Ergänzung) (5)

Meid, Hans; Professor: Alter 65. Verheiratet. Verwandt durch Heirat mit Dr. [Bernhard] Rust, dem Nazi-Minister für Erziehung. Protestantisch. Zeichner und Illustrator. Mitglied der Akademie der Künste. Er weigerte sich standhaft, ein Parteimitglied zu werden, und betonte stets seine Distanziertheit gegenüber der Politik und bewahrte seine persönliche Unabhängigkeit.

Mathéy, [Georg] Alexander; Berlin NW 87, Brückenallee 8: Der Bericht führt ihn als Anti-Nazi an.

Meyer, Albert; Berlin-Charlottenburg, Weimarer Str.: Alter etwa 70. Protestantisch. Technischer Beauftragter und Erfinder. Ein Betriebsingenieur. Anti-Nazi. Die Quelle hat 1938 zum letzten Mal von ihm gehört.

Mertzek, Hans; Berlin-Heinersdorf, Alexanderstraße 61: Anti-Nazi nach Aussagen eines Kriegsgefangenen.

Porstmann, Walter; Fabriknorm GmbH (Geschäft), Berlin-Steglitz: Alter etwa 65. Protestantisch. Wissenschaftler. Inhaber der Fabriknorm GmbH. Begann als Assistent von Professor [Wilhelm] Ostwald, kam dann in Kontakt mit der Geschäftswelt und schuf die Standardisierung von Papierformaten. »Ein offen auftretender Anti-Nazi und zuverlässiger Charakter.« Die Quelle hat 1936 zum letzten Mal von ihm gehört.

Reitstötter, [Josef], Dr. techn., Dr. phil.; Berlin-Schlachtensee. (Möglicherweise Reitstötter, Josef, Dr.; Patent-Anwalt; W62, Wittenbergplatz 3. Wohnung: Nikolassee, Krottnaurerstr. 82-4, Tel.: 806985): Alter 52. Römisch-katholisch. Patentanwalt. Fachmann für Kolloid und ein bekannter Chemiker. Die Quelle glaubt sich zu erinnern, daß er seinen Namen letztes Jahr in Veröffentlichungen gesehen hat.

Richter, Bernt; Berlin-Charlottenburg, Fritschestr. 54: War früher Rundfunksprecher beim Deutschlandsender, wurde aber wegen seiner politischen »Unzuverlässigkeit« eingezogen. Wurde Fahrer beim Oberkommando der Wehrmacht.

Rudman, Emil; Berlin-Neukölln, Berliner Straße 105: Von Beruf Drucker. Gehört zur SAP [Sozialistischen Arbeiterpartei Deutschlands]. Ein Kriegsgefangener bezeichnet ihn als anti-Nazi.

Schultz, Edith; Berlin-Britz; Buschkrug, Rambowstr. 4: Ehefrau eines Kriegsgefangenen, der sie als zuverlässigen Anti-Nazi nannte. Sie spricht Englisch und war früher Fremdsprachenkorrespondentin.

Schulz, H. D.; Berlin-Charlottenburg, Uhlandstraße 179; Radio A.G. D.S. Loewe, Berlin-Steglitz, Wiesenweg 10 (Büro): Alter etwa 34. Ledig. Ehemaliger Lehrer für Technik und Naturwissenschaften. Seit 1937 Patentingenieur bei der Radio A.G. D.S. Loewe. »Brachte entschieden anti-nazistische Ansichten zum Ausdruck.« Die Quelle sah ihn letztmalig 1937.

Seiffert, Rudolf; Berlin-Bohnsdorf, Dahmestraße 71: Alter 35. Angestellter der Dresdner Bank. Sozialist und zuverlässig; hat vielleicht Verbindungen zu ehemaligen Gewerkschaftern und Leuten aus dem Untergrund. Brachte in privaten Gesprächen entschieden anti-nazistische Ansichten zum Ausdruck. Die Quelle sah ihn letztmalig 1939.

~~SECRET~~

White List

BERLIN (Supplement) (6)

Siegemund, Wilhelm, Berlin. (Possibly Siegesmund, Wilhelm, Berlin-Charlottenburg 9, Koenigen-Elisabeth Str. 18, Tel: 93 53 64)
Oboe player in the Rundfunk Orchestra. P.W. reports him as anti-Nazi.

Sorgius, - Berlin.

Ingeneur in the A.E.G. Radio Factory on the Drontheimerstrasse. Reported anti-Nazi.

Speiss, Professor., Berlin

Age: about 70. Professor of English at the Handelshochschule in Berlin. "He refused to become a Party member". "Fanatically Anglophile".

Suerkemp, Peter., Berlin, S. Fischer Verlag.

Is known as anti-Nazi.

Till, Dr., Berlin. (Possibly Till, Herbert, Dipl-Ing. Siems?, Nonnendammallee 92, Tel: 30 43 30)
Head of the Opel A.G., Berlin. "Anti-Nazi".

Wernicke, Otto., Berlin.

Actor at Stadtstheater, Berlin. Report lists him as anti-Nazi.

Winterstein, Gustav von., Berlin.

Actor. "A secret but fanatical adversary of Nazism".

Wolzogen, von, Hans Freiherr, Berlin.

Produktions Chef of the FDF (Fabrikation Deutscher Filme GmbH, Kurfuerstendamm 35, Berlin, W.15) which was an independent private firm until 1942 and which was later taken over by the Berlin-Film. "W. is anti-Nazi".

Wutzky, Stadtrat. Berlin. (Possibly Wutzky, Emil, Stadtrat A.D. Rud Efeuweg 41 Tel: 60 62 56)
Age: about 65. Political member of the Council of the City of Berlin. Social Democrat. "He has no juridical qualifications but a practical knowledge of administration.".

~~SECRET~~

Berlin (Ergänzung) (6)

Siegesmund, Wilhelm; Berlin (Möglicherweise Siegesmund, Wilhelm, Berlin-Charlottenburg 9, Königin-Elisabeth-Str. 18. Tel.: 93 53 64): Oboist beim Rundfunkorchester. Ein Kriegsgefangener bezeichnet ihn als Anti-Nazi.

Sorgius; Berlin: Ingenieur bei der AEG-Rundfunkgerätefabrik in der Drontheimerstraße. Dem Bericht nach anti-Nazi.

Spies, [Heinrich], Prof.; Berlin: Alter etwa 70. Professor für Englisch an der Handelshochschule in Berlin. »Er weigerte sich, Parteimitglied zu werden.« »Fanatisch anglophil.«

Suhrkamp, Peter; Berlin, S. Fischer Verlag: Ist als Anti-Nazi bekannt.

Till, [A. E.], Dr.; Berlin (Möglicherweise Till, Herbert, Dipl.-Ing., Siemensstadt, Nonnendammallee 92, Tel.: 30 43 30): Leiter der Opel A.G., Berlin. »Anti-Nazi.«

Wernicke, Otto; Berlin: Schauspieler am Staatstheater, Berlin. Der Bericht führt ihn als anti-Nazi an.

Winterstein, Eduard von; Berlin: Schauspieler. »Ein heimlicher, aber fanatischer Widersacher des Nazismus.«

Wolzogen, Hans [Wolf] Freiherr von; Berlin: Produktionschef der FDF (Fabrikation Deutscher Filme GmbH, Kurfürstendamm 35, Berlin W 15), die bis 1942 ein unabhängiges Privatunternehmen war und später von der Berlin-Film übernommen wurde. »W. ist anti-Nazi.«

Wutzky, [Emil]; Stadtrat; Berlin (Möglicherweise Wutzky, Emil, Stadtrat a.D. Berlin-Rudow, Efeuweg 41, Tel.: 60 62 56): Alter etwa 65. Besoldetes Mitglied des Berliner Stadtrats. Sozialdemokrat. »Er hat keine juristischen Qualifikationen, aber praktisches Wissen, was die Verwaltung angeht.«

Bern, May 11, 1945

BE-39

MEMORANDUM

TO: C. D. Jackson

FROM: R. C. Getsinger

ATTENTION: Press Section

FWP/7707

Subject: Potential Personnel for German Newspapers - Edmund Goldschagg

Reference is made to memorandum number BE-28 of April 28, 1945 concerning potential personnel for German newspapers.

On page 2 mention was made of Edmund Goldschagg, former editor of the Münchener Post. According to recent information, Goldschagg was employed in the Food Rationing Office in Freiburg im Bresigau.

RCG

Copy to Lt. ANSPACHER
19 May 1945 ("M")

Bern, 11. Mai 1945

BE-39

MEMORANDUM

An:	C. D. Jackson
Von:	R. C. Getsinger
Zur Kenntnisnahme:	Presse-Abteilung

Betreff: Für Deutschland in Betracht kommende Zeitungsleute und Verleger – Edmund Goldschagg

Es wird Bezug genommen auf das Memorandum BE-28 vom 28. April 1945, betreffend potentielles Personal für deutsche Zeitungen.

Auf Seite 2 wurde Edmund Goldschagg erwähnt, ein ehemaliger Redakteur der Münchener Post. Laut neuester Information war Goldschagg im Büro für Lebensmittelrationierung in Freiburg im Breisgau beschäftigt.

RCG

Kopie an Lieutenant Anspacher

19. Mai 1945 (»M«)

8049

SECRET

Bern, May 17, 1945

BE-43

MEMORANDUM

TO: C. D. Jackson

FROM: R. C. Getsinger

ATTENTION: Press Section

Subject: Potential Newspapermen and Publishers for Germany

Reference is made to memorandum BE-41 of May 12, 1945, entitled "Potential Newspapermen and Publishers for Germany".

Mr. Dulles's office, the source of the information contained therein, states the following German newspapermen and publishers are, according to its information, anti-Nazi:

ARETIN, Freherr Erwin von - Munich. Formerly editor of the Münchner Neueste Nachrichten. Catholic. Bavarian Monarchist, formerly close to the Bäyrische Volkspartei.

FLUEGEL, Rolf - Bavaria. Editor of the "Münchner Neueste Nachrichten".

HEUSS, Theodor - Weinheim (Baden). Formerly member of the German Reichstag. Prior to Nazis belonged to the Democratic Party. Close collaborator of German democrat Friedrich Naumann. Friend of the former President of the State of Wurtemberg, Bolz. From 1905 to 1912 edited German periodical "Hilfe".

KIEPENHAUER, Gustav - Potsdam. Publisher. Prior to Nazis published leftist authors such as Toller, Brecht, Kaiser, Hasenclever. Head of Insel Verlag.

PRENGEL, Fritz - Berlin. Formerly one of the propaganda experts of the Ullstein Verlag. Recently connected with the Deutsche Verlag but politically reliable.

RABE, Benno - Bavaria. Formerly chief editor of the Telegramm Zeitung, Munich.

RUEHLE, Dr. Oskar - Stuttgart. Manager of the Kohlhammer Verlag. Formerly connected with Mohr Verlag.

WIEGLER, Paul - Germany (present address unknown). Age 65. Connected with Ullstein Verlag for 30 years, specializing in publication of novels. Collaborated in building up the Propylaen Verlag. Politically left.

SECRET

GEHEIM

Bern, 17. Mai, 1945

BE-43

MEMORANDUM

An: C. D. Jackson

Von: R. C. Getsinger

Zur Kenntnisnahme: Presse-Abteilung

Betreff: Für Deutschland in Betracht kommende Zeitungsleute und Verleger

Es wird Bezug genommen auf das Memorandum BE-41 vom 12. Mai 1945, mit der Überschrift »Für Deutschland in Betracht kommende Zeitungsleute und Verleger«.

Das Büro von Mr. Dulles, Quelle der darin enthaltenen Informationen, erklärt, daß die folgenden deutschen Zeitungsleute und Verleger, laut seinen Informationen, anti-Nazi sind:

Aretin, Erwein Freiherr von – München. Früher Redakteur der *Münchner Neuesten Nachrichten*. Katholisch. Bayerischer Monarchist, früher der Bayerischen Volkspartei nahestehend. [handschriftlicher Vermerk: Nationalist]

Flügel, Rolf – Bayern. Redakteur der *Münchner Neuesten Nachrichten*. [handschriftlicher Vermerk: Opportunist]

Heuss, Theodor – Weinheim (Baden). Früher Mitglied des Deutschen Reichstags. Gehörte vor den Nazis der Demokratischen Partei an. Enger Mitarbeiter des deutschen Demokraten Friedrich Naumann. Freund des ehemaligen Präsidenten des Staates Württemberg, Bolz. Gab von 1905 bis 1912 die deutsche Zeitschrift *Die Hilfe* heraus.

Kiepenheuer, Gustav – (Brandenburg, Preußen – Russen?) Potsdam. Verleger. Veröffentlichte vor den Nazis linksgerichtete Autoren wie Toller, Brecht, Kaiser, Hasenclever. Leiter des Insel Verlags.
[handschriftlicher Vermerk: Nicht in die »Weiße« Liste aufgenommen.]

Prengel, Fritz – Berlin. Früher einer der Werbefachleute des Ullstein Verlags. In letzter Zeit mit dem Deutschen Verlag verbunden, jedoch politisch zuverlässig.

Rabe, Karl – Bayern. Früher leitender Redakteur der *[Münchner] Telegramm-Zeitung*, München.

Rühle, Dr. Oskar – Stuttgart. Leiter des Kohlhammer Verlags. Früher verbunden mit dem Mohn Verlag.

Wiegler, Paul – Deutschland (gegenwärtige Anschrift unbekannt). Alter 65. Mit dem Ullstein Verlag 30 Jahre lang verbunden, spezialisiert auf die Veröffentlichung von Romanen. Arbeitete mit beim Aufbau des Propyläen Verlags. Politisch linksstehend.

[Die am linken Rand angebrachten handschriftlichen Vermerke beziehen sich auf die einzelnen Abteilungen, die jeweils mit den entsprechenden Informationen versorgt werden sollen. Anm. d. Übers.]

To 6870 at 1 June 45

WEISMANTEL, Dr. Leo - Munich. Writer. 56 years old. Poet and educator. Founder of the "Schule der Volkschaft". Member of Bavarian Parliament for many years. Trusted by youth. Widely read novelist. Concerning Weismantel, Julius Zerfass (see BE-34 of April 30,1945) is able to add the following information: "I do not know Dr. Leo Weismantel personally, but I can state that he was a writer and poet of Catholic faith who was prominent in Bavaria before 1933. Politically he belonged to the democrats. I am not informed over his activities as a member of parliament. He was a co-founder of the "Bewegung der christlichen Volksbühne" as well as the "Katholischen Laienspiele" for which he wrote plays of a primarily religious character."

I do not believe that any of the above information should be accepted as conclusive evidence that the persons in question should be accepted as trustworthy. However, it may be useful if checked on the spot or compared with information from other sources. An effort is being made to obtain confirmation from possible sources in Switzerland.

RCG

GEHEIM

- 2 -

Weismantel, Dr. Leo – München. Schriftsteller. 56 Jahre alt. Dichter und Pädagoge. Gründer der ›Schule der Volkschaft‹. Viele Jahre Mitglied des Bayerischen Landtags. Genießt das Vertrauen der Jugend. Vielgelesener Romanautor. Was Weismantel betrifft, so kann Julius Zerfaß (siehe BE-34 vom 30. April 1945) die folgende Information ergänzen: »Ich kenne Dr. Weismantel nicht persönlich, aber ich kann aussagen, daß er ein Dichter und Schriftsteller katholischen Glaubens war, der in Bayern vor 1933 von Bedeutung war. Politisch gesehen gehörte er zu den Demokraten. Ich weiß nichts über seine Aktivitäten als Mitglied des Landtags. Er war ein Mitbegründer sowohl der ›Bewegung der christlichen Volksbühne‹ als auch der ›Katholischen Laienspiele‹, für die er Stücke vornehmlich religiöser Art schrieb.«

Ich glaube nicht, daß irgendeine der obengenannten Informationen als schlüssiger Beweis dafür anerkannt werden sollte, daß die fraglichen Personen als vertrauenswürdig anerkannt werden sollten. Es ist jedoch möglicherweise nützlich, wenn diese Informationen vor Ort überprüft oder mit Informationen aus anderen Quellen verglichen werden. Gegenwärtig wird der Versuch unternommen, Informationen von möglichen Quellen in der Schweiz zu erhalten.

RCG

Feldstudie *Demilitarisierung*

In der Direktive JCS 1067 heißt es in Teil I unter Punkt 4 c: »Das Hauptziel der Alliierten ist es, Deutschland daran zu hindern, je wieder eine Bedrohung des Weltfriedens zu werden. Wichtige Schritte zur Erreichung dieses Zieles sind die Ausschaltung des Nazismus und des Militarismus in jeder Form, die sofortige Verhaftung der Kriegsverbrecher zum Zwecke der Bestrafung, die industrielle Abrüstung und Entmilitarisierung Deutschlands mit langfristiger Kontrolle des deutschen Kriegspotenzials und die Vorbereitungen zu einem späteren Wiederaufbau des deutschen politischen Lebens auf demokratischer Grundlage.«
Im Potsdamer-Konferenz-Dokument heißt es unter III A 3 I: »Völlige Abrüstung und Entmilitarisierung Deutschlands und Liquidierung der gesamten deutschen Industrie, die zur Kriegsproduktion benutzt werden kann, oder deren Überwachung. Zu diesem Zweck müssen alle Waffen, Ausrüstung und Kriegsgerät und alle Spezialeinrichtungen zu ihrer Herstellung sich in der Gewalt der Alliierten befinden oder vernichtet werden …«
Zwei Auszüge aus Dokumenten, die das Nachkriegsdeutschland skizzieren sollten. Die Realität sah jedoch schon in den Wochen des Victory Day ganz anders aus.

Die seit Januar 1943 bestehende Formel der »Unconditional Surrender« kann nicht nur die angelsächsischen Kriegspartner, sondern über sie hinaus – seit Teheran im Dezember 1943 – auch Stalin vereinen. Auf der zweiten Kriegskonferenz der »Großen Drei« im Februar 1945 in Jalta wird diese militärische Formel mit einer politischen belastet; nämlich mit der schlichten Frage: Soll Deutschland überhaupt weiterexistieren? Um sich über diese Frage klar zu werden, richten die Alliierten bei der EAC in London ein zusätzliches Beratungsgremium ein – das »Dismemberment Commitee«. Es tagt zum ersten Mal am 7. März 1945 im britischen

Außenministerium unter Federführung des Außenministers Anthony Eden.

Aus der Sicht britischer und amerikanischer Planungsstäbe steht man derlei Plänen eher reserviert gegenüber, während sich die sowjetische Seite zunächst für die »Zerstückelung« Deutschlands starkmacht. Das Wort »Zerstückelung« soll auch als Artikel 12a in die fertig vorliegende Übergabeurkunde der »Bedingungslosen Kapitulation« vom 25. Juli 1944 eingefügt werden: Die drei Regierungen werden in Ausübung der obersten Autorität in Deutschland »diejenigen Maßnahmen ergreifen, die sie für Erhaltung von Frieden und Sicherheit in der Zukunft für erforderlich halten, einschließlich vollständige Abrüstung, Entmilitarisierung und *Zerstückelung* Deutschlands«.

Stalin – in Jalta noch ein starker Befürworter der Aufteilung Deutschlands – rückt plötzlich in den darauffolgenden Wochen von seinen Plänen ab. Am 21. April 1945 erklärt er: »Die Sowjetunion feiert den Sieg, wenn sie sich auch nicht anschickt, Deutschland zu zerstückeln oder zu vernichten.«

Das Beratungskomitee in London steht jetzt unter Zeitdruck. Soll das Wort »Zerstückelung« in der Kapitulationsurkunde stehen oder nicht?

Aber – so stellen sich die Deutschlandspezialisten die Frage – kann ein Land, in dem keine zentrale Regierung mehr regiert, überhaupt kapitulieren, noch dazu bedingungslos?

Der politische Berater des US-Botschafters John G. Winant, Professor Philip E. Mosely, Russland-Spezialist an der Columbia-University, bemüht sich, die Sowjets auf einen der beiden Texte festzulegen, um schließlich bei der bevorstehenden Kapitulation wenigstens eine Urkunde vorlegen zu können: »Wiederholte Besuche bei der sowjetischen Delegation zeitigten keine Antwort«.

Moselys Chef, Botschafter Winant, bespricht am 4. Mai die Frage der Kapitulationsurkunde telefonisch mit Generalleutnant Walter Bedell Smith (SHAEF). Er unterrichtet ihn davon, dass die Bündnisdiplomatie zwei Urkunden bereithalte: einmal die alte Urkunde vom 25. Juli 1944 und dann noch eine neue, in der von der »Zerstückelung Deutschlands« die Rede sei. Smith erwidert, das EAC-Dokument sei ihm bekannt; er habe jedoch bislang keine Vollmacht zur EAC-Urkundenunterzeichnung. Winant telefoniert daraufhin mit Washington, damit endlich SHAEF mit der Unterzeichnung bevollmächtigt werde.

Aber weder in Washington noch in Moskau reagiert man auf diese Aktivitäten. Am 5. Mai spricht Winant den sowjetischen Delegierten-Kollegen bei der EAC, Gusew, vor der Sitzung dieses Gremiums darauf an und bittet ihn, bei seiner Regierung doch nachzufragen, ob die Urkunde mit dem Zusatz »Zerstückelung« nun verwendet werden soll oder nicht.
Mosely: »Eine schnelle Zusage von Moskau hätte selbst jetzt noch, nachdem man seit dem 11. April auf Antwort gewartet hatte, die Verwendung der EAC-Übergabe-Urkunde in der Jalta-Fassung ermöglichen können.« Und er fügt resignierend hinzu: »So wurden die finsteren Prophezeiungen mehr als erfüllt, die vor den Folgen warnten, wenn während des Krieges keine einheitliche alliierte Linie für die Politik gegenüber Deutschland festgelegt wird.«
Die Verwirrung bei der EAC in London war groß, während in Reims die militärische Kapitulation bereits eingeleitet wird:
Am 2. Mai 1945, 14 Uhr kapituliert die Italienarmee (Armeegruppe Südwest unter General Vietinghoff) in Caserta.
Am 4. Mai kapitulieren vor dem Oberkommandierenden der britischen Heeresgruppe, Feldmarschall Sir Bernard L. Montgomery, der Raum der Niederlande, Dänemarks und der nordwestdeutsche Raum.
Am selben Abend unterrichtet General Dwight D. Eisenhower, der Chef des Obersten Alliierten Hauptquartiers in Reims, das Kriegsministerium in Washington und das Oberkommando der Roten Armee über einen bevorstehenden Besuch von Repräsentanten der deutschen Wehrmacht, die auch gegenüber den Amerikanern kapitulieren möchte.
Nachdem die bisherigen Teilkapitulationen das Verhältnis zwischen Moskau und Washington etwas irritiert hatten, werden die folgenden Tage dieses Verhältnis noch weiter belasten.
In der Stunde der Kapitulation der deutschen Streitkräfte besitzen die Militärs der Alliierten keine exakten Anweisungen vonseiten der Politiker. Es ist die Stunde, in der der britische Premier die Initiative ergreift.
Am Samstag, dem 5. Mai, tagt wieder die EAC. Während der Beratung ruft Churchill seinen Vertreter Sir William Strang aus der Sitzung. Strang muss erfahren, dass bereits zahlreiche Telefonate zwischen Downing Street und SHAEF Reims über die Abfassung eines ganz neuen Kapitulationstextes hin- und hergehen.
Jetzt sollte plötzlich nur noch von einer militärischen Übergabe die Rede sein. Die Frage der Übernahme der obersten Regierungsgewalt über Deutschland sollte unerwähnt bleiben.

Walter Bedell Smith: »Angesichts der unmittelbar bevorstehenden Kapitulation arbeiteten wir daher im Alliierten Hauptquartier ohne Unterbrechung drei Tage und drei Nächte an der Aufstellung der Kapitulationsbedingungen und gaben sie ohne Hinweis auf das frühere Übereinkommen zur Genehmigung an die russische, britische und amerikanische Regierung weiter.«

Als der amerikanische Delegierte Winant von dem neuen Text an diesem Samstagabend erfährt, gelingt es ihm in Telefongesprächen mit Churchill und Generalleutnant Smith, doch noch eine politische Klausel einzubauen. Sie wird als Artikel 4 der Kapitulationsurkunde in den Text eingebracht: »Diese Kapitulationserklärung ist ohne Präjudiz für irgendwelche an ihre Stelle tretenden allgemeinen Kapitulationsbestimmungen, die durch die Vereinten Nationen und in deren Namen Deutschland und der Deutschen Wehrmacht auferlegt werden mögen.«

Diese Formulierung wird später die Grundlage für die Umwandlung der EAC-Kapitulationsurkunde in die »Erklärung über Deutschland« der (dann einschließlich Frankreich) vier Mächte am 5. Juni 1945, auf die man sich erst Tage nach der Kapitulation, am 12. Mai 1945, einigen konnte. Da freilich ist dann von Zerstückelung keine Rede mehr.

Dort heißt es jetzt: »Deutschland wird innerhalb seiner Grenzen, wie sie am 31. Dezember 1937 bestanden, für Besatzungszwecke in vier Zonen aufgeteilt.«

Am 9. Mai fragt das State Department auch im Auftrag des Pentagons in Reims an, warum denn eigentlich nicht die EAC-Urkunde verwendet worden sei, was der Hintergrund der »brandneuen« Kapitulationsurkunde sei und was jetzt mit dem Londoner EAC-Dokument geschehen solle.

Zu diesem Zeitpunkt war die Kapitulationsurkunde schon unterzeichnet. Die Zeremonie in Reims dauerte von 2 Uhr 29 bis 3 Uhr 46.

Um 2 Uhr erst unterrichtet Walter Bedell Smiths Sekretariat den politischen Berater Dwight D. Eisenhowers, Botschafter Robert Murphy, von diesem Ereignis.

Murphy macht sich sofort von Versailles, wo sich sein Büro befindet, auf den Weg nach Reims. Er kommt dort zu spät an. Murphy ruft Smith an, der schon im Bett liegt, und fragt ihn: »Was ist mit dem Londoner Dokument los? Erinnern Sie sich nicht an die große blaue Urkunde?« Smith zieht seine Uniform wieder an und geht ins Hauptquartier zurück; Murphy: »Wir fanden dann die blaue Urkunde, die er in seinem Geheimsafe deponiert hatte.«

»Ich hatte sie völlig vergessen«, weicht Smith aus.
Zur selben Stunde trifft in Reims ein Telegramm vom Pentagon ein: Moskau – so heißt es darin – protestiere, dass bei der Unterzeichnung nicht die Londoner Dokumente herangezogen wurden. Datiert ist dieser Protest aus Moskau auf den 6. Mai. Weiter heißt es, Moskau dringe auf eine Kapitulation in Berlin.
Aus der Sicht eines EAC-Kenners, wie es Mosely war, sieht die Situation damals so aus: »Es war riskant, die Zusammenarbeit der Alliierten nach dem Krieg damit einzuleiten, dass man eines der Grunddokumente des alliierten Übereinkommens verwarf und an die Stelle des von den vier Regierungen genehmigten Dokuments ein neues setzte, von dessen Vorhandensein und Inhalt einige von ihnen nicht einmal wussten.«
Dass der Frieden schwieriger wird als der Sieg, zeigt sich schon in den Stunden des Sieges. Die »Großen Drei« werden sich nicht einig darüber, wer zuerst die bedingungslose Kapitulation veröffentlichen darf. Stalin wünscht, dass man damit bis zum 9. Mai 7 Uhr wartet. Churchill hält dies für »idiotisch«. Man solle gleich gar nicht auf Stalin warten. Churchill bedrängt Truman am Tag der Kapitulation in Reims: »Der deutsche Regierungschef hat vor einer Stunde am Radio die bedingungslose Kapitulation bekannt gegeben. Was ist der Nutzen davon für mich und den Präsidenten, wenn wir beide die Einzigen auf der Welt sind, die nicht wissen, was los ist?«
Am 8. Mai, 8 Uhr 15 gibt Präsident Truman die Kapitulation bekannt. Einige Stunden später informiert er den sowjetischen Botschafter in den USA, Andrej Gromyko: »Bitte informieren Sie Marschall Stalin, dass seine an mich gerichtete Botschaft um 1 Uhr morgens im Weißen Haus eintraf. Zu dieser Zeit hatten die Vorbereitungen bereits ein solches Ausmaß angenommen, dass es nicht möglich war, eine Vertagung meiner Ankündigung der deutschen Kapitulation in Betracht zu ziehen.«

Diese Kapitulation geht, wie am 12. Mai in London und dann am 5. Juni in Berlin bestätigt wird, vom Weiterbestehen Deutschlands aus. Unter diesem Gesichtspunkt erhält das Telegramm, das am 1. Mai 1945 um 14 Uhr 46 den Führerbunker verließ, eine neue Dimension: »Führer gestern um 15 Uhr 30 verschieden. Testament vom 29. überträgt Ihnen das Amt des Reichspräsidenten …« Unterzeichnet »Goebbels-Bormann«. Der Adressat um 15 Uhr 18 ist Großadmiral Karl Dönitz. Dieser hat versprengte Ministerien und das Oberkommando der Wehrmacht in der

Marineschule in Mürwik bei Flensburg in einem neuen Hauptquartier gesammelt. Dieser Fluchtpunkt Mürwik im nördlichsten Zipfel des zusammengebrochenen Reiches wird in diesen Maitagen zu einem der Schauplätze von Spekulationen in Berlin, Reims, London, Moskau und Washington.
Von hier aus gelingt es Dönitz, die Kapitulation zu Teilkapitulationen zu machen. In seiner Erklärung vom 8. Mai, die um 12 Uhr 30 über den Flensburger Sender geht, sagt er: »Mit der Besetzung Deutschlands liegt die Macht bei den Besatzungsmächten. Es liegt in ihrer Hand, ob ich und die von mir bestellte Reichsregierung tätig sein können oder nicht.«
Generaloberst Alfred Jodl, den Dönitz aus dem OKW nach Reims gesandt hat, konfrontiert die SHAEF-Führung mit der Mürwiker Sicht der politischen und militärischen Lage: Die Amerikaner würden sich selbst bald gegen die Russen kämpfen sehen. Wenn die Deutschen genügend Zeit hätten, Truppen und Flüchtlinge in den Westen zu bringen, so wäre dies eine große Hilfe für die Westalliierten – im Falle eines Krieges gegen Russland. Tatsächlich wird der Krieg des Dritten Reiches gegen die Sowjets 48 Stunden länger dauern als gegen die Westmächte.
Die Sowjets befürchten Einzelabmachungen zwischen den Deutschen und den Angelsachsen. Solche Sonderabkommen würden von den Russen als eine »Verletzung unserer alliierten Beziehungen« verstanden, meldet die US-Militärmission in Moskau am 7. Mai 1945 nach Reims und fügt hinzu: Ausdrücke wie »der Kampf geht weiter« oder »neue Regierung«, »deutsche Regierung«, »Staatsoberhaupt Dönitz« könnten nur als separate Absprachen mit den Deutschen angesehen werden.
In Moskau habe man aufgrund der Kapitulation in Reims den Eindruck, dass Dönitz nach Westen kapituliert habe und dass der Krieg im Osten weitergehen solle. Tatsächlich werden Stimmen in der westlichen Presse laut, Dönitz habe die Kapitulation nur als »cease-fire«, als »Waffenstillstand« verstanden.
Die Kapitulation ist an manchen Truppenabschnitten gar nicht durchführbar, weil die Funkverbindungen abgeschnitten sind, und für den Befehlsbereich der Norwegen-Armee bleibt sie schlicht und einfach vier Tage lang nicht existent.
Noch am 11. Mai um 22 Uhr 30 signalisiert der Oberbefehlshaber Böhme zum OKW Mürwik: »Führung und Truppe sind zutiefst erschüttert und aufgebracht, dass ihr diese ungeheuerliche Zumutung der Entwaffnung bzw. Inhaftierung deutscher Menschen auferlegt wird. Außerordentliche

Spannungen sind entstanden. Das Vertrauen der Truppe in ihre militärische Führung ist schwer erschüttert, da in ihren Augen Deutsche Deutsche verraten. Ausgeprägte Vertrauenskrise ist die Folge dieser durch nichts begründet erscheinenden Forderungen. Um weitere Erschütterungen der Truppe und damit unvermeidliche Disziplinwidrigkeiten, die die Durchführung der Kapitulationsbedingungen infrage stellen, zu vermeiden, erhebe ich gegen diese Forderungen Einspruch und stelle den Antrag, von ihnen Abstand zu nehmen.« Der Kommandobereich Norwegen hält die Kapitulationsbedingungen für undurchführbar.

Aus Reims kommt der mahnende Funkspruch Eisenhowers: »Beachten Sie, daß alle deutschen Einheiten vollständig zu entwaffnen sind. Dies hat keine Auswirkung auf die mündliche Vereinbarung, die zwischen dem stellvertr. Stabschef des Obersten Kdos. der all. Expeditionsstreitkräfte und General Jodl in Reims am 7. Mai vereinbart wurde, wodurch verläßliche Mitglieder und Einheiten der Wehrmacht durch die Kommandeure der all. Expeditionskräfte angewiesen werden können, ihre Waffen für die Aufrechterhaltung der Ordnung und den Schutz von Eigentum zurückzubehalten. Kein Schiff, Fahrzeug oder Flugzeug ist zu zerstören.«

Die kriegerischen Aktionen dauern über die Kapitulation hinaus an. Noch am 9. Mai meldet das OKW Artillerie- und Bombenfeuer in der Weichselgegend auf deutsche Verbände.

Am 9., 10. und 11. Mai werden in der Gegend von Dresden und Prag deutsche Einsätze geflogen, die am 14. Mai zu Protesten von SHAEF führen. Am 16. Mai geht noch einmal die Aufforderung von Reims nach Mürwik, dafür zu sorgen, dass die deutsche Luftwaffe derlei Einsätze unterlässt.

In Reims hält man eine Fortsetzung der deutschen Kampfhandlungen gegen die Russen für möglich.

In diesen Tagen kristallisieren sich Konstellationen heraus, die verdeutlichen, wie die Alliierten den Krieg gewonnen und den Frieden verloren haben.

In diesen Tagen ist es immer wieder der britische Premier, der aus der Siegerallianz auszubrechen versucht und sich dann doch wieder den Gesetzen dieser Allianz beugt. Auch wenn bestimmte Schritte noch nicht unternommen werden, so zeigen sie doch deutlich die Entwicklungen an, die die Grenzen der Belastbarkeit dieser Allianz offenbaren.

Welche Motive sind dafür maßgebend, dass die Demilitarisierung ganz anders als erwartet abläuft?

In den letzten Kriegstagen fallen Prag, Wien, Budapest, Belgrad, Wien und Berlin in die Hände der Sowjets.
Im Kriegstagebuch bedeutet diese Tatsache zunächst wenig. Churchill ist wohl der Einzige unter den Kriegsbündnispartnern, der die Folgen dieser alliierten Europapolitik begreift.
Großbritannien ist die Macht, die am längsten gegen Hitler kämpfen musste und die aus der Geschichte die meisten Lehren für das europäische Gleichgewicht gezogen hat. Die beiden »revolutionären« Staaten USA und UdSSR sind ja erst durch die beiden Weltkriege zu Mitsprechern einer europäischen Ordnung geworden: Die USA durch den Ersten Weltkrieg, die UdSSR durch den Zweiten Weltkrieg. An diesen neuen Erfahrungen sind diese beiden Kriegspartner in Europa zu messen.
Als sich die Bündnispartner wirklich in der Situation sehen, Verantwortung für das Vakuum in Mitteleuropa übernehmen zu müssen, wird die Lage unübersehbar, oder besser gesagt: tragikomisch. Die militärischen und politischen Überlegungen verlaufen nicht mehr synchron.
Die Aktenhinweise auf das spektakuläre Ausscheren Churchills sind rar. Die streng geheimen persönlichen und privaten Telegramme des Jahres 1945 sind auf englischer Seite an der Front sofort vernichtet worden.
Auch die deutschen Stellen in Mürwik gaben Anweisung, den Schriftwechsel und die Memoranden so abzufassen, dass sie jederzeit hinterher, ohne Folgen befürchten zu müssen, eingesehen werden können. Dennoch gibt es Hinweise darauf, wie die Frage der Demilitarisierung tatsächlich gehandhabt wurde. Das Maß, in dem die Regierung Dönitz eine Rolle spielen wird, ist der Maßstab für die dahintersteckenden militärisch neuen Einschätzungen der mitteleuropäischen Situation.
Erst 1954, am 23. November, wird Winston Churchill auf einer Veranstaltung in seinem Wahlkreis einen Teil des Geheimnisses, das jene Tage nach dem Victory Day umgibt, lüften:
Sich an jene Tage erinnernd, sagt er: »Noch vor Kriegsende, während die Deutschen bereits zu Hunderttausenden kapitulierten und bei uns die Menge jubelnd durch die Straßen zog, telegrafierte ich an Lord Montgomery und wies ihn an, dafür zu sorgen, dass die deutschen Waffen gesammelt würden, damit man sie ohne Weiteres an die deutschen Soldaten ausgeben könnte, mit denen wir würden zusammenarbeiten müssen, wenn die Sowjets ihren Vormarsch fortsetzten.«
Als die englische Presse diese Meldung in die Zeitungen bringt, befragen Reporter auch Ex-Feldmarschall Bernard L. Montgomery, ob diese

Anweisung erfolgt sei; Montgomery bestätigt dies. Als Churchill nach seiner Wahlkreisrede im Unterhaus gefragt wird, ob er die deutschen Truppen hätte wiederbewaffnen lassen, um sie gegen die Sowjets kämpfen zu lassen, antwortet er: »Natürlich! Falls sie weiter vorrücken sollten. Die Lage, der wir uns im Mai 1945 gegenübersahen, war bedrohlich. Da es allein in Montgomerys Abschnitt mehr als eine Million entwaffneter deutscher Kriegsgefangener gab, die vor uns kapituliert hatten – ich sage, vor uns –, war ich überzeugt, es läge in unserer Verantwortung, Maßnahmen zu ihrem Schutz zu ergreifen, und wenn wir nicht in der Lage gewesen wären, uns an unsere Kapitulationsbedingungen zu halten oder ihnen Schutz zu gewähren, für den wir verantwortlich waren, dann konnten es unsere Ehre und auch politische Gründe erforderlich machen, ihnen ihre Waffen zurückzugeben.«

Churchill wollte die Sowjets damals warnen, »dass wir in diesem Fall (wenn die UdSSR weiter nach Westen vorgerückt wäre, d. Verf.) die in unseren Händen sich befindlichen deutschen Kriegsgefangenen, deren Zahl einschließlich derjenigen in Italien schon 2,5 Millionen betrug, mit Sicherheit wieder bewaffnen würden. Das war mein Standpunkt im Augenblick des Sieges Anfang Mai 1945.« Churchill beschwört die Amerikaner in dieser Zeit geradezu (wie aus einer geheimen Kabinettsbesprechung vom 13. Mai 1945 hervorgeht), ihren Truppenabzug in Richtung Fernost-Kriegsschauplatz um einige Wochen hinauszuschieben. Seine Sorge ist vor allem der Vorstoß sowjetischer Truppen auf dem Balkan, »dessen Spitze Tito ist«.

Churchill ist schon in der heißen Phase des Krieges klar, dass »das eigentliche Problem jetzt Russland ist«, sodass Roosevelt einmal bemerkt: »Das Schlimme ist, der Premierminister denkt zu viel an die Zeit nach dem Krieg und überlegt sich, wo England dann stehen wird. Er fürchtet sich davor, die Russen zu stark werden zu lassen.« Vor allem das mögliche Vordringen der Russen bis nach Schleswig-Holstein veranlasst Montgomery später zu dem bemerkenswerten Satz: »Meiner Ansicht nach waren die herannahenden Russen gefährlicher als die geschlagenen Deutschen.«

Zeichnet sich eine Wende ab? Warum erlaubt SHAEF das Übersetzen von etwa 2,5 Millionen Soldaten in die westlichen Besatzungszonen?

In den Memoiren Chruschtschows heißt es: »Montgomery nahm sie alle und nahm auch ihre Waffen. So fielen die Früchte unseres Sieges über die Deutschen Montgomery in den Schoß!«

Marschall Schukow berichtet von einem Gespräch mit Stalin über die neue Situation im norddeutschen Raum; Stalin soll dabei so argumentiert haben:
»Während wir alle Soldaten und Offiziere der deutschen Wehrmacht entwaffnet und in Kriegsgefangenenlagern untergebracht haben, halten die Engländer die deutschen Truppen in höchster Gefechtsbereitschaft und beginnen, mit ihnen zusammenzuarbeiten. Bis heute bewegen sich die Stäbe der deutschen Truppen mit ihren ehemaligen Befehlshabern an der Spitze in absoluter Freiheit, auf Anweisung Montgomerys sammeln und überholen sie ihre Waffen- und Kampftechnik. Ich habe das Gefühl, die Engländer wollen sich die deutschen Truppen zu einer späteren Verwendung erhalten ... Das aber bedeutet einen direkten Verstoß gegen die Vereinbarung der Regierungschefs über die sofortige Auflösung der deutschen Wehrmacht.«
Die Sowjets sind misstrauisch geworden. Sie vermuten geheime Absprachen der westlichen Alliierten mit den Deutschen.
Aufsehen erregt die Meldung über den weiterhin sendenden Rundfunksender Flensburg, Feldmarschall Busch habe im Einvernehmen mit Montgomery das Kommando über die deutschen Truppen in Schleswig-Holstein übernommen.
»Die Situation ist anomal und gefährlich«, schreibt die *London Times* am 14. Mai 1945 hierzu. Mit großem Interesse spricht am 12. Mai die Nachrichtenstelle der Flensburger Regierung von »alarmierenden Warnungen des *Economist* über die gespannten britisch-sowjetischen Beziehungen.«
Am 12. Mai berichtet die deutsche Militärmission bei der 21. britischen Heeresgruppe nach Mürwik von einem Gespräch mit Brigadier E.O. Herbert über die logistische Situation im Raum Holland, Schleswig-Holstein und Dänemark.
Demzufolge fragen die Briten die deutsche Militärmission: »Sind technische Truppen noch vorhanden unter besonderer Berücksichtigung, dass die Masse der technischen Truppen wohl zum unmittelbaren Kampfeinsatz – mindestens in letzter Zeit – benötigt wurden? Sind noch Transporteinheiten vorhanden und können diese eingesetzt werden? Sind Pionier-Einheiten vorhanden und wie steht es mit schwerem Pioniergerät?«
Dann fährt dieser Bericht fort: »Großes Interesse wurde der Frage beigemessen, ob die Stäbe der Wehrkreiskommandos noch vorhanden bzw. kurzfristig wieder aufzubauen seien. Dies wurde für Wehrkreis X voll

bejaht, für Wehrkreis XI mit Teilen in Aussicht gestellt. Für Wehrkreis VI als nicht zu übersehen beantwortet. Eine Möglichkeit, diese Stäbe für Anforderungen der britischen Wehrmacht kurzfristig aufzustellen, wurde hervorgehoben und britischerseits anerkannt, rechnet aber britischerseits nicht unter die Sofortmaßnahmen ... Zusammenfassend betonte Brigadier Herbert, dass deutsche militärische Arbeit für Monate, wenn nicht für Jahre erforderlich sei.«

Am selben 12. Mai fordert General Dewing von Oberbefehlshaber Nord eine Karte an, »aus der eine Gesamtübersicht über alle vorhandenen Kommandodienststellen bis zur Division herab und Dislokation aller Kräfte der Wehrmacht hervorgeht«.

Und vom OKW geht am 13. Mai ein Funkspruch an Eisenhower, in dem es heißt: »Antrag über Stärke der mündlich zwischen Ihrem stellv. Stabschef und Generaloberst Jodl vereinbarten Ordnungstruppen, denen die Waffen belassen werden können, werde ich umgehend Ihrer Kommission beim Oberkommando der Wehrmacht vorlegen. gez. Keitel.«

Für den Fall eines Konflikts beauftragt Churchill den britischen Generalstab, eine Studie der militärischen Lage gegenüber der Roten Armee anzufertigen.

Gleichzeitig arbeitet das Foreign Office an einem Memorandum für Downing Street, in dem die Notwendigkeit betont wird, eine – wenn auch provisorische – deutsche Regierung zu bilden.

Churchill stimmt dem zu und schreibt an seinen Außenminister Anthony Eden, der sich gerade zur UNO-Gründung in San Francisco aufhält, mit dem Datum vom 14. Mai:

»Natürlich muss man im Auge behalten, dass Dönitz, sollte er sich als ein nützliches Werkzeug für uns erweisen, damit eine mildere Beurteilung der Kriegsverbrechen, deren er sich als Führer der Unterseeboote schuldig gemacht hat, verdient. Wollen Sie einen Stock haben, mit dem Sie dieses besiegte Volk lenken können oder wollen Sie Ihre Hände einfach in einen aufgeschreckten Ameisenhaufen stecken?«

Churchill weist seinen Außenminister an, seinen Aufenthalt auch dazu zu benutzen, die amerikanischen Alliierten auf die englische Sicht der Interessen hinzuweisen – nachdem Truman schon zwei Tage zuvor von Churchill ernste Worte ins Weiße Haus telegrafiert wurden. Churchill fügt hinzu, wenn nichts geschähe, würde nichts mehr einen Dritten Weltkrieg verhindern.

Eden hat aber seine Zweifel; denn schließlich ist es seine Aufgabe, alliierte Außenpolitik wenigstens englischerseits auf einem erkennbaren Nenner zu belassen. Eden meldet sich in einem Schreiben an Churchill aus San Francisco und äußert seine Bedenken zur offiziellen britischen Haltung gegenüber der Regierung Dönitz.

In einem Brief an den Autor spielt Anthony Eden diese britische diplomatische Offensive von damals herunter, indem er schreibt: »Es scheint mir höchst unwahrscheinlich, dass ich in dieser Sache von San Francisco aus mit dem Premierminister in Verbindung stand. Wahrscheinlich hatte der Premierminister auf einige Darlegungen des Foreign Office an ihn geantwortet. Der Premierminister übernahm oft während meiner Abwesenheit die Geschäfte des Außenministers.«

Am 16. Mai 1945 stellt Churchill seine Auffassung noch deutlicher heraus, als er auf eine Anfrage des Abgeordneten Henderson wegen der Busch-Affaire vor dem Unterhaus antwortet. Er benutzt diese Debatte, um seine Sicht nach dem künftigen Status einer deutschen Regierung herauszustellen:

»Ich bin nicht sicher, ob man sagen kann, dass irgendeine Regierungsmaschinerie, sei sie nun regional oder zentral, gegenwärtig in Deutschland vorhanden ist; wobei ich es bei der Beantwortung dieser Frage auf alle Fälle vorziehen würde, von Verwaltung statt von Regierung zu sprechen. Ganz allgemein geht unser Streben dahin, die Deutschen ihr Land gemäß den alliierten Richtlinien verwalten zu lassen. Wir haben nicht die Absicht, die Last einer Verwaltung Deutschlands auf uns zu nehmen. Wir wollen uns damit nicht belasten.«

Truman berichtet später über diese Wochen: »Schon das erste Stadium der Besetzung Deutschlands und Österreichs schuf neue Spannungen. Eine deutsche Regierung gab es nicht mehr, nur noch einen Kreis um Großadmiral Dönitz in Flensburg, der behauptete, das Reich zu vertreten. Wir ließen seinen Anspruch unbeachtet, aber unsere Armee behielt ihn wachsam im Auge.«

Washington befürchtet eine politische Situation, die von London aus diktiert wird, und in deren Folge das Weiße Haus in eine Haltung hineinmanövriert werden würde, in der es die britische Europapolitik gegenüber den Russen unterstützen müsste.

Die Forderung Londons nach einem westlichen Widerstand gegenüber der sowjetischen Expansionspolitik wird in Washington als ein mögliches sowjetisch-britisches Duell interpretiert.

Gelingt es Churchill, Washington auf seinen Kurs zu bringen?

Am 16. Mai, am Tag von Churchills Rede vor dem Unterhaus, findet zwischen dem britischen Premier und Eisenhower eine Aussprache statt, über deren Verlauf Eisenhower später berichtet:
»Nach seiner Meinung sollen die Alliierten nicht die volle Verantwortung für Deutschland übernehmen, sondern sich auf jene Maßnahmen beschränken, die es Deutschland unmöglich machen, einen neuen Krieg anzuzetteln. Die deutschen Probleme seien von den Deutschen selber zu lösen, am besten durch einige der jetzt in unserer Hand befindlichen Generale, denen das deutsche Volk Gehorsam leisten würde. Zu den von Churchill aufgeworfenen Punkten gehört die Anregung, das deutsche Kriegsmaterial, insbesondere Flugzeuge, nicht zu zerstören, sondern zur Ausrüstung befreiter Nationen in Reserve zu halten.«
Churchill selbst: »Meines Erachtens sollten wir alles aufbewahren, was irgendeinen Wert hat. Wir werden alle diese Dinge eines Tages dringend brauchen …«
Präsident Truman beobachtet die Aktivität des britischen Premiers ebenso wie Stalin mit Argwohn. In einem privaten Gespräch spricht Truman überspitzt seine Sorgen an, indem er erklärt, dass es den Briten vollkommen recht sei, wenn die Vereinigten Staaten zu beliebiger Zeit einen Krieg mit Russland hätten. Dem britischen Programm folgen, hieße, auf dieses Ziel zuzustreben.
In Mürwik sieht das OKW erfreut diese neue Entwicklung. Generaloberst Jodl sagt dort: »Es wird der Moment kommen, wo wir Russen gegen Angloamerikaner ausspielen werden.«
Jodl rät zu einer abwartenden Haltung.
Die Situation: eine Regierung in Deutschland, etwa drei Millionen deutsche Soldaten in britischer Hand, mit intakter Kommandostruktur und einem Status, der nicht unter »Kriegsgefangene« fällt, sondern unter »entwaffnetes Kriegsmaterial«, das aber in Wirklichkeit teilweise noch bewaffnet ist.
Drei Wochen im Mai 1945 symbolisieren einen Labortest der Konstellationen der folgenden drei Nachkriegsjahre.

Feldstudie *Denazifizierung*

Die Frage, ob sich das neue Deutschland aus sich selbst erneuert oder aus der Siegermacht erneuert wird, beantwortet sich schon ziemlich bald nach der Befreiung.

Die Freiheit kommt nicht aus einem Prozess der Selbstreinigung, sondern wird importiert.

Vielerorts melden sich Männer und Frauen aus Widerstandsgruppen, um am Tag X, auf den sie zwölf Jahre lang auf ihre Weise hingearbeitet haben, dabei zu sein. Es sind u.a. die »antifaschistischen Komitees« oder lose Gruppierungen, die in Gesprächskreisen zusammenkamen.

Walter L. Dorn, der noch vor einigen Monaten die Militärregierungsoffiziere ausgebildet hat, reist jetzt im besetzten Deutschland von Ort zu Ort, um die dort eingesetzten Teams der Militärregierungen zu beraten. Er muss bald erfahren, dass die Hinweise seiner Mitteleuropa-Abteilung der OSS Research and Analysis Branch wenig Beachtung gefunden haben, geschweige denn die Trainingskurse in Charlottesville/Virginia, später in Shrivenham/England und zuletzt die in Rochefort/Frankreich. Dorn, einer der führenden Deutschlandspezialisten, macht jetzt seine Beobachtungen, wie der Führungsaustausch konkret abläuft. Am 28. April 1945 notiert er in seinem Tagebuch über die Situation in Leipzig, wo seit zehn Tagen die G-5-Leute das Sagen haben:

Das Nationalkomitee Freies Deutschland bat »um Erlaubnis, Geschäftsstellen zu eröffnen, den Nazismus und Rassismus mit Broschüren und Plakaten zu bekämpfen, die Bevölkerung in Schule, Kirche, Presse und Film für die Demokratie vorzubereiten. Sie wollten Kraftfahrzeuge und Personalausweise für die Mitglieder des Komitees und hofften, mit dem CIC zusammenzuarbeiten. Bekamen aber keine Erlaubnis; es wurde ihnen gesagt, sie sollten ihre Organisationen benutzen, um dabei zu helfen, Werwölfe, Gestapobeamte und Wehrmachtssoldaten in Zivilkleidern aufzudecken … Leipzig war charakteristisch für die extreme Schwierigkeit, Militärregierungsoffiziere für die tatsächlich anstehende Aufgabe auszubilden ... Ich werde keine Bemerkungen über Major Eaton machen. Es war klar, dass er die Elemente, die er vorfand, nicht richtig einschätzen konnte und nicht richtig einschätzte.«

Der spontane Versuch, eine breite politische Erneuerung aus alten Gewerkschaftern oder KZ-Häftlingen aus Buchenwald in »Anti-Nazi-Beratungskomitees« aufzubauen, scheitert bald: »Nun gab es aber in Leipzig eine antifaschistische Organisation, die, wie ich später erfuhr, etwa 8000–10 000 Mann stark war und zum Teil von Kommunisten, zum Teil von Sozialdemokraten, aber auch von Mitgliedern der Mittelstandsparteien gebildet worden war. Sie war auf keinen Fall kommunistisch beherrscht, denn ich ging herum und erfuhr, was sie noch vor dem vollständigen Zusammenbruch der Nazi-Partei gehofft hatten: Sie hatten einen Plan, die Parteigeschäftsstellen zu besetzen, die wichtigsten Nazis in diesem Gebiet festzunehmen, insbesondere die Nahrungsmittelvorräte zu beschlagnahmen und dafür zu sorgen, dass die Nahrungsmittel, die dürftig genug waren, nicht von Nazis an Nazis verteilt würden. Unsere Leute kamen aber natürlich in diese Lage mit den Instruktionen, die der Militärregierung damals gegeben worden waren und die einer unabhängigen Aktion Deutscher gegen die Nazi-Partei keinen Raum ließen. Dafür war nur die Militärregierung zuständig.«

Ja, der für die öffentliche Sicherheit zuständige Offizier der Militärregierung »ließ auf diese Anti-Nazi-Organisation Jagd machen, ihre Literatur einziehen und warf 350 von ihnen ins Gefängnis. Unter Verwendung der Nazi-Polizei«. Der sozialdemokratische Polizeipräsident musste ohnmächtig zusehen. Dorn: »Es kostete einige Mühe, dieses kleine Missverständnis wieder auszubügeln.«

Die Behandlung des Nationalkomitees Freies Deutschland (NKFD) in Leipzig veranlasst das KP-Mitglied Fritz Selbmann zu einem Brief an Eisenhower: »Geben Sie den Leipziger Antifaschisten eine Chance!«

Dorns nächste Station ist Bremen:

»Sobald ich nach Bremen kam, gelang es uns, ein solches Vorkommnis wie in Leipzig zu verhindern, eine solche törichte Behandlung der antifaschistischen Organisationen. Auch in Bremen fand ich eine antifaschistische Organisation, etwa 4000–5000 Mitglieder stark.«

Auch hier muss erst ein eben neu eingesetzter Polizeichef, ein SS-Mitglied, wieder abgesetzt und der neu eingesetzte regierende Bürgermeister, der während des Nazi-Regimes der Vertreter Bremens bei der Reichs-

regierung in Berlin und Gegner der Weimarer Verfassung gewesen ist, ausgetauscht werden.
»Als Mitglied des OSS hatte ich natürlich nachrichtendienstliche Kenntnisse über Bremen; außerdem hatte mir kurz vor meiner Ankunft einer unserer besten Nachrichtenoffiziere eine Liste mit sieben oder acht Deutschen gegeben, die noch in Bremen am Leben waren und uns dabei unterstützen konnten, eine im Allgemeinen demokratische deutsche Regierung aufzubauen. Ich besuchte alle diese Leute sogleich.«
So trifft Walter L. Dorn auch auf Wilhelm Kaisen in Bremen. Erst am 31. Juli 1945 gelingt es ihm, auf den Ortskommandanten einzuwirken, den ungeeigneten Bürgermeister gegen Kaisen auszutauschen.
Die Beobachtungen Walter L. Dorns spiegeln den Geist jener Wochen wider, nachdem am 21. Mai 1945 den verantwortlichen Militärregierungsstäben in Versailles vor ihrem Umzug nach Frankfurt die Direktive JCS 1067 bekannt gegeben wurde.
Betroffen sind vor allem die Angehörigen der Psychological Warfare Division. Über deren Stimmung berichtet der amerikanische Historiker Arthur Smith: »Die eigentlichen Verlierer waren die Leute in der amerikanischen Behörde für psychologische Kriegsführung (PWD), denn sie konnten jetzt nichts mehr versprechen. Sie unternahmen jeden Versuch, ihre Glaubwürdigkeit wiederzugewinnen, indem sie unermüdlich verkündeten, das Ziel aller Bemühungen der alliierten Streitkräfte sei die deutsche Armee und nicht die Zivilbevölkerung.«
Smith weiß, wovon er spricht, denn er war einer von Bremerhavens Besatzungsoffizieren.
Unter Punkt 9 (Politische Betätigung) heißt es in der JCS 1067 als Anweisung an Eisenhower: »Es soll ohne Ihre Bewilligung keine politische Betätigung irgendwelcher Art geduldet werden. Sie werden dafür sorgen, dass Ihre Militärregierung sich mit keiner politischen Gruppe verbindet.«
Parallel zu JCS 1067 tritt auch das »Arrest Categories Handbook« in Kraft, das eine Schwarze Liste enthält, in der die aus Sicherheitsgründen automatisch zu verhaftenden Personen aufgeführt werden. Unter Führung des CIC jagen Sicherheitseinheiten und Militärpolizei hinter Personen her, die als »gefährlich« eingestuft sind. Ende 1945 befinden sich insgesamt um die 100 000 in ihrem Gewahrsam.
Die Säuberungsaktionen übernimmt eine Spezialabteilung, die »Special Branch«, eine politische Abteilung nach dem Vorbild von Scotland Yard.

Fündig werden die Amerikaner vor allem, als sie in einer Münchner Papiermühle 100 Millionen Blatt Papier mit den Dokumenten der 10 Millionen NSDAP-Mitglieder finden. Die Akten werden in das CIC-Quartier »Camp King« bei Oberursel transportiert und für die Entnazifizierung sowie die Vorbereitung der Nürnberger Prozesse ausgewertet. Heute lagern sie in unterirdischen Bunkern der ehemaligen Abhörzentrale der Gestapo in Berlin-Zehlendorf, im »Document-Center«.

Zunächst wird Hermann Göring verhaftet, nachdem er noch am 9. Mai 1945 mit dem amerikanischen General Patton auf dem Balkon eines Kitzbüheler Hauses Sekt getrunken hat; dann der getarnte Heinrich Himmler in der Nähe von Flensburg; am 11. Mai 1945 Walther Funk in Berlin; am 15. Mai ergreifen US-Soldaten Ernst Kaltenbrunner; am 16. Mai wird Robert Ley in einer Berghütte verhaftet; am 19. Mai Alfred Rosenberg, am 23. Mai Julius Streicher in der Gegend von Berchtesgaden; am selben Tag Karl Dönitz und Albert Speer in Flensburg; kanadische Marinesoldaten stoppen ein deutsches Schnellboot mit Arthur Seyß-Inquart an Bord; Franz von Papen wird in einer Waldhütte in Westfalen aufgespürt; am 5. Juni stellt sich Baldur von Schirach (der bis dahin als Dolmetscher in einer US-Dienststelle gearbeitet hat); am 14. Juni wird Joachim von Ribbentrop im Bett verhaftet; am 23. Juni Erich Raeder in Berlin-Babelsberg; und Hans Frank verübt bei seiner Verhaftung einen Selbstmordversuch.

Während die nationalsozialistische Führungselite im luxemburgischen Bad Mondorf interniert ist, bereitet man in London am 26. Juni 1945 den Prozess gegen sie vor. Delegierte der vier Siegermächte tagen dort, um den von den USA während der Gründungskonferenz der UNO in San Francisco eingebrachten amerikanischen Vorschlag eines internationalen Prozesses gegen die Hauptverantwortlichen des NS-Regimes zu beraten. Für die USA spricht in London Robert H. Jackson, für Großbritannien Sir David Maxwell Fyfe, für Frankreich Robert Falco, für die Sowjetunion General Iola T. Nikitschenko. Es sollte der bisher größte Prozess der Weltgeschichte werden.

Der Prozesseinleitung gehen viele Erörterungen auf höchster Ebene über »die deutschen Kriegsverbrecher« voraus. Schon beim ersten Zusammentreffen der »Großen Drei« in Teheran hatte Stalin bei einem Bankett sein Glas erhoben: »Ich trinke auf die möglichst rasche Justiz für alle deutschen Kriegsverbrecher! Ich trinke auf die Justiz eines Erschießungskommandos! Ich trinke auf unsere Entschlossenheit, sie sofort nach der Gefangennahme zu erledigen, und zwar alle, und es müssen mindestens 50 000 sein!« Churchill empörte sich damals laut über »einen solchen Massenmord«. Erst seit Jalta steht fest, dass den Hauptkriegsverbrechern der »Prozess gemacht werden« soll, als dort am 9. Februar 1945 die »Bestrafung der Kriegsverbrecher« behandelt wurde.

Umstritten ist jetzt noch der Ort, an dem dieser Internationale Gerichtshof zusammentreten soll. Die Sowjets schlagen Berlin oder London vor, die Briten wollen den Prozess in München sehen. Noch während der Londoner Konferenz fliegt Jackson nach Frankfurt, um sich mit dem Stellvertretenden Militärgouverneur Clay über einen geeigneten Ort zu beraten. Clay schlägt den unzerstörten Justizpalast in Nürnberg vor. Diesem Vorschlag stimmen auch die Sowjets nach langem Zögern zu.

Damit wird Nürnberg zur Stadt einer juristischen und dokumentarischen Abrechnung mit dem Nationalsozialismus. Am 8. August 1945 einigt man sich auf alliierter Ebene in London über das Statut des Internationalen Militärtribunals.

Henry Morgenthau wäre gerne bei der Potsdamer Konferenz im Juli dabei gewesen. Er macht die erhoffte Teilnahme zur Prestigefrage und scheitert daran: Selbst mit der Rücktrittsdrohung vom Posten des Finanzministers kann er die Berlinreise nicht erzwingen. Sein Rücktritt wird von Präsident Harry S. Truman akzeptiert. Dieser ernennt Fred M. Vinson zum neuen Finanzminister. Die Einflusssphäre des Finanzministeriums auf die Gestaltung der zukünftigen Deutschland- und Europapolitik hat ohnehin nachgelassen, ohne dass sich die praktische Formulierung der amerikanischen Politik geändert hätte. Der Wechsel an der Spitze im State Department von Edward R. Stettinius auf James F. Byrnes, der kurz zuvor stattgefunden hat, kann noch nicht greifen; die Denkschrift des neuen US-Außenministers, die zum ersten Mal nach Kriegsende eine neue Haltung signalisiert, kann das bevorstehende Treffen in Potsdam noch nicht beeinflussen.

In dieser Denkschrift wird der kontinuierliche politische Faden des State Department vor der Morgenthau-Initiative wieder aufgegriffen. Das Ziel der Besatzung wird definiert als »weitgehend psychologisch: ein Deutschland zu schaffen, dem man ohne fortdauernde Besetzung und Überwachung vertrauen kann – ein Deutschland, das zu der Gesellschaft der friedlichen Nationen wieder zugelassen werden kann«.

Für eine schnelle Revision ist es zu spät. Die amerikanische Konferenzdelegation geht am 17. Juli in das Dreimächte-Treffen im Potsdamer Cecilienhof mit der Sprache und dem Geist der Direktive JCS 1067.
Der Strafcharakter der militärischen Expedition bleibt erhalten. Es heißt in JCS 1067 im 1. Teil unter Punkt 4 (Hauptziele der Militärregierung in Deutschland):
»a. Es soll den Deutschen zu Bewusstsein gebracht werden, dass Deutschlands rohe Kriegsführung und der fanatische Widerstand der Nazis die deutsche Wirtschaft zerstört und Chaos und Leiden unausweichlich gemacht haben und dass die Deutschen der Verantwortung für das, was sie selbst über sich heraufbeschworen haben, nicht entgehen können.«
Dieser Punkt ist ebenfalls unter »Politische Grundsätze« unter 3.II in der »Amtlichen Verlautbarung über die Konferenz von Potsdam« definiert:
»Das deutsche Volk muss überzeugt werden, dass es eine totale militärische Niederlage erlitten hat und dass es sich nicht der Verantwortung entziehen kann für das, was es selbst dadurch auf sich geladen hat, dass seine eigene mitleidslose Kriegführung und der fanatische Widerstand der Nazis die deutsche Wirtschaft zerstört und Chaos und Elend unvermeidlich gemacht haben.«
Punkt 6 in der Verlautbarung von Potsdam ist fast identisch mit Punkt 6 von JCS: »Alle Mitglieder der nazistischen Partei, welche mehr als nominell an ihrer Tätigkeit teilgenommen haben, und alle anderen Personen, die den alliierten Zielen feindlich gegenüberstehen, sind aus den öffentlichen oder halböffentlichen Ämtern und von den verantwortlichen Posten in wichtigen Privatunternehmungen zu entfernen. Diese Personen müssen durch Personen ersetzt werden, welche nach ihren politischen und moralischen Eigenschaften fähig erscheinen, an der Entwicklung wahrhaft demokratischer Einrichtungen in Deutschland mitzuwirken.«
Nur der Satz: »Deutschland wird nicht mit dem Ziel der Befreiung besetzt werden, sondern als eine besiegte, feindliche Nation« wird in Potsdam abgemildert in die Formulierung:
»Es ist nicht die Absicht der Alliierten, das deutsche Volk zu vernichten oder zu versklaven.«
Dennoch, auf Hausanschlägen wird weiterhin der »Befehl Nr. 5« plakatiert: »Deutschland wird nicht mit dem Ziel der Befreiung besetzt, sondern als eine besiegte, feindliche Nation.«
Es ist der Text, unter den die Phase »Denazifizierung ist gleich Demokratisierung« fällt und der jeden Hinweis der PWD auf das andere Deutsch-

land über den Haufen schmeißt und den Überlebenswillen auch über den Tod eines Oberst Stauffenberg hinaus in die Vergessenheit verdrängt: »Es lebe das heilige Deutschland.« Die Anknüpfung an vorhandene demokratische Traditionen wird bewusst in diesem Strafcharakter unterbunden.

Die Militärs sind durch logistische Maßnahmen abgelenkt. Den Bereich Leipzig/Magdeburg übergeben die US-Truppen an die Sowjets und den Bereich um Köln an die Engländer. Im Ringtausch erhalten sie dafür, laut EAC-Abmachung in London, Bremen. Von Faustpfand ist nicht mehr die Rede; der Besatzungsalltag, in dem jeder Militärregierungsoffizier ein König für sich ist, greift um sich und diktiert ein politisches Leben voller Widersprüche.

An dieser Stelle kann man exemplarisch darstellen, warum die Modernisierung der deutschen Gesellschaft nicht gelingen wird und warum letztlich die Generation von Weimar die führenden Stellungen besetzen wird. Nicht nur aus dem Grund, dass sie zu den Jahrgängen gehört, die den Krieg überleben konnten – denn schon allein vom Alter her mussten sie nicht mehr zum Militär. Darüber hinaus gehören sie auch nicht zu den Leuten, die aktiv im Widerstand gegen Hitler die Kriterien eines neuen Deutschland entwickelten. Im Grunde kommen somit jetzt die in die Verantwortung, die – so bitter das klingen mag – »übrig geblieben« sind und in der Weimarer Zeit nicht genug gegen Hitler gekämpft haben.

Ursprünglich sollte ja nur eine begrenzte Zahl von Personen in Schlüsselstellungen von Partei, Wirtschaft und Militär ausgeschaltet werden; denn es sollte ja nicht Deutschland, sondern der Nationalsozialismus getroffen werden. Aber jenes bürokratische System der Säuberung, das jetzt in Gang gesetzt wird: die Entnazifizierung, erstickt nicht nur die Militärverwaltung, es erstickt auch die demokratische Tradition und damit den Geist eines wirklich effizienten Austauschs der Führungselite.

Das Erbe der 100 Millionen Blatt Papier, die in der Münchner Papierfabrik gefunden wurden, erdrückt eine moralische Frage mittels einer Papierlawine, die zuerst die amerikanischen und dann die deutschen Behörden überrollt und zuletzt die moralische Idee erstickt. Der »Rachecharakter« der Aktion wird sich rächen: das eigentliche Ziel der Entnazifizierung, Bestrafung der wirklich Schuldigen, wird verpasst und angesichts bürokratischer Maßnahmen verzögert.

Die Deutschen lernen das Maß an Demokratie aus der Opportunität der Besatzungsdirektiven herauszulesen, nachdem doch Tausende gerade ihren Einsatz gegen Opportunismus zwölf Jahre lang geprobt haben. Die Mittelmäßigkeit der politischen Kultur und das Gesicht einer Beamtenrepublik, die heutzutage hauptsächlich Beamte das berufliche Risiko einer öffentlichen Verantwortung übernehmen lässt, ist damals geprägt worden.
Die Schwarze Liste des »Arrest Categories Handbook« aus dem »SHAEF Public Safety Manual of Procedures, Military Government of Germany« (2. Auflage Februar 1945) beschäftigt die CIC-Leute immer mehr im Aufspüren von Verdächtigen:
Die Weiße Liste gerät ihr gegenüber in Vergessenheit.
Selbst die ehemaligen OSS-Mitglieder, die in ihren Drehbüchern das Nachkriegsdeutschland vor sich sahen, geraten jetzt in den Sog der Schwarzen Liste, denn sie werden mehr und mehr dazu gebraucht, Kategorien des Nazi-Deutschlands nachzuspüren und den Special Branches zuzuliefern. Die von ihnen erarbeitete Weiße Liste dient nur noch zum »clearen« einer Person.
Ob Nürnberg, Bayreuth, Dachau oder Berlin: die spontanen antifaschistischen Komitees wirken störend. Viele werden einfach verboten. Oder es ergeht ihnen so wie zum Beispiel in Bayreuth, wo man KPD- und SPD-Funktionäre, die mit parteipolitischen Vorbereitungsarbeiten begonnen haben, dafür mit mehrmonatigen Freiheitsstrafen belegt. Wiederum andere werden in die Dienste der Special Branch beim Aufspüren verdächtiger Personen eingespannt. »Ruhe, Ordnung und Disziplin« lautet die Devise, wie es im Grafenauer Anzeiger Nr. 1 am 2. Mai 1945 heißt. Dieses Klima ist nicht geeignet zur Auswechslung des politischen Führungspersonals und zur Umbildung politischer Institutionen.

Die Verhaftungswelle führt dazu, dass sich Ende 1945 insgesamt 250 000 Personen in Internierungslagern befinden. Doch der Geist der Entnazifizierung erregt schon in der ersten Phase Widerspruch.
Am 28. Juni 1945 schreibt Konrad Adenauer in seiner Denkschrift an den Kommandanten der Militärregierung, die an Eisenhower weitergereicht werden soll: »Ich glaube, wenn man eine Sichtung der Parteimitglieder etwa in der von mir vorgeschlagenen Form vornimmt, wird man zahlreiche Personen, die jetzt von einer Tätigkeit ausgeschlossen sind und dieser

Propaganda anheimfallen, nützlich verwenden und der nationalsozialistischen Propaganda entziehen können. Ich mache diesen Vorschlag, obgleich die nationalsozialistische Propaganda innerhalb Deutschlands in der letzten Zeit außerordentlich stark zugenommen hat, natürlich in unterirdischer Weise.«

Am 6. Oktober 1945 werden die Briten Adenauer, den man in der Weißen Liste noch als vertrauenswürdig eingestuft hatte, mitteilen: »Sie werden weder direkt noch indirekt irgendeiner wie auch immer gearteten politischen Tätigkeit nachgehen.« Adenauer muss, wie 1933, wieder die Stadt Köln verlassen und sich nach Rhöndorf zurückziehen.

Aber auch aus Armeekreisen gibt es Querschüsse. General George S. Patton, der deutsche Hilfstruppen für einen Vorstoß gegen die Russen intakt halten und schon aus diesem Grund die Entnazifizierung abbremsen will und der etwas frustriert das Amt eines militärischen Oberbefehlshabers in Bayern ausübt (mit Sitz in Grafenau und später in Tölz), mokiert sich über die personalpolitischen Konsequenzen der in Gang gesetzten Entnazifizierung, als er am 22. September 1945 in Tölz sagt: »It is just as if the Democrats at home threw out every Republican who held any kind of civic job or vice versa. Nothing would run.« (»Das ist gerade so, als ob die Demokraten zu Hause jeden Republikaner, der irgendeinen Job in der Verwaltung hat, hinauswerfen würden oder umgekehrt. Nichts würde funktionieren.«)

Ein Skandal bricht in den Zeitungen los, man wirft der Militärregierung in Bayern vor, »das Vierte Reich aus den Ruinen des Zweiten zu bauen«; General Patton wird entlassen. Die Säuberungsdirektiven werden fast bis zur Hysterie verschärft. Durch sie soll die öffentliche Meinung in den Staaten wieder beruhigt werden.

Zwei Tage nach dem Patton-Interview beauftragt General Clay, der stellvertretende Militärgouverneur, seinen Chef der Rechtsabteilung, Charles H. Fahy, ein Gesetz innerhalb weniger Stunden zu formulieren, das die Beschäftigung von Nationalsozialisten unter Strafe stellt. Das Militärregierungsgesetz Nr. 8 wird am 26. September 1945 in Kraft gesetzt. Jetzt geht es nicht nur bloß um die Schlüsselstellungen, sondern alle Zweige des Erwerbslebens werden von den Säuberungsaktionen betroffen sein. Es ist jetzt die Pflicht der Arbeitgeber, die Richtigkeit der Angaben ihrer Beschäftigten zu überprüfen.

Nach der ersten Verhaftungswelle unmittelbar nach der Besetzung löst dieses Gesetz eine zweite Verhaftungswelle aus.

Aufgrund der bisherigen Direktive der Militärregierung vom 7. Juli (eine Durchführungsbestimmung der JCS 1067 für die einzelnen Fachverwaltungen) haben alle Personen, die eine relativ wichtige Schlüsselposition im öffentlichen Leben bekleiden, einen Fragebogen auszufüllen. Die Auswertung obliegt den Special Branches; ihre Entlassungsverfügungen geben ihnen den Namen »Chaosboys«.

Mehr als ein Drittel derer, die bis zum August einen Fragebogen ausfüllen, verlieren ihre Stellung. Gegen Jahresende 1945 fällt ihre Zahl – nach dem Zwischenhoch aufgrund des Gesetzes Nr. 8 – auf ein Viertel ab. Die Beamten der Special Branches haben mehr als 1 650 000 Fragebogen erhalten und überprüft. Mehr als 300 000 Personen wird die Erlaubnis verweigert, andere als untergeordnete Arbeiten zu verrichten.

Die 131 Fragen dieses 20 cm breiten und (mit den bedruckten Rückseiten) 1,72 m langen Fragebogens des Military Government of Germany sollen nationalsozialistische Aktivitäten durchleuchten: »Auslassungen sowie falsche oder unvollständige Angaben stellen Vergehen gegen die Verordnung der Militärregierung dar und werden dementsprechend geahndet.« So lautet zum Beispiel Frage 109 des Fragebogens: »Wie haben Sie im März 1933 gewählt?«; die Fragen 40 bis 98 betreffen Mitgliedschaften in den verschiedensten nationalsozialistischen Organisationen.

Zum Stichtag vom 15. März 1946 stammen 50 Prozent der in der US-Zone bearbeiteten Fragebogen von Beschäftigten oder Bewerbern des öffentlichen Dienstes. 57 Prozent aller ausgesprochenen Beschäftigungsverbote betreffen diese Gruppe; ihr Prozentsatz liegt damit um ein Drittel höher als der aller anderen Fälle von Berufsgruppen zusammengenommen. Ein anderes Beispiel: Nur 17 Prozent der wirtschaftlichen Oberschicht werden aus dem Dienst entlassen.

Die Entnazifizierung wächst den Amerikanern über den Kopf. Clay schreibt nach Washington: Selbst wenn ihm das Kriegsministerium 10 000 Mann extra für diese Aufgabe schicke, könne er die amerikanische Zone nicht wirksam genug entnazifizieren. Er regt an, die Entnazifizierungsaufgaben den Deutschen zu übertragen.

Clay beruft einen »Ausschuss für Entnazifizierungspolitik« ein (Denazification Policy Board), der bis zum 31. Dezember 1945 einen Bericht vorlegen soll, ihn aber erst am 15. Januar 1946 vorlegen kann. In ihm wird u. a. die bisherige Schwäche der Entnazifizierung offengelegt: in manchen Fällen willkürliche Entscheidungen und gewisse aktive Nazis würden davon nicht erfasst.

Ende Januar 1946 werden die deutschen Vertreter des Länderrats, der seit dem 5. Oktober 1945 aus den Ministerpräsidenten der drei Länder Bayern, Württemberg-Baden und Hessen besteht und in Stuttgart seinen Sitz hat, nach Stuttgart gerufen. Die Justiz- und Entnazifizierungsfachleute der deutschen Länderministerien sollen Gelegenheit haben, »noch einige Fragen« zu besprechen. Am 7. Februar beginnen dann die offiziellen Verhandlungen zwischen dem Länderrat und einer Delegation der Rechtsabteilung von OMGUS (Office of Military Government for Germany, U.S.). Clays Rechtsberater Charles Fahy interpretiert die Entschlossenheit von OMGUS, die deutsche Führungsschicht im kulturellen, politischen und wirtschaftlichen Leben abzulösen und an ihrer Stelle eine neue Führungsschicht einzusetzen: »Es handelt sich um eine Art Umwälzung, die Ablösung der bisherigen Schicht, die am Steuer saß, durch eine neue Schicht.« Und Ausschussmitglied Robert Bowie meint: »Die vollständige Bereinigung Deutschlands ist eine unerlässliche Voraussetzung für den Wiederaufbau.« Aber die Deutschen sind unzufrieden mit der Liste der Schuld-Kategorien des geplanten »Gesetzes zur Befreiung von Nationalsozialismus und Militarismus«. Schon nach flüchtigem Durchlesen entsteht ein »gewaltiger Schock« (so Delegationsmitglied Schmitt aus Bayern). Dieses Gesetz sei eine Gefahr für den Aufbau einer Demokratie in Deutschland, ja man fordert den Abbruch der Verhandlungen.

Schmitt: »Ich gebe mich nicht zum Henker meiner eigenen Landsleute her!«

Clay ist mit seiner Initiative in einer schwierigen Lage. Die »Society for the Prevention of World War III«, die Morgenthau nahestand, schreibt an McNarney, den US-Militärgouverneur in Deutschland, Clay müsse sehr darauf achten, dass sich nicht noch einmal ein »Bavarian Scandal« wiederhole, wenn er die Entnazifizierung in deutsche Hände abgeben wolle. Im Antwortschreiben ist auch nur von einer »Teilnahme« Deutscher die Rede …

Die Legalisierung der Entnazifizierung durch die »Legal Division«, welche die ein Jahr alte Special-Branch-Praxis oft willkürlicher Verwaltungsmaßnahmen beenden oder zumindest eindämmen soll, gestaltet sich äußerst schwierig.

Reinhold Maier hat »den niederschmetternden Eindruck, dass wir wieder auf dem gleichen Fleck stehen wie beim ersten Zusammentreffen mit amerikanischen Offizieren im Mai 1945«. Der bayerische Ministerpräsident Hoegner hat aber die Anweisung gegeben, »dass man es auf keinen

Fall auf einen Abbruch der Verhandlungen ankommen lassen soll, sonst werden die Deutschen für unfähig erklärt, die Denazifizierung durchzuführen. Es handelt sich aber darum, dass wir selbst die Entnazifizierung in die Hand bekommen, weil man gesehen hat, dass schwere Unzulänglichkeiten entstanden sind«. In den folgenden Tagen wird in zwei Arbeitsgruppen ein neues Gesetz formuliert. Die Belastungsliste wird neu durchgekämmt. Deutsche Spruchkammern sollen alle formal Belasteten nach dem Ergebnis gerichtlicher Verhandlungen einstufen: als Hauptschuldige, Belastete, Minderbelastete, Mitläufer. Die Special Branches sollen nur noch die in den Befreiungsministerien (gemeint waren deutsche Behörden, die diese Entnazifizierung kontrollierten) und in den Spruchkammern beschäftigten Personen »checken« und ebenso die Kandidaten für Schlüsselstellungen in Politik, Wirtschaft und für die Anstellung bei der Militärregierung und der US-Army.

Ein sogenannter Meldebogen wird angefertigt, die deutsche Version des Fragebogens: Jeder erwachsene Deutsche hat ihn in doppelter Anfertigung auszufüllen und bei der Polizei abzugeben. Bis zum 28. April 1946 soll dieser Meldebogen abgeliefert sein und allein in Bayern sollen etwa 180 neu zu schaffende Spruchkammern mit ihrer Arbeit beginnen. Ein verwaltungsinternes Arbeitsblatt dient der Überprüfung des Meldebogens und muss acht Stellen zirkulieren und jeweils innerhalb von zwölf Stunden weiterexpediert werden.

Auf Empfehlung des Verbindungsmannes der Militärregierung zum deutschen Länderrat, James K. Pollock, Professor für Politische Wissenschaften an der Michigan-University, sieht man die Verkündung des Gesetzes in München vor, dem Ort, an dem der Nationalsozialismus seinen Anfang genommen hat.

Reinhold Maier: »In Stuttgart fiel uns ein Stein vom Herzen, als wir hörten, dass Bayern das Gesetz Nr. 104 in seiner Hauptstadt München durch einen feierlichen Staatsakt verabschiedet sehen wollte.«

Clay sagt in seinen Memoiren dazu: »Die Ministerpräsidenten hielten es für angemessen, dass die Stadt auch Schauplatz des Schlusskapitels werde.«

Am 5. März 1946, am Jahrestag der letzten Reichstagswahl vom 5. März 1933, wird das Gesetz unterzeichnet, nachdem noch bis 2 Uhr früh beraten wurde.

Schon in seiner Ansprache gibt Ministerpräsident Reinhold Maier zu bedenken: »Durch ein Gesetz allein ist die Befreiung des deutschen Volkes von Nationalsozialismus und Militarismus nicht zu erreichen.« Deutsche Spruchkammern übernehmen jetzt die Entnazifizierung des kleinen Mannes im Schatten des Großen Tribunals in Nürnberg.

Die Hand der Justitia hält vor der Weltkugel die Waage, so sieht das Signum des Internationalen Militärgerichtshofs in Nürnberg aus, bei dem Hitler vor dem Weltgericht stehen sollte. Ein Gericht, das auf die Verletzung der Moral hinweisen und die Voraussetzungen einer neuen politischen Kultur schaffen will. Die wichtigsten Männer aus Politik, Wirtschaft und Militär werden angeklagt wegen Verschwörung gegen den Frieden, wegen Verbrechen gegen den Frieden, wegen Kriegsverbrechen und Verbrechen gegen die Menschlichkeit. So heißt es in den Anklageschriften, die diese Männer am 18. Oktober 1945 in Nürnberg ausgehändigt bekommen. Der Prozess gegen die Hauptkriegsverbrecher wird am Anfang einer Säuberungsaktion stehen, die in einem Nürnberg des kleinen Mannes ihr Ende finden sollte, oder: »die Entnazifizierung mit und ohne Strick« (so der Publizist Schrenck-Notzing), bis der Austausch der für die politische Kultur Verantwortlichen auf den Gebieten Politik, Wirtschaft und Militär/Polizei abgeschlossen sein wird.
US-Ankläger Jackson spricht in seiner Nürnberger Anklage diesen Punkt an: »Tausend kleine Hitler diktierten, Tausend Nachahmer Görings stolzierten umher, Tausend Schirachs hetzten die Jugend auf, Tausend Sauckels ließen Sklaven arbeiten, Tausend Streichers und Rosenbergs fachten den Hass an, Tausend Kaltenbrunners und Franks folterten und mordeten, Tausend Schachts und Speers und Funks verwalteten und finanzierten und unterstützten die Bewegung.«
Um diese Organisationsstruktur von Gehorsam und Schuld zu durchleuchten, werden 13 Millionen Fragebogen verteilt. Sie sollen die Behauptung bekräftigen oder entkräften, wonach »jeder Deutsche in seinem Herzen, Körper und Geist ein Hitler« sei.
Mit Nürnberg und den Enthüllungen der Geheimnisse des Dritten Reiches soll die Anfälligkeit der Deutschen für den Nationalsozialismus beseitigt werden.
Aber die Siegermächte streiten sich schon bei der Frage, wer eigentlich auf die Liste der Kriegsverbrecher sollte. Die »Größen« des Dritten Reiches haben sich durch Selbstmord der Verantwortung entzogen: Hitler, Himmler und Goebbels. Einige Tage vor Prozessbeginn nimmt sich Robert Ley das Leben. Hermann Göring einige Tage nach Prozessende.

Mit großem Aufwand wird weiter nach Martin Bormann gesucht. Die Franzosen wollen unbedingt Gustav Krupp auf der Anklagebank sehen und drohen noch 48 Stunden vor Prozessbeginn, den Prozess platzen zu lassen; 24 Stunden vor Prozessbeginn heißt es aus Moskau, der russische Ankläger könne nicht kommen, offizielle Begründung: Chefankläger Rudenko sei plötzlich an Malaria erkrankt. Die Russen bitten um eine Vertagung. Der amerikanische Chefankläger droht damit, ohne die Sowjets anzufangen, und bringt so Rudenko doch auf den Weg von Moskau nach Nürnberg.

Am 20. November 1945 um 10 Uhr 03 kann der Prozess in dem Nürnberger Justizgebäude, das für eine Million Dollar umgebaut wurde, beginnen. Er wird 218 Tage dauern. Nachdem den Angeklagten die Anklageschrift vorgelesen wurde, gebrauchen alle dieselbe Formel: »nicht schuldig«.

Um nicht ganz den Eindruck entstehen zu lassen, ganz Deutschland säße in Nürnberg auf der Anklagebank, stellt der amerikanische Ankläger Jackson bei der Prozesseröffnung fest: »Wir möchten klarstellen, dass wir nicht beabsichtigen, das deutsche Volk zu beschuldigen. Wenn die breite Masse des deutschen Volkes das nationalsozialistische Parteiprogramm willig angenommen hätte, wäre die SA nicht nötig gewesen und man hätte auch keine Konzentrationslager und keine Gestapo gebraucht.«

Feldstudie *Demontage*

Die Meldung der *Flensburger Nachrichten* vom 16. Mai 1945 datiert den Stichtag des Wiederaufbaus Deutschlands noch vor der Kapitulation:

»Die alliierte Militärregierung hat die Fordwerke in Köln wieder in Betrieb gesetzt. Die Produktion begann am 4. Mai. Am 8. Mai fuhr der erste neue Lastkraftwagen aus der Werkhalle. Zehn Lastkraftwagen werden bereits pro Tag hergestellt und den alliierten Besatzungskräften zur Verfügung gestellt. Tausend Fremde haben früher in den Fordwerken gearbeitet. Die gesamte Belegschaft besteht jetzt aus Deutschen.«

Diese Meldung regt die Phantasie des Reichskabinetts in Flensburg-Mürwik an: Der Wiederaufbau kann beginnen, das neue Nachkriegsdeutschland geplant werden.

Aber es kommt doch anders: Das neue Staatsoberhaupt Dönitz, sein Wirtschaftsminister Speer, ja sogar der von US-Truppen in Südtirol befreite Sonderhäftling Schacht sitzen auf der Anklagebank in Nürnberg. Enttäuscht ist US-Hauptankläger Robert H. Jackson, dass der Gesundheitszustand des Industriellen Gustav Krupp es nicht zulässt, in diesem Prozess neben den Vertretern aus Partei, Politik und Militär auch einen Repräsentanten der Wirtschaft zu sehen. Das Ausscheiden des verhandlungsunfähigen Krupp bedeutet für Jackson eine Niederlage für die »Interessen der hier vertretenen Nationen, welche die Waffen- und Munitionsindustrie in der Person ihres bekanntesten und hartnäckigsten Vertreters vor dieses Tribunal stellen«. Auch für den Vorschlag Jacksons, dann doch wenigstens Krupps Sohn Alfried auf die Anklagebank zu setzen, »oder die Anklage gegen die deutsche Rüstungsindustrie bricht zusammen«, kann sich der englische Hauptankläger Hartley Shawcross nicht erwärmen: »Wir sind hier in einem Gericht und nicht im Fußballstadion, wo man einen Ersatzmann aufs Feld schickt, wenn jemand ausgefallen ist.«

Alfried Krupp von Bohlen und Halbach ist schon am 10. April 1945 in der Villa Hügel in Essen verhaftet worden; ein anderer Großindustrieller, Hugo Stinnes, am 6. September 1945 – zusammen mit 39 anderen Mitgliedern des Kartells der Kohleindustrie. Am 16. November 1945 übernehmen die Briten die Kontrolle über die Krupp-Betriebe, während schon am 5. Juli 1945 das gesamte IG-Vermögen in der amerikanischen Zone beschlagnahmt wird und Aufsichtsräte und Vorstände »entfernt und entlassen und jeder Vollmacht entkleidet« werden. Insgesamt 169 Gesellschaften, die zum IG-Farben-Konzern in den Westzonen gehörten, werden beschlagnahmt. Ebenso die 45 Gesellschaften in der sowjetischen Zone: Am 25. Oktober 1945 überführt die Landesverwaltung Sachsen in der sowjetischen Zone »die dem Kriegsverbrecher Flick gehörenden und im Bundesland Sachsen gelegenen Unternehmungen« in ihr Eigentum.

Zwei Meldungen charakterisieren die nächsten Monate und Jahre in ihrer Zwiespältigkeit. Auf ein und derselben Seite 2 der *Nürnberger Nachrichten* vom Samstag, dem 9. März 1946, steht Spalte neben Spalte zu lesen: »Im Anschluss an die Verhaftung des Rüstungsmagnaten Friedrich Flick wurden innerhalb der amerikanischen Zone 33 Direktoren und Aufsichtsräte deutscher Großbanken verhaftet. Sie sind des Verbrechens gegen Frieden und Menschlichkeit verdächtig.« Und: »Der frühere amerikanische Präsident Herbert Hoover wird auf Einladung Präsident Trumans nach Europa fliegen, um festzustellen, wo Lebensmittellieferungen zur Vermeidung einer Hungersnot erforderlich sind.«

Zwei verschiedene Linien des Engagements innerhalb derselben Besatzungszone beginnen sich abzuzeichnen. Werden sie sich irgendwo treffen?

Das Wirtschaftspotenzial im Ruhrgebiet als Zentrum deutscher Industrie hat schon seit der Jahrhundertwende die Phantasie des Auslands erregt. Dort besaßen nur sechs Konzerne die Kontrolle über 98 Prozent der Eisen- und 95 Prozent der Stahlproduktion (Stand 1938). Diese deutsche Schwerindustrie soll jetzt empfindlich getroffen werden, zumal allein die Eisenindustrie nur zu 10 Prozent durch den Krieg zerstört wurde. (Die chemische Industrie zu 10 bis 15 Prozent, die Maschinenbauindustrie zu 15 bis 20 Prozent und die Textilindustrie zu 20 Prozent.)

Schon auf der Konferenz von Teheran hat Roosevelt den Vorschlag gemacht, das Ruhrgebiet (und auch die Saar) der Kontrolle der Vereinten Nationen oder der Treuhandschaft europäischer Staaten zu unterstellen. Auch Stalin hat dieser Absicht mit der Begründung zugestimmt: »Welche

Verbote wir Deutschland auch auferlegen, die Deutschen werden eine Möglichkeit haben, diese zu umgehen. Wenn wir den Bau von Flugzeugen verbieten, können wir nicht gleichzeitig die Möbelfabriken schließen, und bekanntlich können Möbelfabriken schnell auf die Produktion von Flugzeugen umgestellt werden. Wenn wir Deutschland verbieten, Granaten und Torpedos zu produzieren, so können wir nicht gleichzeitig die Uhrenfabriken schließen; jede Uhrenfabrik kann aber schnell auf die Produktion der wichtigsten Teile von Granaten und Torpedos umgestellt werden. Deshalb wird sich Deutschland erneut erheben und eine Aggression beginnen können. Um eine Aggression abzuwenden, werden die vorgesehenen Organe nicht ausreichen. Man muss die Möglichkeit haben, die wichtigsten strategischen Punkte zu besetzen, damit Deutschland sie nicht in seine Hand bekommen kann.«

Dass aus dieser Meinungsäußerung Politik wird, die nicht nur das Kriegspotenzial, sondern in erster Linie die deutsche Industrie treffen will, dafür sorgt der amerikanische Finanzminister Henry Morgenthau. Das Ruhrgebiet sollte nach seiner Meinung »nicht nur vollkommen demontiert werden, sondern so weit geschwächt und kontrolliert, dass es in absehbarer Zeit nicht wieder ein Industrieraum werden kann.« Millionen Deutsche sollten, nach einer »Idee« Stalins, in die Sowjetunion deportiert und dort sterilisiert werden. Der Judenverfolgung durch die Deutschen würde jetzt auf dem Weg des Arbeitskräftetransfers von Deutschen ins Ausland und durch die totale Demontage der Industrie eine Maßnahme entgegengesetzt, die es den Deutschen kaum ermöglichen würde, die eigene Existenz sicherzustellen. »Dieses Programm sieht vor, dass Deutschland in ein vorwiegend landwirtschaftliches und viehwirtschaftliches Land verwandelt werde«, wie es im Abkommen von Quebec heißt, das Roosevelt und Churchill unterschrieben hatten (15. September 1944). So stellt sich Ghostwriter Morgenthau die sechs Monate nach dem Sieg über Deutschland vor: »In jedes Stahlwerk, in jede Zeche, in jede chemische Fabrik, in jede Raffinerie« müsse man Pioniere schicken, die »Dynamit legen, die Hydranten öffnen, alles unter Wasser setzen und sprengen« sollten. »Wenn man die Deutschen Fahrräder und Kinderwagen machen lässt, bauen sie auch gleich Flugzeuge … Die Lösung scheint schrecklich, unmenschlich, grausam zu sein. Wir haben den Krieg nicht gewollt. Wir haben nicht Millionen Menschen in die Gaskammern gejagt …«

Die 14 »top secret«-Punkte finden dann Eingang in die JCS 1067-Direktive vom 26. April 1945 »an den Oberstkommandierenden der Okkupa-

tionstruppen der Vereinigten Staaten in Deutschland, betreffend die Militärregierung in Deutschland«:
»Sie werden alle tunlichen wirtschaftlichen und polizeilichen Maßnahmen treffen, um zu sichern, dass die deutschen Hilfsquellen voll ausgenützt und der Verbrauch auf einem Minimum gehalten werde, damit die Einfuhr streng begrenzt werde … Sie werden Schätzungen aufstellen, welche Zufuhren nötig sind, um Hunger oder ansteckende Krankheiten oder bürgerliche Unruhen zu verhüten, die unsere Truppen in Gefahr bringen könnten.«
Erschrocken reagieren auch die Berater der zukünftigen Militärregierung in Deutschland, als sie den Inhalt der Direktive erfahren: Sie stamme »von ökonomischen Idioten«, äußert sich Lewis Douglas, Finanzberater der US-Militärregierung. Die Direktive wolle den »qualifiziertesten Arbeitern Europas verbieten, für einen Kontinent, auf dem ein verzweifelter Mangel an allem herrscht, so viel wie möglich zu produzieren«. (Douglas war deshalb von seinem Posten zurückgetreten.)
Aber noch in der »Amtlichen Verlautbarung über die Konferenz von Potsdam« heißt es u. a. am 2. August 1945 unter dem Punkt »Wirtschaftliche Grundsätze«: »In praktisch kürzester Frist ist das deutsche Wirtschaftsleben zu dezentralisieren mit dem Ziel der Vernichtung der bestehenden übermäßigen Konzentration der Wirtschaftskraft, dargestellt insbesondere durch Kartelle, Syndikate, Trusts und andere Monopolvereinigungen.« Und der nächste Punkt: »Bei der Organisation des deutschen Wirtschaftslebens ist das Hauptgewicht auf die Entwicklung der Landwirtschaft und der Friedensindustrie für den inneren Bedarf (Verbrauch) zu legen.«
General William H. Draper, Leiter der Wirtschaftsabteilung bei der Militärregierung in Deutschland, stöhnt schon Ende 1945: »Unmöglich! Wenn wir durchkommen wollen, brauchen wir, abgesehen von den Lebensmitteleinfuhren, eine Milliarde Dollar für unbedingt wichtige Einfuhren.« Zum Ärger mancher Entflechtungsbeauftragter bremst er die »Anti-Trust-Raufbolde«, die sich vor einem Senatsausschuss um die Jahreswende 1945/46 über die »Laxheit« Drapers im Umgang mit den Repräsentanten der deutschen Wirtschaft Luft machen. Am 10. Oktober 1946 erinnert Clay den Leiter der Wirtschaftsabteilung an seine Aufgabe: »Ich bin sicher, dass die Wiederherstellung der Demokratie in Deutschland von unserer Fähigkeit abhängt, eine Wirtschaft zu entwickeln, die nicht von einer Handvoll Banken kontrolliert wird.« Schon am

30. November 1945 hat ein Gesetz des Alliierten Kontrollrats die Zerschlagung des IG-Farben-Konzerns in unabhängige und voneinander selbstständige Unternehmen angeordnet. Drapers Nachfolger Philip Hawkins kann erst im Juni 1947 notieren, dass der Konzern in 47 unabhängige Unternehmen aufgeteilt und der Konzern damit zerschlagen sei.
Über eine Zerschlagung der Kriegsindustrie im industriellen Zentrum Ruhr hinaus geht es Frankreich und gewissermaßen auch der Sowjetunion, wenn beide Länder über die Zukunft dieser Region nachdenken: Wie nach dem Ersten Weltkrieg wünscht Frankreich eine französische Besatzungszone im Rheinland über Köln hinaus ins Ruhrgebiet hinein. De Gaulle definiert auf einer Reise durch die französisch besetzten Gebiete im Oktober 1945, wie Frankreich die Neuordnung sieht: Das Rheinland sollte ein wirtschaftlich und politisch autonomes Gebilde werden, die Saar durch eine Wirtschafts- und Zollunion eng mit Frankreich verbunden werden, während das Ruhrgebiet zu einem internationalen Gebiet erklärt werden sollte. An rechtsrheinischen Brückenköpfen sollten starke ausländische Streitkräfte stationiert werden.

Damit sind die französischen Interessen dem Abkommen von Potsdam entgegengerichtet; denn dieses will ja an der wirtschaftlichen Einheit Deutschlands festhalten.

Die Sowjets sprechen sich zwar auch für eine Internationalisierung des Ruhrgebiets aus, allerdings nicht im Sinne einer Ausgliederung aus Deutschland; nach ihren Plänen sollten die vier Besatzungsmächte gemeinsam das Ruhrgebiet verwalten und es in gemeinsamer Verantwortung direkt dem Kontrollrat als höchster Behörde unterstellen.

Diese Pläne Frankreichs und der Sowjetunion widerstreben aber der britischen Interessenlage; denn Rhein und Ruhr sind ein Bestandteil der britischen Besatzungszone. Außenminister Ernest Bevin lehnt es ab, Teile seines Besatzungsgebietes einer Viermächte-Verwaltung abzutreten.

Es geht um sieben Millionen Menschen im Ruhrgebiet, um ihre existenzielle und politische Zukunft, um ihre Arbeitsplätze und ihre Versorgung mit Lebensmitteln.

Am 5. März 1946 stimmt das französische Kabinett einstimmig für die Beibehaltung der festen Haltung in der Frage des Ruhrgebiets, und noch am selben Tag teilt der französische Außenminister Georges Bidault seinem amerikanischen Kollegen James F. Byrnes mit, dass Paris die Schaffung einer deutschen Zentralverwaltung von der Regelung des westdeutschen Grenzverlaufes abhängig sehe.

Auf der Pariser Konferenz (25. April 1946) formuliert Bidault noch deutlicher: Erst müsse die Rhein-Ruhr-Frage geklärt werden, bevor sich Frankreich überhaupt zu deutschen Angelegenheiten weiter äußern würde.

Neun Monate nachdem die Alliierten die Regierungsgewalt über Deutschland übernommen haben, blockieren sich ihre Vorstellungen über Deutschlands Zukunft. Die Kontroversen spitzen sich in den wirtschaftlichen Fragen zu.

Der sowjetische Außenminister Wjatscheslaw Molotow unterstützt seinen französischen Kollegen Bidault, während der britische Kollege Bevin darauf hinweist, dass man die Frage der Westgrenze nicht von der deutschen Frage trennen könne.

Die Ziele der vier Besatzungsmächte hinsichtlich der Frage der deutschen Wirtschaftseinheit werden immer unvereinbarer, je mehr sich die Frage der Reparationen in den Vordergrund schiebt. Die Briten und die Amerikaner verlangen von den Sowjets Lebensmittellieferungen aus der Sowjetzone für die Industriegebiete an Rhein und Ruhr. Die Sowjets jedoch interessiert jetzt kein innerdeutscher Ernährungsausgleich aus ihrem Agrarüberschussgebiet Sowjetzone, sie setzen auf die Einhaltung der Reparationsleistungen. Die Briten und Amerikaner wiederum wollen nicht einsehen, warum sie allein Deutschland subventionieren sollen, während die UdSSR von den westlichen Besatzungsmächten noch obendrein Reparationsleistungen aus der laufenden Produktion verlangt.

Schon seit Monaten bemühen sich die Alliierten im Koordinierungsausschuss um einen Bewertungsschlüssel, wie das zukünftige deutsche Industrieniveau aussehen sollte. Der Streit ist dort schon offen ausgebrochen: für die Franzosen sind Motorrad- und Zementwerke, für die Briten synthetische Textilien, für die Amerikaner Autos potenzielles Kriegsmaterial. Nach wochenlangem Ringen einigt sich der Kontrollrat am 26. März 1946 auf den »Ersten Industrieplan für Deutschland«. Er bestimmt, dass die »deutsche Industrieproduktion etwa bei 50–55 Prozent der Produktionshöhe von 1938 liegen dürfe und alle darüber hinausgehende Produktionskapazität entweder als Reparationsgüter in das durch den Krieg geschädigte Ausland geliefert oder an Ort und Stelle zerstört werden sollte.«

Die umstrittene Stahlproduktion wird auf 5,8 Millionen Tonnen festgelegt, wogegen die Briten wiederum Einspruch erheben. Noch immer ist man sich nicht einig darüber, welche Industriebetriebe noch demontiert werden sollten, nachdem die Rüstungsindustrie schon zum Großteil abgebaut ist. Die chemische Grundstoffindustrie wird auf 40 Prozent im Vergleich zur Produktion von 1936 und die pharmazeutische Industrie auf 80 Prozent reduziert.

Wie die Direktiven der Besatzungsmächte aussehen, zeigt ein französischer Bericht aus dem Jahr 1947: »Die deutsche Bevölkerung ist in den interessantesten Wirtschaftszweigen wieder beschäftigt worden, besonders in den Produktionsbetrieben, die für die Ankurbelung der französischen Wirtschaft wichtig sind.«

Nach diesem Industrieplan schlägt die sowjetische Besatzungsmacht eine andere Strategie ein: Sie unterstellt deutsche Betriebe sowjetischer Regie – unter die »sowjetischen Aktiengesellschaften« (SAG). Sie kontrollieren 20 Prozent der sowjetzonalen Industrieproduktion vor allem in Sachsen, Sachsen-Anhalt und Thüringen. (In Sachsen machen sie 50 Prozent der Industrieproduktion aus.) Solange der Griff nach den westzonalen Industriegebieten nicht gesichert ist, bedient sich die Sowjetunion für ihre Reparationsforderungen der Industrie ihrer Zone, ein Hinweis auf eine zunächst wirtschaftlich orientierte Abgrenzungspolitik. Die USA wiederum weigern sich im Mai 1946, irgendwelche Reparationsleistungen aus der amerikanischen Zone an die Sowjets auszuliefern, da die Sowjets keinerlei Berichte über ihre Produktionsentnahmen aus ihrer Zone an die Alliierten weitergeben und damit die wirtschaftliche Einheit des besetzten Landes nicht einhalten.

Angesichts dieser gegenseitigen Blockierungen wird die Besatzung für die Engländer und Amerikaner teuer: Pro Jahr betragen die Kosten 700 Millionen Dollar, die dem Steuerzahler gegenüber verantwortet werden müssen; denn nicht einmal das geplante Industrieniveau von 50 Prozent des Jahres 1938 kann eingehalten werden, es erreicht lediglich 40 Prozent des Jahres 1936. Die britische und die amerikanische Besatzungsmacht müssen investieren. Der Tiefpunkt der Versorgung mit Energie und Lebensmitteln steht aber erst noch bevor. Die Kohleförderung an der Ruhr sinkt weiter.

»This factory is working by order of Military Government«, heißt es an vielen Fabriktoren. Militärische Sicherheitsorgane wachen darüber, »dass Personen, von denen festgestellt worden ist, dass sie die Angriffspläne der nationalsozialistischen Partei gefördert haben, nicht Eigentums- oder Kontrollstellungen in den Ruhrkohle-, Koks- oder Stahlindustrien oder in den Handels- oder Marktorganisationen dieser Industrien einnehmen«.

Der Austausch der wirtschaftlichen Führungselite soll allein schon dadurch garantiert werden, dass Posten der Kriegsindustrie gleich gar nicht mehr besetzt werden, da diese Werke abgebaut werden sollen. Dass aber gerade im nichteinheitlichen Vorgehen auf dem Sektor der Wirtschaft so viel Sprengstoff für die weitere Deutschlandpolitik liegen wird, konnte man trotz aller Hinweise auf Differenzen zu jenem Zeitpunkt noch nicht voraussehen. Ja, man kann fast sagen, auf dem Gebiet der wirtschaftlichen Kontroversen steigern sich die Schwierigkeiten der Besatzungsmächte, die sie schon auf dem Sektor der Demilitarisierung und der Denazifizierung haben; aber gerade das Bild einer zukünftigen deutschen Wirtschaftsordnung soll doch die Voraussetzungen dafür schaffen, dass eine Ideologie nie mehr militärische Abenteuer finanziert. Dass aber gerade wirtschaftliche Streitfragen über das Maß der Erneuerung Deutschlands entscheiden werden, war in jenen Monaten nur wenigen sichtbar.

Die *New York Times* wird Deutschland bald in einem Leitartikel als »Das Große Problem des Jahres 1947« bezeichnen.

Die Potsdamer Konferenz hat die Errichtung deutscher Zentralverwaltungen vorgesehen, aber die Ausschüsse des Kontrollrats, die über die Einrichtung deutscher Transport- und Verkehrsbehörden verhandeln sollen, stellen ihre Arbeit ein; ebenso der Kontrollrats-Ausschuss, der eine deutsche Finanzbehörde einrichten soll. General Clay fordert bereits Mitte November 1945, die politischen Voraussetzungen einer wirtschaftlichen Einheit nach dem Potsdamer Abkommen zu verwirklichen. Die Franzosen sollen aufhören, mit ihren Forderungen nach Rhein und Ruhr das Potsdamer Abkommen zu unterlaufen, und die Sowjets sollen aufhören, den Interzonen-Handel zu blockieren. Clay: »Unsere Einigungsversuche, die wir seit der Eröffnungssitzung des Kontrollrats unternahmen, führten zu nichts. Stattdessen erschwerte die zonale Regelung von Wirtschaftsangelegenheiten sogar die Vereinheitlichung des Transport- und Nachrichtenwesens.«

Im Frühjahr 1946 appelliert Clay wieder an die Vernunft der Kontrollratsmitglieder: »Wenn es uns nicht gelingt, vor dem kommenden Winter die wirtschaftliche Einheit zu erreichen, dann wird es fast unerträglich werden.«

Am 3. Mai 1946 zieht Clay die Konsequenzen: Er stellt sämtliche Demontage-Lieferungen in der US-Zone ein, die für die UdSSR bestimmt waren. Er benutzt den Demontagestopp als Druckmittel, um die wirtschaftliche

Einheit und die vorgesehenen Zentralverwaltungen zu erzwingen. Am 26. Mai 1946 schlägt Clay dem Pentagon vor, »sofort an die Schaffung einer deutschen Regierung zu gehen, der die Verwaltungsbehörden direkt unterstellt sind; nur diese gesamtdeutsche Regierung nimmt die Anweisungen vom Alliierten Kontrollrat entgegen.« Wenn eine Viermächte-Vereinbarung jetzt nicht zu erreichen sei, dann sollten sich doch zumindest die britische und die amerikanische zu einer einheitlichen Wirtschaftspolitik entschließen, der sich dann immer noch die sowjetische und die französische Besatzungsmacht anschließen könnten.
Am 19. Juli 1946 sondiert Clay, ob das politische Washington seinen Vorstoß flankieren würde: »Es ist jetzt wünschenswert, eine provisorische deutsche Regierung einzusetzen.« Aber das State Department pfeift ihn zurück; die Einschätzung der Situation im Nachkriegsdeutschland war in Washington noch immer eine andere als vor Ort in Deutschland.
Das spätere Umschwenken der amerikanischen Deutschlandpolitik geschieht nicht erst in den geheimnisvollen Klausurtagen des »Mister X« (George F. Kennan) im State Department. Es bereitet sich seit den Tagen vor, an denen die amerikanische Deutschlandpolitik formuliert wird und sich zwei Linien nicht auf einen Kurs einigen können. Die Morgenthau-Linie dirigiert mit publizistischem Elan die Besatzungsdirektiven.
Schon am 18. Juli 1945 heißt es aber in einem Memorandum des State Department, das »hauptsächliche Kriegspotenzial Deutschlands« bestehe in der »industriellen und wissenschaftlichen Fähigkeit« des deutschen Volkes. Erst »eine Änderung in der Haltung des deutschen Volkes gegenüber dem Krieg« schaffe Garantien für die Zukunft. Die Ziele sind »weithin psychologisch« umschrieben: »Ein Deutschland zu schaffen, dem man ohne fortdauernde Besetzung und Überwachung ... vertrauen kann.«
Aber noch ist die New Yorker Presse pro-sowjetisch und anti-deutsch eingestellt, und danach hat sich auch ein Militärgouverneur in Deutschland zu richten. Das bekommt zum Beispiel der Ökonom und Geschäftsmann Gero von Schulze-Gaevernitz zu spüren, als er nach einem Vortrag bei General Eisenhower in Frankfurt (in Anwesenheit von Botschafter Robert Murphy) von diesem aufgefordert wird, seine eben geschilderte Einschätzung der Situation in Deutschland auch General Clay in Berlin vorzutragen. Mit dem nächsten Flugzeug kommt von Schulze-Gaevernitz nach Berlin und tut auch Clay seine Einschätzung kund. Nach zehn Minuten schlägt Clay mit der Faust auf den Tisch: »Wagen Sie es nicht,

ständig etwas gegen die Russen zu sagen.« Erst dann hört sich Clay die Schilderung dieses Deutschlandkenners an. Er muss einsehen, dass eine restriktive Besatzungspolitik die verfahrene Situation nur weiter verschlimmert.

Auf der Ebene der Außenminister kommt in den Juliwochen des Jahres 1946 einiges zur Sprache, was die Gangart der nächsten Monate und Jahre in ihren Motiven erklärt. Noch auf der Pariser Außenminister-Konferenz fordert Molotow seine westlichen Kollegen auf, den Stand der Entwaffnung in den Westzonen klarzustellen; erst dann seien die USA berechtigt, sich in der sowjetisch besetzten Zone nach dem Stand der wirtschaftlichen Abrüstung zu erkundigen. Trotz des Industrieniveau-Abkommens im Frühjahr gebe es noch »keinen Plan für die Liquidation des deutschen Kriegspotenzials«. Molotow fordert »die Aufstellung eines Planes und die Festlegung einer Ordnung für die Durchführung von Maßregeln zur Liquidierung derjenigen Zweige der deutschen Industrie, die als kriegswirtschaftliche Basis des aggressiven Deutschland gedient haben, indem sie eine gewaltige Menge Waffen für die deutsche Armee erzeugten«. Außerdem sei zu klären »die Frage der Liquidierung der Reste des deutschen Faschismus und der Umstrukturierung des deutschen politischen Lebens auf demokratischen Grundlagen«.

Neben die Forderung nach völliger Demilitarisierung und der Denazifizierung stellt Molotow die Frage der Sicherstellung der Reparationen, die er auf zehn Milliarden Dollar als sowjetische Forderung beziffert.

Am 10. Juli 1946 präzisiert Molotow noch einmal seine Absichten, aus denen hervorgeht, dass es der Sowjetunion weniger um die industrielle Abrüstung Deutschlands als vielmehr um die Garantierung ihrer Reparationsforderungen geht. Er verlangt eine Viermächtekontrolle über die deutsche Industrie, vor allem über das Ruhrgebiet. Im Interesse der Einhaltung der Reparationsforderungen aus allen vier Zonen setzt die UdSSR plötzlich auf eine Re-Industrialisierung Deutschlands und wirft den westlichen Alliierten vor, im Sinne Morgenthaus das besiegte Land nur zerstückeln und agrarisieren zu wollen.

Mit Worten wie »Re-Industrialisierung«, »Ruhrkontrolle der vier Mächte« und »Deutschland als einheitliches Gebilde« verletzt Molotow die französischen Interessen und entzieht einem gemeinsamen französisch-sowjetischen Vorgehen in der deutschen Frage den Boden. Damit schwinden auch die Chancen für die französischen Ambitionen nach

Rhein und Ruhr und reduzieren sich auf eine Ausgliederung des Saargebiets aus Deutschland.

Um aus der Sackgasse in der zukünftigen Besatzungspolitik in Deutschland herauszukommen, schlägt der amerikanische Außenminister Byrnes am 11. Juli 1946 vor, das amerikanische Besatzungsgebiet mit anderen Zonen wirtschaftlich zu vereinigen; nach seiner Rückkehr von der Pariser Konferenz in die USA weist er den amerikanischen Militärgouverneur General McNarney an, diese Einladung den anderen Besatzungsmächten im Alliierten Kontrollrat vorzutragen: »Da die Zonen in Deutschland sich nicht selbst erhalten können und die Lage in den betreffenden Gebieten sich verbessern würde, wenn zwei oder mehrere Zonen als Wirtschaftseinheit behandelt werden, sind die amerikanischen Vertreter in Deutschland bereit, sich mit den Vertretern jeder anderen Besatzungsmacht zusammenzutun, um Maßnahmen zu ergreifen, die zu einer Behandlung ihrer Zonen als Wirtschaftseinheit führen.« Diesen Text legt McNarney bei der Kontrollratssitzung am 20. Juli 1946 seinen Kollegen vor. General Clay sondiert noch einmal bei den Sowjets, ob sie sich nicht doch noch an einer Drei-Zonen-Übereinkunft beteiligen könnten, vielleicht könne man später die Franzosen dazu gewinnen, ihre Vorbehalte gegen die wirtschaftliche Einheit Deutschlands aufzugeben.

Aber nur die Briten stimmen diesem amerikanischen Vorstoß zu. Am 9. August 1946 vereinbaren sie, ein Alliiertes Zweimächteamt (Bipartite Board) zu schaffen. Clay: »Mit der Durchführung einer gemeinsamen Wirtschaftspolitik sollten deutsche Stellen in beiden Zonen unter Leitung und Kontrolle der beiden Militärgouverneure beauftragt werden.« Schon in den letzten Julitagen hat die sowjetische Militäradministration in ihrer Zone »Deutsche Zentralverwaltungen« als Gegenmodell übergreifender zonaler Besatzungspolitik in Deutschland eingerichtet.

Immer mehr verstärkt sich in den amerikanischen Stäben der Eindruck, dass eines fehlt: ein Konzept für ein Nachkriegsdeutschland.

General Clay war im Frühjahr 1945 für seine Verwaltungsaufgaben in Deutschland von einem Mann vorgeschlagen worden, der während des Krieges das Office of War Mobilization (Amt für Kriegsmobilisierung) geleitet hatte. (Clay war Stellvertreter in diesem Amt.) Sein Vorgesetzter hatte ihn dem Präsidenten mit den Worten empfohlen, Clay sei so einmalig, dass er binnen sechs Monaten »could run General Motors«. Dieser frühere Vorgesetzte ist jetzt Chef des State Department – James F. Byrnes. Aufgrund seiner persönlichen Bekanntschaft kann Clay den Außenminister dazu bewegen, nach Berlin zu kommen, um vor Ort den Besatzungsalltag kennenzulernen. Nachdem Clay vom State Department bei seinen Bemühungen, eine provisorische Zentralverwaltung, also eine gesamtdeutsche Regierung, die dem Kontrollrat unterstellt wäre, zu schaffen, nicht unterstützt wird, will er wissen, welche deutschlandpolitischen Positionen dann zu beziehen seien; die Militärregierung fühle sich im Ungewissen.

Als James Francis Byrnes bei seinem Deutschland-Besuch am 6. September 1946 in Görings Salonwagen nach Stuttgart reist und sich auf den Weg in die Staatsoper begibt, ahnen nur wenige, dass die Rede des amerikanischen Außenministers auf deutschem Boden Geschichte machen wird. Sie ist ein erstes offizielles Signal für eine neue amerikanische Deutschlandpolitik und ein Hinweis für eine mögliche Abkehr von der Morgenthau-Politik.

Byrnes stellt bewusst ökonomische Grundsätze in den Vordergrund. Ihr politischer »background« soll in den nächsten Monaten getestet werden. Byrnes führt aus: »Wenn Deutschland nicht in der in den Potsdamer Beschlüssen vorgesehenen und geforderten Weise als wirtschaftliche Einheit verwaltet wird, müssen an dem von der Alliierten Kontrollkommission genehmigten Industrieniveau Änderungen vorgenommen werden. Die jetzigen Verhältnisse in Deutschland machen es unmöglich, den Stand der industriellen Erzeugung zu erreichen, auf den sich die Besatzungsmächte als absolutes Mindestmaß geeinigt hatten. Deutschland ist ein Teil Europas. Die Gesundung in Europa und besonders in den Nachbarstaaten Deutschlands wird nur langsam voranschreiten, wenn Deutschland mit seinen großen Bodenschätzen an Eisen und Kohle in ein Armenhaus verwandelt wird.«

Dann kommt der Satz, den ein Reporter atmosphärisch so kennzeichnet: »Der erste Amerikaner, der uns Deutschen wieder zulächelt«. »Die Vereinigten Staaten können Deutschland die Härten nicht abnehmen, die ihm von seinen Führern zugefügt worden sind.« Aber: »Die Vereinigten Staaten haben nicht den Wunsch, die Leiden des deutschen Volkes zu vermehren oder dem deutschen Volk die Gelegenheit zu verweigern, sich aus diesen Nöten herauszuarbeiten. Das amerikanische Volk wünscht, dem deutschen Volk die Regierung Deutschlands zurückzugeben. Das amerikanische Volk will dem deutschen Volk helfen, seinen Weg zurückzufinden zu einem ehrenvollen Platz unter den freien und friedliebenden Nationen der Welt.«

Das bisher negative Wirtschafts-Demontage-Programm bekommt zum ersten Mal einen positiven Akzent.
Clay erhält grünes Licht, zwar nicht für den politischen Überbau einer provisorischen Zentralregierung, jedoch für den ökonomischen Unterbau einer weitgehenden wirtschaftlichen Einheit. Am 2. Dezember unterzeichnen Byrnes und sein britischer Kollege Bevin im Waldorf-Astoria-Hotel in New York das Abkommen über ein Vereinigtes Wirtschaftsgebiet.
Auf Bitten von Clay hat das Pentagon den amerikanischen Präsidenten Truman dafür gewonnen, den früheren amerikanischen Präsidenten Herbert Hoover nach Europa zu schicken, um die Ernährungslage zu analysieren.
Bei seiner Abreise erklärt Hoover den Journalisten, er wolle feststellen, ob es möglich sei, »Steuergelder zu sparen«. Zur gleichen Zeit bereisen prominente Publizisten der US-Presse auf Einladung des Pentagon Deutschland (zum Beispiel Julius Ochs Adler von der *New York Times*, Henry Luce vom *TIME-Magazine*). Sie sollen dazu beitragen, die ökonomische Umorientierung publizistisch zu flankieren.
Zu dem großen Arbeitsstab, der Hoover begleitet, gehört auch Dr. Gustav Stolper, Reichstagsabgeordneter der Weimarer Republik und früherer Herausgeber der Wochenschrift *Der deutsche Volkswirt*. Er war in den USA als Emigrant zu einem einflussreichen Wirtschaftspublizisten geworden und Hoover hatte ihn persönlich dazu aufgefordert, mit ihm nach Deutschland zu reisen. In der Villa Reitzenstein in Stuttgart hat der Länderrat die Möglichkeit, die wirtschaftlichen Sorgen darzulegen. Dort stößt Gustav Stolper auf seine alten Parteifreunde Reinhold Maier und Theodor Heuss. (Maier: »Das war ein Wiedersehen! Es wurde offen gesprochen. Sehr offen von Gustav Stolper, und nicht in Ressentiments gegen seine alte Heimat.«)
Am 18. März erscheint in Washington der Bericht der Hoover-Kommission, an dem Gustav Stolper erheblich mitgearbeitet hat; ihm lag vor allem daran, den Einfluss Morgenthaus auf die zukünftige Besatzungspolitik in Deutschland zurückzudrängen. In der Analyse heißt es: »Was immer wir in der Vergangenheit für eine Politik betrieben, so bin ich überzeugt, dass jetzt die Zeit gekommen ist, die Verhältnisse, wie sie sich wirklich gestaltet haben, zu erfassen … Die Verletzung des Abkommens für die Wirtschaftseinheit der vier Besatzungszonen durch Russland und Frankreich und die infolgedessen auf uns abgewälzten zusätzlichen Las-

ten berechtigen uns gewiss, von allen ›Industrie-Niveaus‹, Fortschaffungen und Zerstörungen von Industrien, die nicht Waffen erzeugen, abzusehen.«
Eine erste unmittelbare Wirkung zeigt sich schon ab April 1947, als die »Hoover-Speisung« die Schulspeisung von dreieinhalb Millionen Schulkindern ermöglicht – eine der sozialsten Aktionen neben der CARE-Hilfe für das Nachkriegsdeutschland.
In England und in Amerika werden die neuen politischen Akzente in der Deutschlandpolitik sofort registriert. Ein internationaler Deutschlandausschuss verurteilt den Trend zum Wiederaufbau Deutschlands und wirft der Regierung vor, die Denazifizierung zu vernachlässigen. Dem Ausschuss gehört auch Lord Vansittart an. Sein amerikanisches Pendant, Henry Morgenthau, nimmt gerade an einer »Nationalen Konferenz über das Deutschlandproblem« teil, die am 6. März 1947 in New York begann und in deren Verlauf der US-Regierung vorgeworfen wird, »Deutschlands Möglichkeiten, sich für neue Aggressionen zu rüsten«, zu unterstützen.
Die Außenminister-Konferenz vom 10. März bis 24. April 1947 in Moskau soll dazu beitragen, doch noch eine gemeinsame Deutschlandpolitik unter den Siegermächten zu formulieren. Molotow beharrt auf den alten sowjetischen Forderungen: Reparationen in Höhe von zehn Milliarden Dollar aus der laufenden Produktion, eine Viermächte-Kontrolle an der Ruhr und innerhalb von zwölf Monaten eine deutsche Zentralverwaltung.
Dazu verlangt Molotow die Aufhebung sämtlicher Bizonen-Absprachen. Die westlichen Mächte wiederholen ihr Angebot, sich ökonomisch zusammenzuschließen und gemeinsam die Reparationsleistungen zu kontrollieren, erst dann sei es sinnvoll, deutsche Zentralverwaltungen zu schaffen.
Die Fronten haben sich verhärtet. Der neue amerikanische Außenminister George C. Marshall, der Byrnes inzwischen abgelöst hat, wirft Molotow vor, Deutschland »zum überfüllten Elendsviertel oder zum wirtschaftlichen Armenhaus im Zentrum Europas« zu machen.
Nach Meinung des Konferenzteilnehmers Robert Murphy geht der Eiserne Vorhang während der Moskauer Konferenz erst wirklich nieder. Sie wird auch als der »Geburtsort des Marshall-Plans« bezeichnet; denn nach Aussagen des Konferenzteilnehmers John Foster Dulles, der die Republikanische Partei innerhalb der amerikanischen Konferenzdelega-

tion repräsentiert, hat Marshall die Grundidee zu seinem Plan auf dem Heimflug skizziert.

In seinem Bericht an die amerikanische Öffentlichkeit über das Konferenzergebnis nennt Marshall Deutschland und Österreich »das vitale Zentrum« und spielt auf die Ausweglosigkeit dieses Problems in Mitteleuropa an, als er sagt: »Der Patient wird immer schwächer, während die Ärzte beraten.«

George Marshall richtet einen »Policy Planning Staff« ein und beauftragt den Berufsdiplomaten mit Moskauerfahrung George F. Kennan mit der Leitung dieser Planungsgruppe. Zwischen dem 29. April und dem 23. Mai 1947 wird in einem Klausur-Raum des State Department eine neue amerikanische Außenpolitik entworfen: die »Containment«-Politik, die die sowjetische Expansion langfristig eindämmen sollte und das amerikanische Sicherheitsinteresse in Westeuropa neu definiert.

Anlässlich der Semesterabschlussfeier der Harvard University skizziert der amerikanische Außenminister George Catlett Marshall in seiner Rede am 5. Juni 1947 die praktischen Folgen der neuen Politik: ein europäisches Wiederaufbau-Programm »gegen Hunger, Armut, Verzweiflung und Chaos«. Das »European Recovery Program« (ERP) wird insgesamt 13 Milliarden Dollar nach Europa bringen, davon 13 Milliarden D-Mark in die Westzonen Deutschlands.

Inzwischen hat General Clay den Posten eines Militärgouverneurs in Deutschland angetreten und Joseph McNarney abgelöst. Clay hatte über einen längeren Zeitraum an der Moskauer Konferenz teilgenommen und weiß um die politische Einschätzung des Deutschlandproblems durch Washington.

Über diese Junitage spricht Clay später von einem »Nervenkitzel«. Sowjetische Kampfflugzeuge überquerten demonstrativ den Berliner Luftraum, worauf sich Clay entschließt, eine amerikanische Kampfgruppe in der Formation »US« über Berlin fliegen zu lassen. Obendrein beordert er B-29 Bomber über Berlin.

Am 15. Juli »codet« Clay nach Washington: »Deutschland ist bankrott«; am selben Tag wird die neue Außenpolitik auch in einer neuen Direktive der Besatzungspolitik aktenkundig. Die alte Direktive JCS 1067 wird aufgehoben; JCS 1779 definiert die neuen amerikanischen Besatzungsdirektiven; sie distanzieren sich klar vom bisherigen Strafcharakter und argumentieren statt anti-deutsch pro-europäisch; es sollen »Bedingungen der öffentlichen Ordnung und des Gedeihens in Europa als Gesamtheit

geschaffen werden«. Dazu müsse ein »gefestigtes und produktives Deutschland« beitragen.
In jenem Juli 1947 beordert Stalin in einer geheimen Reise vier wichtige Politiker aus der sowjetisch besetzten Zone nach Moskau: Otto Grotewohl, Walter Ulbricht, Gustav Theodor Fechner und Erich Gniffke. Die Frage, wie dem »Dollarimperialismus« zu begegnen sei, formuliert Stalin in seiner mündlichen Direktive: »In der Frage der Einheit Deutschlands müssen wir schrittweise weiterkommen. Wir müssen weiterkommen, allen Widerständen zum Trotz. Nur dürfen wir uns nicht der Illusion hingeben, dass der Kampf, der um diese Einheit zu führen ist, schnell gewonnen sein wird. Er kann fünf, sechs oder gar sieben Jahre dauern. Die SED (Sozialistische Einheitspartei Deutschlands, d. Verf.) ist eine deutsche Partei. Wir werden sie unterstützen; denn sie muss den Kampf um die Gestaltung Deutschlands von innen her führen. Es geht darum, dass die reaktionären Kräfte in der Wirtschaft und der Verwaltung ausgeschaltet, dass echte demokratische Reformen durchgeführt werden. Die SED muss sich mit der Kommunistischen Partei in den Westzonen vereinigen. Ein Sektierertum darf sich in den Arbeiterparteien nicht breitmachen. Die Kommunistische Partei in Westdeutschland sollte sich am besten umbenennen in ›Sozialistische Volkspartei Deutschlands‹ etwa.«
Die Manövrierfähigkeit in der alliierten Welt ist in jenen Monaten begrenzt. Die Aussichten auf die nächsten Monate sind deprimierend, wie damals James Reston, Kolumnist der *New York Times* und Pulitzer-Preisträger, notiert: »In Washington herrscht eine düstere und zynische Stimmung. Auf dem Capitol Hill findet man heute Abend nichts als pessimistische Resignation im Hinblick auf eine endlose Kette von wirtschaftlichen Hilfsmaßnahmen und Geldbewilligungen für militärische Zwecke.«
Henry Morgenthau jr. hatte im September 1944 vor allem wegen der im »Handbuch für die Militärregierung in Deutschland« formulierten Deutschlandpolitik seinen berüchtigten Morgenthau-Plan entwickelt und mit ihm der alliierten Deutschlandpolitik eine neue Richtung gegeben. Auf dieses, mittlerweile aus dem Verkehr gezogene, Handbuch kommt Lucius D. Clay in seinem Buch *Entscheidung in Deutschland* zurück: Die Deutschlandplanung des Handbuchs zeige jetzt, »daß sie sich kaum von der amerikanischen Politik unterscheidet, die für Deutschland (ursprünglich, d. Verf.) entworfen und zum ersten Mal von Außenminister Byrnes in seiner Stuttgarter Rede proklamiert wurde«.

Die neuen und die alten Deutschen

Politische Kultur und die neue Führungsschicht

Von Oktober 1944 bis Oktober 1945 – ein Jahr Besatzungserfahrung in den westlichen Zonen Deutschlands. Der Tag X war in Phasen gekommen. Vakuum in Deutschland: keine Exilregierung, kein Aufstand, keine Pläne, was aus Deutschland werden soll, auf deutscher Seite.

Wie hat sich seit dem Sommer 1944 aus amerikanischer Sicht die Situation verändert! Auf eine zunächst bis kurz vor dem Kollaps Deutschlands noch konstruktive Politik des State Department folgt eine emotionell überfrachtete Politik des Finanzministeriums, die das »Überleben« im neuen Deutschland neu formuliert. Sie geht davon aus, dass es »20 Millionen Deutsche zu viel« gibt, und nimmt in Kauf, dass die Bevölkerung im Nachkriegsdeutschland einfach verhungern sollte.

Und dann, in der Stunde des Sieges beginnend, bekommt der propagandistische Hintergrund der Morgenthau-Politik plötzlich einen unerwarteten politischen Inhalt: die wirkliche Angst vor einem Dritten Weltkrieg. Allerdings hat sich ihre Zielprojektion verschoben. Die Konfliktflächen haben sich verändert. Nicht die Furcht vor den Deutschen bestimmt im Wesentlichen mehr die Politik, sondern das Misstrauen unter den Alliierten im Umgang mit der Beute Deutschland auf militärischem, politischem und wirtschaftlichem Gebiet.

Der Krieg auf der ganzen Welt hat sich mit einer großen Explosion verabschiedet – mit zwei Atombomben.

Was bleibt, ist die Moral des Krieges. Eine Apokalypse in der Mitte des 20. Jahrhunderts.

General Eisenhower nennt damals die deutsche Bevölkerung »a synthetic paranoid«. Der Austausch der Führungsschicht in Deutschland durch die Alliierten beginnt mit einem schwerwiegenden und damals viel beachteten Vorfall: Der erste in Deutschland von den US-Truppen eingesetzte

Bürgermeister von Aachen wird, wie im einleitenden Kapitel bereits geschildert, ermordet. Dieses Ereignis zeigt den Verantwortlichen beim CIC und OSS, dass in dem Besatzungsland die Schwarze Liste genauso wichtig sein wird wie die Weiße Liste. 1945 und danach setzt man mehr auf Sicherheit als auf Moral. Die anhand der Weißen Liste gefällten Personalentscheidungen werden misstrauisch überprüft. So heißt es in den Akten der Militärregierung aus den ersten Tagen in München: »In Munich, the worst Nazis were weeded out first, giving a breathing space in which to find acceptable replacement.« (»In München wurden zunächst die schlimmsten Nazis ausgerottet, wodurch eine Atempause entstand, in der man akzeptablen Ersatz finden konnte.«)

In der Untersuchung *Germany: The Remaking of Political Culture* vergleicht Sidney Verba vom Center for Advanced Studies der Princeton University, New Jersey, die Situation in Deutschland 1945 mit der einer völlig neu entstehenden Nation. »Deutschland war nicht nur mit dem Problem konfrontiert, eine neue politische Basis zu schaffen; es musste auch das noch dringendere Problem meistern, eine wirtschaftliche Struktur und eine Nation wiederaufzubauen. Die Deutschen hatten nicht nur neue Bürgereigenschaften zu entwickeln, sondern mussten auch eine neue politische und verfassungsmäßige Struktur und gleichzeitig einen Platz in der Welt finden. Das ist nicht nur ein Problem, das Erziehungssystem zu wechseln, sondern dies ganz neu aufzubauen … Deutschland 1945 war nicht gerade eine unterentwickelte neue Nation. Aber es war einer Kumulation von Problemen gegenübergestellt, die der ähnelt, denen neue Nationen gegenübergestellt sind. Die Legitimität des alten politischen Systems war zerschmettert, ohne dass sie durch eine neue ersetzt wurde, und das fundamentale Problem der nationalen Identität war ungelöst.« Sidney Verba weist dann darauf hin, dass zu einem Großteil die psycho-kulturellen Studien der Politik gerade in Deutschland ihren Ursprung hatten. Adorno, Horkheimer, Lewin und Fromm hätten ja in ihren Schriften versucht, Antworten auf den deutschen Nationalsozialismus zu geben. Aber dennoch bliebe die Frage, ob die deutsche Art, über Politik nachzudenken, das Land mit einer Basis für ein demokratisches politisches System ausstatten könne, um einem Kollaps der Demokratie zuvorzukommen.

Gerade die Jugend sei unter den Nazis aufgewachsen und hätte kein anderes Wertesystem erfahren. Dieses Wertesystem und die Gesellschaft, die darauf aufbaute, seien aber 1945 zusammengebrochen. In dem 1965

geschriebenen Aufsatz stellt Verba fest, dass sich die neue politische Kultur in Deutschland vor allem durch ihre Entideologisierung von der politischen Kultur der Weimarer Zeit unterscheide. Wichtig sei aber die Entwicklung eines Bürgerbewusstseins. Aber – »es ist leichter, die Erziehungs-Philosophie zu ändern als das Erziehungssystem und es der Praxis politischer Verhaltensweisen zuzuordnen.«
Katzenjammer 1945 in Deutschland. Professor Helmut Schelsky definiert 1953 diese »Haltung eines politischen und gesamtgesellschaftlichen Desinteresses als die Folge und Verarbeitung der Erfahrungen einer enttäuschten politischen Mobilisierung durch ein totales System«. Und Karl Jaspers umschreibt damals die Orientierungslosigkeit der Deutschen so: »Wir fangen so ganz von vorne an, dass wir noch nicht einmal der Fundamente gewiss sein können.«
Worauf aber soll man sich jetzt, 1945, berufen; auf welchen Fundamenten aufbauen?
1944 forderte Graf Stauffenberg eine deutsche Erneuerungsbewegung, die »deutsche Erhebung«. Sie sollte das gesamte Staats- und Gemeinwesen erneuern, sie wollte etwas mehr sein als nur Anti-Faschismus und etwas weniger als eine »Résistance«-Bewegung. Die Hauptfiguren des Widerstands, Leber und Stauffenberg, arbeiteten an einer vernünftigen Synthese der nationalen und sozialen Impulse in der Mitte des 20. Jahrhunderts und appellierten an alle Schichten der Bevölkerung. Vielleicht knüpften sie damit am ehesten an die Gedanken des liberalen Reichstagsabgeordneten Friedrich Naumann an, der das klassische liberale Programm der veränderten Wirklichkeit einer Industriegesellschaft anpassen wollte: Verbesserung der sozialen Situation der breiten Massen, die Arbeiterschaft aus ihrer staatsfeindlichen Mentalität, verursacht durch die Bismarck'sche Politik, herausholen und zu einem Bürgerbewusstsein hinführen.
Die Alliierten aber sind an einer solchen Erneuerung überhaupt nicht interessiert. Im Trubel der von Tag zu Tag sich ändernden Probleme einer Besatzungsmacht bedienen sie sich eben der Leute, die sie gerade brauchen. Der durch die Weiße Liste aufgestellte personelle Anspruch verfällt im Besatzungsalltag. Wie der Führungsaustausch auf dem militärischen, politischen und wirtschaftlichen Sektor in den ersten Besatzungsjahren tatsächlich abgelaufen ist, wurde hier anhand der entscheidenden Konfliktfelder behandelt. Es hatte sich gezeigt, dass es in einem Land ohne politische Selbstverantwortung, ohne eigene Regierungs-

gewalt, auch keine längerfristigen personalpolitischen Absichten geben konnte.
Der jüdische Schriftsteller und Philanthrop Victor Gollancz sagte damals: »Die Deutschen wurden aufgefordert, sich völlig in unsere Hände zu liefern. Welch bindendere Verpflichtung lässt sich denken für Nationen, die sich zivilisiert nennen?« Hitler war es gelungen, alle Positionen nationaler Identität zu besetzen, bis weit in die unteren Schichten. Wohin mit den 400 000 SA-Männern, den 230 000 SS-Angehörigen, den 60 000 SS-Offizieren, den 490 000 Mitgliedern des NS-Lehrerbundes? Sie sind das Erbe des politischen Prozesses einer Gesellschaft, die sich in einer Krise befand. Wie aber nach dem Glauben an den »Führer« und an eine »Volksgemeinschaft« wieder den Sinn für Bürgerbewusstsein schärfen? Wie das Bündnis niederer sozialer Schichten mit einer erzkonservativen Elite auflösen? Ein Bündnis von Schichten, die einer »Fortschrittspropaganda« zum Opfer gefallen waren. Der Begriff »Politik«, also das, was darunter bisher verstanden wurde, ist 1945 widerlegt. Wie soll Politik jetzt formuliert werden?
Die psychologische Verfassung der Deutschen ein Jahr nach Beginn der Besetzung ihres Landes ist schlecht.
»Es gibt keinen leichten Weg zur Demokratie«, schreibt Clay am 13. Dezember 1945 an General Robert McClure, der inzwischen das Amt der Nachrichtenkontrolle übernommen hat: »Die Deutschen müssen ihn selbst finden, und die Lotsenwagen müssen von ihnen selbst gelenkt werden.« Auf alliierter Seite gibt es verschiedene Aktivitäten: Hans Habe, Major in der Abteilung für psychologische Kriegsführung, gründet die *Neue Zeitung* als überregionales Blatt der amerikanischen Militärregierung; viele Journalisten und Publizisten, die auf der Weißen Liste stehen, werden bei diesem Blatt arbeiten; alliierte Presseoffiziere sehen sich nach möglichen Lizenzträgern neuer Zeitungen um. Presseoffizier Larry Field charakterisiert das Verhalten mancher Medienträger von damals so: »Am Anfang mussten wir den Lizenzträgern immer wieder geradezu einen Stoß geben, nun die Entscheidungen gefälligst selbst zu treffen … Sie konnten nicht an die neue Wirklichkeit glauben, sondern sie hielten sie für eine Art Schauspiel. Bei allen Lizenzträgern, mit denen ich zusammenarbeitete, war es die schwierigste Aufgabe, ihnen klarzumachen, dass sie jetzt selbst denken müssten.«
Woran das lag? Hans Habe charakterisierte es mir gegenüber einmal so: »Die Amerikaner hatten – so glaube ich – die gute Absicht, Demokratie

zu bringen. Sie haben jene Demokratie gebracht, die sie kannten; nämlich die amerikanische Demokratie. Zur Pädagogik gehört aber natürlich auch die Kenntnis des potenziellen Schülers. Die hat gefehlt: Es war eine Lehre an jemanden, den man gar nicht richtig gekannt hat. Dabei möchte ich Umerziehung – darum handelt es sich ja – nicht als Schimpfwort verstanden haben; denn dann muss man ja der Meinung sein, dass es im Dritten Reich ganz hervorragend zuging und dass in diesen zwölf Jahren, in denen alle Fenster verschlossen waren, jeder durch die verschlossenen Fenster hindurchgesehen hat. Man müsste ja das annehmen, um zu glauben, dass eine Umerziehung nicht notwendig gewesen wäre.«
Selbst der Boxer Max Schmeling bemüht sich bei den Amerikanern um eine Verlagslizenz, um die deutsche Jugend umzuerziehen.

Der Wiederaufbau der politischen Führung

In der Berliner Erklärung der vier Alliierten vom 5. Juni 1945 stellen die Besatzungsmächte fest, dass sie »die oberste Regierungsgewalt in Deutschland, einschließlich aller Befugnisse der deutschen Regierung … und der Regierungen, Verwaltungen oder Behörden der Länder, Städte und Gemeinden« übernommen hätten.
Am 5. September 1945 schreibt Konrad Adenauer an Hermann Pünder (Mitbegründer der CDU in Westfalen und im November 1945 Adenauers Nachfolger als Kölner Oberbürgermeister): »Gelegentlich werde ich von amerikanischen Mitgliedern der Interalliierten Kontrollkommission um Namen wegen Besetzung leitender Stellen, allerdings in Berlin, gefragt. Hätten Sie Interesse für den Posten eines Staatssekretärs für Wirtschaft oder für Finanzen?« Dann schreibt Adenauer weiter, er habe inzwischen nichts »Neues gehört über die Einrichtung der von uns in Anregung gebrachten deutschen Zentralstellen. Es geht alles dort ›very slowly‹.«
Auch Pünder hat von Überlegungen aus London gehört, bei der »Schaffung einiger wichtiger Staatssekretariate in Berlin für ganz Deutschland … betraut zu werden«.
Die schon in Potsdam vorgesehenen, unter der Alliierten Kontrollkommission anzusiedelnden Staatssekretariate (auf die ja schon die Regierung Dönitz spekulierte, da damals im Mai 1945 bereits die Absicht für solche Sekretariate formuliert war) scheitern am Widerstand Frank-

reichs, obwohl Clay am 24. September 1945 das Pentagon telegrafisch um die Vollmacht gebeten hat, mit den alliierten Kollegen über die Errichtung zentraler Behörden zu verhandeln. Die Personalauswahl wurde zurückgestellt.

Im Januar 1946 bittet James K. Pollock die Ministerpräsidenten um ihre Ansichten zur Schaffung der in Potsdam beabsichtigten Zentralbehörden sowie um Vorschläge geeigneter Personen, um diese Ämter zu besetzen. Ab jetzt läuft das Personenkarussell um die höchsten Posten im Erbe des Dritten Reiches in unterschiedlichem Tempo. Der Führungsaustausch an höchster Stelle sollte noch Jahre dauern.

Am 6. März 1946 findet im Gebäude des alten Hamburger Generalkommandos die Eröffnungssitzung des Zonenbeirats statt. Trommelwirbel kündigen den stellvertretenden britischen Militärgouverneur Sir Sholto Douglas an. Deutsche Nachkriegspolitiker werden dem Luftmarschall vorgestellt. Mit Kurt Schumacher unterhält sich Douglas ausführlich. Die etwas kürzere Unterredung mit Adenauer verschuldet der Vorgestellte selbst. Auf die Frage des Stellvertretenden Militärgouverneurs: »Herr Oberbürgermeister, wie ist Ihre politische Laufbahn?« antwortet Adenauer: »Oh, ich wurde 1917 Oberbürgermeister von Köln. 1933 setzten mich die Nationalsozialisten wegen politischer Unzuverlässigkeit ab. Im März 1945 setzten mich die Amerikaner wieder ein, und im Oktober desselben Jahres wurde ich von den Engländern wegen Unfähigkeit wieder entlassen. Deshalb bin ich jetzt im Zonenbeirat …«

Der Repräsentant der Besatzungsmacht schärft dann den 32 Mitgliedern des Zonenbeirats der britischen Zone ein:

»Es ist die Aufgabe der Britischen Kontrollkommission, die grundlegenden Richtlinien, die von den verbündeten Regierungen niedergelegt worden sind und über die Abkommen des Kontrollrats bestehen, auszuführen und im Rahmen dieser Richtlinien die britische Zone nach den Wünschen des Oberbefehlshabers zu verwalten … Der Zeitpunkt für die Zentralisierung von Regierung und Verwaltung ist jedoch noch nicht gekommen … Ich mache Ihnen keine Hoffnung auf ein leichtes Leben, aber ich kann sagen, dass es unsere Absicht ist, die Härten der gegenwärtigen Kargheit schrittweise zu mildern, bis der Zustand erreicht ist, in dem sich das deutsche Volk durch harte Arbeit und nüchterne Lebensweise eine annehmbare Existenz sichern kann … Sie werden sich mit materiellen und verwaltungstechnischen Angelegenheiten mehr befassen als mit politischen Fragen, aber alle Fragen haben eine politische Seite …«

Aber selbst so materielle Fragen wie die Demontage dürfen nicht behandelt werden, es sei denn Probleme der beabsichtigten Fahrradsteuer.
Adenauer über die neuen Kompetenzen der Deutschen in der britischen Zone: »Die Verhandlungen im Zonenbeirat zeigten allen, die daran mitwirkten, sehr deutlich, wie schwer es für die britische Militärregierung war, der zu lösenden Aufgaben Herr zu werden. Ihre Methoden waren aus uns unverständlichen Gründen nicht immer richtig. So wurden wichtigste Entscheidungen, statt den Zonenbeirat vorher anzuhören, diesem vorgelegt, ohne dass die Möglichkeit einer Änderung bestanden hätte.«
Dieser am 6. März 1946 konstituierte Zonenbeirat, der im Gegensatz zum Länderrat der amerikanischen Zone zentral strukturiert ist, besteht aus acht Vertretern politischer Parteien, sechs Oberpräsidenten, zehn Vertretern von Zonenbehörden, zwei Vertretern der Gewerkschaften und zwei Vertretern der Genossenschaften.
Diesen politischen Mangel spricht Konrad Adenauer am selben 6. März 1946 in einer Rundfunkansprache über den NWDR an. (Einen Tag zuvor war in München das Befreiungsgesetz unterzeichnet worden). In seiner Eigenschaft als Erster Vorsitzender des Zonenausschusses der CDU in der britischen Zone sagt Adenauer: »Das deutsche Volk muss sich mit Politik befassen; denn nur auf dem Wege über politische Einsicht und politische Reife kann es wieder zur Freiheit, zum Aufbau eines neuen, eines freien Deutschlands kommen. Das deutsche Volk muss daher dazu Stellung nehmen.«
Am 3. April 1946 treffen zum ersten Mal die Vertreter des Länderrats und des Zonenbeirats in Stuttgart zusammen. Die westlichen Alliierten stehen unter dem Druck der Entwicklungen in der sowjetischen Zone.
Noch sind die Wege der Karrieren völlig offen.
Schon im Juli 1945 hat die SMAD, die sowjetische Militäradministration, deutsche Zentralverwaltungen eingerichtet (insgesamt sind es 19 Zentralverwaltungen). Am 15. August 1945 macht eine interne Studie der amerikanischen Militärregierung auf diese Verwaltungskörper in der Sowjetzone aufmerksam: »Sie können genügend Ansehen erlangen, um zu einer Bedrohung zu werden, indem sie de facto zur funktionierenden nationalen Verwaltung werden, und zwar der einzigen.« Erst am 11. September 1945 wird die Errichtung dieser Zentralbehörden in der Sowjetzone bekannt gegeben.
In einem grundsätzlichen Gutachten zur politischen Lage in Deutschland schlägt Clay dem Pentagon vor, »sofort an die Schaffung einer deut-

schen Regierung zu gehen, der die Verwaltungsbehörden direkt unterstellt sind; nur diese gesamtdeutsche Regierung nimmt die Anweisungen vom Alliierten Kontrollrat entgegen.« Clay sucht in dieser Empfehlung vom 26. Mai 1946 die sowjetische Linie und die amerikanische Sicht auf einen Nenner zu bringen.

Als Clay am 19. Juli 1946 in Washington nachfragt, ob er auf einer Pressekonferenz in Berlin diesen Plan vorstellen könne, der einen Rat der Ministerpräsidenten zur provisorischen Regierung vorsieht, wird er vom State Department zurückgepfiffen. Nachdem schon am 14. November 1946 in Berlin ein »Entwurf einer Verfassung« vorlag, holen die angelsächsischen Besatzungsmächte jetzt wirtschaftlich auf, was die Sowjetische Besatzungszone ihnen schon politisch voraushat: Sie praktizieren jetzt wenigstens die wirtschaftliche Einheit in Form des Vereinigten Wirtschaftsgebiets mit Sitz in Frankfurt und bieten die Mitarbeit auch dem französischen und dem sowjetischen Alliierten an.

Am 22. März 1947 schlägt der sowjetische Außenminister Molotow vor, zunächst zentrale deutsche Verwaltungsstellen für ganz Deutschland einzurichten, dann vom Kontrollrat eine provisorische Verfassung unter Mitarbeit der Parteien, der Gewerkschaften, anti-nazistischer Organisationen sowie Vertretern der Länder ausarbeiten zu lassen und danach eine provisorische deutsche Regierung zu bilden. Hauptaufgaben dieser Regierung sollten »die Ausmerzung der Überreste des deutschen Militarismus und Faschismus, die Durchführung der allseitigen Demokratisierung Deutschlands« sein sowie die »unbedingte Erfüllung« der sowjetischen Reparationsforderungen. Molotow schwebt eine Verfassung nach Weimarer Muster für seine Pläne vor.

Am 6. Mai 1947 erklärt Clay dem Länderrat gegenüber die Notwendigkeit des Wirtschaftsrats: »Was Sie brauchen, ist eine Regierung, und ich weiß ebenso gut wie Sie, was das Fehlen einer solchen Regierung bedeutet.«

Am 3. Juni 1947 besänftigt Clay den Länderrat (dessen Chefs sich einen Tag darauf auf den Weg zur Münchner Ministerpräsidentenkonferenz machen, die zum ersten und letzten Mal alle Ministerpräsidenten Deutschlands an einem Tisch vereinigen kann) wegen der neu geschaffenen Bizonen-Verwaltung damit, dass ja der Wirtschaftsrat nur ein Versuchsfeld sei, auf dem die Deutschen beweisen könnten, dass sie fähig seien, sich selbst zu regieren. Er sei immerhin eine politische Basis, auch wenn man darüber offiziell nicht sprechen dürfe. Am 25. Juni 1947 wird dann im Sitzungssaal der Frankfurter Börse im Beisein der beiden Militärgouverneure die Arbeit aufgenommen. Einen Monat später, am 11. Juli 1947, wird ja die Direktive der Militärregierung 1067 in die Weisung JCS 1779 abgeändert. Ihre Präambel ist freundlicher formuliert: »Für ein geordnetes und blühendes Europa sind die wirtschaftlichen Beiträge eines stabilen und produktiven Deutschland ... notwendig ...«

Am 2. Juni 1948 beschließt die Londoner Sechs-Mächte-Konferenz, den Deutschen »regierungsartige Verantwortung« zu übergeben, und erteilt den Auftrag, eine Verfassung auf föderativer Grundlage für den Geltungsbereich der drei Westzonen auszuarbeiten.

Diese Londoner Empfehlungen stellen einen grundlegenden Wandel in der Haltung aller westlichen Alliierten gegenüber Deutschland dar.

Weder bei den Parteigremien der CDU und SPD noch bei den Besprechungen der Militärgouverneure mit den Ministerpräsidenten stoßen diese Pläne auf Gegenliebe. Reinhold Maier: »Der Text der Londoner Protokolle ist für die Augen der französischen Öffentlichkeit geschrieben. Ihr sollten die Beschlüsse schmackhaft gemacht werden.«

Hans Ehard: »Eine bittere Pille.« Andere Reaktionen besagen, diese Vorschläge würden nur die Erklärung vom 5. Juni 1945 über die Übernahme der Regierungsgewalt legalisieren.

Anlass zur Kritik ist vor allem das Dokument III, das die Vorbehaltsrechte der Alliierten Besatzungsbehörden zur neuen deutschen Regierung formuliert. Hauptsächlicher Vorwurf ist der geringe Entscheidungsspielraum, den die Deutschen bei der Gestaltung von Politik haben würden. Am 2. März 1949 erläutern die drei Militärgouverneure ihre Vorbehalte gegenüber dem seit dem 1. September 1948 im Parlamentarischen Rat erarbeiteten Grundgesetzentwurf. Am 12. Mai 1949 wird in Frankfurt dem Vorsitzenden des Parlamentarischen Rats, Konrad Adenauer, jener Brief überreicht, in dem die Militärgouverneure diese Verfassung schließlich billigen.

(Es ist derselbe Tag, an dem die Berliner Blockade aufgehoben wird.)

Vier lange Jahre nach Übernahme der obersten Regierungsgewalt formuliert jede der Siegermächte wesentlich das Gesamtgefüge des neuen politischen Lebens in Deutschland mit.

Die Sowjetunion besorgt die Teilung Deutschlands, Frankreich das föderalistische System, Großbritannien die europäischen Sicherheitsüberlegungen und die USA die Freiheitsimpulse des »american way of life«.

Die weitere politische Befreiung kann nur stufenweise im Tauschgeschäft erreicht werden: Durch das Grundgesetz erhält das Land ein Besatzungsstatut, durch Anerkennung der Ruhrbehörde ist das Petersberger Abkommen zu bekommen, durch den Europa-Beitritt wird die Saarfrage beantwortet, durch den militärischen Beitrag die politische Gleichberechtigung West-Deutschlands in Europa erreicht und durch den Beitritt zur NATO die Souveränität erlangt. Erst 1955 verlassen die drei Hohen Kommissare, die Nachfolger der Militärgouverneure, das Land.

Die Weiße Liste und deutsche Lebensläufe

Die Weiße Liste ist eine Liste deutscher Lebensläufe: Von den Detachments der Militärregierungen wurden fast alle Berufsarten für das neu aufzubauende Deutschland gesucht: Lehrer, Politiker, Journalisten, Priester, Fürsorgerinnen, Erzieherinnen, Bergarbeiter, Schauspieler, Schriftsteller und Leute der Wirtschaft. Sie wurden aus verschiedenen Quellen als »Anti-Nazi« oder als »Non-Nazi« eingestuft. Einige der Gesuchten waren mittlerweile schon tot, wie Dietrich Bonhoeffer, Theodor Haubach, Carlo Mierendorff, Eugen Bolz oder Wilhelm Leuschner. Sie wurden Opfer ihrer »Anti-Nazi«-Haltung. Bei vielen weniger bekannten verliert sich die Spur.

Die Weiße Liste als Ergebnis eines Fragebogens nach einem besseren Deutschland. Die Eintragungen zur Biografie der Personen berichten vom Verhalten in einer schwierigen Zeit: »was dismissed by Nazis«, »communistic tendencies, wanted to emigrate to US«, »a very acute observer who should be a major source of insight regarding the Ruhr people«, »apolitical«, »liberal«, »SPD ›leanings‹«, »helped Jews and other Nazi-victims«, »reported to be ›reliable‹«, »would possibly cooperate«, »strongly anti-Nazi« etc. (»wurde von den Nazis abgesetzt«, »kommunistische Tendenzen, wollte in die USA emigrieren«, »ein sehr scharfer Beobachter, der eine der Hauptquellen für Einsichten in die Menschen im Ruhrgebiet sein müsste«, »unpolitisch«, »liberal«, »›tendiert‹ zur SPD«, »half Juden und anderen Nazi-Opfern«, »soll zuverlässig sein«, »würde möglicherweise kooperieren«, »entschieden anti-Nazi«).

Der eine wird Gewerkschaftsführer (Hans Böckler), der andere Präsident der DDR (Wilhelm Pieck), andere werden Botschafter, Parteiführer,

Oberbürgermeister, Abgeordnete im Wirtschaftsrat, in den Landtagen oder später im Bundestag. Einige werden Minister und Staatssekretäre oder Ministerpräsidenten.

Andere bleiben einfach Erzieherinnen oder Bergleute, manche übernehmen wichtige Posten in den neuen Publikationen (»potential personnel for German newspapers«), manche bleiben als Literaten oder Publizisten der Politik fern, manche schießen sich mit scharfen Analysen auf die Entwicklungen des neuen Staates ein. Manche beobachten beratend in Gesprächskreisen (wie Ernst Jünger im Laupheimer Kreis) die Entwicklung der politischen Kultur im neuen Deutschland. Von den rund 1500 Lebensläufen setzt sich schließlich einer an die Spitze des neuen Deutschlands: Konrad Adenauer, der von sich behauptete, er sei die Nummer eins auf der Weißen Liste gewesen. In seinem ersten Kabinett befinden sich drei weitere Namen der Liste: Fritz Schäffer, Thomas Dehler und Eberhard Wildermuth.

Der bayerische Ministerpräsident Wilhelm Hoegner entwickelte einmal den Gedanken, die Generation, die Hitler ermöglicht hatte, solle von der politischen Bühne abtreten. Von den 77 Mitgliedern des Parlamentarischen Rates waren fast die Hälfte schon in der Nationalversammlung, im Reichstag und in den Landtagen bis 1933 vertreten. Allein in den Landtagen von Bayern, Niedersachsen und Nordrhein-Westfalen saßen Volksvertreter, die zu 75 Prozent schon auf eine politische Tätigkeit vor 1933 zurückblicken konnten. Fand also gar kein Führungsaustausch statt, sondern nur eine Wiederkehr der Zeit von Weimar? War also 1945 gar keine Zäsur im Lebenslauf der neuen politischen Führung, sondern eher das Jahr 1933?

So lagen zum Beispiel die Geburtsjahre der prominenten Persönlichkeiten auf der Weißen Liste zwischen 1875 und 1895 (so z. B. Carl Severing, Kurt Schumacher, Konrad Adenauer, Fritz Schäffer, Theodor Heuss, Reinhold Maier, Hans Ehard).

Walter L. Dorn, früher für die Mitteleuropa-Abteilung der OSS Research and Analysis Branch tätig, dann Entnazifizierungsberater der Militärregierung, reist zwischen 1945 und 1949 durch die deutschen Besatzungszonen und führt darüber ein Tagebuch. Er beobachtet mit wachsender Distanz den personellen Führungsaustausch nach 1945. Vor allem beklagt er den hohen Anteil der Beamten in den Parlamenten und stellt die Frage: »Aber ist nicht all das bis zu einem gewissen Grad die Folge unserer verfrühten Zulassung politischer Parteien? Wir haben sie im

Herbst 1945 wiederbelebt, als nur die alten Parteihengste verfügbar waren, und diese Leute – mit nur geringen Änderungen – sitzen alle heute immer noch da: in den Ländern, in den Kabinetten, in den bizonalen Institutionen, im Wirtschaftsrat, dessen Mitglieder durch die Landesparlamente gewählt wurden.«

Dorn testet auf seinen Inspektionsreisen den Stand der politischen Kultur im Bewusstsein der neuen Führungselite und beobachtet exakt, was sich in Berlin, Frankfurt, Bonn oder in den Landeshauptstädten vollzogen hat.

Über eine Begegnung mit dem Bremer Wilhelm Kaisen berichtet Dorn: »Was Kaisen am tiefsten berührte, war das Erziehungsproblem. Er sagte, er könne die Niederlage und die Besatzung als Folge einer verbrecherischen Regierung akzeptieren, er könne ruinierte Städte und Industrien, die schwierige Aufgabe des Wiederaufbaus Deutschlands akzeptieren; aber die Verfälschung seines Erziehungssystems und der Zusammenbruch der sittlichen Substanz, das sei zu viel für ihn. Er erzählte, dass er als Bürgermeister von Zeit zu Zeit unangemeldet Schulen besuche, und was er da sehe, bringe ihn zum Weinen. An diesem Punkt brach Kaisen zusammen, Tränen kamen ihm in die Augen, als er seine Hände in einer Geste völliger Verzweiflung wegen des Erziehungssystems über dem Kopf zusammenschlug. Schlechte Erziehung und Nazi-Lehrer, die ihre alte Doktrinen lehrten, dieser ganze Ruin des Erziehungssystems entsetzte ihn über die Maßen.«

Reinhold Maier berichtet von einem Gespräch mit Oberst Dawson, dem Nachfolger Pollocks: »Wie ich mit Oberst Dawson mal sprach, sagte er: ›Das habe ich eingesehen: Das Wichtigste bei Ihnen ist das Berufsbeamtentum und zweitens ist das Wichtigste Kohle und Rohstoffe.‹.«

Die Befürchtung, man schaffe das alte Deutschland wieder, ist inzwischen auch in den Stäben der Militärregierung nach vier Jahren Besatzung gewachsen. Man tut sich schwer, den Führungsaustausch im klassischen Dreieck Politik, Wirtschaft und Militär zu besorgen. Die Weiße Liste sollte dazu beitragen, diesen Führungsaustausch voranzutreiben. So wie sich die politischen Verhältnisse jedoch bislang gestalten, kann diese Personenauswahl nur bedingt dazu neue Impulse schaffen. Die US-Militärregierung befürchtet, die Politiker der alten Schule und die neue Bürokratie könnten die neuen demokratischen Ideale nicht ganz begreifen, ja, sie stellt sogar einen Widerstand aus diesen Kreisen gegenüber ihrer Auffassung von Demokratie fest. Die Abteilung für Zivilverwaltung bei

OMGUS fordert dazu auf, den Problemen der Demokratisierung einen größeren Stellenwert beizumessen, und richtet aus Mitgliedern aller Abteilungen einen »Reorientierungsausschuss« mit Abteilungsstatus ein. Militärgouverneur Lucius D. Clay kehrt am 15. Mai 1949 nach Washington zurück. Die Verantwortung für die Deutschlandpolitik ist inzwischen vom Pentagon auf das State Department übergegangen.
Die soziologische Auswahl für die Politik ist nicht so breit gestreut, wie die Weiße Liste ursprünglich versprochen hat. Nach den Erfahrungen der ersten Kontakte und Konfrontationen auf verschiedenen Konfliktfeldern ist es verständlich, warum das Maß der politischen Erneuerung im Besatzungsalltag eine soziologische Breitenstreuung immer mehr schrumpfen lässt.
Die Weiße Liste konfrontiert den Anspruch eines geplanten Führungsaustausches mit der Besatzungswirklichkeit; wie dieser Austausch auf dem Gebiet der Politik, der Wirtschaft und des Militärs dann tatsächlich stattfindet, hat fast choreografische Züge: Namen werden genannt, tauchen auf der neuen Bühne auf, aber der Handlungsablauf auf der Bühne schreibt bei der Bewältigung der Konfliktfelder ganz andere Rollen vor. Die Abgedrängten haben noch allenfalls Statistenfunktionen.
Der Führungsaustausch spielt sich auf einer zu schmalen Bühne ab. Er ist nicht geeignet, eine Erneuerung der politischen Kultur einzuleiten. Er sichert nur, dass in Institutionen und Organisationen weitergearbeitet werden kann.
Die einzelnen Phasen und Mechanismen des Austauschs charakterisieren die schmale soziale Identität, aus der sich die neue Führungselite rekrutiert. Die subjektiven Orientierungen der Menschen gegenüber der Politik, die Erwartungen der Menschen an die Politik, werden nur streckenweise erfüllt. Politische Erneuerung ist aber ein Prozess der persönlichen und der sozialen Identität. Durch die Reduzierung der sozialen Identität auf alte Schichten und Politveteranen kommt es im Nachkriegsdeutschland eigentlich nur zu einem »Wiederaufbau« eines Mindestmaßes an Erneuerung. Die Personen aus Weimar sehen sich einer veränderten politischen Situation gegenüber, die sie wiederum nicht beeinflussen können. Bezeichnend ist, dass die Existenz einer Weißen Liste völlig in Vergessenheit gerät. Mit ihr wird auch der Anspruch auf eine Erneuerung der politischen Kultur vergessen.
Der Führungsschicht nach 1945 gelingt es zwar, Politik wiederherzustellen. Es gelingt ihr aber nicht, das Vakuum, das aus moralischen und poli-

tischen Spannungsfeldern entstanden ist, positiv aufzufüllen. Die Folgen werden sich erst eine Generation später zeigen: Die 68er-Generation, die im geistigen Vakuum einer Nullzeit aufgewachsen ist, bekämpft die restaurativen Tendenzen der Bundesrepublik, verhöhnt aber gleichzeitig deren freiheitlich-demokratische Grundordnung. Erst die deutsche Einheit gibt neue Impulse und setzt nachhaltige Kräfte frei.

Bibliografie

Adenauer, Konrad: Erinnerungen 1945–1953. Stuttgart 1965

Altmann, Peter; Brüdigam, Heinz; Mausbach-Bromberger, Barbara; Oppenheimer, Max: Der deutsche antifaschistische Widerstand 1933–1945 in Bildern und Dokumenten. Frankfurt/M. 1975

Anders, Karl: Im Nürnberger Irrgarten. Nürnberg 1948

Bailey, George: Auf der Suche nach den Deutschen. Wien, München, Zürich 1973

Baring, Arnulf: Außenpolitik in Adenauers Kanzlerdemokratie. Bd. 1. München 1969

Bernadotte, Graf Folke: Das Ende. Meine Verhandlungen in Deutschland im Frühjahr 1945 und ihre politischen Folgen. Zürich 1945

Bonhoeffer, Dietrich: Widerstand und Ergebung. Briefe und Aufzeichnungen aus der Haft. München 1954

Borkin, Joseph: Die unheilige Allianz der I.G. Farben. Eine Interessengemeinschaft im Dritten Reich. Frankfurt/M., New York 1979

Brandt, Willy: Draußen. Schriften während der Emigration. Hrsg. von Günter Struve. München 1966

Brandt, Willy: Der Zweite Weltkrieg. Ein kurzer Überblick. Hrsg. vom Komitee für demokratischen Wiederaufbau (SDU). Stockholm 1945

Churchill, Winston S.: The Second World War. Vol. VI. London 1954

Clay, Lucius D.: Entscheidung in Deutschland. Frankfurt/M. 1950

Deuerlein, Ernst (Hrsg.): Potsdam 1945. Quellen zur Konferenz der »Großen Drei«. München 1963

Deuerlein, Ernst: Die Einheit Deutschlands. Ihre Erörterung und Behandlung auf den Kriegs- und Nachkriegskonferenzen 1941–1949. Frankfurt/M. 1957

Deuerlein, Ernst; Fischer, Alexander; Menzel, Eberhard; Wettig, Gerhard: Potsdam und die deutsche Frage. Köln 1970

Dorn, Walter L.: Die Debatte über die amerikanische Besatzungspolitik für Deutschland. VfZG 1958

Dorn, Walter L.: Inspektionsreisen in der US-Zone. Stuttgart 1973

Drechsler, Hanno: Die Sozialistische Arbeiterpartei Deutschlands (SAP). Ein Beitrag zur Geschichte der deutschen Arbeiterbewegung am Ende der Weimarer Republik. Meisenheim 1965

Dulles, Allen W.: The Secret Surrender. New York 1966

Edinger, Lewis J.: Post-Totalitarian Leadership. In: The American Political Science Review, LIX, 1960

Eisenhower, Dwight D.: Kreuzzug in Europa. Amsterdam 1949

Engelmann, Bernt: Das Reich zerfiel, die Reichen blieben. Deutschlands Geld- und Machtelite. Hamburg 1972

Engelmann, Bernt: Wie wir wurden, was wir sind. Von der bedingungslosen Kapitulation bis zur unbedingten Wiederbewaffnung. München 1980

Fischer, Alexander (Hrsg.): Teheran, Jalta, Potsdam. Die sowjetischen Protokolle von den Kriegskonferenzen der »Großen Drei«. Köln 1968

Fischer, Fritz: Bündnis der Eliten. Zur Kontinuität der Machtstrukturen in Deutschland 1871–1945. Düsseldorf 1979

Foelz-Schroeter, Marie Elise: Föderalistische Politik und nationale Repräsentation 1945–1947. Stuttgart 1974

Fromme, Friedrich Karl: Zur inneren Ordnung in den westlichen Besatzungszonen 1945–1949. VfZG 1962

Galbraith, John Kenneth: Berlin – A Memoir. (Unveröffentlichtes Manuskript)

Gardner, Brian: 1945 oder die versäumte Zukunft. Wien, Hamburg 1965

Gimbel, John: Amerikanische Besatzungspolitik in Deutschland 1945–1949. Frankfurt/M. 1968

Gilbert, Gustave M.: Nürnberger Tagebuch. Gespräche der Angeklagten mit dem Gerichtspsychologen. Frankfurt/M. 1962

Gilbert, Gustave M.: The Psychology of Dictatorship. New York 1950

Grebing, Helga: Der Nationalsozialismus. Ursprung und Wesen. München 1959

Gross, Babette L.: Die Volksfrontpolitik in den dreißiger Jahren. In: Aus Politik und Zeitgeschichte. Beilage zur Wochenzeitung Das Parlament, B43/62, 24.08.1962

Grosser, Alfred: Deutschlandbilanz. Geschichte Deutschlands seit 1945. München 1970

Haffner, Sebastian: Anmerkungen zu Hitler. München 1978

Hallgarten, George W. F.; Radkau, Joachim: Deutsche Industrie und Politik von Bismarck bis heute. Frankfurt/M., Köln 1974

Hansen, Reimer: Das Ende des Dritten Reiches. Die deutsche Kapitulation 1945. Stuttgart 1966

Hansen, Reimer: Die Kriegskonferenzen der Alliierten und das politische Schicksal Deutschlands. Heft 15 der Schriftenreihe Gegenwartsfragen. Kiel 1966

Heydecker, Joe J.; Leeb, Johannes: Der Nürnberger Prozeß. Bilanz der Tausend Jahre. Köln, Berlin 1958

Hoegner, Wilhelm: Die verratene Republik. Deutsche Geschichte 1919–1933. München 1979

Hoegner, Wilhelm: Der schwierige Außenseiter. München 1959

Huffschmid, Jörg: Die Politik des Kapitals. Konzentration und Wirtschaftspolitik in der Bundesrepublik. Frankfurt/M. 1971

Kabel, Rudolf: Die Militarisierung der Sowjetischen Besatzungszone Deutschlands. Bonn und Berlin 1966

Kästner, Erich: Gesammelte Schriften für Erwachsene. München, Zürich 1969

Kaufmann, Erich: Deutschlands Rechtslage unter der Besatzung. Stuttgart 1948

Kempner, Robert M. W.: Das Dritte Reich im Kreuzverhör. München 1969

Kennan, George F.: Memoiren eines Diplomaten. Stuttgart 1968

Kesten, Hermann: Deutsche Literatur im Exil. München 1964

Kogon, Eugen: Der SS-Staat. Das System der deutschen Konzentrationslager. Berlin 1947

Kolko, Gabriel: The Politics of War. London 1969

Koller, Karl: Der letzte Monat. Mannheim 1949

Kuby, Erich: Die Russen in Berlin 1945. München, Bern, Wien 1965

Kühnl, Reinhard: Faschismustheorien. Text zur Faschismustheorie. Reinbek bei Hamburg 1979

Kühnl, Reinhard; Hardach, Gerd (Hrsg.): Die Zerstörung der Weimarer Republik. Köln 1977

Landesstelle für Südtirol (Hrsg.): Befreiung in den Südtiroler Dolomiten. Innsbruck 1945

Latour, Conrad F.; Vogelsang, Thilo: Okkupation und Wiederaufbau. Stuttgart 1973

Lippe, Viktor Frhr. von der: Nürnberger Tagebuchnotizen. Frankfurt 1951

Luchtenberg, Paul; Erbe, Walter (Hrsg.): Generationenwechsel in der Bundesrepublik. Schriftenreihe der Friedrich-Naumann-Stiftung zur Politik und Zeitgeschichte Nr. 8. Stuttgart 1965

Maier, Reinhold: Ein Grundstein wird gelegt. Die Jahre 1945–1947. Tübingen 1964

Mann, Golo: Deutsche Geschichte 1919–1945. Frankfurt 1961

Marcuse, Herbert: Kultur und Gesellschaft I. Frankfurt/M. 1965

Marienfeld, Wolfgang: Konferenzen über Deutschland. Die alliierte Deutschlandplanung und -politik 1941–1949. Hannover 1962

Mendelssohn, Peter de: Die Nürnberger Dokumente. Studien zur deutschen Kriegspolitik 1937–1945. Hamburg 1947

Mey, Harald: Marktwirtschaft und Demokratie. Betrachtungen zur Grundlegung der Bundesrepublik. VfZG 1971

Miller, Merle: Plain Speaking. An Oral biography of Harry S. Truman. New York 1973

Minott, Rodney G.: Top Secret. Hitlers Alpenfestung. Tatsachenbericht über einen Mythos. Reinbek bei Hamburg 1967

Mitscherlich, Alexander und Margarete: Die Unfähigkeit zu trauern. Grundlagen kollektiven Verhaltens. München 1967

Montgomery, John D.: Forced to Be Free. The Artificial Revolution in Germany and Japan. Chicago 1957

Morgan, Roger: The Unsettled Peace. A Study of the Cold War in Europe. London 1974

Morgenthau Jr., Henry: Germany is Our Problem. New York 1945

Müller, Josef: Bis zur letzten Konsequenz. München 1975

Münch, Ingo von (Hrsg.): Dokumente des geteilten Deutschland. Stuttgart 1968

Murphy, Robert D.: Diplomat Among Warriors. New York 1964

Neuhäusler, Johannes: Amboß und Hammer, Erlebnisse im Kirchenkampf des Dritten Reiches. München 1967

Niclauß, Karlheinz: Demokratiegründung in Westdeutschland. Die Entstehung der Bundesrepublik von 1945–1949. München 1974

Niethammer, Lutz: Entnazifizierung in Bayern. Säuberung und Rehabilitierung unter amerikanischer Besatzung. Frankfurt 1972

Pye, Lucian W.; Verba, Sidney (Editors): Political Culture and Political Development. Princeton 1965

Radkau, Joachim: Die deutsche Emigration in den USA. Düsseldorf 1971

Rexin, Manfred: Die Jahre 1945–1949. Hefte zum Zeitgeschehen, Heft 8. Hannover 1962

Ritter, Gerhard: Carl Goerdeler und die deutsche Widerstandsbewegung. Stuttgart 1954

Roosevelt, Elliott: Wie er es sah. Zürich 1947

Rothfels, Hans: Die deutsche Opposition gegen Hitler. Frankfurt/M., Hamburg 1960

Salomon, Ernst von: Der Fragebogen. Hamburg 1969

Schaber, Will (Hrsg.): Aufbau. Reconstruction. Dokumente einer Kultur im Exil. New York, Köln 1972
Schelsky, Helmut: Die skeptische Generation. Eine Soziologie der deutschen Jugend. Frankfurt/M., Berlin, Wien 1975
Scheurig, Bodo: Freies Deutschland. Das Nationalkomitee und der Bund Deutscher Offiziere in der Sowjetunion 1943–1945. München 1960
Scheurig, Bodo (Hrsg.): Deutscher Widerstand 1938–1944. Fortschritt oder Reaktion? München 1969
Schlabrendorff, Fabian von: Offiziere gegen Hitler. Zürich 1946
Schlabrendorff, Fabian von: Begegnungen in fünf Jahrzehnten. Tübingen 1979
Schöne, Siegfried: Von der Reichskanzlei zum Bundeskanzleramt. Eine Untersuchung zum Problem der Führung und Koordination in der jüngeren deutschen Geschichte. Berlin 1968
Schramm, Wilhelm von: Der Geheimdienst in Europa 1937–1945. München 1974
Schramm, Percy Ernst: Die Niederlage 1945. Aus dem Kriegstagebuch des Oberkommandos der Wehrmacht. München 1962
Schrenck-Notzing, Caspar: Charakterwäsche. Die amerikanische Besatzung in Deutschland und ihre Folgen. Stuttgart 1971
Schtemenko, Sergej M.: Im Generalstab. Moskau 1973
Schultz, Joachim: Die letzten 30 Tage. Aus dem Kriegstagebuch des OKW. Dokumente zur Zeitgeschichte (hrsg. von Jürgen Thorwald). Stuttgart 1951
Sherwood, Robert E.: Roosevelt and Hopkins. An Intimate History. New York 1948
Shonfield, Andrew: Geplanter Kapitalismus. Wirtschaftspolitik in Westeuropa und USA. Köln, Berlin 1968
Sillner, Leo: Als alles in Scherben fiel – 1945. München 1970
Slusser, Robert: Soviet Economic Policy in Post-War Germany. New York 1953
Smith, Arthur: Churchills deutsche Armee. Bergisch-Gladbach 1978
Smith, Jean Edward (Editor): The Papers of General Lucius D. Clay. Germany 1945–1949. Vol. 1/2. Bloomington/London 1974
Smith, Walter Bedell: General Eisenhowers sechs große Entscheidungen. Bern 1956
Smith, Walter Bedell: Meine drei Jahre in Moskau. Hamburg 1950
Steinert, Marlis G.: Die 23 Tage der Regierung Dönitz. Düsseldorf, Wien 1967
Stolper, Gustav: Die deutsche Wirklichkeit. Hamburg 1949
Stolper, Toni: Ein Leben in Brennpunkten unserer Zeit. Wien, Berlin, New York, Tübingen 1960
Studnitz, Hans-Georg von: Bismarck in Bonn. Bemerkungen zur Außenpolitik. Stuttgart 1965

Sykes, Christopher: Adam von Trott – eine deutsche Tragödie. Düsseldorf/Köln 1969
Toynbee, Arnold J.: A Study of History. London o. J.
Treue, Wilhelm: Die Demontagepolitik der Westmächte nach dem Zweiten Weltkrieg. Göttingen 1967
Tüngel, Richard; Berndorff, Hans Rudolf: Auf dem Bauche sollst Du kriechen. Deutschland unter den Besatzungsmächten. Hamburg 1958
Tutas, Herbert E.: NS-Propaganda und deutsches Exil 1933-39. Worms 1973
Virally, Michel: Die internationale Verwaltung Deutschlands vom 8. Mai 1945 bis 24. April 1947. Baden-Baden 1948
Vogelsang, Thilo: Das geteilte Deutschland. München 1966
Vogelsang, Thilo: Die Bemühungen um eine deutsche Zentralverwaltung 1945/46. VfZG 1970
Ward, Edward: Number One Boy. London 1969
Weisenborn, Günther (Hrsg.): Der lautlose Aufstand. Bericht über die Widerstandsbewegung des deutschen Volkes 1933–1945. Hamburg 1953
Wettig, Gerhard: Entmilitarisierung und Wiederbewaffnung in Deutschland 1943–1955. München 1967
Wheeler, George S.: Die amerikanische Politik in Deutschland (1945–1950). Berlin 1958
Whiting, Charles: The End of the War. Europe: April 15 – May 23, 1945. New York 1973
Wilde, Harry: Die Reichskanzlei 1933–1945. Befehlszentrale des Dritten Reiches. Frankfurt/M. 1978
Wuermeling, Henric L.: »Doppelspiel« – Adam von Trott zu Solz im Widerstand gegen Hitler. München 2004
Yergin, Daniel: Der zerbrochene Frieden. Der Ursprung des Kalten Krieges und die Teilung Europas. Frankfurt/M. 1979
Zapf, Wolfgang: Wandlungen der deutschen Elite. Ein Zirkulationsmodell deutscher Führungsgruppen 1919–1961. München 1966
Zink, Harold: American Military Government in Germany. New York 1947

Personenregister

Hinweis: Bei den aus der Weißen Liste aufgenommenen Namen wird jeweils nur die Seite mit der deutschen Übersetzung angegeben.